바다를 누빈
중세 최고의
상인들

신안 보물선의
마지막 대항해

서동인 · 김병근 지음

12세기 십자군 전쟁은 유럽과 중동의 거리를 좁혀 주었다. 그리고 13세기 중엽 몽골 군대가 이라크 바그다드를 함락하고, 계속 서쪽으로 시리아까지 진격함으로써 유라시아와 중국·고려 또한 한층 가까워졌다. 서로 다른 대륙, 세계 여러 나라를 이어준 것은 바다였다. 12-15세기 대항해의 시대, 해상 실크로드를 따라 사람과 물자·정보가 동서를 넘나들었다. 중국의 도자기와 비단·인쇄술·화약 그리고 고려의 개성부기가 서양으로 건너갔으며, 중국의 설화가 유럽에 신데렐라 이야기로 전해졌다. 바로 그 시대, 서역과 동남아시아·중국·고려·일본을 넘나들던 상인들의 활동을 고스란히 보여주는 초대형 보물선 한 척이 전남 신안군 앞바다에 가라앉았다. 이 난파선은 배 안 가득 채웠던 흥미진진한 유물로써 중세시대 상인들의 해상무역을 생생하게 보여주고 있다.

주류성

바다를 누빈
중세 최고의
상인들

신안 보물선의
마지막 대항해

서동인 · 김병근 지음

주류성

차례

청자화형대발

바다를 누빈 중세 상인들

바다에서 건진 타임캡슐 '신안 보물선'

바다 가까운 곳에 사는 이들 말고는, 대부분의 사람들이 한 번도 바다를 구경하지 못하고 삶을 마감해야 했던 시대가 있었다. 그들에게 바다는 동경의 대상이었지만, 동시에 두려움 그 자체였다. 바다는 그저 땅을 가르고 길을 가로막는 장애물이었다. 그러므로 바다는 외부 세계와의 단절을 의미했다. 그들에게는 바다 밖에 설사 새로운 세상이 있다 해도 그것은 너무도 막연한 곳이었으며, 들어서면 안 되는 금단의 영역이나 마찬가지였다.

그러나 그 시대에도 미지의 세계를 향해 끝없이 펼쳐진 바다 저 너머로 오간 이들이 있었다. 일확천금의 꿈을 가슴에 담고 물을 건넌 상인들, 나라의 중요한 임무를 갖고 험한 파도를 넘은 외교사절이라든가 용기 있는 탐험가나 여행가들이 꽤 있었다. 그들은 바다를 건너 나라와 나라 사이를 끊임없이 오고 갔다. 그들에게 바다는 육지를 가르는 단절된 공간이 아니라 육지와 육지, 나라와 나라를 이어주는 '열린 공간'이었다. 그들에게 바다는 자유와 꿈이 보장된 희망의 무대였다. 어느 곳이든 항구는 새로운 세계로 나가는 출발점이었으며, 이국의 다양한 사람들이 드나드는 통로였고, 여러 문화가 모이는 만남의 관문이었다.

실크로드와 육로를 따라 오간 사람들에 의해 이미 중국 서북의 진秦[1] 나라가 그리스·로마에 친(Chin) 또는 지나(China)라는 이름으로 알려진 뒤로 1천여 년의 세월이 지나서야 비로소 중국의 동남해안에서 바다로도 서양의 여러 나라들을 갈 수 있다는 사실을 알았다. 그로 말미암아 드디어 사람들의 세계관은 달라졌다. 무역선을 타고 나가 물건을 바꾼 상인들에 의해 동양과 서양은 한결 가까워졌고, 교역의 규모는 크게 확대되었다. 세상에는 자기네 말고도 유럽과 아랍·아시아의 여러 나라들이 있다는 사실을 알았다. 그들은 미지의 세계에 '신기한 나라들'이 있다는 사실을 확인하였다. 하지만 그들은 누구도 새로운 나라를 발견하였다거나 콜럼버스처럼 오만하게 '신대륙을 발견하였다'고 말하지는 않았다. 바다를 통해서 서로 다른 나라를 확인하고, 서로 다르기에 교환과 무역이 가능하다는 사실을 안 사람들은 다름 아닌 '바다를 누빈 상인들'이었다. 이 시기를 세계사적 안목에서 '중세 해양실크로드시대'로 구분할 수 있을 것이다. 해양실크로드는 서역과 육로로 교류하던 실크로드와 대비되는 개념이다.

　더욱이 1279년 남송南宋을 멸망시키고 인류사에서 가장 큰 원 제국이 완성된 뒤로 중국인과 몽고인·고려인의 세계관은 크게 확대되었다. '높은 코에 푸른 눈, 노랑머리' 서역인들이 중국에 쏟아져 들어왔고, 서아시아와 아랍 지역의 색목인色目人[2] 중에는 개경과 서경 그리고 제주도를 비롯해 고려의 여러 곳에 들어와 장사를 하며 산 사람도 꽤 있었다. 11~13세기 개경에서 서해의 여러 섬을 무대로 활약한 고려의 송도상인들은 천주泉州와 경원慶元 등 중국 동남부 지역을 끊임없이 오가며 많은 물자와 사람을 실어 날랐다. 그리고 중국의 갖가지 정보를 고려에 전했으며 고려의 일들을 수시로 중국에 건넸다. 서역의 진귀한 물건들이며 이상한 사람들이 사는 나라에 관한 이야기도 고려 사람들에게 알렸다. 이렇게 동서양 문화 교류의 중심에는 누구보다도 먼저 세상 밖으로 나아간 중세 상인들이 있었다.

　원 제국이 완성된 뒤로 40여 년이 지난 1323년[3] 여름 어느 날, 전남 신안군 지도읍 서남쪽의 신안군 증도와 도덕도 사이에 한·중·일을 오가던 대형 무역선이 침몰하였다. 신안군에 난파한 배여서 그 배에는 신안선이라는 이름이 주어졌다. 배는 고가의 진귀한 상품들로 가득 차 있었다. 그래서 신안 보물선이라고도 부른다. 배의 주돛은 사라지고 선수 우현 상부가 깨진 상태로 바다 밑바닥에 가라앉아 있었다. 신안선은 항해 중에 태풍이나 폭풍을 만나 가라앉았다.

신안선에 실은 상품은 그 당시로서는 가히 천문학적인 수였을 것이다. 도자기만 20,661점이나 된다. 이것은 깨진 도자기편을 제외한 숫자이다. 이 가운데 용천요 청자가 12,359점으로 가장 많다. 그 다음이 경덕진요에서 생산한 청백자 및 백자 5,303점이다. 흑유류는 506점. 이 외에 녹유류 188점·토기 호 2,305점, 그리고 몸통 상단에 네 개의 귀가 달린 항아리 '사이호'와 채색토기 197점이 더 있다.[4] 전체적으로 용천요 청자와 경덕진에서 생산한 청백자·백자가 중심이다.

이들 도자기를 기형별로 보면 호壺·정병·대접·접시·편구병·향로·화분·화병·주전자·술병·연적 등 아주 다채롭다. 이 중에서 대형 호와 쌍이병·전접시·마상배 등과 같은 기종은 송대에는 보이지 않다가 원 제국 시대에 등장한 것들이다.[5]

이 많은 중국 도자기와 더불어 고려청자 7점이 더 있었다. 그것은 2만여 점이 넘는 중국 도자기의 품질을 뛰어넘는 최고의 걸작품이라고 할 만하다. 물론 이 외에도 14세기 초, 중국과 고려·일본의 생활상을 짐작할 수 있게 해주는 물건이라든가 1천 개가 넘는 동남아시아산 자단목 원목, 8백만 개의 중국 동전이 쏟아져 나와 세계 수중 발굴사상 그 유례가 없는 기록을 남겼다.

신안선에 실린 물건들은 14세기 시장에서 거래되던 주요 교역품이었다. 그 중에는 교토京都와 후쿠오카의 사찰에서 특별히 주문한 물건도 많았다. 그 당시의 생활용품도 실려 있었다. 14세기 최대의 도자기 무역선 신안선은 후추를 비롯한 향료 무역도 겸하였다. 한 마디로 신안선은 '1323년의 타임캡슐'이다. 이 배에서 쏟아져 나온 정보는 참으로 다양했다. 그에 관해서는 이제부터 천천히 살펴볼 것이다.

신안선은 4월과 5월 그리고 6월 초에 한두 차례씩 상품을 선적하였다. 대략 20여 일 간격을 두고 무역품을 실었다. 처음 선적을 시작한 곳은 중국 복건성 천주였고, 마지막으로 상품을 적재한 곳은 경원이었으리라고 짐작하고 있다. 선적을 마치고, 배는 일본 후쿠오카의 하카다항博多港을 찾아 떠났다. 경원항을 벗어나 고려를 거쳐 일본으로 가던 이 무역선에는 그득하게 채운 화물 외에도 많은 상인과 승려들이 타고 있었다.

배는 6월 3일을 마지막으로 선적을 마쳤다. 그리고 그로부터 멀지 않은 시기에 항구를 떠났고, 마지막 선적일로부터 한두 달 이내에 침몰하였을 것이다. 이 대형 무역선이 침몰한 시기는 1323년 6~7월(음력) 경으로 추정된다. 4~6월의 선적일자와 천주-경원-고려의 행로를 감안할 때, 신안선은 칠월 보름 이전에 하카다에 도착하려 했을 것으로 보인다. 불가의 최대 행사 가운데 하나인 우란분재[6]에 맞춰 교토의 동복사와 후쿠오카의 조적암에서는 본사와 말사에서 필요한 사찰용품을 공급할 계획이었을지 모른다.

그러나 항해는 계획대로 이루어지지 않았다. 진귀한 물건을 선창 가득 실은 대형 보물선 신안선은 거세게 몰아치는 광풍에 휘말려 장렬한 최후를 맞았다. 선수 우현의 깨어진 틈으로 바닷물이 쏟아져 들어오는 사이에도 배는 쏜살같이 미끄러지듯 물위를 내달았다. 갑판에 실은 물건이 여기저기 물에 떨어지고 선실에 있던 사람들도 갑판에 나뒹굴거나 바다로 떨어졌다. 쉬지 않고 불어대는 바람에 찢어진 돛은 이리저리 나부꼈다. 돛대는 절반이나 부러졌으며, 누구도 배를 제어할 수 없었다. 서서히 물이 차면서 선수 우측부터 가라앉으며 갑판으로 물이 넘는가 싶더니 배는 순식간에 물밑으로 사라져 버렸다. 안타깝게도 이상향 불국토를 그리며 무사귀환을 바랐던 승려와 일확천금의 꿈을 이루고자 했던 상인들은 이렇게 신안 앞바다에서 이지러졌다.

그로부터 650여 년이 지난 1976년, 우리는 바로 이 배에서 송~원 시대의 유물 수만 점을 물 밖으로 건져내 새로운 세계를 보았다. 비록 갑판은 모두 사라지고 없었지만 앙상한 잔해와 함께 거기서 나온 유물들은 13~14세기 중세시대를 살았던 사람들의 숨결을 고스란히 전해주었다. 배에서 쏟아져 나온 정보는 참으로 다양했다. '1323년의 타임캡슐 신안선'에는 어떤 이야기들이 실려 있었을까?

무엇보다도 14세기 초에 이와 같은 초대형 무역선을 운항했다는 것은 세계의 역사가 전환기를 맞고 있었음을 시사한다. 대형 선박의 건조와 어마어마한 양의 무역 상품은 거대 자본의 투자와 신흥 상인세력의 등장을 알려주는 것이다. 당시 원 제국 하에서 몽고인들에게 천대받던 남송의 구귀족과 지식층이 상인으로 변신하여 국제 무역에 눈을 돌렸음을 신안선과 거기서 나온 많은 유물로 알 수 있다. 특히 12세기 십자군 전쟁을 거쳐 13세기 몽고인들의 원 제국이 성립되면서 유럽과 아시아는 한결 가까워졌다. 그리하여 중국의 상인들은 멀리 수단이나 이집트·오만·이란·이라크 등으로까지 활동무대를 넓혀가고 있었다. 또 중국 동남부의 여러 항구를 드나들던 유라시아 각 지역의 상인들이 적극적으로 활동하며 국제무역을 주도하던 때였으므로, 이들로부터 자극받은 남송의 몰락한 구귀족과 관료 출신의 지식층은 해상무역에 집중함으로써 거대자본을 구축하였다. 이러한 신흥세력들의 자본은 후일 원 제국을 뒤엎고 신흥 왕조인 명나라를 건국하는데 밑바탕이 되었다. 뿐만 아니라 유럽 역시 상인들에 의해 14세기 새로운 문화의 흐름이 촉발되었으니 그것이 이른바 유럽의 르네상스였다. 신안 보물선이 비록 중국–고려–일본의 무역에 이용된 배였으나 신안선과 그 유물은 신흥 상인 세력과 자본주의 발달이라는 세계사적 관점에서 거시적 안목으로 바라봐야 할 필요가 있다.

• • • • • • • • • • • • • •

1. 진시황으로부터 시작된 진 왕조의 존속기간은 기원전 246~207년이다.

2. 눈동자가 파랗거나 초록색인 사람들. 서역인의 총칭

3. 적재상품에 매단 목제 꼬리표(목패, =물표)에 지치 3년(至治參年)이란 연대가 적혀 있어 이 배는 서기 1323년, 그러니까 원(元) 영종(英宗) 3년, 고려 충숙왕(忠肅王) 10년에 침몰했음을 알게 되었다.

4. 『신안해저유물(新安海底遺物)』 종합편, 문화재관리국, 1988

5. 그 대표적인 것이 음각 여의두문·사군자문·칠보문·파도문과 같은 문양이 있는 도자기인데, 이런 문양을 가진 것들은 14세기에 비로소 등장한 것으로 보면 된다.

6. 우란분재(盂蘭盆齋)는 불교에서 가장 큰 행사 가운데 하나이다. 음력 7월 15일(백중절)은 조상의 영혼을 기리며 부처님과 스님을 공양하고 성불을 기원하는 의미가 있다. 이 날 석 달 동안 참선수행을 마친 스님에게 공양을 드리면 전생과 이승의 일곱 부모 모두 구제할 수 있다는 데서 비롯된 불교의식

보물선 '신안선'이 움직이던 중세 시대 고려의 상인과 지식인들은
무역의 중요성을 깊이 이해하고 있었다. 고려 상인의 이런 전통은 지금의 한국인들
핏속에도 고스란히 흐르고 있다. 세계 10위권 경제대국이란 한국의 현재 위치는
우리 시대에 단기적으로 얻은 결과가 아니다. 오랜 역사와 경험을 바탕으로
대담한 개척정신과 지혜, 의지와 땀으로 빚어낸 쾌거이다. 신안선과 그 유물을 보면서
중세시대 바벤인들의 모습과 함께 고려인들의 역동적인 삶까지
느껴볼 수 있을 것이다.

난파선에서 건져 올린 보물들
신안선 발견에서 유물 인양까지

신안선은 무역의 중요성을 새삼 일깨워 주는 사례로서 중세 시대 상인들의 개척
정신을 살펴볼 수 있는 것이다. 당시 이러한 초대형 무역선을 운항할 수 있었던
것은 대형 선박의 건조와 선단주의 구성, 엄청난 양의 상품을 선적하기 위한
대규모 자본 투자 그리고 전문 상인 세력의 참여가 있었기에 가능하였다. 신안선과
그 유물을 통해 진취적인 기상으로 세계를 무대로 활동한 고려와 중국의 상인들을
살펴보는 일이야말로 지극히 의미 있는 일일 것이다.

해치형청자연적

제1부

난파선에서 건져 올린 보물들
- 신안선 발견에서 유물 인양까지

　수백 년의 시공을 뛰어넘어 드라마틱하게 그 모습을 드러낸 신안선은 동양의 위대한 역사적 유물이라는 평가와 함께 아시아 최고, 세계 최대의 보물선으로 기록되었다. 연안의 바다에 난파한 보물선에서 거둔 옛 사람들의 유물은 그 양에 있어서 상상을 벗어나는 것이었으며, 그 종류 또한 다양하고 특이하였다. 14세기, 거친 원양을 넘나들며 국제 무역을 주도했던 중세 상인들의 꿈과 희망이 이 배에 한 가득 실려 있었던 것이다. 그것들은 오랜 세월에도 바다 속에 옛 모습 그대로 남아 있어서 신안선을 통해 한 시대의 단면을 생생하게 들여다 볼 수 있다.

신안선 발견에서 유물 인양작업을 시작하기까지

　신안 보물선이 침몰한 증도曾島는 전남 목포에서 서북쪽으로 약 40km 거리에 있다. 신안군의 최북단, 신안 지도읍과의 경계 가까이에 있으므로 목포에서는 멀다. 대신 지도읍에선 가깝다. 지도읍 남쪽에 사옥도가 있고, 그 남쪽에 증도가 있다. 증도와 사옥도 서북으로 3km 거리에는 임자도荏子島가 있다. 임자도엔 임자면소재지, 증도엔 증도면소재지가 있다. 모두 신안군의 섬으로, 증도 남쪽으로는 자은도와 암태도·팔금도·안좌도·비금도 그리고 하의도에 이르기까지 큰 섬만 헤아려도 숨이 가쁠 정도로 신안군의 섬들이 늘어서 있다.

증도 서편에서 북으로는 임자도와 지도 사이로 물골이 있다. 그 골을 따라 바닷물은 하루 네 번 오르내린다. 이곳을 빠져나가 북으로 영광 낙월도까지는 지척이다. 바닷물은 증도에서 임자도와 지도 사이에 있는 수도水島를 따라 오르내리므로 임자도에서 증도 서편으로 흐르는 갯골을 수도수도水島水道라고 부른다. 수도를 가운데에 두고 바닷물이 흐르는 물길이라는 뜻. 증도 서편을 지나 임자도로 북상하는 이 물길은 영광–고창으로 이어지는 뱃길로서 예전에는 중요한 조운로이자 조기의 이동로였다.

지금부터 40여 년 전만 해도 이 일대는 어선들로 붐볐다. 흑산도 이남에서 올라온 조기의 기나긴 산란행렬이 바로 이 신안군에서 시작되었기 때문이다. 임자도 바로 위의 영광 낙월도–고군산군도–위도–태안 안면도–덕적도–강화 교동도를 거쳐 조기떼는 옹진반도 앞바다로 북상하였다. 바로 그 옹진반도 앞의 대청도·백령도 그리고 황해도 장산곶 일대에 이르는 드넓은 바다는 조기들의 긴 여정을 마감하는 종착지였다. 그곳에서 조기가 산란을 끝내기까지 서해 곳곳의 포구와 섬은 조기 파시波市로 북적였다. 그러나 해마다 봄이면 뜨겁게 달궈지던 조기 파시는 그야말로 옛날 일이 되었다. 그렇지만 바다를 터전으로 살아온 어부들은 봄부터 가을까지 그물을 치고 고기를 거두는 일을 지금도 쉬지 않는다. 조기가 아니어도 거둘 것은 많다. 여름엔 조기 대신 민어와 병어·낙지잡이로 어부들의 하루가 바쁘다. 증도 서편, 도덕도와의 사이 갯골은 물살이 너무 센 사리 때만 아니면 철따라 그물에 갖가지 고기가 제법 걸려든다.

신안선에서 나온 도자기
여러 가지

바로 이 증도의 서편 방축리 앞바다에는 오래 전부터 "옛날 어느 땐가 큰 배가 가라앉았다"는 이야기가 전해오고 있었다. 신안선의 기억이다. 마을 사람들의 입에서 입으로 이런 이야기가 오래도록 이 섬에 전해 왔다는 것은 신안선이 침몰하던 모습을 누군가 지켜본 사람이 있었음을 말해주는 것이리라. 그런데 말로만 전해오던 그 전설이 1975년 8월 20일 사실로 확인되었다. 배가 가라앉았다고 전해지는 곳에서 고기잡이하던 최평호 씨(당시 35세)의 그물에 청자화병靑瓷花甁을 비롯하여 중국제 청자와 백자 6점이 걸려나온 것이다.

그러나 애석하게도 물고기 대신 최 씨의 그물에 붙잡힌 이 여섯 점의 중국 도자기는 제대로 대접을 받지 못하고 마루 밑에서 뒹구는 신세가 되었다. 어부의 눈에는 흔해 빠진 사기 그릇 치고 생김새는 꽤 쓸만하다고 생각했던지 그냥 버리기는 아까운 물건이었기에 마루 밑에 던져두었던 것이다. 이런 기막힌 사실은 그 어부의 동생에 의해 세상에 알려졌다. 이듬해 1월, 당시 초등학교 교사이던 동생이 최 씨 집에 들렀다가 범상치 않은 물건으로 여기고 신안군청에 신고함으로써 드디어 난파선의 존재와 유물의 가치가 세상에 드러나게 된 것이다. 문화재관리국(문화재청의 전신)은 이것들이 송宋~원元 시대의 중국 도자기임을 확인하였다. 전문가들이 평가한 유물의 가치는 놀랄만한 것이었다.

그 후 며칠 사이에 같은 곳에서 또 다시 어부의 그물에 중국 청자가 무더기로 끌려나왔다는 소문이 퍼졌고, 그해 9월에는 이 모씨 등 몇몇이 잠수부를 고용하여 청자화병 등 122점을 몰래 꺼내어 가지고 나가서 팔려던 차에 검거되는 사건이 일어났다. 그리고 또 조 모씨 역시 대규모로 도자기를 건져 큰돈을 벌려다가 구속되는 일까지 일어났다. 기본적인 측량장비나 GPS 같은 첨단장비가 없던 시절, 그는 잠수부들을 태운 배를 몰고 단숨에 가서 신안선이 난파된 지점을 목측으로만 찾아내는 놀라운 눈썰미를 한껏 뽐내었고, 혼자서는 도저히 들고 도망치지 못할 만큼 많은 도자기를 건져냈다. 유물의 냄새를 맡는 후각이 어찌나 뛰어난지 도굴꾼들은 고고학자들을 우습게 본다는 말이 있는데, 그 말이 사실이었다.

발굴을 시작한 초기에 건져 올린 도자기들

이처럼 두세 차례에 걸쳐 도자기가 나오자 그제야 문화재관리국은 바다 밑에 많은 유물이 묻혀 있을 것으로 판단하고 조사를 서둘렀다.[1] 그러나 그 당시 국내에는 수중 발굴 경험을 가진 전문가가 한 사람도 없었다. 더구나 깊은 바다 밑에서 유물을 인양할 수 있는 장비가 없었으므로 쉽게 발굴에 손을 댈 수 없었다.

이런 상황에서 문화재관리국은 부랴부랴 임시조사단을 구성하였다. 그러나 장비가 없어 유물 인양 작업을 해군의 전문 잠수사들에게 맡기기로 하였다. 이렇게 해서 10월 말, 늦가을의 차디찬 물에서 작업을 서둘러 1차 긴급발굴[2]을 성공적으로 마칠 수 있었다. 1976년 가을의 이 예비발굴에서 조사단은 청자 52점을 포함하여 112점의 유물을 인양하였다. 10월 말부터 일주일 동안 유물을 건져 올리는 과정에서 신안선 침몰 현장에는 엄청난 도자기가 있음을 확인하였고, 조사팀은 1차 조사 일주일 뒤인 11월에 다시 2차 발굴[3]을 진행하였다. 이것 역시 예비조사의 성격을 띤 발굴로서 이때도 청자 1,201점을 비롯하여 1,884점의 유물을 더 건져냈다. 이 외에도 6천여 점의 동전을 끌어냄으로써 바다 밑에는 대단히 많은 유물을 실은 보물선이 침몰하였음을 확신하게 되었다.

그러나 닥쳐온 초겨울의 매서운 추위로 2차 발굴은 곧 중단되었다. 아쉬움을 남긴 조사였지만, 바로 이 1차와 2차 예비발굴은 향후 발굴에 중요한 기준을 제시해 주었다. 그 결과를 토대로 1977년 정밀 발굴[4]을 시작하였고, 그로부터 8년 동안 발굴은 국가적인 사업으로 진행되었다.

신안선 유물 인양 어떻게 이뤄졌나?

전라남도 신안군 증도면 방축리. 지금은 난파선이 나온 그 바다를 바라다볼 수 있는 자리에 신안선 발굴 기념비가 세워졌다.[5] 배가 가라앉은 곳은 정확히 말하면 증도와 도덕도 사이의 중간 지점이었다.[6] 그러나 이제는 그 기념비도, 섬을 찾는 사람들도 엄청난 양의 신안선 유물을 건져 올리던 그날의 감동과 기쁨의 순간들을 기억하는 이는 별로 없다.

도덕도와 증도의 한가운데 갯골자리와 그 언저리의 수심은 평균 20m 내외이다. 섬 연안의 갯골 치고는 꽤 깊은 편이다.[7] 신안선은 북서 323도 방향에 뱃머리를 둔 채, 조류의 방향과 거의 직각으로 가라앉아 있었다. 침몰선 주변 반경 1km 이내는 운동장처럼 평평한 완경사 바닥이었다. 바닥은 진흙과 갯벌·고운 모래가 섞여 있어서 물속에서 걸어 다녀도 될 만큼 비교적 단단하였다.

신안선은 우현으로 15도 가량 기운 상태로 진흙에 파묻혀 있었다. 다만 갑판을 포함한 배의 상부는 썩어서 사라졌으므로 원래의 모습을 알 수 없었다. 갑판 아래 선창도 좌현 위쪽으로 절반 가량이 사라지고 없었다. 갯벌 위로 드러난 선체는 모두 제 모습을 잃어버렸으며, 갯벌 속에 묻힌 부분만이 비교적 온전하게 남아 있었다.

작업은 선창 안에 실었던 유물부터 건져내는 것으로 시작하였다. 바다 밑바닥 흙속에 묻혀있던 배의 선창 안에서는 다양한 물건들이 나왔다. 그 중 일부는 정성 들여 나무상자에 포장한 상태 그대로 남아 있었다. 나무상자[8] 중에는 몇 차례 사용한 것들도 있었다. 처음의 모습을 그대로 간직한 나무상자는 5~6개에 불과하지만, 그 안에는 포장한 상품들이 가득 들어 있었다. 부서져서 제 모습을 잃어버린 상자는 먼저 유물을 꺼낸 뒤, 빈 상자 채로 건져냈다.

배와 유물을 덮은 진흙은 흡인호스(Air Lift)로 빨아내었다. 이런 방식으로 1단계 조사에서는 바다 밑바닥 아래로 40~50cm 깊이까지 흙을 걷어내고 발굴하였다. 그보다 더 깊은 곳까지는 미치지 못하였지만 선체 내부뿐만 아니라 선체 외부 작업도 똑같은 방식으로 진행하였다. 그런데 유물은 좌현 외곽에서 많이 나왔다. 마지막 침몰 순간에 배가 좌측으로 기울면서 밖으로 쏟아져내린 유물이 모여 있었던 것이다.

침몰 당시의 유물 상자를 원형 그대로 인양한 것은 3차 조사 때였다. 이때 비로소 명문이 있는 유물도 많이 나왔으며, 이들로부터 원 나라 때의 숫자 개념과 포장기술도 알 수 있

신안선 선창에서 나온 고려청자

신안선 침몰지점을 바라보는 위치에 세운 신안선 발굴기념비

었다. 신안선 선체 내부의 유물을 대상으로 한 3차 발굴에서 고려청자 3점, 남송 초~중기의 최상급 용천요龍泉窯 도자기와 먹으로 쓴 목패 등 4,906점의 유물을 건져냈다.

앞이 보이지 않는 물속에서 유물을 건져내기 위해 조사단은 해저 바닥에 사각형의 철제 틀[9] 4개를 설치하고, 우선 철제틀 내부부터 조사하기로 하였다. 철제 틀을 설치하는 과정에서 난파선은 길이 28m에 폭이 8m[10]로 측정되었다. 이런 준비작업을 바탕으로 20m나 되는 깊은 바닥에서 유물을 건져 올리는 작업은 발굴 3년째를 맞아 한층 속도를 내었다. 1977년 7월에 시작된 이 3차 발굴[11]부터 본격적인 단계로 접어든 것이다. 발굴은 2척(장병 240명)의 해군함정과 해난구조대 요원(심해 잠수사) 약 60명으로 구성된 조사단이 맡았다.

비록 서둘러 꾸민 인원이었지만, 이때 선발된 조사단 인원은 세계 고고학사에 가장 특이한 사례로 기록되어야 할 것이다. 해군 함정 2척이 교대로 상시 대기하였다는 점도 그렇고, 잘 훈련된 잠수 정예 부대원들이 직접 유물을 인양하였으므로 효율성과 발굴 성과를 극대화할 수 있었다. 발굴은 앞서 두 차례의 예비발굴[12] 내용을 토대로 한 것이었지만 성과가 좋았다. 그럼에도 유물은 많고, 배가 워낙 커서 인양 작업은 1984년까지 열 한 차례에 걸쳐 이루어졌고, 총 23,502점의 각종 유물을 찾아냈다. 약 8백만 개의 동전과 자단목 1,017개 그리고 선체 조각 445개를 비롯하여 많은 유물이 세상에 그 모습을 드러냈다.

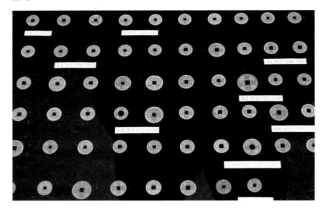
신안선에서 나온 동전들. 66가지 종류가 확인되었다.

난파선 선창에서 쏟아진 엄청난 물건들

신안선의 선창船艙은 중세시대 한·중·일 사이를
오갔던 무역품으로 가득 차 있었다. 선장
과 상인들이 소중하게 다루었을 물건들.
양도 많았지만 종류도 가지가지였다. 신안선을 운항한

타원형 금속정

선장과 상인들은 선창은 물론, 갑판 위에도 꽤 많은 상품을 실었던 것 같다. 260톤이
넘는 선적량을 가진 이 배에는 모두 140여 톤의 물품을 적재하였는데, 그 많은 화물 중
에서 부피와 양에서 으뜸을 차지하는 품목은 도자기와 동전 그리고 자단목 원목이다.
물론 금속공예품이나 석제품·목기류·칠기류·생약재(한약재)와 같은 물건이라든가 비
록 소량이지만 선원들이 배에서 사용하던 물건을 포함하여 생활용품도 일부 남아 있
었다.

앞에서 설명하였듯이 신안선에서 나온 도자기는 총 20,661점이다. 지금까지 침몰선
에서 건져낸 도자기의 숫자로서 이것을 뛰어넘은 사례는 아직 없다. 그 중에서 청자는
12,359점, 청백자·백자는 5,303점으로 청자가 압도적으로 많다. 청자는 용천요 계통이
며 청백자·백자는 경덕진요景德鎭窯 계열이 중심이다. 백자와 청백자 중에서는 백자가
대종을 이루고 있다. 그러나 그 외에 청화백자라든가 진사백자辰砂白瓷와 같은 종류는
한 점도 없다.

배에서 나온 도자기 중에는 기종과 기형이 같은 것이 많았다. 한 번도 사용하지 않
은 완형의 신품이었다. 같은 종류의 그릇을 10개 또는 20개씩 포개어 끈으로 묶은 다
음, 나무상자에 넣어 포장한 것들이었다. 바로 이런 점들을 종합하여 비로소 조각그림
을 맞출 수 있게 되었고, 이 배는 상품을 싣고 가던 대형 무역선이라는 결론을 내리게
되었다.

한편 조사단은 그 외에도 균유계鈞釉系와 천목天目 계통의 도자기 694점과 2,305점이
나 되는 토기 호壺를 건져냈다. 토기 호는 사이호四耳壺가 중심이었는데, 이 사이호는
소위 잡유호雜釉壺라고 부르는 것으로, 어깨 네 군데에 손잡이처럼 생긴 귀를 가진 항
아리형 토기이다. 액체 상태의 물건이나 곡물을 담는데 사용한 용기인데, 실제로 토기

안에서는 먹이나 후추·생약재로 보이는 식물의 씨앗이
나왔다.

도자기 다음으로 많은 것은 금속제품(729점)이었
다. 그 중에서도 은제품과 청동제품이 중심인데, 특
히 은제품 중에는 공예품으로서의 가치가 높은 것들
이 꽤 있다. 여러 가지 모양의 향로와 병·등잔 그리고
정병 같은 것들이 중심을 이룬다. 이런 것들은 수요자의
기호와 요구를 반영한 것이었겠지만 주로 불교 의례용품 즉,
공양구供養具였다. 그 외에도 주석정(주석덩어리)과 같은 금속원

균유계양인각사이대호

료라든가 청동거울을 비롯하여 주전자·발鉢·잔盞·접시 그리고 악기·오락도구·자물
통·저울추·주방도구에 이르기까지 다양한 생
활용품들이 나왔다. 300점 이상이나 되는 은백색의
주석 덩어리 중 하나에는 명문이 새겨져 있었다. 주석은 고려
에서 나지 않는 것이어서 말하자면 그 당시에는 희귀금속이었다. 고
려와 일본은 주석 전량을 수입해서 사용하였다. 천주에서는 태국이나 말레이
시아·인도네시아와 같은 주석산지에서 들어온 주석정을 보다 싼 값에 살 수 있었으므
로 신안선에 선적한 주석정은 천주에서 구입하였을 것으로 보인다. 구리와 주석을
섞으면 유기를 만들 수 있다. 『송사』와 『원사』에 고려에서 만들어 송나라에 내다
팔았다는 동기銅器는 아마도 구리와 주석의
합금으로 만든 유기였을 것으로 추정된다.
그런데 특이하게도 신안선에서는 11점
의 청동 추가 나왔다. 그 중 하나는 '慶元
路경원로'란 글자를 음각으로 새긴 것이 있
었는데, 이것이 바로 이 배의 국적과 선적
을 이해하는데 중요한 열쇠가 되었다. 慶元
경원은 현재의 절강성浙江省 영파寧波이다. 경원

은제등잔

흑갈유사이호

은 원나라 때의 지명이며 대개는 명주로 불렸다. 이 청동 추에 새긴 경원이란 글자를 보고 비로소 신안선은 경원시박사[13] 관할 하에 있던 중국의 무역선이었으리라고 추정하게 되었다.

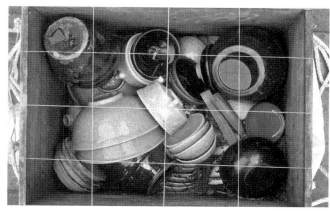

나무상자에 넣어서 포장했던 백자와 흑유(원래 모습)

배에는 이 외에도 악기 몇 가지가 실려 있었다. 구리로 만든 바라銅鑼와 징鉦도 있었다. '바라'는 심벌즈와 같은 것으로, 절에서 범패와 승무 등에 사용하는 불교 의례용품이다. 아마도 이런 것들은 사찰의 의례용품인 동시에 때로는 배에서 신호를 주고받거나 위급한 상황에서 사용했을 것이다.

한편 배에 실린 목제품 중에는 상품을 포장하는데 사용했던 나무상자와 원통형의 나무통이 있었다. 그 외에도 비록 얼마 되지는 않았지만 목제 소반과 칠기 완椀 같은 것들이 원형 그대로 나왔으며, 부챗살이나 두루마리의 목제 축軸도 나왔다. 이것으로써 부채와 족자도 배에 실었음을 알게 되었다. 두루마리 족자의 상단과 하단에 사용한 목제 축은 몇 개가 확인되었는데, 목제축의 양 끝에는 목제 또는 골제 장식을 붙였다. 용의 문양을 조각한 것도 일부 있었다. 아마 이것은 불화라든가 여러 가지 그림에 사용한 것이었으리라고 판단된다. 또한 가재도구의 장식품으로 짐작되는 목제 파편들도 나왔으나 그것이 어디에 쓰였던 것인지는 알 수 없었다.

다음으로 주목되는 것은 후추를 비롯하여 여러 가지 향료나 향목香木 그리고 생약재들이다. 대부분 썩고 남은 식물의 씨앗이 주로 나왔는데, 그나마 품종이 확인된 것은 후추 외에 파두巴豆·산수유·사군자使君子·빈랑·여지·도인·은행·호두·밤·계피·양강良薑 정도이다. 중국에서 구할 수 있는 약재를 전부 구해가던 것이 아니었나 하는 생각을 갖게 되었

백자소병

경원로(慶元路)라는 글
자가 새겨진 청동추

신안선 선저에서 건져
올린 자단목들

다. 이것들을 다시 산수유·도인·은행·호두·밤처럼 고려 땅에서 구하기 쉬운 종류와 열대 및 아열대성 한약재인 파두·사군자·빈랑·여지·계피·양강으로 구분할 수 있다.

한편 완전한 상태로 건진 나무상자 하나에는 후추가 가득 들어 있었던 것으로 보아 아마도 신안선에는 후추를 대량으로 실었던 것 같다. 본래 후추는 소량씩 사용하는 향료이므로 이런 나무상자 서너 개 분량만 해도 그 당시로서는 대단히 많은 양이었다고 할 수 있다. 이처럼 많은 양의 후추를 선적한 것으로 보아 신안선은 한·중·일 삼국을 오가며 향료무역을 겸한 향료무역선이었음을 알 수 있다.

물론 신안선에는 앞에 거론한 것 외에도 더 많은 종류의 약재를 선적하였을 것이다. 약연藥碾과 약숟가락 그리고 약재를 달기 위한 저울 등이 나왔는데, 약연은 약재를 갈기 위한 손절구로서 요즘의 믹서기에 해당한다. 이런 도구들로 보아 신안선에는 대단히 많은 양의 약재를 실었을 것으로 추정된다. 배에서 나온 약재는 주로 씨만 남고, 쉽게 썩는 식물류는 흔적을 남기지 않고 사라졌을 것이므로 그 이상 추정할 수 있는 것은 없다. 다만 당시 한국과 중국·일본 사회에서 한약과 의학을 담당했던 사람들은 한의사 말고는 주로 승려였다. 그러므로 신안선에 선적한 한약재는 승려들이 사용하기 위한 것이었거나 한의사들이 사람을 치료하는데 쓰기 위한 것이었으리라. 한약재 역시 사찰에서 사용하기 위한 것과 시중에 판매하기 위한 것을 함께 실었을 것이라는 얘기다.

이 외에도 비교적 많은 수의 석제품이 나왔다. 확인된 석제품은 모두 43점. 그 중에서 숫자가 제일 많은 것은 벼루이다. 벼루는 모두 20점이며, 그 외에 소형맷돌 2개가 있었다. 작은 맷돌은 차를 가

공하기 위한 다마茶磨로 보인다. 다마는 쉽게 말해서 차
맷돌이다. 그리고 장방형의 먹도 나왔으나 인양한 직후
에 파손되어 제 모습을 잃고 말았다. 여러 개의 먹 가운
데 2개에는 '秀峯親製수봉친제'라는 명문이 새겨져 있어서
먹의 제작자가 수봉이라는 사람임을 알게 되었다. 아마 '수봉'
이라는 이름은 당시 먹을 제조하는 사람이거나 상호였을 것이다.
그 자체가 하나의 고급 유명 브랜드였던 모양이다.

흑유완

배 밑바닥에 가장 먼저 적재한 자단목은 원목을 절단한 것으로, 길이는 주로 2m 내
외였다. 자단목의 직경은 10cm~15cm가 많았으나 직경이 40cm가 넘는 것도 꽤 있었
다. 껍질을 벗긴 상태로 선적하였는데, 나무는 어두운 자색 빛깔을 띠고 있었다. 자단
목 표면에는 한자 부호나 숫자 또는 아라비아 숫자가 새겨져 있었다. 아라비아 숫자
중에는 글자체가 지금과 다른 것이 있어 흥미롭다.

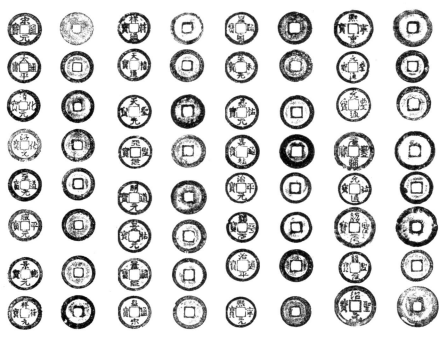

66가지의 중국 동전을
각 종류별로 떠낸 탑본

자단목과 함께 배 밑창에 적재했던 중국 동전은 60여 종류에 이른다. 지금부터 2천여 년 전인 전한과 후한의 한대漢代에 만든 화천貨泉·오수전五銖錢을 비롯하여 당나라 때의 개원통보開元通寶, 그리고 원나라 때의 지대통보至大通寶에 이르기까지 그야말로 시대별로 모든 동전을 한 자리에 모아놓은 것처럼 다양하였다. 동전을 시대별, 왕조별로 분석해 보면 중국의 신新·당唐·북송北宋·남송南宋·요遼·금金·원元과 서하西夏에서 사용한 것까지 대부분 다 있다. 중세시대의 이 무역선에서 나온 28톤, 8백만 개의 동전은 한국을 중국 동전 최다 보유국으로 만들어 주었다.

신안선이 오랜 세월 바다 밑에서 품고 있던 유물은 국적과 시대를 따지기에 앞서 안팎에 자랑할만한 우리의 소중한 유산이다. 신안선에서 나온 유물은 현재 거의 대부분 국립중앙박물관 수장고에 보관되어 있으며, 그 중 극히 일부와 신안선 잔해를 복원하여 목포 국립해양문화재연구소에 전시하고 있다.

국내 첫 수중발굴, 신안선 원년멤버는 해군 잠수사들이었다

백유흑화용문호

신안선 발굴은 세계를 깜짝 놀라게 한 역사적 사건이자 우리를 즐겁게 해준 경사였다. 그것은 분명히 우리나라 고고학사에 한 획을 그은 대사건이었다. 국내 수중고고학 역사상 첫 발굴이라는 기록과 함께 여러 가지 기록을 남겼다. 그렇지만 불행하게도 한창 발굴이 진행되던 무렵 10·26과 12·12, 5·18 등으로 국내 정치가 대단히 혼란스러웠기 때문에 신안선과 거기서 나온 유물은 고고학자나 관련 분야 연구자들 외에는 사람들의 관심 밖으로 벗어나 버렸고, 그 후 40여 년 가까이 기억에서 잊혀 있었다.

그것이 무엇이든, 유물은 제 스스로 말하는 법이 없다. 반드시 그것을 아는 이의 입을 빌어 말할 뿐이다. 유물의 가치란 그런 것이다. 아는 자의 가치이다. 어느 나라, 어떤 민족이든 그들의 역사도 마찬가지이다. 그 가치를 알고 가꾸어 나가는 자가 진정한 주인인 것이다. 신안선과 그 유물은 우리에게 좋은 본보기가 될 것이다. 7점의 고려청자와 청동밥그릇, 청동거울과 같은 몇 점을 제외하고는 우리의 유물, 한국의 문화재가 아니라 하여 신안 보물선의 유물을 그간 별로 중요하게 생각하지 않았던 측면이 있다. 그러나 그 모두는 엄연히 우리의 문화재이고 한국이 보유한 가치 있는 유물이다.

신안선은 한국의 수중고고학 사상 가장 화려한 결과를 기록했다. 그렇지만 발굴은 해군의 손에 이루어졌다. 안타까운 일이지만 그 당시 국내에는 수중발굴 경험이 있는 전문가가 한 사람도 없었다. 발굴을 주도적으로 맡아야 할 발굴단은 기본적인 장비 하나 제대로 갖추지 못해 해군 해난구조대 잠수사들이 인양작업을 떠맡은 것이다.

난파선의 위치를 실측하고 유물을 건져 올리는 작업도 해군 잠수사들이 도맡아 하였는데, 그들의 뛰어난 위치감각과 실측 능력은 탁월하였다. 고도로 훈련된 '물개 부대'의 저력은 이미 이때부터 입증되었다. 그렇지만 앞이 전혀 보이지 않는 물속에서 유물을 인양하는 작업은 만만한 일이 아니었다. 60여 명의 잠수사들이 교대로 물에 뛰어들어도 힘겨운 일이었다. 하루하루 고된 인양 작업이 반복되었고, 9년 동안 계속된 일이었지만 그것은 그들에게는 즐거운 임무였다.

한 마디로 한국의 수중고고학은 1976년 10월 26일 해군 잠수사들의 신안선 유물 발굴 작업으로 그 서막을 열었다고 해도 과언이 아니다. 이 발굴[14]은 국내 최초로 대형 침몰선을 대상으로 한 것으로서 해군의 구조함 1척이 작업 현장에 장기간 대기하면서 잠수사들을 지원하였다. 9년 동안 동원한 잠수사는 연 9,896명이었고, 각 잠수요원들의 잠수시간은 3,474시간이었다. 한 해 평균 872종의 장비를 동원하였으며, 잠수사들이 교대로 잠수하여 유물을 인양하였다.

당시 수중발굴조사에 참가한 고고학자들은 잠수사들의 실측 내용을 구두로 전달받고 유물의 위치와 선체 실측도면을 만들었는데, 놀랍게도 그것은 매우 정확하였다. 발굴단은 이를 토대로 선체와 유물의 매몰 상태를 거의 완벽하게 재현할 수 있었고, 이후 신안선 복원과 전시 자료로 유용하게 사용할 수 있었다. 신안선 발굴은 세계 수중고고학사에서 그 유례를 찾아볼 수 없을 만큼 열악한 조건에서 이루어졌지만 결과는 화려하였다. 그것은 해군 잠수사와 고고학자들이 함께 이룩한 놀라운 쾌사였다.

청자정병

침몰 수역은 빠른 조류와 흙탕물로 앞이 안 보였다

신안선이 가라앉은 곳은 조류가 거센 갯골 지대이다. 그 일대의 조류는 밀물 때에는 북동쪽으로 흐르고, 썰물 때는 남서쪽으로 흐른다. 조류는 6시간마다 반복되는 것이니 이곳의 조류 또한 간만의 주기에 따라 방향을 반대로 바꾼다. 물살이 매우 강해서 사리[15]와 조금[16] 물때의 중간 날짜를 택해서 측정한 조류속도의 평균값은 125cm/sec였다. 이것은 약 2.5노트의 속도이다. 쉽게 말해서 이것은 우리가 보통 걷는 걸음의 빠르기에 해당한다. 물속에서는 이것도 대단한 힘이다. 그 정도의 속도와 힘으로 사람을 밀어내는 것과 같은 힘이 작용하는 것이니까.

반면 물 흐름이 없는 상태(Slack)는 약 10분~15분 정도이다. 이 시간을 통상 '물돌이시각'이라고 하며 '정조停潮시각'이라는 말로 설명하기도 한다. 바닷물의 흐름이 잠깐 멈춘 시간이다. 이 시간 앞뒤로 조류는 방향을 바꾼다. 다시 말해서 물이 들어와서 만조를 이루었다가 다시 썰물이 시작되기 전까지 물이 머무르며 흐름을 멈춘 시각이 물돌이시각이고 정조시각이다. 이 물돌이시각 직후에 약 45분 동안 유속이 25cm/sec(약 0.5노트) 이하를 유지했다. 이때가 물에 들어가서 작업을 할 수 있는 시각이다. 그 후에는 유속이 급격히 빨라져서 작업을 할 수가 없었다. 썰물 시작 30분 전의 유속은 25cm/sec였다가 그 후로는 75cm/sec로 유속이 갑자기 빨라진다. 조석차[17]가 가장 큰 사리 때의 유속은 약 3.5노트[18]로 매우 빠르고, 조석차가 제일 작은 조금 때의 유속은 5cm/sec(약 1.5 노트) 정도였다.[19] 조류의 평균 속도는 2.5노트 이상으로, 이것은 물속에서 붙잡고 의지할 수 있는 것이 없으면 서서 버티지 못하고 떠내려가는 세기이다.

발굴 현장은 지형과 위치상 남서풍을 받는 날이 많았다. 더구나 바람이 조금만 일어도 파도가 높았다. 여름철 태풍에는 파고가 5m 이상이나 되었다. 또한 해마다 봄~가을 돌풍으로 파도가 높이 이는 날이 많았다. 신안선이 침몰하던 그 날에도 이런 조건은 같았을 것이다. 주변의 수심은 평균 20~24m, 바닥은 갯벌과 자갈로 이루어져 있었다. 조류가 빨라서 항상 뻘물이 일고, 물속은 언제나 혼탁하다. 수면 아래 0.5m만 들어가도 그 아래는 앞이 전혀 보이지 않아 시계視界가 거의 제로(0)에 가까웠다. 유물을 인양하는 작업에는 최악의 조건이라고 할 수 있었다. 잠수사가 물에 들어가 작업을 할 수 있는 시간은 조류가 0.5노트 이하인 물돌이 시각 전후, 하루 1~2회에 각기 한 시간 이 채 안 되었다. 발굴 현장의 조류가 너무도 빠르고 강해서 잠수사들은 간편한 스쿠 버 장비에만 의존하여 유물을 건져 올려야 했다.

처음에는 갈고리와 철창 등으로 유물이 몰려있는 곳을 찔러가며 더듬더듬 탐색하 여 침몰선의 선체 조각 일부를 찾아냈다. 물속은 앞이 전혀 보이지 않고, 배는 흙속에 깊이 묻혀 있어서 선체의 규모를 정확히 파악할 수 없었기 때문이다. 다만 탐색 초기 에는 조류 방향과 15도 각도로 배가 가라앉아 있고, 우현으로 약간 기울어 있는 상태 이며 규모로 보아 무역선으로 추정된다는 것 정도였다.

여러 가지 어려움으로 정작 본격적인 발굴이 시작된 것은 신안선 발견 이듬해인 1977년이었다. 해저 유물을 끌어내는데 필요한 사전 작업부터 서둘렀지만 어느 것 하 나 만만치 않은 일이었다. 규모가 그쯤 되면 땅 위에서 하는 작업이라 해도 버거운데, 바다에서 진행하는 일이라 뜻대로 되지 않는 것들이 많았다. 배의 상부는 썩어서 없어 졌고, 선수와 선미도 일부 부식되어 배의 정확한 크기는 알 수 없었다. 그러나 처음에 잠수사들이 들어가서 실측한 자료로는 배의 길이는 대략 28m이며, 선폭은 8m 정도로 추정된다는 것이었다. 조사를 진행하는 과정에서 배는 뱃머리를 서북 방향(323도)으 로 두고 있고 배의 중앙부는 바다 밑바닥 아래 1.5m 깊이에 묻혀 있으며 바닥 위로 드 러나 있던 갑판 위 부분은 썩어서 남아 있지 않다는 것을 알아냈다. 발굴이 어느 정도 진행되면서 알게 된 사실이지만, 이것은 대단히 정확한 것이었다.

신안선에서 나온 몇 가지 목재들

신안선에서 나온 목재는 배를 만드는데 사용한 목재와 상품으로 선적한 목재 그리 고 숯의 세 가지로 구분할 수 있다. 그러나 목재의 종류는 몇 가지가 안 된다. 목재 로 실은 자단목을 제외하면 대략 배를 만드는 데 사용한 자재, 즉 선재였다. 선 재는 삼나무와 녹나무[20]·잣밤나무·마미송 등이며, 그 나머지 목탄이 약간 있 다. 그 종류별로 대략을 살펴보자.

1) 자단목紫檀木—배의 맨 밑바닥에 통나무로 선적되어 있었다. 동전과 함께 맨 처음

청자병

은제개합

선적하였다. 오랜 옛날부터 자단목은 가구재나 각종 공예품을 만드는데 쓰였다. 마른 자단목을 잘라 태우면 향이 나므로 향으로도 사용하였다. 수마트라·보르네오 등 인도네시아와 말레이시아 그리고 인도 일대에 넓게 분포하는 자단목은 다 같은 종류이다.[21] 이 자단목에서 채취한 정유精油를 단향檀香이라고 한다. 본래 자단紫檀이란 이름과 함께 인도에서 전단栴檀이라는 용어도 사용하였다. 전단은 힌두어 '찬단(Chandan)'의 소릿값을 한자로 베낀 이름(음역어)이다. 불상을 만들거나 사찰의 주요부위에 건축재로도 사용하였으며 불교에서도 매우 중시한 목재이다.

2) 넓은잎삼나무[22]−흔히 스기(スキ) 또는 삼나무라고 부른다. 중국 남서부 지방에서는 25m까지 자라는 상록교목이다. 『송사』와 『원사』에는 일본에서 직경 1m가 넘는 대형 스기목[23]을 중국에 수출하였다고 되어 있다. 중국에도 삼나무가 있지만 웅장하고 품질이 좋은 것은 일본에서 많이 나기 때문이었다. 현재도 일본에는 1~2천 년이나 된 삼나무도 많이 살고 있다. 삼나무는 물에 잘 썩지 않아 배를 짓는데 사용하였을 뿐 아니라 목욕탕의 발판 또는 기타 목제품을 만드는데 주로 쓴다. 다만 비중이 너무 무거워서 삼나무만으로 배를 만들지는 않는다. 옛날에는 이 나무의 껍질과 잎을 약재로도 썼다.

3) 마미송馬尾松[24]−배를 만들 때 쓰던 목재로서 우리가 소위 '곰솔'이라 부르는 소나무이다. 중세시대의 대형 무역선인 신안선은 이 마미송과 삼나무 및 녹나무로 만들었다. 그 외에 잣밤나무가 약간 선적되어 있었으며 여러 가지 목제품도 함께 실려 있었다. 우리나라 서남해안과 섬에서 흔히 자라는 종류인데, 항주나 소주 및 영파 등 중국 남쪽 지방에 많이 자생하고 있다. 일반 소나무와 비슷하지만 잎이 약간 길고 나무줄기와 껍질이 검은 편이다. 우리가 흔히 소나무라 부르는 적송赤松보다는 재질이 조금 단단하다.

4) 녹나무(Cinnamomum sp.)−신안선 제작에 일부 사용하였다. 이 녹나무는 계피

와 마찬가지로 녹나무과에 속하는 상록활엽수이다. 고대 중국 남부지방과 가야 등에서는 목관으로도 썼다. 흔히 장목樟木이라 하는 것으로, 현재 중국 영파시를 대표하는 나무로 정해져 있다. 우리나라에서는 남해안 일부와 제주도에 약간 자생하고 있다.[25] 신안선에도 이 녹나무가 약간 선적되어 있었다. 이 나무에서 얻는 수액으로 장뇌樟腦를 만든다. 벌레나 기타 해충을 쫓으므로 옛날에는 옴과 버짐·나병으로 열이 나는 증세에도 사용하였다고 한다. 녹나무에서 채취한 장뇌의 향을 영어로 캄파향(Camphor)이라고 하는데, 장뇌는 방부제나 구충제로도 쓰였다. 신경쇠약·간질·신우신염 등의 치료약이나 강심제·흥분제로도 사용되었다고 한다.

국립해양문화재연구소에 보관중인 신안선과 자단목

이 외에 신안선에는 비록 얼마 안 되는 양이지만 목탄이 남아 있었다. 숯도 민간요법이나 한약재로 사용되었다. 숯을 만드는데 사용한 나무는 떡갈나무·가시나무·산유자나무로 밝혀졌다. 목탄은 발굴 당시에도 조직이 치밀한 상태로 남아 있어서 두드리면 쇳소리가 났다. 중국에서 약용으로 하는 목탄은 산유자나무[26]의 것이라고 한다. 목탄을 가루로 만들어서 상처에 바르면 지혈 효과가 있어서 상처에도 발랐고, 이질痢疾에도 사용하였다.

5) 떡갈나무─신안선에서 인양한 두 덩어리의 숯 가운데 하나가 떡갈나무 숯이다. 이 숯은 취사용 또는 약용이었을 것으로 추정된다.

맷돌

6) 가시나무靑桐─떡갈나무 숯 외에 나머지 한 덩이의 숯은 가시나무의 숯으로 판명되었다. 떡갈나무는 중국 중부 이북으로부터 만주를 거쳐 우리나라까지 분포하지만, 가시나무는 중국 남부에만 분포한다.

7) 잣밤나무栲類─배 안에 선적했던 나무 중에는 잣밤나무도 있었다. 우리나라에는 모밀잣밤나무와 구실잣밤나무 두 종류뿐이지만 중국 남부에서는 여러 종류가 자란다고 보고되어 있다. 이것은 중국 남부지역에서만 나는 종류로 추정하고 있다.

8) 산유자나무柞木─배 안에서 나온 숯을 분석한 결과 산유자나무로 밝혀졌다. 옛날에는 이 나무로 만든 숯을 약으로 사용하였다. 숯이 매우 단단해서 두드리면 쇳소리가 났다. 처음에는 참나무 종류의 숯으로 추정하였으나 산유자나무였다.

산유자나무는 한국 남부 지방과 일본 및 중국 남쪽에 분포하는 수종이다. 그리고 떡갈나무나 참나무류의 목탄은 질이 좋고 단단하며 연료로 사용할 경우 오랫동안 불이 꺼지지 않는다. 이들 목탄의 용도는 알 수 없으나 참나무류 숯이란 점에서 취사용일 가능성이 높다. 장기간에 걸쳐 장거리 항해를 해야 했으므로 물을 끓이거나 밥을 짓는 데 썼을 것이다.

고가의 도자기, 포장용 상자에 담아 수출

중세시대 중국의 상인들은 도자기를 포장용 상자에 정성껏 담아 가지고 나가서 팔았다. 중국과 고려의 상인들은 매우 가까웠고, 중국에 나가서 장사를 한 고려의 상인들이 많았으므로 고려의 상인들도 나무상자에 도자기나 상품을 포장하여 가지고 다녔을 것이다. 운반과정에서 고가의 도자기가 깨지지 않게끔 도자기 사이사이에는 목편을 끼워 넣기도 하였다. 또 고가의 향료나 후추와 같은 것들은 원통형 나무상자에 넣고 포장해서 가지고 다니며 교역을 하였다.

청자양각연판문완

도자기나 여러 가지 상품을 포장했던 나무상자는 원통형과 직육면체 두 가지인데, 직육면체의 나무상자는 길고 가는 판자로 맞추고 전후·좌우 가장자리에 6~7개의 대나무못을 박아 고정하였다. 나무상자에는 어떤 부호나 글자를 먹으로 써놓았다. 측면 한가운데에 '大吉대길'이라고 쓴 나무상자[27]도 있고, 중앙부에 특별한 표시를 한 것도 있다. 이런 표시는 아마도 화물의 소유자를 나타낸 것 같다. 물품의 종류를 표시한 것이었거나 선원 또는 상인들끼리 서로 약속으로 정한 부호일 수도 있다. 다소 긴 직육면체의 나무상자[28] 하나에는 도자기가 가득 들어 있었는데, 비록 뚜껑은 사라지고 상단부와 모서리 일부가 파손되었지만 비교적 완형에 가까웠다.

뚜껑을 갖춘 완전한 모양의 직육면체 나무상자[29]도 나왔는데, 이 상자 안에도 도자기가 가득 들어 있었다. 배가 표류하여 침몰하기까지 충격을 여러 차례 받았을 텐데도 도자기가 하나도 흐트러지지 않은 채로 남아 있었으며, 처음 포장한 상태 그대로여서 도자기를 넣고 포장한 방법까지 고스란히 알 수 있는 것도 있었다.

특이하게도 후추를 넣은 상자[30]는 뚜껑이 비교적 잘 남아 있었으며, 상자 안에는 적은 양이지만 후추가 남아 있어서 후추만을 따로 넣은 나무상자였음을 알게 되었다. 또한 뚜껑이 그대로 있고 하나도 파손되지 않은 완전한 모양의 원통형 나무상자[31]도 나왔다. 이것으로 당시 무역에 사용한 원통형 나무상자의 구조를 자세히 알 수 있었다. 원통형 나무상자의 몸통은 두께 2mm 가량의 얇은 나무판자를 세 번 휘어감아 원통형의 몸통을 만들고, 그 아래 위에 원형의 뚜껑을 덮은 것이었다. 뚜껑은 원형판자 1매로 되어 있고, 원통 상단부와 하단부에 얇은 판자를 덧대어 띠를 돌렸다. 다만 상단부 띠는 두 겹을 돌렸고, 하단부는 한 번만 돌린 차이가 있다. 뚜껑에는 일정한 간격을 두고 끈 같은 것으로 잡아맨 자리가 있었는데, 이것은 상자를 포장하면서 끈으로 단단히 잡아맨 흔적으로 볼 수 있다.

대길(大吉)이라고 쓴 나무상자와 상자에 포장했던 도자기들(인양 직후)

원통형 상자 중에는 도자기를 차곡차곡 포개어 포장한 것도 있었으므로 그 당시 상인들은 상품의 포장에 꽤나 정성을 기울였음을 알 수 있었다.

원통형 나무상자 한 개에는 백자를 비롯하여 도자기 58점이 들어 있었다. 이러한 상자는 배에 선적하거나 하역할 때 자칫 상품이 파손될 수 있으므로 상품을 보호하고 운반 편의를 위한 것이었다. 단단한 나무상자에 차곡차곡 상품을 넣고 정성껏 포장한 상품 포장용 나무상자를 확인함으로써 비로소 송~원 시대에 인도양을 지나 홍해나 아라비아반도·이집트와 그 외의 서역 여러 나라로 수출한 상품도 이런 방법으로 포장하여 선적하였으리라고 믿게 되었다.

백자표형주자

배에서 건져 올린 도자기는 표면에 조개껍질이 다닥다닥 붙어있는 것들이 많았다. 오랜 세월 바다 속에 있다 보니 굴이나 따개비 등 여러 종류의 패각류가 들러붙은 것이다. 그렇지만 갯벌 속에 묻혀 있던 것들은 깨끗하고 상태가 놀라울 정도로 좋았다. 더구나 배 안에서 꺼낸 도자기 가운데 나무상자와 같은 용기에 들어 있던 것은 원래의 모습 그대로였다. 도자기는 낱개로 여기저기 흩어져 있는 것도 많았고, 배 안의 선창에는 상자에 담아 포장한 상태 그대로인 것이 많았다. 상자에 포장하여 실은 것들은 한꺼번에 많은 양을 건져 올릴 수 있었으므로 인양 작업도 한결 수월하였다. 그렇지만 선체 밖으로 쏟아져 나가 갯벌 속에 묻힌 것들은 넓은 범위에 퍼져 있어서 하나하나 찾아내야 했으므로 여간 번거롭고 힘든 작업이 아니었다. 나무상자[32]는 발굴을 정식으로 시작한 1977년 7월부터 나왔는데, 갯벌에 묻힌 깊이에 따라 완전하게 남아있는 것도 있었고, 절반 또는 그 이상이 사라진 것도 있었다. 나무상자들은 새로 만든 것이 아니라 몇 차례씩 사용한 것이었다. 신안선은 이런 상자에 도자기나 여러 가지 상품을 담아 가지고 나가서 몇 차례씩 무역을 하였던 것이다.

그러나 내용물이 들어 있는 상태 그대로 나무상자를 바다 밑에서 건져 올리는 것은 쉬운 일이 아니었다. 산소통을 등에 멘 두 명의 잠수사가 한 조가 되어 수심 20m 깊이의 비좁은 철제 틀 안에서 유물을 끌어내는 일은 대단히 힘겨웠다. 물건이 들어있는

상태 그대로 건져 올린 나무상자는 4개뿐이
다. 나머지는 내용물을 먼저 꺼내고 나서 빈
상자만을 끌어내었다.

도자기며 여러 가지 상
품을 넣어 포장한 나무
상자

　나무상자[33]에는 먹으로 부호 비슷한 표시
를 해둔 것들이 있었다. 네 측면의 한가운데
에 '大吉'이라는 한자를 쓴 것도 있고, 지름 약
8.5cm 짜리 원 세 개를 삼각형으로 배치한 상자
도 있었다. 정확한 근거는 없지만, 이런 표시는 소유주의 화물을 구분하기 위한 것이
었으리라고 짐작된다. 이와 같은 나무상자를 선창에 어떤 상태로 적재했었는지는 정
확히 알 수 없다. 다만 배 밑창에 자단목과 동전을 실은 뒤, 그 위에 상자를 쌓았던 것
은 분명하다. 일부 격창隔艙에서는 나무상자 바로 아래에서 동전이 나온 사례가 있다.

　배 밑바닥에는 막대한 양의 자단목과 동전이 실려 있었는데, 실제로 나무상자가 있
던 자리에서 많은 양의 동전이 나왔다. 동전더미 위에서 건진 나무상자는 6개인데, 그
중 4개는 아래위로 2개씩 겹쳐놓은 상태였다. 바로 그 아래쪽에 있던 나무상자(3호 나
무상자)에서 13세기 중반경부터 14세기 초에 만든 고려청자[34] 7점이 나왔다.

　도자기를 담는데 사용한 용기는 직육면체 모양의 나무상자 외에도 원통형 나무통
이 더 있었다. 이런 나무통 가운데 일부는 후추를 담거나 물통으로도 썼던 것 같다.[35]
나무통 외에 원형의 용기 한 개가 더 있었는데, 여기에는 도자기 50개와 구리로 만든
냄비 세 개가 들어있었다. 나무통은 얇은 나무 판을 원통형으로 둥글게 말아서 만들었
으며 뚜껑도 있다.

원통형 나무상자. 후추
나 도자기와 같은 상품
을 담았다.

　나무상자가 원형 그대로 나온 것은 모두 3개이다. 대형 호壺와 같은
도기나 토기는 포장을 했었는지를 알 수 없었지만 도자기와 중·소형
금속 제품은 모두 나무상자에 넣어 포장한 상태였다. 신안선 각 칸마다
이런 상자들이 차곡차곡 쌓여 있는 것으로 보아 처음부터 계획에 따라
선창을 구분하여 상품을 종류별로 선적했던 것 같다.

　포장용 나무상자는 원통형과 장방형의 두 가지가 있다. 원통형 상자

하나에는 청자 34점, 청백자 21점, 금속제 주방용구 3점 등 모두 58점의 유물이 들어 있었다. 청자 접시가 20점이나 들어 있는 상자도 있었다.[36] 구연이 안으로 오그라든 내만형内彎形 접시가 14점이고, 접시 한가운데에 연화문을 음각으로 새긴 접시가 13점이나 들어 있었다. 나머지 1점은 유약을 입히지 않아서 상급의 청자는 아니다. 다만 접시에 쓴 방광당方廣堂이라는 명문이 있었는데, 이것은 접시 생산자의 상호이거나 판매자의 주문에 맞춰 생산한 상품일 가능성이 있다. 경원이나 천주에 있는 도자기 판매상 방광당이 주문 생산한 제품이거나 가마와 도공을 확보한 판매자 누군가가 방광당이란 브랜드 상품을 판매한 것으로 볼 수 있다는 것이다.

나무상자에 들어있던 상품의 종류와 수량

(괄호 안의 숫자는 수량을 나타낸다.)

번호	발굴연도	인양번호	내용물
1	1977년	B5-35	균요화분(釣窯花盆, 16)
2	1977년	B1-92	청자향로(2)·청자대접(4)·청자완(10)·청자접시(16)·백자접시(4)·백자대접(8)·천목완(天目盌, 4)·잡유호(雜釉壺, 3)·칠기완(6)·와제보살상(1)·청자고족배(1)·사리(약간于)·부채 손잡이부분(1)·소목편(3)
3	1977년	A3-115	후추 한 상자분
4	1977년	O6-1호상자 (아래에 4호상자)	청자소접시(2)·청자접시(13)·청자완(56)·청자대접(1)·청자향로(1)·청자소호(1)·청자도사형연(1)·백자소접시(25)·백자접시(4)·백자완(2)·백자대접(1)·백자향로(1)·백자수우동자상연적(4)·백자뚜껑(1)·동전(약간)
5	1977년	O6-2호상자 (아래에 3호상자)	청자대접(4)·청자접시(1)·충저중형접시(3)·청자완(3)·백자병(1)·백자향로(1)·백자완(4)·백자접시(9)·칠기완(2)·계피(약간)·목편(약간)
6	1977년	O6-3호상자 (아래에 2호상자)	청자상감탁(1)·청자상감완(1)·청자화분(5)·청자접시(34)·청자소호(1)·청자완(1)·청자소형향로(22)·청자소형주자(1)·청자잔(1)·청자개(1)·청자약연(1)·백자병(1)·백자소형주자(1)·백자완(4)·백자잔(50)·백자접시(60)·흑유완(1)·흑유호(1)
7	1977년	O6-4호상자 (아래에 1호상자)	청자병(2)·청자화분(3)·청자고족배(2)·청자접시(3)·청자대접(1)·균요화분(2)·청동병(2)·청동국자(1)·동전(약간)
8	1977년	O6-5호상자	청자대형유개호(1)·청자대반(4)·청자향로(3)·청자소형병(5)·청자접시(1)·백자 관(2)·백자접시(1)
9	1980년	E3-16	청자대접(5)·청자완(35)·청자접시(289)·청자향로(1)·백자대접(5)·백자접시(40)·백자잔(10)
10	1981년	O6-1호상자	청자대접·접시(10)·동제국자(3)·동제방울(2) 등 101점

한편 장방형의 직육면체 나무상자 하나에는 총 386점의 청자와 청백자 및 백자 도자기가 들어 있었다. 그 중에서 청자가 330점으로 가장 많았으며 백자와 청백자는 55점, 그리고 작은 자단목 조각 1점이 상자에 들어 있었다.[37] 이 나무상자는 상품을 정성들여 포장해서 선적하기 위한 대용량 상자였던 것이다.

직육면체 또는 원통형의 나무 상자는 지금의 화물선에 쓰이는 컨테이너 박스와 그 용도가 같은 것이었다. 운송수단의 발달과 더불어 상자와 규모는 커졌고, 나무를 대신하여 철제로 바뀌었을 뿐, 그 기본은 하나이다. 우리 인간이 쌓아온 문화는 바로 이런 것이다. 어느 날 혜성처럼 새로운 것이 하늘에서 떨어지는 것은 아니다. 2∼3천 년 전의 청동 머리핀이 지금의 머리핀과 거의 같은 모습이듯이 컨테이너 박스의 원형은 중세시대 이전부터 물건을 넣어 운반하는데 쓰이고 있었던 것이다.

선원과 일본인들은 주로 선미 쪽에 있었다

신안선의 선장과 뱃사람들은 맨 먼저 선창 바닥에 자단목과 동전을 실었다. 그리고 나서 그 위에 도자기·칠기·금속제품 등 고가의 상품들을 넣은 나무상자를 포개어 올려놓았다. 그 상태 그대로 배는 침몰하였다. 이런 조건에서 발굴하다 보니 먼저 나무상자에 들어있는 것부터 하나씩 들어서 건져내야 했다. 그러고 나서 흡인호스로 선체 내부의 토사를 빨아냈는데, 크기가 작은 유물은 대부분 흡인호스를 따라 나왔다. 덩어리가 아닌 동전은 이때 대부분 딸려 나왔다. 그러나 배가 침몰한 뒤로 너무나 오랜 세월이 지나 상품을 담았던 나무상자는 대부분 썩었고, 거기서 유물이 굴러 나와 여기저기 흩어져 있었다. 배 주변에도 배가 침몰할 때 쏟아져 내린 상품들이 흩어져 있는 것으로 보아 선창만이 아니라 갑판 위에도 많은 양의 상품을 적재하였던 것으로 짐작되었다. 배에서 꺼낸 유물 중에는 선원의 휴대품도 있고 일본인 무사나 일본인들이 사용했을 일상용품도 있었다. 일본 유물은 주로 선미 쪽에서 발견되었다. 일본인이나 일본 승려 또는 호위무사들이 선미 쪽에 타고 있었음을 시사하는 것이다. 배 안에서 꺼낸 유물을 구역별로 정리한 것이 다음의 〈도표〉이다.

청자병

선원 소지품 및 일본제품의 발견위치

선박 내 구역		품 목
발견위치	선미 좌현 외곽	칼자루(2)·칼코등이(3)·일본 세토 매병(古瀬戸 梅瓶, 1)
	선미 우현 외곽	고려 청동제 숟가락(1)·일본제 청동거울(3)
	1·Ⅱ구역	일본제 칠화주칠완(3)·일본 세토매병(古瀬戸 梅瓶, 1)·일본제 쌍작문방경(雙雀文方鏡, 1)·일본제 사전쌍작문경(社殿雙雀文鏡, 1)
	Ⅲ구역	두개골(1)·청자 젓가락(3벌)
	Ⅳ구역	일본제 칠화흑칠배(漆畵黑漆杯, 1)·게타(1)·일본 장기말(2)·주사위(1)
	Ⅴ구역	칼자루(1)·일본 게타(1)·주사위(1)
	Ⅵ·Ⅶ구역	일본 장기 말(5)·주사위 (1)

고물만이 아니라 뱃머리 쪽에는 쌍학문경雙鶴文鏡이라는 이름의 일본제 청동거울 한 개가 있었으며 Ⅴ구역 좌현 외곽에서는 일본 장기알 6개가 나왔다. 장기알과 함께 고려제 청동숟가락도 2개가 나왔는데, 선미 우현 외곽에서 찾아낸 청동제 숟가락과 Ⅴ구역 좌현 외곽에서 나온 2개의 청동제 숟가락은 모두 모양이 같은 고려 제품이다. 이것은 고려인 선원이나 상인이 타고 있었음을 의미하는 유물이다.

유물은 배 밖에서도 많이 나왔다. 배가 가라앉을 때 선적 상품 일부가 배 밖으로 쏟아져 나가 흩어졌고, 이것들이 먼 곳까지 조류에 떠밀려가서 매몰된 것이다. 배 밖에서 유물이 주로 발견된 범위는 대략 선체로부터 20~30m 거리였다. 해저 바닥에 드러난 유물은 대부분 9년 간의 발굴에서 건져 올렸지만 침몰지점 주변 어딘가에는 침몰 당시에 흩어진 유물이 아직도 더 남아 있을 것이다. 그래서 신안선 침몰지점으로부터 반경 1~2km 범위는 유물 매장지역으로 지정되어 있다. 누군가 이 지역에서 유물을 건져가는 일을 막기 위한 것이다.

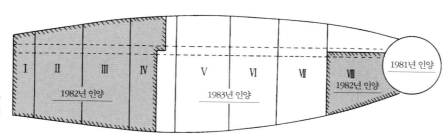

신안선 각 구역별 분류와
인양작업 순서

7점의 고려청자 어디서 선적한 것일까?

신안선에서는 고려제 청동숟가락이나 밥그릇(발)과 함께 7점의 고려청자가 나와 이것들이 갖는 의미가 무엇인지 궁금증을 자아냈다. 기종은 매병과 대접·잔과 잔반침(잔탁)·베개·해치연적 등이다. 이런 고려청자가 주로 나온 곳은 Ⅱ·Ⅵ·Ⅶ의 세 구역이다. Ⅶ구역에서 꺼낸 나무상자에는 청자상감운학문완靑瓷象嵌雲鶴文盌과 청자상감국화당초문탁靑瓷象嵌菊花唐草文托이 있었으며 Ⅵ구역 좌현 외곽에서는 1977년에 청자양각당초문매병靑瓷陽刻蓮唐草文梅瓶 1개가 나온 바 있다. 그 후 1983년에 선체 외곽을 탐색하면서 Ⅱ구역 외곽에서 청자베개가 나왔다. 이 청자베개를 청자상감도침靑瓷象嵌陶枕이라고 부른다. 청자베개와 함께 청자 잔과 잔탁托盞 그리고 청자 호의 뚜껑이 각각 한 개씩 더 나왔다. 청자해치형연적靑瓷獬豸形硯滴 한 개는 1981년 선미 좌현 외곽에서 나왔다. 머리 한가운데에 뿔이 있어서 이것을 해치연적으로 보고 있다. 그런데 신안선의 해치연적과 거의 유사한 연적이 충북 괴산군 괴산읍 서부리 116번지에서 출토되었으며, 바다 건너 대마도 유적[38]에서도 나온 바 있다.

1977년에는 동전더미 위에 올려놓은 나무상자에서 2개의 상감청자가 나왔다. 아래위로 겹쳐서 적재한 두 개의 나무상자 중 아래 상자에서 발견된 것이다. 이와 같은 최상급 고려청자들은 배 밑바닥에 실은 자단목과 동전 바로 위에 놓여 있던 것들로, 13세기 중반 이후에 생산된 고려의 제품이다. 이것들은 전남 강진군 대구면 사당리나 전북 부안군 보안면 유천리 가마에서 만든 것으로 추정하고 있다. 이 고

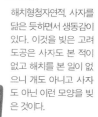

해치형청자연적. 사자를 닮은 듯하면서 생동감이 있다. 이것을 빚은 고려 도공은 사자도 본 적이 없고 해치를 본 일이 없으니 개도 아니고 사자도 아닌 이런 모양을 빚은 것이다.

청자상감운학국화문도침

청자상감운학문대접

청자상감국화문진탁

려청자 중에는 신안선 침몰시점으로부터 60~70년 전에 생산된 것도 있어 누군가 중국에서 소장하고 있던 것을 구입하여 상품으로 선적하였을 것이라고 보게 되었다. 제작시기가 13세기 중반에 만든 것부터 14세기 초에 나온 고려청자까지 있다고 보는 데서 나온 추론이다. 고려청자에 관한 편년이 잘 정리된 편이므로 7점의 고려청자 생산시기에는 문제가 없을 것이다.

그러면 이 청자들을 구입하여 선적한 곳은 어디였을까? 천주와 경원(명주) 두 군데로 압축된다. 고려 상인들 중에는 천주에 눌러앉아 상점을 열고, 고려청자와 고려 물품을 팔던 사람도 있었다. 천주의 고려인 상가인 고려항高麗巷에도 물건들이 즐비하였으므로 천주의 '고려인 거리'에서 구입해서 선적하였을 수도 있다. 또 경원에도 고려관이 있었고, 천주보다도 많은 고려의 상인들이 나가 있었으므로 경원에서 구입했을 수도 있다.

천주항을 떠나 경원으로 향하다

신안 중도 앞바다에 묻은 꿈의 여정

초여름인 음력 4월 하순, 신안선은 천주를 떠나 북으로 향하였다. 때마침 부는 남풍은 살가운 미풍이었다. 선창에는 자단목과 동전을 가득 실은 상태였다. 천주의 악대는 아쉬운 이별의 노래로 신안선을 떠나보냈다. 갑판과 선실에는 선원과 승려와 상인들이 저마다 손을 흔들며 악대의 음악에 화답하였다. 천주는 갖가지 꽃들이 피어난 가운데 이따금씩 꽃보라가 휘날렸고, 나비 떼가 무수히 날고 있어 아찔할 만치 화려하였다. 선장과 선원, 승려와 승객 모두에게 천주항의 아름다움은 아릿한 기억으로 남을 것이었다.

백유흑화당초문소병

제2부

천주항을 떠나 경원으로 향하다
- 신안 증도 앞바다에 묻은 꿈의 여정

1323년 음력 4월 22일과 23일에 첫 선적을 마치고 신안선은 천주항을 벗어나 북으로 항했다. 여름 기운이 완연한 4월 하순, 복주福州와 온주溫州를 들러서 쉬엄쉬엄 가는 길이었다. 봄내 길을 서둘러 준비하였지만, 생각보다 많이 늦었다. 선창에 자단목과 동전, 그리고 도자기와 주석정을 가득 실었으므로 배는 순풍에도 무거웠고, 쉬이 움직이질 않았다. 더구나 바람이 여의치 않아 기다린 날도 많았다. 그러나 물건은 계획대로 실렸고, 배는 일정에 따라 운항되었다.

갈유양인각문자명사이
대호

천주를 떠나 경원으로!

중국 동남부의 국제적 상항商港인 천주항. 봄이 한창 무르익었다. 하지만 남녘의 날씨는 이미 초여름이었다. 뭇꽃들이 피어 각가지 꽃내음으로 천주가 뒤덮였다. 그야말로 백화천향百花千香이라는 말이 어울릴 것 같다. 자동화가 천주성 성벽을 핏빛으로 물들인 지도 두어 달은 되었을 것이다. 차츰 남풍이 세어지고 있었다. 그 바람을 따라 남쪽 바다로부터 흰 돛을 가득 세운 배들이 하나 둘 들어오고 있었다. 이제 천주도 더욱 바빠질 참이었다.

무역풍을 타고 들어온 배들이 늘어나면 저 거리는 또 다시 북적이게 될 것이다. 약속된 대로 엊그제까지 배에는 자단목과 동전이 가득 실렸다. 원 제국이 새로운 화폐로서 보초와 교초를 발행하면서 동전을 사용하지 못하게 되었으므로 쓸모가 없어진 동전은 천주 거리에도 나뒹굴었다. 천주 주전소에도 거둬들인 동전이 넘쳐났다. 주전소에서도, 거리에서도 아무짝에도 쓰지 못하게 된 동전을 사들이는 데는 어려움이 없었다. 일부는 시주로 받은 것도 있었다. 남해제국의 남방에서 건너온 한약재와 천주의 도자기도 어제 오후까지 함께 실렸다. 이번에 천주에서 더 실을 것은 없었다.

배에서 내려다보이는 천주의 외국인 거리에는 악대를 앞세운 기생과 천주시박사의 관리들이 분주히 걸어가고 있었다. 조금 전 작별을 하고 돌아가는 행렬이다. 그들이 남긴 풍악과 노랫가락이 진한 여운으로 귓속에 맴돌았다. 항구에서 멀지 않은 곳에 내원역이 있고, 그곳에 객관이 있었다. 원 나라 정부가 외국에서 오는 사절과 상인들을 접대하기 위해 마련한 내원국 객관은 늘 사람들로 붐볐다. 그곳에 머물고 있는 사람 중에는 꼬부랑 머리에 키가 큰 서역인과 인도인도 있었다. 천주시박사는 내원 객관에 관기까지 두고 맛난 음식과 술, 여러 나라의 음악으로 상인들을 맞았다. 대형 무역선이 들어오면 악대를 앞세우고 나가서 맞아들였고, 그들이 천주를 떠날 때도 똑같이 접대하였다. 관례대로 신안선의 강사와 상인들도 푸짐한 대접을 받았다.

지난 밤 신안선의 강수와 선원, 상인들을 위한 송별연이 있었던 터라 다들 아직 술이 덜 깬 듯하였다. 천주 대상의 환대로 모처럼 한밤내 즐거웠다. 이제 떠나면 해가 바뀌어야 돌아올 것이다. 장돌뱅이의 삶이란 정처 없이 떠도는 바람 같은 것. 선장도 선원도 다를 게 없는 몸이었다. 가는 길마다 꽃도 많고 바람도 불었다. 바람이 자면 어느 항구에 돛을 내리고 발을 쉬어야 했고, 비 내리는 날에는 해를 그리며 여정을 재촉해야 했으나 그리 서두를 일은 아니었다. 꽃이 있으면 피할 것도 아니었다. 신안선의 강수는 요 며칠 전에 만난 기생과의 회포를 떠올렸다. 그 밤의 감흥은 참으로 깊어, 쉬 잊을 수 없을 것 같았다.

이윽고 정적을 깨는 징소리가 울렸다. 뱃고동을 대신한 것이었다. 이제 막 따라놓은 찻잔의 자순차가 출렁였고, 갑판의 사람들이 웅성거렸다. 돛을 세워 배가 항구를 막 뜨면서, 떠나는 사람과 보내는 이들이 쏟아내는 작별인사로 자못 어수선하였다.

천주의 상권을 쥔 대상은 아랍인들이었다. 포수경이 죽은 뒤로, 그의 아들 포사문과 포사무 형제가 천주에서 큰 세력을 형성하였고, 이젠 두 형제의 자식들이 무역에서 막강한 실력을 갖고 있었다. 천주에서 선적한 물건도 그들의 손을 빌린 것이었다.

천주는 세계적으로 이름난 국제항이었다

6세기까지의 오랜 혼란기를 끝내고 중국에서는 당唐 왕조가 들어섰다. 당나라는 강력한 왕권을 바탕으로 제국에 버금가는 정권을 구축하였다. 당나라의 지배층은 그때까지 중국이 경험한 것 이상으로 넓은 세계관을 갖게 되었고, 세계인을 포용하였다. 당나라는 이미 세계 2백여 나라와 교역을 하였다. 그 당시 중국은 동로마 이상으로 큰 영향력을 형성하고 있었다. 10~11세기 송 왕조에서도 그것은 달라지지 않았다. 북송 초기에 중국은 유럽과 서역인 모두에게 동방의 신비로운 나라였다.

흑유양이호

북송 시대에 이미 천주泉州에는 고려를 비롯하여 멀리 나곡羅斛[1]과 같은 여러 나라의 상인을 태운 무역선까지 드나들었다. 이런 사실은 『송사』나 『송회요宋會要』 등에 명확히 기록되어 있다. 『송회요』에 의하면 중국은 이미 당나라 초부터 아랍 지역의 대식국[2]이라든가 자바 중부에 있던 나라인 도파국闍婆國을 비롯하여 발니渤泥[3]·마일麻逸[4]·삼불제三佛齊[5]·소길단蘇吉丹[6]·진랍眞臘[7] 등과 활발하게 무역을 하였다. 중국 상인들은 배를 타고 서쪽으로 멀리 파사만婆斯灣[8]까지 오가면서 장사를 하였다. 아랍권의 몇몇 나라들은 당나라 때 이미 중요한 교역국이었다. 송~원 시대에 남해 사주지로 즉, 해상실크로드의 종점은 로미국蘆眉國이라고 하는 나라였다. 그곳이 바로 지금의 로마였다.

이렇게 중국과 서양의 교류가 빈번해지자 일찍부터 중국 동남부의 천주항에는 아랍과 멀리 유럽에서 온 상인들이 살았다. 그 중에서도 아랍에서 온 사람들이 가장 많았으며 장삿길에 나섰다가 아예 천주에 눌러앉은 이들도 많았다. 그들은 천주에 이슬람 사원을 짓고 평생 마호메트를 숭배하였으며, 죽어서 천주에 뼈를 묻은 사람도 적지 않았다. 지금 광주와 천주에 사는 아랍인 이슬람교도들은 그 선조가 바로 당송 시대 이후에 건너와 발을 붙이고 살면서 남긴 씨앗들이다. 물론 6~7세기 중국 서북 지역에 유입된 경교景敎[9] 교도들도 천주와 광주 등에 많이 살았다. 또한 이란 지방에서 기원한 조로아스터교를 믿는 이들도 많았다. 경교는 조로아스터교의 영향도 받았다. 페르시아 고유의 종교인 이 조로아스터교가 불을 숭배하고 결혼과 다처제를 숭상한 배화교拜火敎이며 그것의 다른 이름이 곧 명교明敎[10]이다. 중국은 일찍부터 이들 서양의 종교를 널리 포용하는 정책을 폈다.[11]

북송 시기에 천주를 벗어나 바다로 나간 중국인과 중국의 상선들은 그 이전 시기보다 부쩍 늘었다. 그들은 북으로 고려에서 남으로 말레이시아·인도네시아까지 나아가 교역을 하였다. 바로 그 무렵인 1069년[12] 고려는 무역선을 타고 국경을 넘나들던 상인들을 통해 송과의 교류 의사를 전달하였다. 복건 지역의 교역 담당 부서인 복건전운사福建轉運司를 통해 두 나라의 교류를 정식으로 제안한 것이다. 그 일이 있은 뒤로 20년이

한가한 모습의
천주항

송대해선(복선)의 복원
모형. 이런 배를 타고 나
가 교역을 하였다.

지난 1089년,[13] 고려의 사신 수개壽介는 사절단을 이끌고 남송에 갔다. 그때 고려의 사신들이 타고 간 것은 천주 상인 서전徐戩의 배였다. 이렇게 해서 고려와 남송의 교류가 다시 이어졌다.

그동안 고려와 중국은 산동반도 등주登州와 내주萊州·밀주密州를 두 나라의 교류항으로 이용하였다. 그런데 거란의 요遼 정권이 들어선 뒤로는 거란의 눈치를 보느라 이들 북방 항구를 이용할 수 없게 되었고, 그 대신 남방의 명주(경원)와 천주를 택하였다. 그 무렵 천주는 이미 세계적인 교역 항으로 크게 성장하고 있었다. 진한秦漢 시대 이후 발전을 계속해온 천주에 1087년 천주시박사가 설치되었다. 이것이 공식적으로 천주항을 개항한 해로 볼 수 있는데, 그로부터 2년 뒤에 고려의 사절단이 천주로 가서 고려의 국서를 전달한 것이다(346, 355페이지 지도 참조).

그 후로 불과 30~40년이 되지 않아 천주항은 크게 발전하였다. 광주廣州 또한 중국 남동해안의 항구로서 그 역사가 유구한 곳이지만 1102~1106년[14] 사이 천주와 소주·항주 지방은 이미 크게 발전하였으며 광주를 추월하였다. 당나라 때 대략 6천 만을 웃돌던 인구는 북송 말인 1102년 무렵에는 약 1억 명을 돌파하였다. 그로부터 2백 년이 채 안 된 시점인 원나라 초에 마르코폴로가 천주를 "세계 최대의 항구 가운데 하나로서 상인과 상품이 몰려드는 곳"이라고 평가한 것은 과장이 아니었다. 11세기에 이미 강남 지역은 문화·경제적으로 월등히 앞서 있었다. 1291년 천주에 온 마르코폴로는 인도의 상인들이 향료와 보물, 그리고 각종 귀한 화물을 싣고 자동항(=천주항)에 와서 장사를 하고 있는 것을 목격하였다. 그가 와 본 천주는 부유하였다. 그리고 1345년에 천주에 간 이븐바투타 또한 전성기의 천주항을 "세계 최대 항구의 하나"라고 평가하였다. 해외로 나가서 무역을 하기 위한 곳으로는 천주가 가장 적합하였으므로 중국 남동부 지방의 무역상들 사이에서는 "배를 타고 외국에 나가서 무역을 하려거든 천주로 가라"[15]는 말을 공공연히 할 정도였다. 남송 말기에 이미 천주는 세계 최대의 무역항이 되어 있었던 것이다.

그 후로 1백 년이 채 안 된 15세기 초에 정화鄭和는 방대한 선단을 이끌고 세계 30여 개 나라를 방문하였다. 그는 대규모 선단을 조직하여 비단·도자기·동기 등을 싣고 해상실크로드를 따라 북아프리카 지역까지 갔다가 돌아왔다. 점성(참파)[16]·안남[17]·말라카滿剌加·인도네시아 발니渤泥[18]를 거쳐 이집트와 이란·호루무즈 해협을 돌아서 많은 나라들을 돌아보았다. 그렇지만 마르코폴로나 이븐 바투타 그리고 정화와 같은 여행가나 상인들은 "이집트를 발견하였다"거나 "아프리카 신대륙을 발견하였다"고 말하지 않았다.

북중국 연안항로(북로)의 출발지인 산동반도 등주(봉래시)의 수성

15세기 초 명나라 정화가 타고 나간 대형선박 보선. 길이가 150m에 폭이 60m 이상인 대형 선박으로 돛대는 12개였다. 당시 최첨단 지휘선이었다. 정화는 1만 톤이 넘는 이 배를 타고 아프리카 등 7대양을 다녀왔다.

다만 자신의 모습과 다른 사람들이 살아가는 새로운 세상을 보고 장사를 하기에는 벅찰 만큼 세상에는 많은 나라들이 있다는 사실을 확인하고 돌아왔다. 자기네들과는 너무도 다른 모습이지만 다양한 인종, 여러 나라가 지구상에 살아가고 있음을 안 것만으로도 그들은 흥분하였고 큰 충격을 받았다.

기록에 따르면 13세기 초에 천주에서 중국과 바다를 통해 교역을 한 나라는 불과 31개국이었다.[19] 그 중에서도 대식국·파사波斯·삼불제三佛齊·점성·고려 등의 상인이 천주를 자주 찾았다. 서역의 상인들 중에도 천주에 아예 눌러앉아 진주·상아·서각·유향과 같은 값나가는 물건을 파는 이들이 꽤 있었다. 그런데 1224년[20]에 쓴 『제번지諸蕃志』[21]에는 천주항에서의 해상무역 교역국이 모두 53개국으로 기록되어 있다. 10여 년이 안 되는 사이에 교역국이 크게 는 것이다.

그러나 그 후 교역국은 빠르게 늘어난다. 원 제국이 등장함으로써 더욱 넓어진 세계관을 바탕으로 많은 나라들이 중국을 찾아와 무역을 하였으므로 원대에 이르면 교역국은 급격하게 늘어난다. 그래서 동남아시아의 여러 섬나라 사정을 기록한 『도이지략島夷志略』[22]이란 책에는 팽호도彭湖島를 제외하고 총 98개국이 천주를 찾아와 교역을 한 것으로 되어 있다. 당시 천주는 동양 최대의 국제항으로 이름이 알려져 있었으므로 세계 여러 나라에서 온 다양한 사람들이 천주에 모여 살았다.

정화행향비. 정화가 선단을 이끌고 떠나기 전, 무사항해를 기원하며 향을 올린 자리에 세워진 기념비

1240년대 남송 정부는 아랍인 포수경蒲壽庚을 제거천주시박사[23]에 임명하였다. 푸른 눈의 이방인을 천주의 최고권자이자 무역 분야 총책임자인 고위관리로 등용하는 것 자체가 그 당시에는 파격적인 일이었다. 더구나 원 제국의 몽고족들에게 핍박받던 남송의 한인들에게는 커다란 충격이었다. 이후 30여 년 동안

그는 아랍 상인들과의 교역에서 얻는 이익을 마음대로 전단하였다. 그는 자신과 이해 관계가 있는 외국의 상인이면 누구나 천주로 불러 모았다. 사실 광주나 천주에 서역인들이 많이 들어와 살게 된 것은 포수경의 영향이 컸다. 푸른 눈의 외국인으로서 그가 천주시박사라는 중국의 고위 관리를 지냈기 때문에 상인들은 그에 대해 호기심과 친밀감을 갖고 있었다. 그래서 그 소문을 듣고 서역의 상인들이 몰려왔다.

물론 중국의 상인들도 천주에서 배를 타고 해외로 나갔다. 천주는 중국 남동 지역에서 해외로 나갈 때 반드시 거쳐야 하는 출입항이 되어 있었다. 그래서 1274년에 쓴 『몽양록』에는 "배를 타고 외국에 나가서 무역을 하고 싶으면 천주에서 배를 타고 바다로 나간다"[24]고 하였다.

청자첩화모란당초문화병

천주에서는 금·은·납·주석 그리고 갖가지 화려한 색을 넣은 비단이며 도자기와 같은 물건들이 주로 거래되었다. 이 외에도 다양한 물품들이 집중적으로 거래되었다. 동남아시아 여러 나라와 아랍 각국은 유향·몰약·소합향과 같은 서역 특산의 향료와 서각[25]·상아·산호·호박·소목 등을 가지고 와서 중국의 진귀한 물건들을 바꾸어 갔다. 바다거북[26]·진주와 같은 전통적인 사치품을 비롯하여 잡다한 일반 생활용품에 이르기까지 대단히 많은 것들이 들어왔는데, 그중에서도 중국인들이 가장 좋아한 것은 향료와 상아·진주 같은 것들이었다.

그래서 배를 타고 천주로 들어온 서역의 상인들은 주로 향료 무역에 종사하였다. 무게가 가볍고 부피가 작은 데다 값이 비싸서 수익이 대단하였기 때문이다. 그런데 향료무역이 성행하자 고민거리가 생겼다. 중국의 화폐가 부단히 해외로 유출되어 급기야는 중국 돈이 씨가 마르는 전황錢荒이 자주 일어난 것이다. "중국 돈을 갖게 되면 창고에 나누어 두고 나라의 보배로 여겨서 지키므로 중국에 들어온 외국인은 중국 돈이 아니면 가지 않고, 외국의 상품 역시 중국의 돈이 아니면 팔지 않는다"[27]고 할 정도로 외국의 상인들은 중국 돈을 좋아했다. 이렇게 되자 남송 정부는 급기야 중국 돈이

나라 밖으로 빠져나가는 것을 금지하는 규정을 마련했다. "중국 돈 1만 문을 나라 밖으로 빼돌리면 사형에 처한다"[28]는 강경방침이었다. 지금이나 그때나 돈을 나라 밖으로 빼돌려 사리사욕을 채우는 이들이 있었다. 그것으로 자단목이나 주석·은이나 향료를 매점매석하는 부류도 있었다. 그러나 중국 밖으로 돈이 유출되는 것은 화폐에만 국한된 일이 아니었다. 귀금속과 돈 되는 원자재도 빠져나갔다. 1219년[29]에는 금과 은 그리고 구리가 외국으로 새나가는 것을 막았다. 당시 이러한 광물 자원은 중국의 국가 경제에 대단히 중요한 것들이었다.

그렇지만 이와 반대로 중국 정부가 비상시에 외국으로부터 물자를 수입한 사례가 많이 있다. 그 중 한 예로서 우선 북송 초기 점성에서 천주항으로 쌀을 수입한 사례를 들 수 있다. 1012년[30] 여름 강남의 강소성과 절강성 일대에 가뭄이 들어 사람들이 굶주리게 되자 비상조치로서 남방의 쌀을 3만 곡斛이나 사들인 것이다.[31] 남방에서 주석이나 은도 수입하였다. 고려에서는 구리를 대량으로 사들인 적도 있다. 송~원 시대에 고려는 천주에 인삼·은·구리·수은·능포綾布와 같은 물자를 수출하였다. 능포는 고급 비단으로 값이 비쌌다. 이 외에도 모시나 여러 가지 약재며 표범가죽·돗자리(화문석) 같은 것들도 수출하였다.

일본은 거대한 삼나무를 천주에 내다 팔았는데, 그 길이가 14~15길[丈]에 직경이 4자(尺)나 되는 거대한 원목이었다. 천주는 주변국과 세계 여러 나라에서 들어온 물화로 번화하였고, 거리는 북적였다.

천주항은 산을 등지고 앞으로는 끝없는 바다를 안고 있다. 그러므로 천주엔 평지가 적다. 경작할 수 있는 땅이 별로 없는 조건으로 말미암아 천주는 일찍부터 상업이 발전하였다. 그러나 천주는 본래 천주가 아니

천주에서는 어디서나 흔히 볼 수 있는 자동수(刺桐樹). 해마다 3~4월에 꽃이 핀다.

었다. 자동항刺桐港이라는 이름으로 시작하였다. 이미 오대五代[32] 말부터 무역항으로 성장하고 있었으나 이곳이 크게 발전한 것은 송대 이후이다. 천주는 9~10세기만 해도 자동 나무를 중심으로 해변에 형성된 작은 포구에 불과하였다. 복건성 남부해변의 항구로서 성을 쌓을 때 성 주변을 따라 자동수刺桐樹를 심어서 자동성으로 불렀다고 한다. 그래서 천주성을 자동성으로 불렀다는 이야기도 함께 전해온다. 원래 천주에는 어디나 자동화가 많이 자생하였다. 자동수는 중국 남부 지역으로부터 아시아 열대지방에 자생하는 낙엽교목이다. 키가 20m 가량 자라며, 줄기에는 원추형의 가시가 있다. 이 가시에서 자동이란 이름이 비롯되었다. '자동'은 가시가 있는 오동이란 뜻. 그러나 정작 오동과는 아무런 관계가 없다. 꽃은 양력 3월부터 핀다. 선홍색의 자동화刺桐花는 현재 천주시를 대표하는 꽃으로 정해져 있다. 천주시를 대표하는 시화市花로서 이것을 창오화蒼梧花라는 이름으로도 부르고 있다. [33]

천주항은 수심이 깊어서 해외무역에 대단히 유리한 항구였다. 6세기부터 이미 천주에서 외국을 다녔다는 기록이 있다. 558년[34]과 565년[35]에는 인도의 승려가 천주에 왔으며, 천주 서쪽의 구월산九月山에 들어가 『금강경』을 번역하였다. 그는 나중에 천주에서 배를 타고 말레이반도를 거쳐 인도로 되돌아갔다고 한다. 이와 같이 천주는 6세기 중반에 이미 외국과의 교역을 시작하였고, 그 이름이 꽤 알려진 항구가 되어 있었다.

송宋·원元 시기가 되면 천주항은 서쪽으로는 아랍은 물론 멀리 요르단·시리아·이란·이라크·이탈리아와 이집트, 동쪽으로는 일본, 남쪽으로는 동남아시아 여러 나라까지 교역 범위를 넓히게 된다. 그리하여 송대에는 천주항을 드나든 국가가 70여 국에 이르렀으며, 원대에 이르면 100여 개 나라가 천주항을 찾았다. 그 당시 중국이 주로 수입한 물건은 향료였고, 수출한 품목은 비단과 도자기였다. [36] 그래서 말라카해협을 지나 인

자동수 조화

천주 낙양대교

도와 아랍·이집트로 가는 바닷길을 해상실크로드라는 이름 외에 도자기길이라고 불렀다.[37]

천주는 복건 동남 해변의 진강晉江 하류 정당강正當江과 바다가 만나는 곳에 있어서 항구의 입지조건으로는 대단히 훌륭한 곳이다. 이런 조건으로 말미암아 바다로 나가기 위해 배를 짓는 조선술이 크게 앞서 있었다. 천주의 조선술은 이미 송대에 크게 인정받고 있었다. 북송시대인 1068~1077년 무렵에 쓴 『천남가泉南歌』에는 "천주 남쪽으로는 바다가 끝없이 펼쳐져 있다. 해마다 (이곳에서) 배를 지어 외국으로 나간다"[38]고 하여 천주가 국제적인 교역항으로서 적합한 조건을 갖추고 있었고, 또 조선업이 활발하였음을 알려주고 있다. 후일 천주항을 찾은 이븐 바투타도 중국에서 만드는 상선을 세 등급으로 구분하고 "모두 자동항에서 만든다"고 하였다.

천주 지역의 조선술이 얼마나 발전해 있었는지 그 기술과 규모를 알려주는 좋은 사례가 있다. 1129년[39] 송 고종高宗은 남쪽 명주明州[40]로 피신하면서 급히 배가 필요하였다. 이에 사람을 복건福建에 보내어 선박 1천 척을 모집하였는데, 그로부터 1년도 채 되지 않아서 배가 꼬리를 물고 명주[41]에 이르렀다고 한다. 이에 어찌나 만족스러웠던지 당시 참지정사 자리에 있던 왕도王綯라는 사람은 "이것이 어찌 하늘의 도움이 아니랴"고 하였으며 고종도 "우연이 아니다"고 감탄하였다. 이것이 복건 천주항의 조선업 전통을 보여주는 대표적인 사례이다. 또 1168년[42] 남송 정부는 복주福州에서 해선 1백 소艘[43]를 징발하여 명주로 옮긴 일이 있는데, 이런 일이 있은 뒤로 남송 정부는 천주를 특별히 중시하였다. 그 후 1131~1162년 무렵에도 남송 정부는 천주에 다시 조선 명령을 내렸으며, 이후 몇 차례 천주에서는 남송 정부의 주문에 따라 배를 건조하였다. 이런 전통은 원 제국 하에서도 그대로 이어졌다. 원 세조(쿠빌라이) 또한 천주를 조선 기지로 인식했을 정도였고, 정치·경제적으로 천주를 충분히 배려하였다.

그 당시 천주의 조선 기술은 다른 어느 곳보다 앞서 있었으며 그곳에서 만드는 배의 규모도 가장 컸다. 천주에서 만드는 배에는 지남침을 탑재하여 세계 어느 나라든 찾아갈 수 있는 최첨단 선박으로 알려져 있었다. 북두칠성이나 북극성에 의존해 목측과 감각만으로 항해하던 뱃사람들에게 나침반은 그 어떤 것보다도 획기적인 발명품이었다. 그것은 항해에서 대단히 위력적이었다. 신안군 증도 앞바다에 침몰한 신안선에도 지남침이 실려 있었을지 모른다.

중국 이외의 동남아시아와 서역 여러 나라의 사정을 기록한 『제번지諸蕃志』에는 천주를 오가며 무역을 하던 무역선에 관한 기록이 있다.[44] 1974년 천주만에서 인양한 천주해선은 2백 톤 전후의 대형 선박으로 향료·한약재·도자기·동전 등을 싣고 있었는데, 이것도 천주항의 조선술이 앞서 있었음을 알려주는 구체적인 사례라고 할 수 있다. 즉 천주해선은 천주에서 만든 것이었고, 신안선 역시 천주에서 만든 대형급 무역선으로서 그 구조가 같다.

아랍인 여행가 이븐바투타(1304~1378)는 자신의 여행기에서 "중국의 선박에는 세 등급이 있는데 대선은 돛이 10개에서 3개까지 있다"고 기록하였다. 또 "대선 한 척에는 사인使人[45]이 1천 명이나 타며, 그 중에서도 가장 큰 대선에는 선원 6백 명, 전사 4백, 궁전사수[46] 전사와 석유탄전사石油彈戰士[47]가 승선하는데, 이런 배는 자동성에서 만든다"고 하였다. 1347년에 천주항에서 모로코로 돌아간 이븐바투타는 자신이 본 천주를 이렇게 적었다.

"우리가 바다를 건너 도착한 중국의 첫 도시는 자이툰(자동항)이다. 이 도시에는 올리브나무(Zaitun)가 없다. 중국과 인도의 어느 곳에도 올리브는 없다. 그럼에도 그러한 이름을 취하였다. 자이툰은 대단히 큰 도시로서 공단貢緞과 주단綢緞을 생산하는데, 자이툰의 명산물로 알려져 있다. 그 비단은 항주나 대도(북경)에서 나는 것보다 품질이 우수하다. 천주 항구는 세계 대항大港 중의 하나이다. 아니 어찌 보면 가장 큰 항구라고 할 수 있다. 나는 거기에서 약 1백 척의 대형 배를 보았으며 소형 배는 이루 다 헤아릴 수

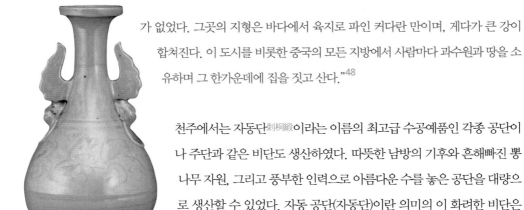
백자음각모란문양이병

가 없었다. 그곳의 지형은 바다에서 육지로 파인 커다란 만이며, 게다가 큰 강이 합쳐진다. 이 도시를 비롯한 중국의 모든 지방에서 사람마다 과수원과 땅을 소유하며 그 한가운데에 집을 짓고 산다."[48]

천주에서는 자동단刺桐緞이라는 이름의 최고급 수공예품인 각종 공단이나 주단과 같은 비단도 생산하였다. 따뜻한 남방의 기후와 흔해빠진 뽕나무 자원, 그리고 풍부한 인력으로 아름다운 수를 놓은 공단을 대량으로 생산할 수 있었다. 자동 공단(자동단)이란 의미의 이 화려한 비단은 도자기와 함께 서양에 그 이름이 잘 알려져 있었다. 도자기는 이란·아랍·시리아·요르단·동북 아프리카·이집트·모로코 등지로까지 수출되었다.

1082년[49]에는 발니국渤泥國 사절이 천주항으로 들어가서 중국에 공물을 바친 뒤, 천주항에서 배를 타고 돌아간 일이 있다.[50] 그들도 얇고 가벼운 자동단을 사 가지고 돌아갔다. 천주항이 공식적으로 개항한 것은 1087년이지만 그 이전부터 천주에는 외국 사절과 상인들이 빈번하게 드나든 것이다. 11~12세기 중국에 공물을 바치러 천주항에 찾아온 여러 나라들은 조공을 하고 회사품을 받아가는 방식의 조공회사무역을 하였으며 그때 받아가는 비단도 많았다.

천주엔 외국 상인과 사절 전용 숙소도 있어

그런데 남송 시대 천주와 남송의 도성인 임안부臨安府 사이는 천주에서 광주까지의 거리보다도 몇 배나 멀었다. 그래서 남송 정부는 천주시박사를 설치한 뒤로 40여 년이 지난 1111~1118년[51] 사이에 천주에 내원역來遠驛을 마련해 주고, 그곳에서 각국의 사신을 접대하도록 하였다. 내원역은 서역과 동남아 제국의 사신은 물론, 상인이 머물 수 있는 객관이었다. 그로부터 50여 년 뒤인 1167년[52]에는 점성국의 사절이 천주에 왔는데, 그때 남송 정부는 천주 차관差官을 보내 내원역에서 접대하였다. 그 이듬해에도 대식국 사절이 공물을 바치러 중국에 오다가 점성에서 공물을 몽땅 빼앗기고 빈손으로 와서는 복건시박사에 호소한 일이 있는데, 이때 남송 정부는 내원역에서 그들을 잘

대접하여 돌려보내도록 조치한 일이 있다.[53] 관원은 반드시 기생과 음악을 써서 맞아들였고, 맛난 음식과 술, 편한 잠자리를 마련해 주어 후대하였다. 천주는 외국 사신과 상인의 접대에 각별한 정성을 기울였으며, 그에 필요한 경비는 천주시박사가 거두는 세금으로 충당하였다. 이렇게 천주에서 정책적으로 상인과 사절을 우대함으로써 속된 말로 '님도

천주해선. 천주만에서 인양한 실물을 복원하여 천주 개원사 한켠에 따로 전시하고 있다.

보고 뽕도 딴다'는 말이 무색했을 정도로 중국을 찾은 상인과 외교사절은 기생의 미색과 음악, 독한 술과 훌륭한 요리에 흠뻑 빠졌다가 돌아갈 수 있었다. 1178년[54]에는 삼불제국의 사신이 중국에 오자 남송 정부는 천주 역관에서 예우하였다.

　이상은 대표적인 사례 몇 가지만을 소개한 것이지만, 이런 것들은 외국과의 교역에서 송 정부가 천주를 얼마나 중시했는지를 보여준다. 그것만이 아니었다. 원 제국 하에서는 외국과의 적극적인 교류를 시도하였다. 1290년[55]에는 98명의 대사절단을 인도 남부의 모바르국[56]에 파견하였다.

인도 서남부의 모바르국을 징검다리 삼아 그 서북 방향으로 아라비해를 거슬러 일한국[57]의 통치자 아르혼 대왕[58]에게 갔다 오도록 한 것이다. 이것은 해로로도 일한국을 얼마나 빨리 다녀올 수 있는지를 시험한 것이기도 하였다.

　이후 남송시대에는 천주에 외국인들이 꽤 많이 들어와 살기 시작하

천주해외교통사박물관에 전시된 이슬람인 묘지석

역사와 명성을 가진 고
찰 천주 개원사

였다. 외국인의 거주지는 주로 성 남
쪽에 있었다. 대식국 상인들은 성의
동남쪽에 공동묘지를 마련하고 먼
이국에서 건너와 정착한 부모형제
들의 뼈를 묻었다.[59]

12세기부터 국제적인 대항大港으
로 성장한 천주에는 여러 나라에서
온 외국인들이 부쩍 늘었다. 몽고인
은 물론, 아랍인·페르시아인(이란
인)·시리아인·예멘인·아르메니아

인·참파인·자바인·필리핀인·유럽인 등 다양한 사람들이 살았다. 그 외국인을 중국인
들은 번객蕃客이라고 불렀으며, 외국인이 사는 구역을 번인항蕃人巷이라 하였다. 요즘
말로 번객은 외국인이고, 번인항은 외국인 거리이다. 당시 번객으로서 이름이 있던
인물 중 한 사람이 포수경蒲壽庚이다. 그는 색목인으로서 고위직 관리가 되었다. 원 세
조[60]는 포수경이 원에 들어오자 민광대도독閩廣大都督을 삼아 우대하였다.[61] 포수경의
아들 포사문蒲師文과 포사무蒲師武 형제 그리고 포거인蒲居仁 및 포씨가의 사위인 불련
佛蓮 등이 대표적인 번객이었다. 이들 외국인은 관리로 일하거나 상업에 종사했으며,
외국인 중에는 부유한 사람이 많았다. 상인으로서 많은 돈을 번 이로는 회회인 불련
佛蓮이 있다. 그에게는 아들이 없고 딸만 하나 있었는데, 그가 죽은 후 그의 집에서는
진주가 130석이나 나왔다고 한다. 장사로 많은 돈을 거머쥔 대식국의 상인들은 천주
성을 대대적으로 수리하는 데에도 자금을 댔으며,[62] 인도와 중국 두 나라의 승려들이
공동으로 자금을 내어 천주에 개원사開元寺 동서탑을 세워주기도 하였다.

천주 법석法石 지역은 포수경이 들어와 터를 잡은 곳으로, 포수경 가문의 가향家鄕,
즉 포씨[63] 일가의 고향이었다. 특히 포수경 가문은 천주의 향료와 비단무역을 장악하
고 큰 세력을 떨친 거상으로서 외국에도 그 이름이 잘 알려져 있었다. 지금도 그의 후
예들은 다양한 종류의 꽃을 가꾸어 시장에 내다 파는 화훼산업에 손을 대고 있고, 자

신들이 가꾼 꽃과 향료를 그들의 선조들에게 바치며 살아가고 있다. 광주나 천주의 거리에서 보는 다소 낯선 모습을 한 이들은 아랍인과 중국인 혼혈인이다. 그들의 선조는 멀리 중세시대에 중국 남동부와 아랍의 여러 항구며 주요 도시를 누비던 무역상이었다.

한편 원대에 들어서서 천주는 광주를 앞질러 가장 중요한 무역항이 되어 있었다. 천주나 명주(경원)와 같은 주요 항구도시는 서역과 남해 제국에서 들어오는 수많은 물화로 넘쳐났다. 무엇보다도 천주가 크게 발전한 배경에는 포수경과 원 세조와의 특별한 인연이 있었다. 포수경이 처음 중국에 왔을 때 남송의 마지막 왕 단종端宗은 포수경을 우대하였고, 포수경은 무역에서 많은 돈을 모았을 뿐 아니라 대상으로서 이미 큰 세력을 행사하고 있었다. 그리하여 단종은 포수경에게 송 황실 부흥에 대한 일말의 희망을 걸었다. 그런데 바로 그때, 원 세조가 남송을 공격해왔고, 1276년 2월에 원나라 군대는 남하하여 임안부를 공격하여 수중에 넣었다. 그로부터 열 달 후인 1276년 12월 초, 포수경은 남송을 버리고 원 세조에게 투항하였다. 그는 원 제국과 몽골인들이 이라크를 비롯, 서역 여러 지역에서 잔인하게 적을 제압한 전력도 알고 있었고, 어차피 이국땅에서 평화롭게 사는 길을 택하는 것이 최선이라고 판단하였다. 이렇게 해서 전쟁과 대규모 살육을 피했고, 천주는 전쟁을 겪지 않고 발전을 거듭할 수 있었다. 이로써 포수경은 원 세조(쿠빌라이)의 신임을 얻었다. 더욱이 포수경에 대한 원 세조의 믿음으로 천주는 매우 빠르게 발전하였다. 포수경에 대한 고마움에서 원 세조는 나중에(1281) "어느 나라의 상인이든 천주에서 세금을 내면 중국 내 어디서든 다시 세금을 낼 필요가 없다"는 규정까지 만들어 주었다. 이 포고문에 따라 천주에는 많은 상인과 무역선이 찾아왔으며 급속도로 천주가 발전하여 세계적인 항구도시가 되었다.

천주가 다른 곳을 앞질러서 크게 성장할 수 있었던 기초는 1277년 원 세조가 천주에 시박사를 설치하면서 다져졌다. 나아가 원 제국은 1279년 일본 원정에 필요한 선박 건조 할당량 150척도 줄여주고 조세 부담을 경감시켜 주었다. 또 천주항의 무역 이익을 지켜주기 위해 1281년에 급기야 원 정부는 어느 나라 상인이든 천주에서 세금을 내면 중국 내 어디서든 다시 세금을 내지 않도록 해준 것이다.[64]

청자음각연판문접시

거기서 머물지 않고 원 정부는 1289년 2월에 천주에서 항주에 이르는 해로 상에 15개의 해참海站을 설치하고, 해참에는 각기 5척의 배와 수군 200명을 두도록 하였다. 이것은 외국으로부터 오는 공물이나 화물을 신속하게 운송하고 바닷길을 잘 지키게 하기 위한 조치였다. 이런 조치로 말미암아 외국의 사신과 상인 그리고 화물을 천주에서 항주나 북경까지 한결 수월하게 보낼 수 있었다. 이처럼 천주는 해운과 해로상 대단히 중요한 역할을 하였다. 이런 이점을 살려 원 정부는 전선을 건조하기 위한 주요기지이자 해군기지로도 천주를 활용하였다. 1292년 2월에는 사필史弼 등이 원병 2만 명을 이끌고 전함 1천 척으로 자바를 원정하였다.[65] 고려도 이때 할 수 없이 원정군을 징발하여 보냈다. 원 제국과의 강화 조건 여섯 가지 중 조전군助戰軍 파견이 들어 있었으므로 고려에서 징발한 군사가 파병된 것이다. 조전군이란 원 제국의 정복전쟁을 돕는 군대라는 뜻이니 일종의 지원군이다. 이 무렵 유구국의 일부였던 현재의 타이완도 정복되었다.[66] 이 일이 있은 뒤로 천주항의 군사적 지위는 더욱 확고해졌고, 국제적인 항구로서의 위상도 더욱 높아졌다.

시대별로 천주가 발전한 사정은 인구에도 고스란히 반영되어 있다. 714~741년[67] 무렵 37,000호이던 천주의 인구는 북송 초에는 대략 8~9만호에 이르렀다. 북송 시대 중기인 1078년경 천주의 가옥은 20만 호를 넘어섰으며 전체 인구는 50만 명이나 되었다. 이것은 복건성 전체 인구의 약 20%에 해당하는 숫자였다. 천주의 면적은 복건성 면적의 9%에 불과한데 인구는 1㎢당 40명 이상으로 그 당시 전국 평균 인구밀도 18.1명, 복건성의 평균 인구밀도 16명보다 한참 많았다. 남송 후기에 이르면 천주의 가구 수는 25만호를 넘어서 큰 항구로 성장하였다.[68]

이렇게 국제적인 항구로 성장한 배경에는 천주의 조선술뿐만 아니라 다양한 분야의 생산력이 있었다. 천주는 도자기와 차 만드는 기술·방직·제련과 같은 업종에서 우세하였다. 한 예로 경덕진이 도자기로 이름을 날리고 있을 때 천주 또한 우수한 도자기로 이름을 알리기 시작하였다.[69] 뿐만 아니라 지역별로 특색 있는 업종이 각기 발전하였다. 그래서 진강晉江의 자기, 천주의 완요碗窯, 안계安溪는 은광산으로 유명하였다. 또 천주항 내에서도 업종별로 거리가 따로 나뉘어서 발전하였다. 조선업 전문 거리와 대장장이들의 대장간 골목이 있었으며, 제련 전문 점포 등이 각자 성업 중이었다. 물론 고려인들이 모여 사는 거리인 고려촌도 있었고 고려인들의 상가가 밀집해 있는 고려항高麗巷도 있었다. 과거 번화하던 시절의 고려인 거리 '고려항'을 떠올려볼 수 있는 사례로서 지금도 천주에 '고려항'이라는 이름의 간판을 내건 가게를 들 수 있다. 이 외에 송대의 항주 지역에 고려인들과 관련된 사찰로 보이는 '혜인고려사'도 지금까지 남아 있다. 이런 것들은 모두 고려 상인들이 배를 타고 멀리 남녘으로 내려가 활발하게 상업 활동을 전개하던 당시의 흔적들이다.

북송 초에 중국 정부는 양절로兩浙路의 항주와 명주에 시박사를 설치하였다. 그런데 그때까지도 천주에는 아직 시박사를 두지 않았다. 그래서 천주를 드나드는 외국 상인들은 항주와 명주의 양절시박사로 나가서 관권官券을 받아와야 했다. 관권이란 일종의 여행증명서이자 무역허가서였다. 그렇지 않아도 상인이나 외국 사신은 시박관市舶官에게 청탁할 일이 많았는데, 천주에는 시박사가 없어 멀리 경원(명주)을 거쳐 항주까지 나갔다 와야 했으므로 여간 불편한 일이 아니었다. 남송 시대에는 복주福州와 온주溫州를 거쳐 연안항로를 따라 명주(경원)로 가서 남송의 수도 임안부臨安府에 갔으므로 해로가 대단히 멀었다. 이런 문제를 해결하기 위해 송 신종神宗[70] 때인 1072년 천주에 임시로 시박사사市舶司事를 설치하였고, 그로부터 5년 후인 1087년[71]에 비로소 천주에 정식으로 복건시박사를 두게 된 것이다. 이로써 천주가 중요 무역항으로서의 지위를 갖게 되었으며, 천주 시박사로 말미암아 그간 상인들이 겪어야 했던 불편이 해소되었다.

고려항(高麗巷)이라는 지명이 남아 있는 천주의 한 음식점. 고려항은 고려인 거리라는 의미이다.

항주에 있는 고찰 혜인
고려사

천주시내에 있는 과거의
고려촌 거리

이후 복건시박사福建市舶司는 천주시박사 泉州市舶司를 대신하는 말이 되었다. 천주에 시박사가 설치된 후로 천주에는 외국인이 부쩍 늘어났으며 상인들이 크게 몰렸다. 남송 말에는 대외무역이 이미 광주廣州를 추월하였다. 이 무렵 천주의 세입 총량은 100만 민이었다.[72] 이것은 중국 전체 세입 4500만 緡민[73]의 45분의 1에 불과한 것이었지만 중국 전체로 볼 때 그것은 대단히 많은 금액의 세수였다.

천주 상인들은 일찍부터 바다로 나가 외국과의 무역에 종사하였으므로 천주에는 부유한 상인이 많았다. 강수(선장) 중에도 거상이 많았다. 물론 그들은 고려나 일본 또는 남해 여러 나라로 나가서 장사를 하던 무역상들이었다. 천주의 강수 주방朱紡이라는 사람은 무역선을 타고 삼불제국에 나가서 장사를 하여 1백 배의 이익을 거뒀다는 기록도 있다.[74] 이들 몇 가지 사례에서 보듯이 천주의 풍요로움은 농업이 아니라 상업과 공업으로부터 얻은 것이었다. 천주가 남녘 땅에서는 가장 부유한 곳이라는 평가는 그 당시에 이미 나 있었다.[75] 서역을 드나드는 상인들이 많아지고, 서역의 상인들이 천주에 많이 살았으므로 서역의 아름다운 여인과 신비로운 풍속에 대한 이야기를 천주의 상인들은 중국의 여러 항구를 드나들며 사람들에게 전했다.

조선의 봉건사회에서 전통적으로 사농공상이라 하여 농업을 근본으로 삼고, 공업과 상업을 천시하던 것과 반대로 중국과 천주에서는 누구나 상업과 공업에 힘썼다. 가품과 홍수·혹한과 같은 천재지변에 대처할 수 없었던 전통사회에서 사람들을 먹여 살리기 위한 가장 손쉬운 방편에서 나온 통치계급의 농본주의적 정치 이념은 다수의 생명을 살리는 데는 성공적이었으나 그것은 상업주의와는 크게 거리가 있었고, 때로는 많은 갈등과 충돌을 빚었다. 시대의 흐름과 세계사적인 안목에서 보더라도 자본주의의 진행 물결과는 역행하는 것이었으며, 많은 경우 그것은 경제적 이해개념과는 크게 어긋나는 것이었다. 그렇지만 천주는 그 여건상 농업과 거리가 멀었다. 바다에 면해 있으나 산이 많고 농지가 별로 없는 지리 조건상 상업과 공업에 매달릴 수밖에 없었다. 중국에서는 사람들 사이에 오래도록 전해오는 이야기가 있다. "가난하면 부자가 되길 원한다. (그러나) 농업은 공업만 못하고 공업은 상업만 못하다"는 것이다.[76] 그것은 천주 사람들에게는 너무도 잘 들어맞는 속담이었다. 농지가 없어 농업에 힘쓸 수 없으니 상업과 공업에 눈을 돌릴 수밖에 없었고, 이런 조건으로 말미암아 상업이 일찍 발달하였다.

캄보디아에 관한 풍물지라고 할 수 있는 『진랍풍토기眞臘風土記』에 의하면 천주는 먼저 청자로 유명하였다. 물론 이 외에 수은이나 유황·염초·단향·삼베·우산·진주·나무빗·쇠솥(쇠냄비)·구리쟁반과 같은 것들도 생산하였다. 온주溫州가 여러 가지 모양의 화려한 칠기와 목기로 유명한 것과는 대조적이었다.[77]

뿐만 아니라 천주에서는 많은 종류의 한약재가 유통

청자양각연판문대접

주요 교역국의 특산품

교역 대상국	특산품
점성국	침향·연잠향(連暫香)·생향(生香)·사향·상아
진랍국	소목(蘇木)·백두구(白荳蔲)
도파국	단향(檀香)·정향(丁香)·강진향(降眞香)·백두구(白荳蔲)·호초(胡椒)
발니국	강진향(降眞香)·대모(代瑁, 바다거북)
삼불제국(三佛齊國)	안식향(安息香)·침향·단향(檀香)·강진향(降眞香)
대식국(大食國)	유향(乳香)·몰약(沒藥)·혈갈(血碣)·소합향유(蘇合香油)·정향(丁香, 라일락)·목향(木香)·진주·상아·용연향(龍涎香) 등

되었다.[78] 그 중에는 중국 남부 지역에서도 구경할 수 없는 약재가 꽤 있었다. 남송 소흥 3년(1133)에 조사한 바로는 향료와 한약재 약 2백여 종을 천주에서 구할 수 있었다고 한다. 천주해선에도 강진향·침향·단향·유향·용연향·대모·빈랑 등이 많이 실려 있었다. 그런데 원 나라 시대에 이르면 천주항과 그 외 몇몇 항구에서는 후추의 교역량이 크게 늘어난다. 그것은 중국은 물론 고려와 일본에서도 후추 소비량이 늘었기 때문이다. 이 외에도 몰약·유향·강진향·소합향·단향과 같은 향료의 소비가 크게 늘었다. 여러 가지 해충을 쫓고 실내의 나쁜 냄새를 없애고, 의복에 향내를 입혀 좀 먹는 것을 막기 위해 여인들이 향을 쓰는 일이 크게 늘었을 뿐 아니라 평소에도 실내에 향을 피워두고 차를 마시는 일이 잦아져서 향료 수요는 계속 늘었다.

신안군의 섬들은 한·중·일 해상교통의 요지였다

청자여인상

고려 말기의 국제 무역선이 침몰한 전남 신안군의 섬 지역은 삼국시대부터 중요한 곳이었다. 한국을 중국 및 일본과 이어주는 중간 거점으로서 한·중·일 해상교역에서 지리적으로 대단히 유용한 교통의 요지였다. 북으로는 고군산군도와 안면도~덕적도~강화도로 이어지는 항로상의 중요한 지점이었고, 서남 방향으로는 가거도와 중국 남부로 가는 통로가 여기서 이어졌다. 신라 시대엔 도당유학생들의 통로가 되어주었다. 고려 후기엔 남송지역의 선종 사찰 및 승려들과의 교류라든가 상인과 외교사절의 왕래는 주로 이 지역을 통해서 이루어졌다. 중국의 선진 도자기 기술 또한 신안 지역을 중간 거점으로 받아들였다. 전남북 서해안에 고려청자와 도자기 생산 가마가 밀집된 것도 중국의 도자기 기술자를 받아들여 호남지방 서남해안에 정착시키고 도자기를 생산한 데 있으며, 그리하여 청자 문화가 꽃을 피운 곳도 바로 이 한중 교역로 주변이었다. 동남 방향으로는 진도와 완도 및 경남 남해안과 일본으로 해로가 열려 있어서 신안 지역을 매개로 문화의 이동이 활발하게 있어왔다. 완도-남해도-고성-마산으로 이어지는 연안해류를 따라 사람과 물자가 끊임없이 오고 갈 수 있었다. 그리하여 고려와 중국의 문화가 줄기차게 일본으로 건네졌고, 중국과 고려에서 일본의 소식을 간간이 들을 수 있었던 것도 신안군을 중심으로 한 서해남부 해상교통의 거점이 형성되어 있었기 때문이다.

그래서 백제와 신라 그리고 고려와 조선에 이르기까지 어느 왕조든 이 지역을 중시하였다. 무안과 나주·영암·해남·강진 등 전남 서남부를 이어주는 해로의 길목이 바로 이 신안군 지역이었기 때문이다. 신안군은 목포와 영산포·영암·광주 등 영산강 곡창지대의 앞마당에 해당하는 곳이다. 서남해의 섬과 개성 및 한양을 잇는 조운선의 주요 길목으로서 호남평야의 풍요로운 물산을 서해의 연안 해로를 통해 수도로 집중시킬 수 있었다.

그러나 이 지역은 중앙과 호남 곡창지대를 연결해주는 길목으로서만이 아니라 고대 문화의 수출입 창구 역할을 하였다. 특히 신안 지역은 서남해의 여러 섬으로 가는 징검다리로서 해류가 잘 발달하여 이곳에서 진도나 완도·제주도 또는 홍도·태도·가거도로의 단거리 항로를 따라갈 수 있다. 그래서 이 지역을 중심으로 한 중국·일본과의 교류는 일찍부터 영산강 일대와 주변 여러 지역에 활기를 불어넣었다.

마한과 백제시대에 영산강 지역이 독특한 문화를 화려하게 전개할 수 있던 것도 주변의 넓은 평야와 잘 발달한 해로에 있었다. 이 지역을 장악하였기에 백제의 전성기가

영파시 주산군도 앞의 보타도에 있는 관음상. 멀리 뱃길을 떠나기에 앞서 사람들은 이곳에 들러 무사항해를 빌었다.

있었고, 백제와 중국 남조의 교류에 이 지역의 세력은 중요한 역할을 하였다. 백제가 마한을 통합한 뒤로 왜와의 유대가 더욱 깊어진 배경에도 남해안 및 전남 서남해안 지역 세력의 도움이 있었다.

신안군에는 임자도·사옥도·증도·압해도·자은도·팔금도·비금도·도초도·하의도·하태도와 같은 섬들이 있다. 이 섬들은 오곡과 어염의 생산에 훌륭한 조건을 갖추어서 사

람이 살기에 적합하였다. 신안군의 여러 섬에는 신석기시대의 패총(12개소)과 유물산포지(7개소)[79] 그리고 청동기시대 지석묘[80]가 있다. 대흑산도와 소흑산도(가거도)·하태도·우이도·지도 등지의 패총에서 나온 빗살무늬 토기편은 한국 중부지역과 경남 남해안 지역에서 나오는 신석기시대 토기와 그 계보가 같다.[81] 또한 임자도의 지석묘[82]와 압해도의 선사유적 조사 결과[83]는 이 지역에 구석기시대 이후 사람들이 줄곧 살아왔음을 알려준다.

마한 이후 백제시대의 행정 중심지는 이들 지석묘의 집중 분포지에 주로 형성되었다. 철기시대에는 이 지역에 점토대토기가 출현하는데, 그것은 북방 요하遼河 유역에 계보를 둔 것들이다. 임자도와 압해도·하태도 등지에서 출토된 점토대토기는 초기 철기시대의 특징적인 유물이며, 그 후 곧이어 경질토기도 유입되었다. 임자도·압해도·하의도·증도 등지에서는 우각형파수부호(쇠뿔형손잡이 달린 토기) 편이 나와 초기철기시대 이 지역의 문화 환경과 실상을 알 수 있었다.

신안군 지역은 중국 남조나 일본과의 교류에 중요한 요지로서 백제시대에는 임자도·압해도·장산도 등 4개소에 현이 설치되어 있었다. 원주 법천리·천안·서산·청주·공주 수촌리 등지에서 4세기경 동진에서 만든 청자가 발견되었는데, 이런 것들은 한성백제가 중국

신안선의 표류범위와 경로추정

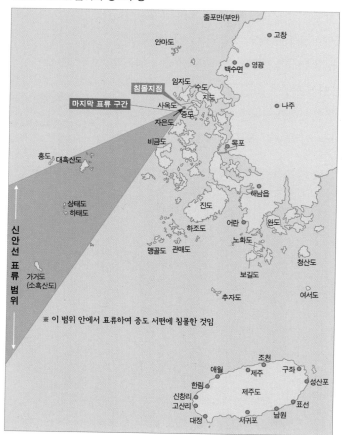

줄포만(부안)

고창

안마도

백수면 영광

임자도 수도
지도
침몰지점

마지막 표류 구간 → 사옥도 증도 나주

지은도

비금도 목포

홍도 대흑산도

상태도
하태도

신안선 표류 범위

진도 어란 완도

하조도 해남읍

맹골도 관매도 노화도

가거도
(소흑산도) 보길도 청산도

추자도 여서도

※ 이 범위 안에서 표류하여 증도 서편에 침몰한 것임

제주도
조천
애월 구좌
제주 성산포
한림
신창리 표선
고산리
대정 남원
서귀포

남부의 동진과 교류했음을 알려주는 유물이다. 공주로 천도한 이후에도 백제가 중국 남조와의 교류를 계속 이어갈 수 있었던 것도 신안군의 여러 섬을 따라 경원과 항주로 뱃길이 이어졌기 때문이다.

신라도 이 지역을 중시하였다. 백제시대 신안 지역의 여러 현縣을 통일신라와 고려는 그대로 두었고, 이 지역을 거점으로 한 해상교역도 변함없이 계속하였다. 통일신라가 이 지역을 중시한 것은 중국과의 긴밀한 관계 때문이었다. 통일신라 말에 많은 유학생들이 중국을 왕래한 해로도 영암(영산강권)−흑산도−양주楊洲로 통하는 길이었다. 이곳을 출발한 배는 서남으로 가거도와 흑산도를 거쳐 중국 남부지방에 이르게 된다. 고려 전기에는 경기도 남양만과 아산만에서 서해를 건너 등주登州에 이르는 해로를 이용하였지만 고려 후기엔 신안 지역을 경유하여 중국 남부로 가는 길을 주로 이용하였다.

고려시대에도 신안군 일대의 지방 세력은 만만치 않았다. 몽고의 침략기에 고려인은 이 지역의 세력을 기반으로 끝까지 저항할 수 있었다. 고려 고종 42년(1255년) 몽고족의 침입 때, 차라대車羅大가 이끄는 몽고 수군 선단 70여 척이 전라도 도서지방과 압해도를 공격한 일이 있는데, 이때 압해도 주민들은 대포까지 동원하여 삼별초와 함께 몽고군을 격퇴하였다. 진도를 최후 항쟁지로 삼아 삼별초가 대항한 것도 신안군 일대에 있던 여러 세력의 도움이 있었기에 가능했다. 압해도를 비롯한 신안지역 도서지방은 몽고 침입에 항거한 해상 기반으로서 강화도로 천도한 고려 정부와의 연락도 이 지역 항로를 통해 이루어졌다.

삼별초가 압해도·진도·제주도·남해도로 이동하면서까지 저항할 수 있었던 것은 신안 지역 외에도 서남해의 다양한 세력들이 있었기 때문이었다. 삼별초와 그를 지원한 서해와 남해의 해상세력이 있었기에 고려는 원 제국의

백자양각엽문접시

흑유철반문호와 개

간섭을 받으면서도 끝까지 독립국으로 남아 있을 수 있었다. 비록 원나라의 부마국이 되어 원의 간섭은 받았을지라도 『원사』에 고려가 독립국인 '외국'으로 기록될 수 있었던 것은 신안 지역을 비롯하여 서남해안 토착세력의 항쟁과 지원이 있었기 때문이다.

그러나 고려 말~조선 초, 차츰 이 지역은 문화·정치적으로 그 중요성을 잃어가기 시작하였다. 왜구의 침입과 약탈로 흑산도·진도 등 서남해 지역 섬의 주민을 육지로 이주시켜 섬을 비우는 공도 정책을 시행한 데 따른 결과이다. 그럼에도 고려와 조선은 영산강과 그 주변 그리고 나주 지역의 곡창지대를 소홀히 할 수는 없었다. 세곡을 실어 나르는 조운선漕運船의 최단거리 항로가 신안군 도서지방을 통해서 연결되었기 때문이다.

고려와 조선의 세곡을 실어 나르는 조운선은 전남 지도와 임자도 사이의 갯골(수도水道)을 지나 영광·고군산군도·군산으로 이어지는 뱃길을 오고갔다. 신안군 서남쪽 끝의 가거도(소흑산도)는 나주나 영산포에서 출발한 선박이 대흑산도를 거쳐 중국 강남江南 지방으로 가는 최단거리 해로상의 중간 거점이었다. 다시 말해 중국 동남부에서 가장 빨리 다다를 수 있는 고려의 첫 기착지로서 가거도와 대흑산도는 매우 중요한 곳이었다. 이중환李重煥은 『택리지擇里志』에 이런 기록을 남겼다.

"신라가 당나라로 들어갈 때는 모두 나주에서 배가 떠났다. 여기서 하루를 가면 흑산도(대흑산도)에 이르며 이 섬에서 또 하루를 더 가면 홍의도[84]에 이른다. 여기서 또 하루를 더 가면 태주台州의 영파부寧波府 정해현定海縣에 이른다."

영파[85]—홍도—흑산도—나주의 항로는 중국 강남지방과 조선의 서남 지역을 잇는 주요 해상로였다. 조선시대 나주에서 영파寧波까지는 배로 사흘이 걸렸다. 물론 순풍을 받아 빨리 가는 경우이다. 남송 시대에도 정해현定海縣[86]에서 배가 출발하여 지금의 전남 영암이나 가거도 또는 대흑산도에 닿았다고 하였다. 이 뱃길은 오래도록 고려와 송나라의 사신과 상인들이 오간 주요 항로였다. 그래서 남송의 서긍徐兢도 이 해로를 따라 고려를 다녀갔다.[87] 서긍이 쓴 『선화봉사고려도경』에 이런 내용이 있어 흑산도가 중국–한국–일본을 잇는 해로의 중간 거점이자 고려와 남송의 주요 통로였음을 알 수 있다.

"흑산도[88]는 백도白島의 동남쪽에 있다. 멀리서 보면 산이 매우 높다. 그러나 산세가 서로 중복되어 있으며 가운데가 마치 마을처럼 아늑하다. 특히 양쪽 사이의 바다가 만灣을 이루어 배를 숨길만하다. 중국의 사신들이 올 때마다 배가 이곳에 머물렀으며 지금[89]도 이곳에 관사館舍가 남아 있다.…이 섬에는 백성들이 모여 산다. 나라에 큰 죄를 지은 사람들이 이곳에 유배되어 있다. 중국 사신들이 이곳에 이르면 산꼭대기 봉화대에서 불을 밝혀 이웃 섬과 섬을 차례로 이어 왕성에 이르는데, 흑산도가 그 봉화대의 시작이다."[90]

그런데 일본 승려 엔닌圓仁[91]도 『입당구법순례행기』에서 흑산도가 해상교통의 요지였음을 밝히고 있다. 신라 문성왕 9년(847년) 9월 초, 장보고 선단의 배를 얻어 타고 일본으로 돌아가는 길에 들른 흑산도를 엔닌은 이렇게 기록하였다.

"9월 4일 동쪽으로 산과 섬들이 겹겹이 보였다. 뱃사공에게 물어보니 바로 신라 웅주熊州의 서쪽 경계라 하였다. 이곳은 본래 백제의 옛 땅이었다고 한다. 하루 종일 동남 방향을 향해 갔는데, 산과 섬이 동서로 늘어서 있었다. 이날 고이도高移島에 정박하였다.[92] 이 섬은 무주(武州, 지금의 전남 광주)의 서남쪽 경계에 있으며 서북 1백여 리쯤에 흑산도[93]가 있다. 흑산도는 동서로 길게 늘어서 있으며 백제의 제3왕자가 도망쳐 피난한 곳인데, 지금은 3~4백 호의 민가가 살고 있다. 이튿날(9월 5일) 바람이 동남풍으로 바뀌어 출발하지 못하다가 3경에야 서북풍이 불어 출발하였다. 6일 묘시[94]에 무주의 남쪽 경계인 황모도黃茅島 이포泥浦에 정박하였다. 이 섬은 초구도草丘島라고도 한다. 4~5명의 주민이 있다기에 사람을 시켜 그들을 찾으니 모두 도망쳐 숨어버리므로 찾지 못하였다. 이곳은 신라 제3재상이 말을 놓아기른 방마처(放馬處, 말을 놓아 기른 곳)이다.…"

이와 같이 장보고와 엔닌이 살았던 9세기에도 신안 지역의 섬들이 한·중·일 교류에 중간경유지 역할을 하고 있었다. 물론 식수를 보충하고 쉬어가는 곳으로도 이용되었다. 이후 송·원 시대에도 영산강 하구와 신안군의 여러 섬들을 경유하는 항로가 중국 및 일본과의 교류에 중요한 역할을 하였다. 고려 초에는 해서海西 지방의 황해도 장연長淵이나 옹진甕津에서 곧바로 산동 지역에 이르는 해로를 이용하였고, 고려 중기 이후에는 흑산도와 신안군 지역이 한중교류와 해상교통의 요지가 되어준 것이다.

그러나 고려 이후 흑산도는 유배지로서 이름이 있었다. 이미 최씨 무인정권 말기인 고려시대에 흑산도로 유배당한 고려 상층의 인물들이 많았다. 조선시대에는 함경도 끝의 국경 근처보다도 대흑산도는 더 험한 유배지로 인식되어 있었다. 바다를 건너기 위해 배를 탈 때는 목숨을 걸어야 했기 때문에 섬으로 격리되는 것을 더 두려워한 것이다.

그렇지만 흑산도를 포함하여 신안군 지역은 군사적으로 여전히 중요한 곳이었다. 해안 방어라든가 해로상의 요지라는 인식은 그대로 유지되었다. 몽고인들 역시 남송과 일본을 정벌하기 위한 군대의 경유지로서 흑산도를 중시하였다.[95] 1268년(원종 9년) 왜를 정벌하려는 원나라의 요구에 따라 고려 원종은 흑산도에 사람을 보내 해로를 시찰하게 한 바 있다.[96]

하지만 고려 말에 이르러 흑산도와 신안군 지역은 왜구의 피해를 많이 받았다. 왜구가 사람을 죽이고 약탈하는 일이 잦아지자 섬을 비워 사람들을 육지로 옮겨 살게 하는 공도조치를 시행했다. 그래서 신안선이 침몰한 뒤로 40여 년이 지나면 신안군의 섬에는 사람이 거의 살지 않게 되었다. 신안군과 서남해 도서를 비워 아무도 살지 않게 하는 공도空島 조치는 본래 삼별초의 세력을 꺾기 위한 것으로 시작되었지만 이러한 조치는 결국 왜구만 불러들였을 뿐 도움이 되지는 않았다.

"나주의 남쪽 10리 거리에 있다. 본래 흑산도 사람들이 육지로 나와 남포(南浦)[97]에 살았으므로 영산현(현재의 영산포)이라 하였다. 고려 공민왕 12년(1363년)에 군으로 승격시켰다가 뒤에 나주에 합쳤다."[98]

13세기 이후 고려는 일본과의 교역보다는 왜구 퇴치에 골머리를 앓았다. 서해와 남해에는 굶주린 미친개처럼 왜구가 들끓어 그 피해가 막심하였다. 왜구는 두 나라 사이의 관계를 악화시켰다. 그리하여 일본은 고려와의 적극적인 교류를 원했으나 고려는 그것을 제한할 수밖에 없었다. 고려와 일본(왜)의 교류는 대마도나 울산·부산 지역을 중심으로 이루어졌으나 그것은 전통적인 조공회사무역에 지나지 않는 것이었다.

1073년 일본은 고려에 상선(商船)을 보낸 것을 시작으로 이후 해마다 1회에 한해 2척의 진봉선[99]을 파견하는 것이 고작이었다. 이것이 기록으로 확인할 수 있는 고려와 일본 사이에 시작된 정식 무역이다. 양국 사이의 이런 무역을 관무역이라고 한다. 그러나 이와 같은 관무역은 일본 막부(幕府)의 묵인 하에 다자이후(太宰府)가 주관한 것이었다. 그렇지만 일본으로서는 그 정도의 교역으로 만족할 수 없었다. 그나마 이런 교역은 왜구의 본거지인 다자이후가 있던 지금의 후쿠오카를 중심으로 한 서남부 지역에 제한된 것이었다. 이 무렵 정치적 불안정으로 말미암아 세력을 잃은 왜구들이 서남해로 기어 들어와서 노략질을 일삼았다. 고려시대와 조선 초기까지 왜구들은 극성을 부렸으며, 고려 말 공양왕대에도 왜구는 서해와 남해에 들어와서 끝없이 약탈하였다. 부녀자를 맘대로 겁간하거나 잡아가고, 마음대로 안 되면 무자비하게 죽였다. 고려인을 잡아다 외국에 파는 일도 많았다. 신안군 증도 앞바다에 신안선이 침몰하던 해에도 왜구들은 추자

백자수우동자형연적. 물소와 동자 모양의 백자 연적이란 뜻으로, 그냥 아무 생각 없이 보면 어린아이가 소를 타고 있는 모습이다. 그렇지만 알고 보면 이것은 대단히 에로틱한 장면이다. 남녀교합의 황홀경을 표현한 것으로, 통상 암소는 여성의 상징이다. 『삼국사기』 신라본기에 "파사이사금 5년 여름 5월에 고타군주(古陁郡主 : 안동군 태수가 푸른 소를 바쳤다"는 기록이 있는데, 여기서 말한 푸른 소나 『삼국유사』 수로부인 편의 헌화가에 보이는 암소는 모두 여성을 의미한다. 이 연적을 만든 도공의 식견이 예사롭지 않은 것이다.

도와 신안 지역으로 들어와 재물을 약탈하고 사람을 잡아갔다. 왜구가 군산도 회원에서 조운선을 약탈하였고,[100] 추자도로 들어와 사람들을 납치해 갔다.[101] 왜구의 피해가 늘어나자 그로부터 십여 일이 지나서 송기를 전라도에 보내어 왜적과 싸워 이겼지만[102] 그 한 번으로 왜구가 사라진 것이 아니었다. 사람의 모습을 하였을 뿐이지 그들은 사람의 짓을 하지 않았다. 왜구들은 남해의 여러 섬과 서남해 연안에 바람처럼 나타났다가 노략질한 양식과 고려인들을 배에 싣고 삼베바지에 방귀 빠지듯 사라지곤 하였다.

1281년에는 원 나라의 제도에 따라 고려는 대마도에 수군만호부水軍萬戸府를 설치하고 대마도주에게는 만호萬戸란 직책을 주었다. 이 같은 제도는 원 나라 기간 내내 고려의 전 지역에서 시행되었고, 고려와 일본을 오가는 무역선은 연안의 조류를 따라 통상 대마도를 거쳐 갔다. 중국이나 고려의 배는 전남 남해안의 여러 섬을 징검다리로 삼아 연안의 조류를 따라 항해를 하였고, 그들은 모두 남해안 각 지역에 설치된 수군만호의 보호를 받았다. 대마도를 거쳐 가는 선박은 대마도 수군만호의 보호를 받아 안전하게 항해를 하였다. 신안선도 만약 신안 앞바다에 침몰하지 않았다면 대마도를 거쳐 후쿠오카로 갔을 것이다.

| 제3부 |

신안선은 어떤 배인가?
중세시대 최첨단의 대형 무역선

신안선은 길이 34m, 최대폭 11m에 배 밑에서 최상단까지 배의 높이가 5.7m나 되는 초대형 범선. 260톤 규모에 140톤이 넘는 상품을 실은 최첨단 국제 무역선으로, 2~3m 파도 쯤이야 가볍게 헤치고 나갈 수 있는 배였다. 바로 이 신안선에는 갖가지 진귀한 상품들이 가득 실려 있었다. 2만여 점의 도자기와 28톤의 동전, 1천 개가 넘은 자단목 원목, 주석정, 후추와 값비싼 향료, 한약재 그리고 각종 생활용품과 상인, 승려들을 실은 이 보물선은 한여름인 음력 6월 초순 경원항을 떠났다. 고려를 거쳐 일본으로 향하는 길. 배는 보타도를 지나 동북진하여 항해하고 있었다.

청자호문개호

제3부

신안선은 어떤 배인가?
- 중세시대 최첨단의 대형 무역선

　신안선은 14세기 초 최대 규모의 원양 무역선이자 최첨단 선박이었다. 항해할 때 물을 가르는 역할을 하는 뱃머리는 뾰족하다. 대신 선미는 칼로 자른 듯 네모난 모양에 배의 단면은 V자형이다. 다시 말해서 뱃바닥이 평평한 평저선平底船이 아니라 물을 가르기 쉽게 배 밑의 양쪽 면이 첨저형으로 생긴 배이다. 특이한 것은 대형 용골을 사용한 배라는 점이다.

　그 시기에 고려의 선박은 용골을 쓰지 않았다. 사람의 척추에 해당하는 용골의 길이는 26m이다. 배의 전체 길이는 34m에 최대폭 11m, 배 밑에서 갑판까지는 3.7m이다. 배의 한가운데에서 뒤로 4~5m 지점부터 선미까지는 갑판 모양으로 선실을 올려놓은 복층구조였다. 길이 10~12m에 최대폭 11m 정도의 슬라브형 판옥板屋을 갖춘 260톤 규모의 대형 무역선으로, 선원과 승객은 이 공간에서 주로 생활하였다. 선실의 높이는 2m 이내. 머리를 숙이고 키를 낮춰야 들어갈 수 있었다. 배의 전체 높이는 5.5m 전후이고, 좌현과 우현의 갑판 위로 현측이 60~70cm 정도 올라와 있어 이것이 선원이나 승객이 배 밖으로 떨어지는 것을 막아주었다.

신안선은 어느 나라 국적의 배였을까?

　신안선은 중국 남부 복건성의 천주에서 만든 배이다. 그 구조와 형태, 선박 제작에

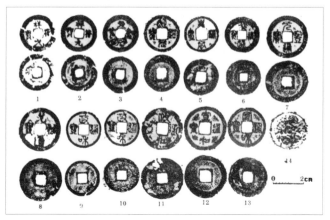
천주해선에서 나온 동전들

쓴 목재, 선박 건조방식 등이 천주에서 만든 배와 일치하는 것으로 내린 결론이다. 그 당시 고려의 한선韓船에는 용골이 없었다. 대신 저판(뱃바닥판)이 용골을 대신하는 구조였다. 이런 고려 선박은 배를 크게 만들 수가 없다. 그러나 신안선은 육중한 용골과 3개의 돛을 갖고 있었다. 선수(= 뱃머리)는 뾰족하고 선미(배의 고물)

는 방형. 배의 단면이 V자형인 첨저선이었다. 천주만 해안 모래톱에서 나온 송나라 시대의 천주해선과 그 구조 및 모양이며 배를 구성하고 있는 목재 즉, 선재[1]도 같다. 또한 용골 연결부에 원형의 구멍 보수공保壽孔을 북두칠성 모양으로 배치하고 그 안에 동전을 넣어둔 것도 같다. 배의 내부는 방수 격벽을 가로질러 8칸의 선실을 갖추었다.

이런 여러 가지 특징과 조건으로 말미암아 신안선은 천주해선과 마찬가지로 복건성 천주에서 제작한 배라고 보는 데는 이견이 없다. 복건 지역에서는 배를 만들 때 무사항해를 빌며 보수공을 배치하였다. 그 한 가지 사실만으로 신안선은 복건 지방 최고의 조선 단지인 천주에서 만들었음을 알게 되었고, 천주해선과의 비교 연구에 훌륭한

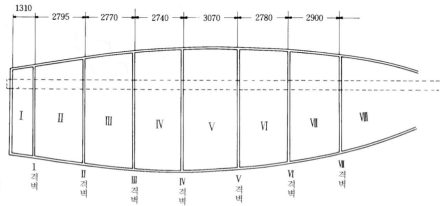
평면도로 본 신안선의 격벽

자료가 되었다.

그런데 신안선에 선적한 상품을 하주별로 구분하여 상품의 종류와 선적일자를 적은 목패에는 한결같이 '至治지치'라는 중국 연호를 사용하였다. '至治지치'는 1321년부터 1323년까지 중국과 고려에서 함께 사용한 원나라의 연호이다. 당시 일본은 가마쿠라鎌倉 시대로서 '원형元亨'이란 연호를 독자적으로 사용하고 있었고, '지치'라는 연호는 쓰지 않았다. 다시 말해 신안선에서는 '원형元亨'이란 연호가 적힌 목패가 한 점도 발견되지 않았다. 일본 국적의 배였거나 일본 선주가 운영한 배였다면 '지치至治' 대신 '원형元亨'을 썼을 것이다. 동복사東福寺·조적암釣寂庵·거기궁筥崎宮과 같은 사찰과 신사의 이름 그리고 일본인 하주명에도 중국 연호를 사용했으며 일본의 연호는 없다. 상품의 하주와 수량 등을 기록하면서 일본 연호를 사용하지 않고 중국의 연호를 썼다는 것은 적어도 신안선이 일본의 배가 아니었음을 의미한다.

지치3년(至治參年)이란 연대가 기록된 목간. 이 목간이 확인됨으로써 신안선은 1323년에 운항되었음을 알게 되었다.

더구나 일본의 각종 기록에 신안선과 같은 상선에 대한 기록이 없다. 송·원 시대에 일본에서 사찰이나 신사를 건축하는데 드는 비용을 조달하기 위해 선박을 중국에 보냈다는 기록은 있으나, 정작 지치至治 2~3년 사이에 중국에 파견한 선박에 대한 언급은 없다. 만약 일본의 배였다면 선박의 규모나 선적상품의 양과 품질을 보더라도 충분히 기록에 남았음직한 배이다. 그런데 이런 대형 선박에 관한 언급이 없는 것은 신안선이 일본 또는 일본인의 배가 아니었음을 알려주는 강력한 증거이다.

중국과 고려 상인이 공동 운영한 무역선일 가능성

지금까지의 결과로 보면 신안선은 중국 선박이었거나 원과 고려의 선주단이 고려와 일본 선원을 고용하여 운영한 국제무역선이었을 것으로 보인다. 더구나 선원들의 소지품이나 취사용구가 중국 또는 고려의 것이란 점에서 신안선의 국적이 일본일 가능성은 더욱 희박하다. 일본 장기와 게타, 일본 칠기는 일본인이 이 배에 타고 있었음을 시사한다. 이런 점으로 판단하면 신안선은 일본에 나가 있던 중국인 상인이 운영한

청동제주방용기, 청동
제갈대기

무역선일 수도 있다. 중국에서 일본을 다니려면 고려의 항로를 구석구석 알아야 했으므로 고려의 선원이 필요했을 것이다. 그런데 주방용기라든가 기타 생활용구 중에도 중국 제품이 많다. 고려제로는 숟가락과 발鉢 등 몇 가지가 있다.

금속제주방용기

　　신안선을 움직인 선주단과 관련하여 배에서 나온 유물 중에서 신미년(1271)에 만든 칠기와 양택분楊宅盆이라는 글자가 있는 목제 그릇(칠기)에 주목해야 한다. 양택분이라는 목제 그릇을 보면 신안선은 양씨 가문가 관계가 있을 수도 있다. 1279년 원 제국이 남송을 멸망시킨 뒤로, 남송의 구귀족이었던 양씨 가계가 무역상으로 변신하였거나 자신들이 소유하던 물건의 일부를 처분하였을 가능성도 있다. 온주의 칠기상 양씨가 만든 것일 수도 있다. 그리고 신미년에 진만일숙이라는 사람이 만든 목제 그릇은 진씨와 관계가 있는 것으로 볼 수 있다. 뒤에 설명하겠지만 은제소합의 주인 왕구랑과 양씨 및 고려인이 신안선의 공동선주였을 가능성을 아주 배제할 수는 없는 것이다.

청동향로부삽,
청동주걱

　　이런 점들을 감안할 때 신안선은 천주에서 만든 배로서 중국인 또는 재일중국인이 고려의 상인과 함께 선단을 구성하여 운영한 무역선일 가능성이 있다. 그리고 일본 칼이 나온 것으로 보아 이 배에는 호위무사가 함께 타고 있었을 것이다. 이 무렵 한국의 서·남해안에는 왜구들이 무시로 출몰하여 약탈과 방화를 저질렀으므로 섬과 연해의 고려인들이 시달렸다. 물론 중국 경원에서 산동에 이르는 지역까지 연해에 사는 사람들은 왜구로 골머리를 앓았고, 왜구에 대한 공포심을 갖고 있었다. 신안선이 침몰한 직후인 음력 7월에 왜구가 추자도 등지에서 약탈한 사례에서 잘 알 수 있듯이 무역선을 대상으로 해적질하는 왜구로부터 배를 지키기 위한 무사가 이 배에 배치되었으리라 짐작한다.

배에서 나온 고려의
청동숟가락

1323년 무렵, 고려에는 어떤 이들이 살았나?

신안선이 침몰한 1323년은 고려 충숙왕 10년으로, 원 제국의 간섭을 받아 정치적으로 불안정한 때였다. 고려 왕조가 그 말기적 증상으로 신음하던 시기이다. 그러면 이 무렵 고려에는 어떤 이들이 살고 있었을까? 그것을 알면 신안선이 활동하던 시대와 고려 사회를 훨씬 더 쉽게 이해할 수 있을 것이다. 그렇다고 이 시대의 주요 인물을 모두 거론하기는 어렵다. 비교적 인지도가 있는 인물을 선택해 보면, 우리가 잘 아는 익재 이제현[2]이 살고 있던 때였다. 그는 삼십대 후반의 팔팔한 나이였다. 원나라에서 공부하고 돌아와 고려에서 관리로 일하고 있었다. 그의 아버지 이진[3]은 이태 전에 세상을 떴다. 이진은 자신이 세상을 뜨기 이태 전에 평소 친밀하게 지내던 혜감국사 만항의 죽음을 보았으며, 그로부터 일 년 후에 다시 보감국사 혼구[4]가 입적하였다.

가정 이곡은 이제 갓 스물 여섯의 나이였다. 이곡 역시 북경에서 공부하고 돌아와 벼슬을 하던 때였다. 이곡[5]의 아들 이색은 신안선이 가라앉은 해로부터 5년 뒤에 태어났다. 그러니까 이때는 한산이씨는 고려에 없던 때였다. 후일 조선 건국에 큰 역할을 했던 무학대사 자초[6]도 태어나기 4년 전이었고, 태종 이방원의 선생이었던 원천석[7]도 신안선이 침몰한 해로부터 7년 뒤에 세상에 나타났다. 안축[8]이 40대 초의 중년을 맞고 있었으며, 여흥민씨의 선조 민사평[9] 그리고 민사평과 친분이 있던 최해[10]도 한참 활동하고 있던 시기이다. 이인로[11]는 이미 1백여 년 전에 살았으나 그 명성이 고려 조정에 파다하게 남아 있었고, 그와 비슷한 시대를 살았던 이규보[12]의 명성도 고려 구석구석에 자자하게 남아 있었다. 위구르인으로서 고려에 귀화한 설손[13]이 조정에서 활동하며 시인으로도 이름을 날리고 있었고, 최영 장군[14]은 이제 겨우 초등학교 2~3학년 생 정도의 나이였다. 이인복[15]도 이팔청춘에 불과한 어린 나이였다. 그러나 정도전[16]

청동제발, 청동제소발, 청동제대발

이 세상에 나타나기 이십 년 전이니, 이들에 의해 새로운 세상이 바뀐 것은 그로부터 60~70년 후이다. 신안선이 마지막으로 운항한 해로부터 12년 뒤에야 조선을 건국한 이성계(1335~1408)가 태어났다. 또 고려의 충신으로 기록된 정몽주[17]와 이숭인[18] 두 사람은 같은 시대를 살았고, 또 같은 해에 죽었으나 이들은 신안선이 침몰한 해로부터 따지면 15년 뒤에 태어난 사람들이다.

조금 이름이 있다 하는 승려로는 백운대사 경한[19]·식영암·체원·각진국사 복구·원명국사 충감[20]·태고 보우[21]와 같은 인물들이 살아 있었고, 정지국사 지천[22]은 아직 세상에 그 모습을 보이지 않은 때였다. 세상은 아직 조선을 열기 위해 준비하는 자보다 고려를 지키는 자가 많은 때였다.

신안선은 서·남해 조류 따라 이동하려 했을 것

신안선은 천주해선과 마찬가지로 천주에서 만든 배이다.[23] 유물로 볼 때 신안선은 천주와 경원을 거쳐 온 것만은 분명하다. 당시 최대 규모의 첨단 범선인 이 배는 천주를 떠나 온주溫州·경원慶元의 코스로 올라가며 징검다리식 항해를 계속하였고, 중간에 두세 번 항구에 들러 물품을 선적하였다. 화물을 맨 처음 선적한 날은 4월 22일과 23일이다. 그 후 5월 2일과 5월 11일에도 한 차례씩 화물을 선적하였다. 마지막으로 6월 1일과 2일, 3일에 집중적으로 상품을 구매하여 선적하기까지 두 달간의 선적기간을 크게 네 시기로 구분할 수 있다. 이는 적어도 4개 지역을 신안선이 경유한 것으로 해석할 수 있는 점인데, 그것은 신안선에 적재한 건양요·용천요·경덕진요의 각종 도자기로 보아도 충분히 짐작할 수 있다. 건요나 길주요·용천요 자기를 대량 선적한 점으로 보아 신안선은 천주와 경원을 거쳐 왔으며, 경원로慶元路라는 글자가 새겨진 청동추로써 신안선이 경원을 거쳐 온 사실을 확신할 수 있었다.

순전히 바람의 힘으로만 이동해야 했던 당시의 조건에서는 천주·온주·경원은 어느 곳이나 하루 이틀에 갈 수 있는 거리가 아니었다. 예를 들어 태주와 경원처럼 가까운 곳은 남풍이나 남서풍이 순조롭게 불어준다면 하루면 갈 수 있는 거리이다. 그러나 상품 선적 날짜는 대략 20일 안팎의 시차를 두고 있으며, 네 시기로 대별할 수 있는 만큼 신안선은 대략적인 계획에 따라 움직였음을 알 수 있다. 대략의 일정이 잡힌 상태에서 선적과 입출항이 이루어졌으리란 것이다. 그것은 상품의 조달과 구매, 그리고 항해에 적당한 날짜(풍향과 바람·날씨 등)를 고려한 일정이었을 것이다.

또한 마지막 선적일이 6월 1~3일에 집중된 점으로 보아 만약 신안선이 마지막으로 경원항에서 떠났다면 주산열도를 빠져나간 시점이 6월 3일 이후임도 분명하다. 6월 3일에 경원에서 선적을 끝내고 곧바로 출항했다면 대략 6월 10~15일 무렵에 흑산도에 닿았을 것이다.

그러면 혹시 이 배가 경원에서 출발하여 중국 동해 연안을 따라 북상한 뒤, 산동 지역으로 올라갔다가 서해를 동남 방향으로 건너 대흑산도로 남하하는 항로를 따라 갔던 것은 아닐까? 그럴 가능성은 없어 보인다. 그것은 두 가지 측면에서 짐작해 볼 수 있는 일이다. 먼저 이 배에는 산동반도에서 선적했을 상품이 보이지 않는다. 그리고 신안선이 움직였을 음력 6~7월엔 산동반도에서 동남 방향으로 이동하기 어렵다. 북서풍이 지속적으로 불어줘야 배가 동쪽으로 이동할 수 있다. 그러나 6~7월엔 그런 바람을 기대할 수 없다. 주로 남풍이 부는 시기이므로 한국 서남해안으로 들어와서 연안을 따라 흐르는 조류를 타야 수월하게 움직일 수 있다. 서해 남부와 남해의 섬 사이로 흐르는 조류를 따라 조류항해를 할 수 있었기에 신안선은 일단 가거도나 흑산도를 거점으로 이동하려 했을 가능성이 아주 높다.

신안선은 최소 세 개의 돛을 가진 배였다

어떤 선박이든지 난파선은 대개 침몰 직전의 최종적인 상황을 알려줄만한 증거를 남기기 마련이다. 배가 침몰 당시의 모습 그대로 남아 있었다면 우리는 신안선의 침몰 원인과 마지막 상황을 조금 더 자세하게 알았을 것이다. 그러나 갯벌에 묻혀 있지 않은 신안선의 상단부는 썩어서 사라졌고, 돛대는 하단부 일부 외에는 남아 있지 않았다. 돛대가 그대로 남아 있었다면 신안선의 침몰 순간을 보다 분명하게 추적할 수 있었을 것이다.

닻 또한 사라지고 없다. 닻이 남아 있었다면 신안선의 마지막 상황을 조금 더 상세히 알아낼 수 있었을 것이다. 그러나 현재 어떤 자료든 침몰 당시의 풍향이라든가 바람의 세기, 조류의 유무 등을 추적할 수 있는 단서는 제대로 남아 있지 않다.

그 당시 배들은 통상 닻을 선수 갑판 위나 뱃머리에 닻을 걷어 올려놓고 다녔으며, 닻은 전통적으로 삼지정三枝碇이었다. 그러므로 신안선의 닻 역시 삼지정이었을 것이다. 배가 처음 충돌하면서 가장 강력한 충격을 받았을 것이므로 닻은 바로 그 최초 충돌지점 어딘가에 떨어트렸을 것으로 추정된다.

신안선은 세 개의 돛을 가진 배였다. 그래서 "신안선은 상품의 무게 때문에 보다 강한 바람에 의존해야 했으며 강한 추진력을 갖기 위한 가장 효과적인 수단으로서 쌍돛으로 설계되었다"고 보는 견해가 있다. 2개의 돛대자리를 확인한 뒤에 나온 주장이다. 그러나 "신안선은 미범까지 모두 세 개의 돛으로 운항되었다"[24]고 보는 새로운 견해게 제기되어 현재는 이것이 거의 정설처럼 통하고 있다. 미범尾帆이란 배의 후미 쪽에 설치한 돛을 이른다. 중국의 연구자 원효춘元曉春의 견해인데, 타당하다. 이렇게

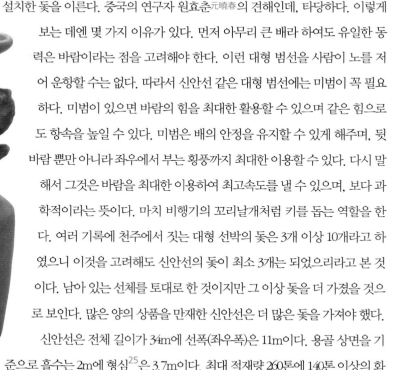

보는 데엔 몇 가지 이유가 있다. 먼저 아무리 큰 배라 하여도 유일한 동력은 바람이라는 점을 고려해야 한다. 이런 대형 범선을 사람이 노를 저어 운항할 수는 없다. 따라서 신안선 같은 대형 범선에는 미범이 꼭 필요하다. 미범이 있으면 바람의 힘을 최대한 활용할 수 있으며 같은 힘으로도 항속을 높일 수 있다. 미범은 배의 안정을 유지할 수 있게 해주며, 뒷바람 뿐만 아니라 좌우에서 부는 횡풍까지 최대한 이용할 수 있다. 다시 말해서 그것은 바람을 최대 이용하여 최고속도를 낼 수 있으며, 보다 과학적이라는 뜻이다. 마치 비행기의 꼬리날개처럼 키를 돕는 역할을 한다. 여러 기록에 천주에서 짓는 대형 선박의 돛은 3개 이상 10개라고 하였으니 이것을 고려해도 신안선의 돛이 최소 3개는 되었으리라고 본 것이다. 남아 있는 선체를 토대로 한 것이지만 그 이상 돛을 더 가졌을 것으로 보인다. 많은 양의 상품을 만재한 신안선은 더 많은 돛을 가져야 했다.

신안선은 전체 길이가 34m에 선폭(좌우폭)은 11m이다. 용골 상면을 기준으로 흘수는 2m에 형심[25]은 3.7m이다. 최대 적재량 260톤에 140톤 이상의 화

청자어룡식화병

물과 사람을 실은 대형 범선. 3m의 파도에도 아랑곳하지 않고 항해할 수 있으며, 화물 외에 최대 100여 명 정도를 더 태울 수 있는 규모였다. 이것이 현재까지의 조사 결과를 바탕으로 추정한 신안선의 모습이다. 하지만 이런 배라 해도 역시 계절풍의 한계를 넘어설 수는 없었다.

그러나 더 이상 자세한 내용은 파악하기 어렵다. 노(oars)도 발견되지 않았으니 노를 몇 개 설치한 배였는지도 알 수 없다. 신안선은 바람의 힘에만 의존한 대형 범선이므로 노를 저어 사람의 힘으로 이동할 수는 없는 배이다. 애초 인력으로 움직이게끔 설계한 배가 아니라 바람의 힘으로 운항하도록 설계한 배이다. 더구나 흘수선에서 갑판까지 배의 높이가 너무 높아서 노를 사용할 수 없었으리라고 보는 견해도 있다.

하지만 그렇다고 해서 신안선이 노를 전혀 사용하지 않았을까? 닻과 노를 발견하지 못했다고 해서 신안선이 그것들을 사용하지 않았다고 말할 수 없다. 어떤 배든 최소한의 노는 있어야 하기 때문이다. 항구에 배를 대거나 항구를 벗어날 때 반드시 노의 힘을 빌려야 한다. 배의 크기에 관계없이 노는 반드시 필요하다. 이런 점을 감안하여 현재는 좌우에 각기 세 개 이상의 노를 갖추고 있었을 것이라고 짐작하고 있다.

선박의 용골은 무엇이며 어떻게 생겼나?

용골[26]은 인체의 척추와 같은 것으로 선박의 가장 아래에 있다. 뱃머리에서 고물(선미) 쪽으로 놓은 일종의 대들보이다. 선체를 떠받치는 주요 골격부위로서, 이것이 배가 받는 힘을 감당한다. 작은 배라면 나무기둥 하나로써 용골은 충분하다. 그러나 대형 범선은 대략 2~3개의 커다란 목재를 길게 이어서 용골로 쓴다. 신안선의 용골 역시 전용골(6.8m),[27] 주용골(11.3m), 미용골(8.44m) 세 마디로 이루어져 있다. 단면이 직사각형인 방형용골 3개를 쐐기를 박아 서로 연결한 것이다. 이렇게 잇는 방식을 전문용어로는 '엇걸이 이음'이라고 한다. 용골 측면의 연결부에는 평면형 꺽쇠[28]를 박았다. 주용골과 미용골의 단면은 사각형이다. 전용골은 전단부로 갈수록 아래 부분이 점점 좁아지는 형태의 사다리꼴[29]을 하고 있어서 물을 가르기 쉬운 형태이다.

용골재 윗면은 홈붙이 접합 방식으로 결합되어 있었다. 선미 쪽의 미용골은 뒤로 갈

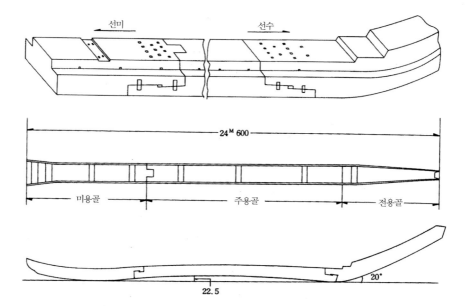

24ᴹ 600

미용골 　　　　　　주용골 　　　　　전용골

신안선 용골과 선수재
(연결상태)

20°

22.5

수록 위로 볼록 올라가 있다. 뒤로 갈수록 용골의 좌우 폭은 넓고 상하 두께는 얇게 만들어서 용골 선미부가 53cm나 높다.[30] 이것은 배가 앞으로 나갈 때 선미 바닥에 닿는 물의 저항을 낮춰주기 위한 것이다.

　세 부분[31]으로 구성된 신안선의 용골 가운데, 선수 쪽의 용골을 전용골이라고 한다. 전용골 앞으로는 선수재가 연결되어 있다. 중앙부 용골(주용골)[32]과 미용골을 합한 전체 길이는 18.39m이다. 전용골과 주용골을 연결한 접합부에는 구멍을 원형으로 얕게 파고 그 안에 동그란 거울 하나를 넣었다.[33] 아마도 이 거울은 불사의 신에게 바친 상징물이었던 것 같다.

용골과 하부 선수재의 주요치수

용골의 구성	연결부 길이를 포함한 전장	대표적인 단면의 치수	
		너비 (mm)	높이 (mm)
전용골(前龍骨)	6.715m	800	580
주용골(主龍骨)	11.25m	710	500
미용골(尾龍骨)	8.44m	700	500

또 전후 용골재의 접합부 수평면에는 9개의 구멍을 파고 그 중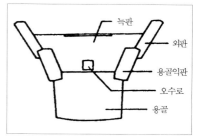
7개의 구멍에 태평통보[34]를 1개씩 넣은 뒤, 나무마개로 막았다.
이와 같은 방식은 천주만에서 발굴한 중국 송나라 때의 무역선
인 천주해선에서도 확인되었는데, 이것이 소위 보수공이라고 하
는 것이다. 또한 주용골의 윗면에는 직경 3cm의 구멍 2개를 파
고 그 안에 동전과 씨앗을 넣었다. 곡물의 씨앗은 '영원한 생명'

측단면으로 본 신안선의
선저구조

을 의미하는 것으로서 이 배를 만든 사람들은 안전항해와 불사의 염원을 실었던 듯하
다. 바람과 조류에 의존하여 항해를 해야 했던 중세시대, 배를 타고 바다에 나가는 일
은 목숨을 내어놓고 벌이는 일종의 도박이나 다름없는 것이었다. 따라서 배를 지은 이
들은 배의 기초가 되는 용골을 준비하면서 불사의 신에게 비는 의식을 가졌을 것이다.

용골로 사용한 목재는 소나무였다. 중국 남부지방에 흔한 곰솔 종류이다. 이 곰솔
을 중국에서는 마미송馬尾松이라고 하는데, 현재의 영파시 이남 지역에 많이 자생한다.
1983년 신안선 발굴 마지막 단계에서 인양한 주용골은 양단의 접합부[35] 길이를 포함
하여 총길이가 11.25m이다. 이 용골은 중앙부가 높고 양단부는 아래쪽으로 완만하게
경사져 있다.

방형용골은 직선으로 곧게 제작하는 것이 일반적인데, 신안선의 용골은 중앙부가
위로 약간 올라가 있어서 용골 전체가 위로 향해 있다. 따라서 용골 하단의 직선을 기
준으로 보면 위로 13.5cm가 들려 있어 바닥면이 약간 위로 만곡을 이루고 있다. 전부
와 후부의 용골 및 하부선수재가 연결된 상태에서는 중앙부가 22.5cm나 올라가 있다.
목선으로서 방형용골의 중앙부가 위로 올라가고 양단부가 내려앉은 모양의 이와 같
은 만곡 용골은 목선에서는 매우 드물다. 이런 구조는 최대한 표면장력을 이용하기 위
한 것으로, 바람과 파도에 배가 깝치지 않게 해준다. 중세시대 중국인들은 용골에도
첨단과학을 적용하였다.

신안선을 복원하여 전시하기까지

신안선 인양작업은 1981년부터 시작되어 1983년까지 총 720여 편의 선체편과 목편

을 찾아냈다. 인양 당시에 파악한 신안선은 길이 28.4m, 폭 6.6m로 확인되었으며, 신안선의 우현은 현장船艄 2단을 포함하여 총 14단이었다. 좌현은 대부분 썩어 없어지고 4단까지만 남아 있었다. 도자기와 목패·동전·선박의 형태·배를 만드는 데 쓴 선재船材의 수종을 종합하여 신안선은 중국 천주에서 만든 것으로 결론을 내리게 되었다.

　신안선 선체편(뱃조각)을 인양한 뒤에는 곧바로 대형 수조에 넣고 물을 갈아주면서 염분을 빼는 작업을 시작하였다. 염분을 빼내는 탈염작업을 마친 뒤에는 약한 목재가 부서지지 않고 원형을 유지할 수 있도록 안정화시키는 작업이 진행되었다. 이렇게 시작하여 20년 가까운 시간을 보존처리 작업에 쏟았다. 인양과 동시에 1982년부터 국립문화재연구소 목포해양유물보존처리소[36]에서 보존처리 작업을 시작하여 1999년까지 염분을 제거하는 작업이 계속되었고, 목재의 원형을 유지할 수 있도록 하는 작업까지 한 곳에서 마무리하였다. 이렇게 길고 지루한 작업을 끝으로 신안선의 5분의 1 축소 모형을 만들었다(1982~1986). 모형을 만드는 데만 꼬박 5년이 걸렸다. 이것을 토대로 1994년 11월부터 2002년 12월까지 8년 동안 복원작업을 진행하였다. 그리고 나서도 2년이 지나 2004년부터 드디어 국립해양문화재연구소에 신안선을 전시하고 있다. 신안선 보존처리에 걸린 기간은 총 19년(1981~1999), 배를 인양하여 복원하기까지는 22년이란 긴 시간이 걸렸다.

중국 천주만에서 나온 송대 무역선과 유물들

　상해 이남 지역에서 북쪽의 경원항과 남쪽 천주항은 중국 동남부 해안의 경제 중심축이었다. 천진이나 대련 및 청도와 같은 항구들이 중국 북방을 대표하는 대항이라면 지금도 상해 이남에서 영파(경원)·천주·복주·광주는 중국 동남부의 국제적인 항구라고 할 수 있다. 천주는 천주만과 남해 바다를 가슴에 껴안고 있으면서 뒤쪽 한켠으로 천주만 후저항后渚港을 끼고 있다. 바로 이 후저항 해안의 모래사장에서 1974년에 송나라 때의 무역선이 발견되었다. 천주 해안에서 나왔으니 이 배는 천주해선泉州海船[37]이란 이름을 얻게 되었다. 천주해선의 '해선'은 바다의 무역선을 이른다.

　신안선은 원나라 때의 무역선이니 천주해선과 신안선은 서로 가장 가까운 시기에 제작된 배이다. 천주해선과 신안선의 제작지는 모두 천주항. 구조는 같고 크기는 천주해선이 조금 작다. 따라서 천주해선은 신안선과의 비교 연구에 중요한 자료가 되고 있다. 남송 말기, 마미송과 스기나무라는 이름의 넓은잎삼나무[38]로 만든 천주해선[39]은 미범尾帆까지 모두 세 개의 돛을 갖고 있었다.[40] 대략 1271년부터 그 이후 몇 년 사이에 침몰한 것

천주해외교통사박물관에 실물 크기로 복원하여 야외에 전시하고 있는 천주해선 모형

으로 추정하고 있어 신안선보다는 50여 년 앞선다.

신안선과 마찬가지로 천주해선의 용골은 소나무로 만들었으며 용골 전체의 길이는 17.65m이다.[41] 용골의 폭은 42cm이고 두께는 27cm로 육중하고 튼튼하다. 배의 척추이자 대들보에 해당하는 용골은 배의 맨 밑바닥에 설치해서 화물의 무게를 견디고, 파도에도 배가 부서지지 않고 힘을 받도록 지탱해주는 버팀목이다. 그러나 천주해선은 길이와 폭이 신안선보다 약간 작다. 용골 외부의 선체 외판 중에서 1단과 2단은 녹나무이고, 나머지는 삼나무[42]로 되어 있어서 신안선 제작에 추가로 녹나무와 삼나무를 사용한 것과 같았다.

천주해선이 이용한 별자리는 남십자성과 북두성

천주해선의 용골에서는 특이한 점이 발견되었다. 북두칠성 모양으로 일곱 개의 보수공을 배치하고, 그 안에 청동거울을 넣었다. 이것은 신안선과 대략 같았다. 하지만 차이가 하나 있었다. 천주해선의 용골 아래쪽, 그러니까 뒷면에는 13개의 보수공을 따로 파고, 그 안에 각기 동전을 넣었다. 이것은 보수공에 태평통보 7개만을 넣은 신안선과는 크게 다르다. 천주해선과 신안선의 용골 보수공에 넣어둔 동전의 종류도 다르다. 보수공을 배치한 것은 같지만 보수공의 개수와 위치가 다르다. 이런 차이는 어디

서 온 것일까? 천주해선의 용골 위쪽에 파놓은 일곱 개의 구멍은 북두칠성, 아래쪽의 구멍 13개는 남십자성을 가리킨다. 이것은 천주해선이 바다에서 항로를 정하고 방향을 잡아 목표지점을 찾아갈 때 남반부에서는 남십자성을 이용하였고, 북반부에서는 북두칠성을 이용했음을 알려주는 단서이다. 물론 남십자성과 북두칠성이 다 보이는 곳에서는 남북 두 별자리를 이용하여 배의 위치와 항로를 가늠한 것이다.

천주해선 용골의 13개 보수공은 13개의 별자리이고, 그것이 남십자성이 분명하지만, 각 별의 위치를 정확하게 표시한 것은 아니다. 남십자성은 북위 33도 이남에서만 보이는 별자리이다. 남십자성은 남반구 사람들이 항해할 때 남극 방향을 가늠하거나 배의 위치를 파악하고 항로를 찾아가는데 중요한 기준으로 삼는 별자리이다. 80여 개의 별이 뒤섞여 있는 남십자성 별자리에서 한눈에 뚜렷하게 금방 들어오는 밝은 별은 13개이다. 이것이 남십자성을 대표하는 별들이다. 그러므로 천주해선은 남북 두 별자리가 모두 보이는 천주에 선적을 두고, 주로 남방을 오가며 무역을 한 배였다고 추리할 수 있다. 천주해선은 중국 동남부 항구에서 남쪽으로 필리핀이나 인도네시아·말레이시아 반도나 태국·싱가포르·캄보디아·미얀마·방글라데시 등을 안방처럼 드나들었을 가능성이 있다. 또 멀리 스리랑카·인도·아라비아반도의 오만(Oman)이나 예멘·사우디아라비아·아프리카 수단·에티오피아와 같은 나라들까지 드나들며 여러 나라의 상인과 흥미로운 이야기들을 실어 날랐을 것이다.

이미 13~14세기에 광동 지역과 천주·복건·경원 등지의 중국 동남부 바닷가에 사는 사람들은 천주해선과 같은 무역선을 통해서 남방의 남해제국과 서역의 여러 나라에 대한 상세한 정보는 물론, 각가지 신기한 이야기들을 전해 들었을 것이다. 1345년 모로코인 이븐바투타가 들어온 뒤로는 중국인들은 모로코나 이탈리아와 같은 지중해권 여러 나라에 관한 이야기도 상세하게 알게 되었다. 그 당시 서역과 남해제국 등 세계를 오간 선장과 선원 그리고 상인들이 이용한 '천상의 나침반'은 바로 남십자성과 북두칠성이었으며 천주해선과 같은 무역선이 서역을 오갔을 것으로 본다. 그러나 천주해선과 달리 신안선에는 13개의 보수공은 없었다. 보수공 7개만 있었으므로 이 배는 필리핀·말레이시아·인도네시아 등 남해제국을 드나든 배로 보기는 어려울 것 같다.

불국토를 위하여 대불大佛을 꿈꾸다
바다에 묻은 승려들의 대찰·대불에의 염원

신안선 배 밑바닥의 선창에 가득 실은 자단목은 사찰과 목탑을 세우는데 쓸 건축재였다. 물론 일부는 목탁이나 불상을 만드는 데도 쓰려 했을 것이다. 동전은 청동불상을 만들기 위한 것이었다. 그러나 바람은 그들의 꿈을 훔쳐 떠났고, 파도는 그들을 바다에 잡아 두었다. 그리하여 칠월 보름 백중절 전까지는 꼭 돌아오겠다던 승려와 선장, 선원들의 약속은 오랜 기다림으로 남겨졌다. 대찰·대불을 조영하려던 승려들의 염원은 교토나 후쿠오카에 미치지 못하고 고려의 바다에 내려놓아야 했으며, 그 기다림은 아직 끝이 나지 않았다.

청자투각연화화훼문양이병

제4부

불국토를 위하여 대불大佛을 꿈꾸다
- 바다에 묻은 승려들의 대찰·대불에의 염원

신안선 선창에는 1천 개가 넘는 자단목 원목과 동전이 가득 실려 있었다. 이것은 과연 무엇을 위한 것이었을까? 자단목은 불상을 만들거나 사찰의 중요한 부분을 구성하기 위한 재목으로 가져가던 것이었다. 또 동전은 가마쿠라 대불이나 교토 동대사東大寺 대불과 같은 대형 불상을 만들기 위해 가져가던 것으로 보인다. 당시 일본 교토의 동복사나 후쿠오카의 조적암 등 임제종 계열의 사찰과 승려들은 대형불상과 사찰을 짓기 위해 이런 물자를 가져가던 중이

신안선에서 나온 동전꾸러미. 동전 거의 대부분은 국립중앙박물관에 보관되어 있으며 극히 일부가 국립해양문화재연구소에 있다.

었으리라고 추정하고 있다. 어쩌면 동복사를 중창하기 위한 물자였을 수도 있다.

배 밑 선창에 실은 동전의 용도는 무엇이었을까?

신안선의 배 밑창에는 자단목 위에 엄청난 양의 동전이 실려 있었다. 1979년 6월 침몰선 내부를 가득 메운 토사를 흡인호스로 빨아내면서 쏟아져 나오기 시작한 동전은 28톤이 넘었다. 그 당시로서는 어마어마한 것이었고, 발굴을 마친 뒤에 집계한 것이지

만 8백만 개라는 동전의 갯수는 가히 천문학적인 숫자였다고 할 수 있다.[1] 동전은 대부분 끈에 꿴 것이었다. 비록 끈은 썩었지만 그 흔적은 남아 있었다. 실에 꿴 동전 한 꾸러미는 당시 중국에서 사용하던 緡이라는 단위이다.

한편 이 외에 녹슨 동전 덩어리는 철봉으로 25㎝ 정도 크기로 떼어내어 인양하였다. 그 과정에서 동전 소유주마다 달아 둔 목패가 간간이 나왔는데, 정작 동전 덩어리에 달린 채로 끌려나온 목패는 하나도 없었다. 이 외에 목제 용기에 담은 동전도 더러 있었다.

참고로, 각 선창별로 나온 동전과 자단목은 〈도표〉에서 보는 바와 같다. 동전은 전체의 66%를 Ⅱ구역과 Ⅲ구역 그리고 Ⅳ구역의 3개 선창에 실었다. 배를 절반으로 나누었을 때, 후미에 실은 것이다. 자단목은 전체의 64%를 배의 전반부인 Ⅵ·Ⅶ·Ⅷ구역에 실었다. 배의 정중앙에 해당하는 Ⅴ구역에는 수조와 돛대자리가 있어서 자단목과 동전을 얼마 싣지 못했다. 선미 쪽의 Ⅰ구역과 Ⅱ구역에도 자단목을 싣지 않았다.

동전은 1차부터 7차 발굴 때까지 3톤밖에 나오지 않았다. 동전이 가장 많이 나온 것은 8차 발굴 때인데, 모두 18톤이 나왔다. 9차 발굴에서는 7톤, 맨 마지막 발굴에서는 18㎏이 나왔다. 동전은 전한과 후한 사이에 약 15년간 존속했던 신新의 왕망王莽 정권

동전·목패·자단목 선창별 출토표

구역＼종류	동전	목패	자단목
Ⅰ구역	262kg		
Ⅱ구역	7,869kg	138개	
Ⅲ구역	5,786kg	130개	44개
Ⅳ구역	3,474kg	55개	211개
Ⅴ구역	167kg		74개
Ⅵ구역	2,616kg	19개	183개
Ⅶ구역	4,000kg	12개	226개
Ⅷ구역	350kg	3개	191개
Ⅸ구역	150kg	1개	6개
Ⅹ구역	906kg	5개	4개
합계	25,580kg	363개	939개

에서 만든 화천貨泉(A.D. 14년)이라는 동전으로부터 원나라 때 사용한 동전까지 다 있었다. 원나라 때(1310) 만든 지대통보至大通寶에 이르기까지 약 1300년 동안 중국에서 만들어 유통시킨 동전 대부분이 다 있었다. 여기서 더욱 흥미로운 것은 금金나라와 안남安南에서 만든 동전도 함께 나온 점이다. 이것은 어느 개인 또는 상인들이 갖고 있던 것으로 볼 수 없다. 신은 1300여 년 동안 어느 한 가문이 그처럼 많은 돈을 가질 수 있도록 허용하는 법이 없으니까. 1~2백 년도 아니고 그처럼 오랜 기간에 사용한 화폐를 모을 수 있다면 그것은 국가적 조직체계 내에서만 가능한 일이다.

그러면 선장과 선원들은 왜 이처럼 많은 양의 동전을 배에 실었던 것일까? 그 점에 대해서는 대략 두 가지 견해로 압축되어 있다. 중국 동전을 수입하여 그대로 일본에서 사용하려 했다는 설과 청동불상을 만들기 위한 원료 수입이었다는 견해이다. 실제로 동전을 수입하여 사용한 선례가 일본에 있다.

"신안선이 공무역이나 사무역의 성격을 떠나 막대한 양의 무역이 이루어진 것은 인양된 유물을 통하여 증명되었다. 하지만 원의 일본정벌이 실패함에 따라 공무역이 힘든 상황에서 일본의 가마쿠라 막부는 사무역을 통하여 화폐를 수입했다는 기록이 보인다."[2]

하지만 중국 동전을 들여다가 그대로 유통시키려 했을 것이라고 보기는 어려울 것이다. 화폐라는 것은 단위와 통일성이 가장 중요하다. 지폐는 대개 고액권으로 통용되고, 동전은 실생활에서 교환의 중심적인 역할을 하는 것이다. 이때 중요한 것이 액수의 구분, 즉 통일된 단위이다. 그러려면 화폐의 명칭도 단 몇 가지로 최소화하여 통일시켜야 한다. 그래야 동전 사용의 실효를 거둘 수 있다. 그러나 신안선의 동전은 66가지이다. 이것을 다 무시하고 한 가지 단위로 사용할 수는 있을 것이다. 하지만 그렇게되면 동전 사용의 실효를 거두기는 어렵다. 늘상 하던 대로 현물 교환이 훨씬 편리하므로 굳이 동전을 사용할 필요성을 느끼지 못할 것이기 때문이다.

그보다는 청동대불을 만들기 위한 원자재로서 동전을 수입하게 되었다는 견해가 신

가마쿠라 대불

뢰를 얻고 있다. 일본의 3대 대불[3]에 사용한 청동을 분석한 결과를 바탕으로 나온 견해이다. 실제로 중국 송나라 시대의 동전(981~1163) 5종을 분석한 결과에 의하면 납(Pb) 성분이 21.13~45.40%로 나와 가마쿠라 시대에 송나라에서 수입한 다량의 동전을 녹여서 대불을 만들었음을 알게 되었다. 이런 연구를 바탕으로 신안선의 동전 역시 일본에서 청동대불

을 만들기 위해 수입해가던 것이었으리라고 보는 것이다. 고대 중국 동전의 화학성분 조성비를 보면 구리(Cu) : 납(Pb) : 주석(Sn)이 7 : 2 : 1이었다. 그러던 것이 남송 후기로 내려가면 5 : 4 : 1의 청동화폐가 된다. 시대가 내려가면서 구리는 덜 넣고 납을 많이 사용한 것이다.

그러면 구리보다 값이 싼 납을 더 많이 넣게 된 까닭은 무엇일까? 구리의 수요는 많아지는데 생산량은 한정되어 있었던 데서 생긴 현상이다. 시대의 흐름에 따라 구리의 수요는 급격히 늘어났다. 경제규모가 커지고 국제 교역이 증대되면서 동전의 사용이 많아졌고, 외국으로 유출되는 동전이 급격히 늘어나서 생긴 결과이기도 하다.[4] 외국의 대상들이 중국에서 바꿔 간 동전의 양도 대단히 많았다. 그 당시의 사회 여건을 종합적으로 검토해 볼 때, 신안선의 동전을 '대형불상 주조용 원자재 수입'으로 보는 것이 타당하다. 만약 신안선이 증도 앞바다에 침몰하지 않았다면, 지금의 우리는 교토 동복사나 후쿠오카 조적암에서 가마쿠라 대불大佛과 같은 대형불상을 하나 더 보게 되었을 것이다.

자단목에 새긴 한자와 아라비아 숫자들

한편 신안선의 배 밑바닥에 선적한 1천여 개의 자단목은 크기와 형태가 다양하다.

작은 것은 길이가 30~40cm에 지름이 7~10cm 안팎에 불과하지만, 큰 것은 길이가 1.5~2m나 되고 지름은 40~70cm 정도나 된다. 배에 싣기 좋게 또는 수요자의 요구에 맞춰 짧게 절단한 것으로 볼 수 있는데, 껍질을 벗긴 원목 상태이다. 껍질을 벗긴 이유는 쓸데없는 부피와 무게를 줄이기 위함이었다. 자단목 겉면에는 먹으로 쓰거나 칼 또는 다른 도구로 글자를 새긴 것도 있다. 이런 것들은 소유주나 나무의 수량을 나타낸 것으로 보인다.

그런데 자단목에 새긴 부호나 글자가 주목을 끈다. 자단목 한 점에는 'T'라는 기호가 새겨져 있었으며 먹으로 '高平記計朶條玉'이라고 쓴 것도 있었다. 이 글자가 무엇을 의미하는지는 명확히 알 수 없다. 적재 상품의 수량이 틀림없음을 확인해준 표기로 보는 시각도 있다. 다만 이 문구를 "고평이란 인물이 기록하였으며, 합계가 원래 주문량과 들어맞는다" 또는 '고평이라는 상단회사가 확인하였다'는 의미로 해석하는 견해가 있다.

자단목에 음각으로 글자를 새기거나 먹으로 쓴 문자·문양·기호 등을 정리한 것을 〈도표〉로 정리하였다. 이것은 국립해양유물전시관[5]이 보존처리를 하면서 자단목에 표시한 기호나 숫자·문자·문양을 집계한 자료를 토대로 다시 점검하여 정리한 것이다. 1,017개의 자단목 중 482점에 문자나 먹으로 쓴 글자가 있었다. 전체 자단목의 약 47%만이 글자나 부호가 있었던 것이다. 상인이나 주문자(판매자) 또는 소유주가 자신의 것임을 알아볼 수 있도록 한 표시이다. 이런 글자들을 소유주 표기로 볼 경우 자단목의 소유주는 50여 명 이상이 된다.

그런데 그 중에서 한자로 표기한 자단목은 160개이다. 가장 흔한 것은 '大吉'이라는 글자이다. 목패나 도자기 또는 후추와 같은 것을 담았던 나무상자, 저울대와 자 그리고 자단목 한 개에도 '大吉'이란 글자가 새겨져 있었다. 大吉이라고 쓴 물건들은 하주 한 사람의 소유로 볼 수 없다. 그냥 길상어로 사용한 문구였을 것이기 때문이다.

또 一本이라고 쓴 목패가 있는데, 그와 똑같은 표기가 자단목에도 두 개나 있었다. 이것은 아마도 어떤 특정 하주를

백자양인각봉황문완

신안선에서 인양한 자단
목(天음각)

本(본)과 다이아몬드형
표시가 있는 자단목

표시한 것으로 볼 수 있을 것 같다.

大一이라는 표기가 있는 자단목도 51개나 된다. 그러나 이상하게도 자단목에는 사찰이나 어떤 기관의 이름은 보이지 않는다. 당연히 사찰로 들어갈 목재였기에 굳이 사찰 이름을 표시할 필요가 없었던 것일까?

八이나 八八 같은 글자도 있었다. 八이나 八八은 중국인들에게는 재화財貨를 가져다주는 상서로운 숫자로 인식되어 있다. 발음상 發발 자와 소릿값이 같아서 돈을 많이 벌게 해주는 발재發財의 의미로 받아들이는 전통이 있는데, 이런 숫자는 상인 자신의 부호이자 길상어였을 것이라고 판단된다. 그것이 아니면 자단목을 몇 개의 조로 나누어 구분하면서 붙인 일련번호일 수도 있겠다.

이 외에 608개의 자단목에는 本◎처럼 글자와 부호가 함께 표기되어 있는 것도 있고, 숫자를 표시한 것도 있다. 삼각형이나 동그라미·꽃잎·산 모양 등 여러 가지 모양을 표시한 것도 있다. 숫자를 표시한 자단목 중에는 로마자를 새긴 것이 245개나 된다. 숫자를 새긴 자단목이 가장 많은데, 로마자는 자단목의 개수를 표시한 것으로 볼 수 있다.

그런데 흥미로운 것은 Y·L·I·E·W·T·V와 같은 글자이다. 영어 알파벳이 새겨진 것으로 보아 이것은 시리아나 이집트, 기타 유럽의 상인들이 드나들던 자단목 산지에서 생산된 것을 신안선에 실었던 것 같다. 동양과 서양의 상인들이 자단목 생산지에 나가서 거래하였음을 이것으로 알 수 있는 것이다. 자단목에 문자나 부호가 있는 것은 모두 482점이다. 이것을 제외한 나머지 530여 점의 자단목에는 아무런 표시가 없다.

그러면 이런 표시는 무엇이었을까? 앞에서 잠깐 설명하였지만, 소유자를 표시하기 위한 것이었고, 다양한 부호와 문자가 있는 것으로 보아 자단목은 한 사람의 것이 아니라 여러 사람의 소유였음

자단목에 새긴 문자와 부호

분류	한자	수량	문양	수량	로마자, 기타	수량
1	大一	51	Z	2	X, Y, L, I, E, W, T, V	245
2	大一, 本	1	本◎	13	기타 묵흔 등	11
3	大吉	1	♧	1		
4	本	4	△	7		
5	大	2	///, 二	1		
6	仲	1	△	4		
7	本	2	⊠, ⊕	1		
8	一丁	32	W, 入, Ⅳ, 一	1		
9	天	2	○	4		
10	吉	2	ψ	3		
11	一本	2	ψψ	3		
12	天六	1	*	1		
13	八十	1	X, 口	1		
14	王	2	V, X, 口, ‖	1		
15	口	7	X, 口, I X I, ‖	1		
16	凶	1	ㄷ	2		
17	工	2	ㄱ	2		
18	人	1	λ	2		
19	入	1	口, 十	1		
20	八	10	원 안에 八三	6		
21	八八	1	I ○	4		
22	⊖	6	2m	3		
23	土	4	2n	1		
24	一八一	2	◁△	1		
25	元	1				
26	田	1				
27	品	13				
28	十	3				
29	本主	2				
30	人二	1				
소계		160		66		256
총계			482			

※ 大一+로마자, 大一大 大一, 大一 / ※ 王+로마자, 王 / ※ 品+로마자, 品 / ※ 天六+로마자, 天六 /
※ 天+로마자, 天 / ※ 一丁+로마자, 一丁 / ※ 八+로마자, 八로 표기

을 알려준다. 이 배의 선장과 선단주는 여러 상인이나 수요자로부터 부탁을 받고 계획에 따라 자단목을 선적하였으며, 자단목 수입상이나 그 대리인 또는 하주를 표시하기 위해 자단목에 숫자나 기호를 부여한 것이라고 볼 수 있다.

그러면 로마자로 표시한 자단목에 대해서는 어떻게 이해하는 것이 좋을까? 가장 먼저 생각해볼 수 있는 것이 자단목의 생산지와 그곳에 드나든 고객들에 관한 것이다. 여러 가지 측면을 감안해 보면 신안선에 선적한 자단목은 유럽이나 아랍권과도 거래하던 자단목 원산지에서 생산된 것으로 볼 수밖에 없다. 신안선이 멀리 자단목 산지인 자바·보르네오 또는 수마트라 지역까지 나가서 선적했을 수도 있고, 천주에 들어와 있는 자단목을 구입하여 실었을 수도 있다. 자단목 원산지로 나가서 목재를 실어 왔다면 신안선의 선장은 뱃길을 잘 아는 선원을 따로 고용하였을 것이다. 그렇지만 신안선이 자단목 원산지로 나갔다 왔을 것 같지는 않다. 다만 한 가지 분명한 것은 유럽인이나 아랍인·인도의 힌두교 또는 이슬람교의 영향을 받은 사람들이 사는 곳에서 나온 자단목을 실었다는 사실이다. 다시 말해서 동남아시아의 세계적인 자단목 원산지는 그 당시 세계 여러 나라의 상인들이 만나던 곳이었다. 그곳에는 중국 상인들도 수시로 드나들었다. 자단목에 함께 새긴 한자와 로마자 명문이 그것을 알려주는 단서이다.

그러면 자단목을 왜 배의 맨 밑바닥에 실었을까? 배의 균형을 맞추기 위한 것이었다는 주장이 있다. 이것은 매우 정확한 판단이다. 배의 앞쪽 전반부에 자단목을 실었고, 중앙의 주돛이 있는 곳으로부터 그 뒤편의 선창에는 동전을 실었다. 동전의 일부는 자단목 위에도 올려놓았다. V선창은 신안선의 주돛을 설치하기 위한 공간이므로 자단목과 동전을 얼마 싣지 못하였다. 그래서 비중이 가벼운 자단목은 배의 앞쪽인 VI·VII·VIII 선창에 실었고, 동전은 후반부의 II·III·IV칸 선창에 실었다. 부피는 작지만 비중이 큰 동전은 뒤에 주로 싣고, 그보다 가벼운 자단목은 앞쪽에 실은 것이다. 이것은 배의 균형을 맞춰가며 한 곳에서 자단목과 동전을 동시에 선적하였음을 알려주는 것이다. 전체 동전의 66%를 II·III·IV칸에 실은 것도 배의 균형, 즉 수평을 맞추기 위한 것이었다. 배는 앞쪽이 뒤쪽보다 무거우면 앞으로 나갈 수가 없다. 화물을 실어도 앞쪽에 조금 덜 실어야 파도를 차고 나갈 수 있다.

그런데 이렇게 배의 수평을 맞추려니까 자단목 선적은 끝났는데, 동전이 남게 되었고, 그 남은 분량을 V칸에도 싣고, 자단목 위에도 올려놓았다. 물론 배의 후반부인 Ⅱ·Ⅲ·Ⅳ칸에도 동전을 추가로 실었다. 자단목과 동전을 적재한 방식과 위치로 보면 자단목과 동전을 각기 다른 장소에서 실었을 가능성이 없다. 다시 말해서 이것은 자단목과 동전을 한 곳에서 실었음을 전해주는 증거이다. 그렇다면 자단목과 동전의 선적항은 천주일 수밖에 없다. 즉 신안선의 선장은 말레이시아·인도네시아로 가는 항로를 잘 알고 있는 선원을 고용할 이유가 없었으며, 신안선의 최초 선적지와 출발지는 천주였던 것이다. 적어도 화물 선적방법을 보면 신안선은 말레이시아나 인도네시아 등지의 동남아시아로 나가 자단목을 싣고 돌아왔다고 볼 수는 없다. 만일 동남아시아로 나가서 자단목을 싣고 왔다면 신안선은 천주로 회항한 다음, 계속 북상한 것이 되는데 그럴 가능성은 없어 보인다.

신안선에서 나온 자단목
(로마자, 대일명)

신안선이 송·원 시대 중국 동남부 최대의 국제 교역항인 천주에서 출발한 것만큼은 분명하다. 그 당시 조건에서 남방으로부터 들여온 자단목을 가장 값싸게 구입할 수 있는 곳이 천주항이었다. 교역량이 많은 곳이었기 때문에 화폐의 원활한 유통을 위해 대형 주전소도 이곳에 있었다. 그러므로 동전을 선적한 장소로서 천주항을 제외할 수 없다. 원 제국에서 새로운 화폐 제도를 시행하면서 동전 사용은 금지되었다. 그에 따라 수집해놓은 폐동전을 천주항에서 선적했을 가능성이 가장 크다. 특히 신안선이 움직인 시대는 원 제국의 화폐인 보초寶鈔와 교초交鈔가 통용된 지 한참이 지난 때이고, 그로 말미암아 그간 줄곧 사용해온 동전을 사용할 수 없게 된 때였다. 그렇다고 동전을 새로이 주조할 필요도 없고, 폐동전을 재활용하기 위해 비축해둘 필요가 없었다. 천주항의 주

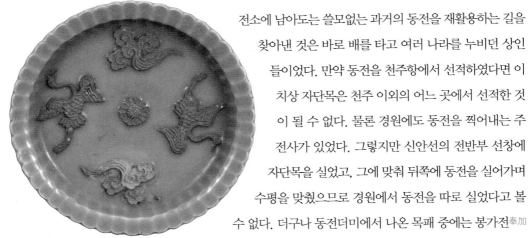

청자첩화노태화판운봉
문접시

전소에 남아도는 쓸모없는 과거의 동전을 재활용하는 길을 찾아낸 것은 바로 배를 타고 여러 나라를 누비던 상인들이었다. 만약 동전을 천주항에서 선적하였다면 이 치상 자단목은 천주 이외의 어느 곳에서 선적한 것이 될 수 없다. 물론 경원에도 동전을 찍어내는 주전사가 있었다. 그렇지만 신안선의 전반부 선창에 자단목을 실었고, 그에 맞춰 뒤쪽에 동전을 실어가며 수평을 맞췄으므로 경원에서 동전을 따로 실었다고 볼 수 없다. 더구나 동전더미에서 나온 목패 중에는 봉가전奉加錢이라고 쓰여 있는 것이 있는 걸로 보아 쓸모없는 동전을 시주의 형식으로 헌납받은 것도 꽤 있었던 것 같다. 이왕 쓸모 없어진 동전을 장사꾼들로부터 시주받은 것도 꽤 있었다는 해석이 가능하다.

본래 자단목은 공예품이나 가구재로 쓰기 위해 수입하였다. 자단목은 값비싼 고급 목재였다. 중국이 주로 수출한 품목은 비단과 도자기였는데, 도자기 수출보다 자단목 수입이 많을 때도 있었다. 중국은 금이나 은을 주고 향목香木이란 이름의 자단목이나 향료 등을 비롯한 사치품을 지나치게 사들이면서 드디어 중국 내에서 경제적인 문제가 일어났다. 금이나 은이 외국으로 많이 유출되었고, 중국의 화폐가 외국으로 지나치게 많이 빠져나가자 여러 가지 문제가 일어났다. 그래서 그것을 금지시키는 일이 빈번하게 발생하였는데, 그 대표적인 사례를 『원사元史』[6]에서 확인할 수 있다.

"…이 해 10월에 망고대가 상선을 통해 들어오는 향목을 모두 금은으로 사들인다고 아뢰자 이에 명령을 내려 금지시켰다. 오직 철만은 금지시키지 않았다."[7]

이것은 신안선이 침몰한 때로부터 멀지 않은 지원 14년(1277년)에 천주에 시박사市舶司를 두면서[8] 경원·상해上海·복건·감포澉浦의 네 지역에서 일어난 일을 반영한 조치였다. 향목은 자단목을 이르며, 위 기록은 동남아시아 또는 그 부근에서 자단목을 수

입해왔음을 알려주는 자료이기도 하다. 자단목의 주요 분포지역
은 인도네시아·말레이시아·필리핀 등 동남아시아이다. 기록에
의하면 당시 단향檀香은 자바와 보르네오 등으로부터 수입
하여 썼다.

그러면 왜 신안선의 선장과 선원, 상인과 승려들은 이
토록 많은 자단목을 싣고 가던 것이었을까? 동전을 가져
가 교토나 후쿠오카의 어느 절에 대불을 만들려 꿈꾸었던
승려와 상인들은 사찰의 불전이나 중요한 부분을 이 자단목
으로 꾸미려 했을 것이다. 길이가 2m를 넘지 않는 것으로 보아
기둥이나 대들보와 같은 건축 주요부재로 쓸 것은 아니었다고 판단된
다. 힘을 많이 받는 곳에 쓸 계획이었거나 목탑을 세우기 위한 용도였을 가능성이 있
다. 자단목은 특히 불가에서 소중하게 생각해온 목재였으므로 소형 불상이나 목탁을
만드는 데에도 쓰려 했을 것이다. 일부는 사찰과 귀족들이 필요로 하는 가구도 만들었
을 것이다.

일찍이 자단목을 건축에 사용한 사례가 우리나라에 있다. 562년(진흥왕 23) 신라의
이사부異斯夫가 대가야를 칠 때 사다함이 넘었다는 대가야의 성문이 전단문이었다. 전
단문은 자단목으로 만든 문이다.

주칠화문호(朱漆花紋
壺). 모란을 조각한 것으
로, 이런 목기도 자단목
으로 만들어 쓰는 일이
많았다.

"본래 전단㫋壇이라는 말은 힌두어 '찬단(Chandan)'을 음역音譯한 것이다. 나중에는
이것을 자단이라는 말로 대신하였다. 자단목을 이른다. 자단목은 오랜 옛날부터 문화
적으로나 경제적으로 매우 가치 있는 목재로 인식돼 왔다. 자단목의 심재부心材部에서
채취하는 정유(精油, Essential oil)를 따로 단향檀香이라는 이름으로 부르기도 하며, 자
단목 자체를 단향이라고도 한다. 자단목은 동양에서 기원전 5세기 전후부터 사용해 왔
다. 특히 불교와 힌두교권에서 오랜 세월 조각품이라든가 장식품·고급 가구 등에 사용
하였으며 그 향인 단향 또한 귀중하게 여겨왔다. 기원전 300년경 인도에서는 칼리다사
(Kalidasa)가 자단목판에 산스크리트어로 쓴 서사시가 현재까지 전해오고 있을 정도로

자단목을 사용한 역사가 깊다. 자단목은 인도와 중국인들에게 2천 년 이상 매우 귀한 목재와 향으로 이용되어 왔으며 비싼 값으로 거래되었다. 사다함이 넘은 '전단량'과 전단문은 대가야 왕성의 정문과 문지방이 자단목으로 만들어져 있었음을 의미한다."[9]

대가야에서 성문의 건축재로 남방에서만 나는 자단목을 썼으니까 이미 5~6세기에 중국 동남부 지방을 매개로 말레이시아나 인도네시아산 자단목을 수입하여 사용했음을 알 수 있다. 자단이나 백단이나 모두 우리의 박달나무와 같이 단단한 나무 종류이다. 이런 나무는 세포가 치밀하고 목재의 질이 단단하다. 온도에 따라 부피와 길이에 큰 변화가 없다. 신축성이 큰 소나무는 자단이나 박달나무와 다르다. 추운 겨울밤, 목조가옥에서는 이따금씩 '따악' 하는 소리가 난다. 사람들은 그것을 일러 '목수의 영혼이 내는 신음소리'라고 하지만, 사실은 목재의 이음새가 내뱉는 소리다. 목재마다 홈을 파서 이음새를 짜맞췄기 때문에 추위로 목재가 줄어들면서 서로 잡아당기게 되고 그로 인해 이음새에서 나는 소리이다. 그러나 박달나무나 자단목으로 지은 집에서는 그런 소리가 나지 않는다. 그리고 집이나 탑을 세워도 오래도록 기울거나 이지러지지 않아서 목수들은 이런 목재를 천금보다도 소중히 여겼다.

분향반명으로 시작되는 불가 의례

"부처님, 연기를 밟고 내려오소서"

불가에서는 모든 의례가 분향으로 시작되며, 분향에는 반드시 차가 따른다. 사찰 의식에서 향을 피우는 것은 모든 불보살이 연기를 즈려 밟고 내려오시기를 염원 하는 것이며, 향을 피울 때는 차를 올리는 것이 정해진 법도이다. 이러한 의식은 석가모니 이후 그의 공적을 기리고 부처님을 경건하게 받들고자 하는 염원에서 시작되었다. 이와 함께 사찰에서 흔히 있는 재(齋) 의식은 무엇이며 공양에 사용 되는 도구는 어떤 것들이 있는지를 살펴본다.

백자향로

제5부

분향반명으로 시작되는 불가 의례
- "부처님, 연기를 밟고 내려오소서"

　신안선에 실렸던 유물은 배에서 쓰던 물품을 제외하면, 모두가 무역과 거래 상품이다. 그 중에서 도자기가 압도적으로 많은데, 그것들은 교토나 오사카 또는 후쿠오카의 시장에 내다 팔 상품이었다. 물론 사찰에서 사용할 물건들도 있었다. 사찰의 주문에 따라 상품을 구해서 싣고 가던 것으로 보인다. 10개씩 포개어 상자에 포장한 도자기와 자단목 외에 화병·화분·향로·수반·정병·다완·등잔·촛대와 같은 물품이 따로 있었다. 이런 것들은 불전 공양을 위한 도구였으리라 짐작된다.

인류 최초의 실존철학자 석가모니를 기리며
　석가모니가 출생 후 일곱 발짝을 걸어가서 한 손으로는 하늘을 가리키고, 다른 한 손으로는 땅을 가리키며 일갈했다는 이야기가 불가에 전해오고 있다.

　　"천상천하유아독존天上天下唯我獨尊"

　'하늘 위에도, 하늘 아래에도 오직 나 홀로 존귀하다'는 의미로 해석하는 구절이다. 그런데 이것을 두고 석가모니 스스로 자신만이 존귀하다는 자존과 우월성을 말한 것이 아니냐며 아주 내키지 않는 표정을 짓는 이들이 있고, 심지어 대놓고 석가모니를 욕하는 이들까지 있다. 불가에서도 잘못 해석하고 있는 듯하다. 이제까지 아무도 이것을 의심하거나 깊이 새겨보지 않아서 생긴 일일 것이다. 이것은 해석에 관한 문제이지만, 두 가지 측면에서 잘못 전해지고 있는 것이기에 바로잡아야 할 것이다. 그 의미가 무엇인지를 거론하기에 앞서 우선 짚고 넘어가야 할 게 하나 있다. 과연 이 말을 석가모니가 출생 직후에 했다는 것이 사실일까 하는 점이다. 어떻게 태어나자마자 석가모니가 이런 말을 할 수 있겠는가?

그러면 석가모니가 이 말을 한 것은 언제였을까? 사실은 석가모니가 서른에 카필라성을 넘어 설산으로 들어가서 '깨달음을 얻은 직후'라고 봐야 타당할 것이다. 이제 갓 태어난 어린아이가 무슨 말을 할 수 있다는 것인가. 석가모니가 스스로 깨달은 삼십대 중반의 시점을 새로 태어난 때로 말한 것이라고 봐야 합리적인 해석이 될 것이다. 이 시기는 그가 중생구제를 위해 나선 시점이기도 한데, 그런 그가 한 말이 고작 자신을 두고 한 것이겠는가. '나 홀로 존귀하다'는 말 속의 나我는 석가모니 자신을 가리키는 것이 아니다. 중생 각자의 '나'이다. 그러니까 보편적 인간 존재로서의 '나'이다. 그러므로 그 말의 본뜻은 '인간은 누구나 존귀하다'는 것이다. 이것이 바로 석가모니가 한 말의 일차적인 진의이다.

조선시대, 양반가의 어린아이들이 천자문을 떼고 나면 그 다음에 곧바로 들어가는 커리큘럼이 있었다. 『동몽선습童蒙先習』이라는 책이다. 이를테면 한문학습의 초급교재인 셈인데, 그 첫머리는 이런 구절로 시작한다.

" 天地之間萬物之中唯人最貴也천지지간만물지중유인최귀야..."

'하늘과 땅 사이의 만물 가운데 오직 사람이 가장 귀하다'는 뜻이다. 석가모니의 말은 이것과 같다.

그리고 唯我獨尊유아독존의 尊에 관한 문제이다. 尊은 단순히 존귀하다는 뜻인가? 그것이 아니라 '존재의 가치'를 말한 것이다. 오직 나만이 존귀하다는 것이 아니라 내가 곧 사유의 중심이며 그렇기에 그 존재 자체로서 귀한 가치가 있다는 것이다. 말하자면 그것은 실존적 가치이다. 인간은 누구나 세상의 중심이면서 사유의 주체임을 갈파한 것이다. 그러니까 '나는 존귀한 실존적 존재이다'의 다른 표현이 석가모니의 말이 갖는 참뜻이다. 이렇게 볼 때 석가모니야말로 기록으로 전하는 인류 최초의 실존철학자라고 할 수 있을 것이다.

석가모니가 예순의 나이를 맞았을 때 저 유럽의 그리스에서는 스무살 청년 프로타고라스가 나타나 "인간은 만물의 척도"라고 주장하였다. 서양의 역사에서 처음으로 인식론을 주장한 것인데, 만약 소피스트인 프로타고라스가 석가모니를 만났더라면 자신의 이론적 결함을 보충하였을 것이다. 인간의 의식과 인식에서 흔히 오류를 저지를 수 있다는 점을 석가모니는 일찍이 설명하였기 때문이다.

이왕 이야기가 나온 김에 「금강경」의 한 구절로 설명을 대신할까 한다. 석가모니가 제자 수보리에게 한 말이다.

> "무릇 모든 현상은 모두 허망한 것이니 만약 모든 현상이 진실한 상
> 이 아닌 줄을 볼 수 있다면 여래를 보는 것이니라."[1]

어려운 용어가 없는 데도 참 어렵다. 이것을 쉽게 풀면 "보이는 게 전부는 아니다" 또는 "있는 그대로(眞如)가 모두 진리는 아니다"와 같이 표현할 수 있는 게 아닐까? 우리 인간은 각자의 지각능력이나 정신상태·교양·환경과 같은 여러 조건으로 말미암아 어느 하나의 사상事象에 대해서 갖는 관념이나 의식세계가 다를 수 있다. 사물은 사람마다 보는 눈에 따라 다르다. 불가에서는 일찍이 그것을 경계하였다. 말하자면 이것은 프로타고라스[2]가 "인간은 만물의 척도"라고 말한 것과는 정반대이다. 프로타고라스는 있는 것을 있다고 하고 없는 것에 대해서는 없다고 하였다. 즉 인간이 사물을 인식하는 기준이라는 의미에서 '인간은 만물의 척도'라고 한 것이다. 그러나 인간의 주관적 인식과 진실 사이에는 거리가 있다. 하늘의 둥근 달

청자여인좌상

을 바라보며 어떤 이는 그것이 동전 만하다고 하고, 어떤 사람은 쟁반 만하다고 말한다. 그러나 실제 달의 크기는 그것과 아주 다르지 않은가! '모든 현상이 진실한 상이 아님을 보았다면 여래를 본 것'이라는 이야기의 참된 의미는 쉽게 말해서 '만물은 보이는 그대로가 아니다'라는 것이며, 이 경우 여래는 진眞이고 진리이다.

그러면 앞의 「금강경」에서 말한 여래는 무엇일까? 부처는 그것을 수보리에게 이렇게 가르쳤다.

> "여래는 진실한 말을 하는 자이며, 진실을 말하는 자이며, 진여眞如의 말을 하는 자이며 거짓말을 하지 않는 자이며, 다른 말을 하지 않는 자이다."[3]

다시 말해서 불가의 진은 여래이고, 진여는 인간의 상대적 인식이다. 진과 진여의 차이가 여기에 있다. 진여는 사실 그대로 또는 있는 그대로이다. 그런데 석가모니 사후 2천여 년 뒤에 데카르트가 나타나 이런 말을 하였다.

> "Cogito ergo sum."(나는 생각한다. 고로 존재한다.)

그러나 이 말은 사실 석가모니가 남긴 말의 해석판에 불과하다. 다시 말해서 석가모니와 불가의 이야기를 표절한 것이나 다름없는 것이다. 지난 2천5백여 년 동안 사람들은 위대한 실존주의 철학자 석가모니의 공을 기리고, 높이 받들어왔다. 아침저녁 예불과 불공으로 그를 경배하는 일은 지금도 끊이지 않고 계속 이어지고 있다.

육법공양을 위한 불가의 의례용품들

신안선 유물 가운데는 부처님에게 공양을 드릴 때 사용하기 위한 의례용 용기들이 많았다. 자단목과 동전은 사찰을 짓고 대형 불상을 만들기 위한 것이었고, 그 외에 화병·화분·향로·정병·다완·수반·등잔·촛대와 같은 물건들은 대부분 사찰의 공양도구였다. 신안선에 실은 상품 중에는 육법공양을 위한 공양구로 이해해야 할 것들이 많다는 것이다. 불가의 공양은 소위 육법공양을 기본으로 한다. 이것은 한·중·일 삼국의 불교가 다 같았다. 다완과 찻잔은 차공양을 위한 것이었으며, 화병과 화분은 꽃공양, 향로는 향공양을 위한 것이었다. 교토 동복사, 후쿠오카의 조적암 승려들은 본사와 말사에서 필요로 하는 사찰 예물로서 이들 공양구를 주문하였다. 그들로부터 부탁을 받은 신안선의 선장과 주사主事 그리고 잡사雜事들은 중국과 일본 또는 고려에서 필요한 물건들을 조달하기 위해 하카다를 떠나 멀리 중국 천주와 경원까지 다녀왔다. 공양구를 비롯하여 사찰 의례용품을 구해 가지고 바람 타고 바다로 간 승려와 상인들. 그러나 그들에게 부처님의 자비는 내리지 않았다. 험난한 항로, 높은 파도와 거센 바람은 그들의 귀향을 바라지 않았다.

그러면 육법 공양의 육법六法은 무엇을 말하는가? 불가에서 공식적으로 정해놓은 여섯 가지 법물法物을 가리킨다. 향과 등불·꽃·차·과일·쌀(음식)의 여섯 가지이다.[4] 육법공양은 부처에게 올리는 불가 의식의 하나이다. 불법승이나 석가모니불·아미타불 그리고 부모와 조상에게 향과 등·차·과일·꽃 그리고 쌀(밥과 음식)을 바치는 의식을 이른다. 모두 여섯 가지 법도에 맞는 물건과 음식을 드림으로써 공경과 예를 표한다는 것이 육법공양의 본뜻. 이것은 소위 이타정신으로 표현되는 보시布施[5]에서 비롯된 의식이며, 불가에서 중요하게 생각하는 것이다. 보시는 대승불교의 수행과 실천덕목인 육바라밀[6]의 하나이다.

이런 공양은 석가모니 생시로부터 지금까지 불가에서 지켜오고 있는 의식이다. 본래 공양이라 함은 '공급'을 의미한다. 산스크리트어로 Pujanan를 번역한 말인데, 일반적으로 '준다'는 의미이다. 그러나 여기에 공손하고 겸애하는 마음을 더하여 '드리다'는 뜻에서 공供이라는 글자를 채용하였고, '먹다'(잡숫다)는 의미에서 양養을 추가하여 공양이라는 말로 쓰게 되

은제입날화문잔

었다. 이 공양이라는 것은 본래 석가모니가 히말라야 설산에서 6년간의 고행을 끝내고 내려와 목욕을 한 뒤 쓰러진 것을 보고 수타자야가 먹을 것을 바쳐 구한 데서 시작되었다. 말하자면 수타자야는 천사와 같이 착하게 태어난 여인으로, 그를 일러 선생녀善生女라 한다. 요즘말로 수호천사이다. 수타자야처럼 고행을 하는 승려를 공양한 데서 '부처 앞에 공양물을 드리는 의식을 갖게 되었고, 부처님의 은혜에 보답하며 불도에 정진하기를 염원하는 불교신도들의 참배의식이 불공이며 그 불공이 바로 육법공양이다.

육법공양에 쓰이는 여섯 가지 물건은 각기 그 상징하는 바가 있다. 먼저 향을 태우는 '분향' 의식은 불가에서 기본이 되는 것이다. 향은 불보살을 맞이하는 것이지만, 일반 천도재에서는 영혼을 모셔오는 역할을 한다. '모든 불보살은 향이 타는 연기를 밟고 온다'고 한다. 그래서 불교의 모든 의식은 분향으로부터 시작된다. 향을 살라 공양하는 것을 향화공양香火供養이라고도 하는데, 기본적으로 향은 불가의 계율을 의미한다. 승려와 불교신도 모두 계율을 지키며 살아가는 사람들로서 향을 살라 그것을 실천하고 있음을 확인하는 행위이기도 하다. 향이란 좋은 냄새이다. 좋은 냄새를 내는 물건도 모두 포함한다.[7] 즉 사찰에서는 불전에 피우는 향과 향내 나는 모든 물건을 총칭하여 향이라고 한다. 나쁜 냄새를 제외한 좋은 냄새이다.

원래 날씨가 더운 인도에서는 몸에서 나는 나쁜 냄새를 없애기 위해 향을 많이 사용하였다. 고약한 체취가 향과 섞이면 더욱 역겹지만, 하여튼 집에 손님이 찾아와도 마당에 나가 향을 뿌리며 맞이하였다. 이처럼 오래 전부터 사람들은 몸에 발라 향내를 내는 데 쓰거나 집의 냄새를 없애기 위해 향을 썼다. 그 후로 향은 마음의 잡념을 없애준다고 믿어서 불교의식에 사용되었다. 그러나 향은 불교만이 아니라 모든 종교에서 사용하였다. 다만 불교에서는 깨달음을 얻기 위해 계율을 지키는 것을 상징하여 향을 일러 계향戒

흑유찻잔

香이라고 하였고, 계율을 잘 지켜서 얻는 삼매경을 정향正香이라고 표현하기도 하였다. 석가모니가 입적할 때 향을 공양하였으므로 그 전통을 이어오고 있는 것이다. 우리나라에 처음 향이 들어온 것은 신라 눌지왕 때이다.[8]

향을 불전에 공양하기 위해서는 도구를 따로 써야 했으니 그것이 향로이다.[9] 향로는 부처님에게 향공양을 위해 불단에 두는 예배용 향로와 개인 수도용 향로 그리고 의식행렬에 쓰기 위한 향로로 나누어 생각할 수 있다. 개인 수도용은 향을 살라 번뇌를 없애고 냄새를 없애기 위해 사용한다. 수도자 자신을 위해 벽이나 기둥에 걸어두고 쓰기 위한 것도 있는데, 신안선에서 나온 향로는 사찰에 두고 쓰기 위한 것으로 봐야 할 것 같다. 불교의례로서 행렬의 앞에서 들고 가며 행향行香을 하고 무리를 선도할 때 쓰는 향로가 따로 있는데, 이런 종류는 신안선에서 나오지 않았다.

사찰에서 향을 올릴 때는 반드시 차를 함께 바친다. 이것을 한 마디로 요약하여 분향반명焚香伴茗[10]이라고 하는데, 그것은 아주 적절한 표현이라고 할 수 있다. 이미 중국의 당·송 시대에 이런 전통이 정해졌기 때문인지, 고려시대의 거사나 다인들은 집에서 늘상 향을 사르는 일이 생활화되어 있었다. 이규보의 시 가운데에도 "향불 타는 곳에 온종일 맑은 연기 피어오르고…꽃 지는 바람에 그윽한 향기 가득하다"는 내용이 있다.[11] 또 후일 명나라 진계유[12]는 『미공비급』에서 이렇게 말하였다.

"향은 사람의 생각을 그윽하게 하고, 술은 사람의 뜻을 원대하게 한다. …차는 사람의 뜻을 시원하게 하고…아름다움은 사람들로 하여금 그리워하게 하고, 중은 사람들을 담담하게 하고, 꽃은 사람들을 운치 있게 한다.…"

"…창을 닫고 향을 피우면 좋은 복이 이미 갖춰진 셈이다. 복이 없는 자는 반드시 다른 생각을 하게 되고, 복이 있는 자는 독서로써 보중한다….'

향을 피워놓고 조용히 책을 읽는 삶을 이렇게 표현한 것이다. 불가와 승려라든가 불도만이 아니라 누구든 향을 사용하던 풍속을 전하는 이야기로 볼 수 있다.

향과 함께 불전에 바치는 차는 신성한 음료이다. 차를 올리는 행위는 육바라밀의 선정禪定을 가리킨다. 차는 육신의 갈증을 풀어주는 음료이다. 번민과 욕심이 많을수록 사람의 목마름은 깊어진다. 탐욕한 마음에서 오는 갈증이 깊어지기 때문인데, 차를 마시는 데에는 갈증을 해소하고 마음을 안정시킨다는 의미가 있다. 그러므로 불보살과 영혼에 차를 대접하여 번뇌와 망상으로 생긴 기갈을 면하게 해준다는 뜻을 담고 있는 것이 차이다. 선종에서 좌선이나 단식·명상과 같은 종교의식에 사용하였다. 선 수행에 방해가 되는 잠과 잡념을 쫓고 심신의 안정을 위해 마신 것이 계기가 되었다.

아울러 등촉은 불을 밝히는 물건이니 그것은 곧 광명이며, 진리를 뜻한다. 등과 촛불은 불교와 사찰에서 지혜와 진리를 상징한다. 세상을 밝은 곳으로 인도하고 지혜를 밝혀 세상을 이롭게 함을 뜻하는 것이다. 그러므로 사찰에서 행하는 연등회는 부처님에게 공양하여 밝은 지혜의 세계로 나가기를 기원하는 불교의례이다.

소위 미米(쌀)라 하는 것은 쌀 뿐만이 아니라 기실은 음식을 의미한다. 공양미를 올리는 것은 보시를 그치지 않고 행하는 것을 의미한다. 쌀은 사람의 양식이므로 배고픈 자에게 만복의 즐거움을 주며, 주린 자를 살리는 것이다. 대개 공양미로 쌀을 올리는 것이 보통이지만, 밥을 대신 올리기도 한다. 쌀을 올리는 것을 미공양이라 이르며, 미공양을 할 때는 '밥을 올리오니 영원히 배고픔을 면하소서'라고 게송을 읊는다. 물론 그 게송은 한문으로 된 것이어서 일반인들은 알아듣기 어렵다.

또 과일은 고된 수행으로 얻은 깨달음을 상징한다. 봄부터 모진 바람과 추위, 가뭄과 더위를 견디고 맺은 과일을 깨달음에 가탁한 것이다. 불전에 올리는 과일은 반드시 삼색이라야 한다. 과일은 어느 것이나 오랜 기다림 끝에 얻어지는 열매이므로 바로 불가와 승려들이 오래도록 정진하기를 바라는 염원을 상징한다.

꽃은 한 생명이 그 정점에서 피우는 최고의 표현이다. 모진 풍상을 견디고 피어난 꽃은 부처님의 염화시중을 떠올리게 한다. 꽃은 불가에서 인욕忍辱을 의미한다. 인욕이란 욕됨을 참는 것. 그러나 불전에 꽃을 바치는 것은 큰 성인을 청한다는 의미를 갖고 있다. 다시 말해서 향을 피워 주변을 정화하고 꽃으로 단장하여 성인을 초대한다는 것으로서 '부처님 계신 곳을 꽃으로 장엄하게 장식한다' 하여 화공양을 하게 되었다. 원래는 생화로 꽃 공양을 하였으나 편의상 사찰에서는 조화승이라 하여 꽃을 만드는 승려를 두고 이들이 종이로 연꽃 모양의 꽃을 만들어서 생화를 대신하여 사철 불전을 장식한다. 또 재齋 의식에서는 조화승이 만든 꽃을 뿌리는 승려를 산화승으로 구분하여 부르기도 한다. 꽃을 공양할 때 어떻게 해야 하는지를 경전에는 이렇게 적혀 있다.

> "…진언하여 마땅히 꽃을 바칠지어다. 이렇게 발원하여 말하기를 이 꽃은 맑고 깨끗하나이다. 또한 정갈하나이다. 원하옵건대 받아들이시고 마땅히 성취를 내리옵소서.…"[13]

이상의 육법공양을 정신공양과 육신 공양의 두 가지 종류로 구분하여 설명하기도 한다. 차와 과일·쌀은 육신에 드리는 공양물이며 향과 꽃·등은 불전을 장엄하고 화려하게 꾸미기 위한 것으로, 정신에 드리는 공양물로 파악하는 것이다. 이런 육법 제물은 기도자의 정성을 담은 것으로, 부처를 공경하고 그 뜻을 따르기 위한 것이기도 하지만, 해탈에 이르지 못한 영혼들로 하여금 그 향을 맡고 음식을 맛보아 해탈하라는 의미와 주문도 함께 싣고 있는 것이다. 이렇게 사찰에서 이루어지는 공양물을 몸과 마음 두 가지를 만족시키기 위한 것으로 파악하는 것이 보통이지만, 그와 다른 구분법도 있다. 향과 꽃을 바치는 것은 신체적인 행위로써 이루어지는 공양이니 신분공양身分供養이라 이르고, 불교의 교리에 입문하는 행위를 심분공양心分供養이라고 하여 두 가지를 다 중요시한다. 여기에 꽃과 등불을 바치는 공양,[14] 전세와 현세·내세의 모든 불보살, 다시 말해 삼세제불보살[15]에게 입과 뜻과 몸[16]으로 공양하는 내공양을 추가하여 설명하기도 한다. 육법공양을 드릴 때에는 불도들은 '유원제불애민수차공양[17]을 한 소리로 외친다. 이것은 '여러 부처님들은 (중생을) 가엾게 여기시어 이 공양을 받으소서'라는 의미이다.

천도재 49재란 무엇인가?

사찰에서는 천도재薦度齋를 비롯하여 수시로 여러 가지 재齋를 치른다. 천도재는 죽은 이의 극락왕생을 위해 베푸는 의식이다. 그런데 불가에서 갖는 재齋 의식을 제사의 제祭로 잘못 알고 있는 이들이 많은데, 본래 재齋라고 하는 것은 '삼가다' 또는 '부정不淨한 것을 피한다'는 의미를 갖고 있는 말이다. 산스크리트어의 우포사다(Uposadha)를 재齋로 번역하여 사용하는 것인데, 이것은 말과 몸과 마음으로 짓는 여러 가지 죄업을 깨끗이 하고 다시 죄업을 짓지 않는다는 의미를 갖고 있는 말이다.

여기서 먼저 천도재라는 의식에 대해서 알아보자. 흔히 말하는 천도재의 정식명칭은 영원천도재이다. 영원천도재에는 상주권공재·시왕각배재[18]·생전예수재[19]·수륙재[20]·영산대재[21]가 있다. 그 중에서 가장 작은 재가 흔히 49재라고 하는 것이다. 이것을 다른 말로 상주권공재라고 한다.

상주권공재는 사찰(불전)에서 영혼을 맞아들이는 재 의례 중에서 규모와 절차가 가장 작은 것이다. 보통 부모형제의 상을 당하여 망인의 영혼을 절에 모시고 49재를 행할 때 흔히 갖는 재의식이다. 이것은 맨 처음 도량道場에 영혼을 맞아들이는 의식으로서 차를 올리고 다게를 부르는 것으로 시작된다. 다게茶偈는 신앙의 대상이나 영혼을 도량에 청할 때 우선 차를 올리면서 부르는 말과 의식이다. 여기서 게偈는 칭송하여 읊조리는 말로, 송頌에 해당한다. 그래서 때로는 게송이라고도 한다.

그 다음에는 종이로 만든 오색 꽃을 바구니에서 집어내어 경을 외며 함께 흩뿌리는 의식을 가지며, 이때 산화게散花偈를 부른다. 산화게란 꽃을 뿌리며 읊는 말과 노래, 그

청자반양각모란문수반

러나 지금은 대개 이 과정을 생략하고 있는 것
같다.

표주박 모양의 백자 주전자라는 의미의 백자표형주자. 사찰의 의식에서도 필요한 것으로서 당시 상류층의 생활을 알 수 있는 도구이다.

　이렇게 하여 영혼을 맞아들이면, 그 다음엔 관욕의
례를 갖는다. 관욕의례[22]란 불단에 나가기 전에 영혼을
목욕시키는 의례를 말한다. 신안선에서 나온 여러 종류
의 수반은 바로 관욕의례에 쓰기 위한 것이었을 수 있다.

　이어 불전에 공양을 하고 법문을 들어 영혼을 구제하는
의식을 갖는다. 그리고 범패승이 꽃가지를 들고 합장게合掌偈
를 올린다. 이어 꽃을 뿌리면서 향화게[23]와 향화청[24]을 한 다음
에 내림게來.臨偈의 순서로 진행된다. 내림게의 '내림'은 영혼이 와서
머무는 것을 이르며, 영혼이 내려오시길 빌며 읊조리는 말이 내림게이다. 이때 큰 징
을 치면서 바라춤을 추는데, 망자가 정도에 들기를 바라며 이승에 불력이 미치기를 기
원하는 말을 한다. 물론 지금은 49재에서 이 바라춤도 생략하고 있을 것이다. 이 내림
게가 끝나면 다게가 이어지며, 영혼에게 제사를 지내는 시식의 절차를 거친다. 그 다
음에 영혼을 보내드리는 봉송의식을 끝으로 재 의식이 끝나게 된다.

　여러 재 의식 중에서 가장 큰 것이 영산대재이다. 영산靈山은 영취산의 줄임말이다.
영취산에서 석가모니가 법화경을 설법하였기 때문에 그 광경을 재연한 것이 영산대
재이고 영산회상이다. 이 영산재는 삼국시대와 고려시대 귀족층에서 주로 행했던 망
인 천도재였다.

　그러면 재齋라고 하는 것은 어떤 것이며, 그 의미
는 무엇인가? 일차적으로 엄숙하
게 공경하고 모든 것을 삼가는
행위를 이른다. 그러니 재를 올
리려면 목욕재계해야 하는 까닭에
목욕을 하고 상복을 입는 뜻도 포함한
다. 그렇지만 불가에서 말하는 재는 범패

청자첩화문수반

가 쓰이는 모든 불교의식을 이른다. 범패梵唄란 절에서 불공을 드릴 때 부르는 소리이다. 중생을 구제하는 부처님의 자비를 찬양하는 소리이며 죽은 자와 산 자 모두를 부처님의 깨달음의 세계로 인도하는 소리이다. '악을 짓지 않고 선을 행하며 스스로 불성을 맑게 하는 것이 부처님의 가르침'이므로 행동과 말과 마음을 가다듬고 맑게 하는 것, 그리하여 불가의 계율을 지키고 실천하는 것도 재齋라고 한다. 부처님의 가르침과 계율을 지켜 모든 재앙에서 벗어나고 이웃과 중생이 함께 복을 누리기 위한 의식이 불가에서 치르는 모든 형태의 재인 것이다.

월주요의 본향이자 색향 명주를 떠나
명주는 유서 깊은 세계 최대의 교역항

상해 남쪽에 역사 깊은 항구 도시 영파시(寧波市)가 있다. 과거 오랜 세월 명주 (明州)라는 이름으로 불렸고, 한때는 경원(慶元)으로도 불렸던 곳이다. 춘추오패의 한 나라였던 월국(越國)의 중심이자 월주요의 본고장으로서 한국은 백제시대부터 왕래가 잦았던 곳이다. 특히 고려의 상인과 승려로서 명주에 나가 활동한 이들이 많았을 만큼 명주는 정치·경제·문화적으로 매우 중요한 곳이었다. 신안선은 1323년 음력 6월 초순 이후의 어느 날 명주항을 떠나 고려로 향했다.

청자장경병

제6부

월주요의 본항이자 색항 명주를 떠나
- 명주는 유서 깊은 세계 최대의 교역항

1323년 음력 6월 3일에 마지막 선적을 끝낸 신안선은 그 후 어느 날, 중국 동부의 항구를 벗어났다. 아마도 경원항慶元港을 떠나 주산열도와 보타산으로 유명한 보타도 앞 뱃길을 나섰을 것이다. 선장과 선원·승려와 상인들이 향한 곳은 오늘의 후쿠오카 하카다博多였다. 그들은 천금을 얻어 부자가 되거나 빈부와 귀천·신분에 차이가 없고, 질병의 고통도 없는 이상향 불국토를 꿈꾸며 배를 띄웠을 것이다. 그러나 바다는 그들의 귀환을 허락하지 않았다. 배는 고려의 영역인 전남 신안군 증도 앞바다에 침몰하였다.

경원을 떠나 뱃머리를 고려로 향하다

천주항을 떠난 배는 복주福州와 온주溫州에 차례로 들렀다. 온주는 작지만 포근한 항구이다. 가지가지 어여쁜 칠기와 목제품 생산지로 유명하였다. 이곳에서도 몇 가지 선적할 것들이 있었다. 빗이며 여인네에게 들려줄만한 것들도 꽤 있었다. 수천 리를 가야 하는 대항해를 위해 체력도 다듬어야 했다. 천주에서 오느라 지친 몸을 잠시 쉬어서 가야 했다. 뱃멀미도 가라앉히고 눈요기도 겸해 들른 길이다.

오월 단오가 대엿새가 지나서 배는 한 차례 물건을 더 싣고, 다시 북쪽을 향해 떠났다. 천주를 떠난 지 한 달여가 되어 드디어 배는 어느새 경원항에 닿았다. 나른해지기 쉬운 오후 한나절 신시 쯤이 되어 보였다. 이번 장삿길에서의 마지막 선적지였다. 북쪽 보타도 방향에서 내려올 때보다는 배를 대기가 한결 순조로웠다. 남풍을 받아 연안을 따라 북상하면서 배를 돌려서 항구에 접안해야 했으므로 조금은 편했다.

배가 닿고 주사가 선원들을 데리고 하선하였다. 주사는 경원에서 사들여야 할 물목을 베껴 적은 두루마리를 펴서 한 번 더 확인하고는 다시 말아 쥐었다. 선장의 인솔에 따라 단골 거래처 상단으로 긴 행렬이 뱀처럼 꿈틀거리며 길을 더듬어 갔다. 잘 아는 얼굴들이지만 서로 인사를 나누고 볼 일을 마치기까지 그다지 오랜 시간이 걸리지는 않았다.

늦은 밤 다들 객관으로 가서 묵고, 며칠은 한가하였다. 경원을 떠날 때까지는 시간에 여유가 있었다. 선장과 주사는 이곳저곳 상가를 더듬며 소일도 하고, 때로 주점을 찾아 술도 마셨다. 배에서 적적하게 보낸 시간이 많았기에 뭍에서의 생활은 더없이 소중한 듯했고, 새로운 느낌이었다. 이제부터 선적작업이 시작될 때까지는 자유 시간이다. 선원들도 편히 쉬며, 각자 제 일을 할 수 있는 시간이었다.

어느덧 더위가 한창이었다. 웬일인지 올해는 일찍부터 더웠다. 드디어 며칠간의 선적 작업이 시작되었다. 배 위로 걸쳐놓은 나무다리를 타고 사람과 짐이 분주히 오르내렸다. 봇짐 한 덩어리가 올라올 때마다 주사는 하나하나 숫자를 점검하고, 준비해놓은 목패를 하나씩 건네주었다. 하나라도 어긋나지 않게 확인하고 그것을 하나하나 상품에 매달게 하였다. 6월 초하루부터 시작되었으나 상품이 많아 선적은 며칠이나 걸렸다.

선적이 다 끝나고 나서 얼마 있다가 선장의 지시에 따라 마지막으로 한 번 더 화물을 점검하였다. 장부와 대조해서 빠짐없이 상품이 실렸는지도 확인한 뒤, 이상이 없으면 항구를 뜨도록 해두었다. 고려까지는 보름은 가야 하는 길이었으므로 준비해야 할 것들이 많았다. 미리 식수도 너끈하게 채우고, 먹을 것도 충분히 실어 둔 터라 걱정이 없었다.

그런데 선적을 마치고도 얼마간 그냥 항구에서 대기하며 기다려야 했다. 날은 후덥지근한데 바람이 약해 배를 띄울 수가 없었던 것이다. 더구나 이번에는 항주에서 내려온 승려와 고려로 돌아가는 상인들도 함께 태워 가야 했다. 주사와 뱃사람들은 경원에서 고려로 가는 상인과 승려를 더 태웠다. 승려 중에는 배편을 구하느라 한 달 넘게 경원에 나와 머무른 이도 있었다. 이윽고 바람이 불었다. 주사의 보고가 있은 후에 드디어 선장의 지시가 떨어졌다.

  "마파람이 터지고 있다. 닻을 올려라!"

　며칠을 기다린 끝에 드디어 닻이 배 위로 올라왔다. 떠나기로 한 날을 한참 지나도록 배를 띄우지 못하고 있던 터라 선원들은 약간의 설레임으로 흥분을 감추지 못했다. 곧이어 드르륵드르륵 돛대를 타고 돛이 솟아올랐다. 배는 물을 헤치고 천천히 나아갔다. 배는 경원항을 빠져나가 동북 방향에 가로막고 있는 주산열도를 향했다.

　배가 부두를 떠날 즈음, 일본의 승려들은 교토 동대사東大寺와 그곳의 멋진 대불과 오로지 새로운 불사佛事를 염원하며 두 손 모아 합장을 하였다. 또 일본 상인들은 후쿠오카 대당가의 분주한 움직임과 다양한 이국 상품들, 그리고 그곳의 애교 넘치는 일본 여인을 그렸다. 고려의 상인과 선원들은 송악산 아래 개성 중심가의 떠들썩한 시전 골목 그 거리를 오가는 아리따운 고려 여인들을 떠올렸다. 두고 온 아내와 자식들이 눈에 아른거렸고, 두고 온 고향이 눈가로 밀려왔다.

　선장은 고려를 거쳐 후쿠오카로 갔다가 내년 봄에 다시 이곳으로 돌아올 날을 떠올려 보았다. 그러나 만남과 이별이 일상의 일이 되어버린 그에게 정해진 귀환 날짜는 따로 없었다. 단지 돌아오는 날이 귀환일일 뿐, 그에겐 기약 없는 유랑의 길이었다.

고려와 송의 주요 교역 통로는 개경과 명주였다

　12세기 남송의 성립 이후 고려와 남송의 최단거리 교역로에서 중심이 되는 항구는 개성과 명주明州였다. 명주는 고려의 개성상인과 송나라 상인의 주요 활동무대 가운데 하나가 되었다. 한때 경원이라는 이름으로도 불렸던 명주는 현재의 영파시寧波市[1]이다. 상해 남쪽의 중국 동해중부 바닷가에 있다. 절강성浙江省의 동부 항구로서 앞에 방패처럼 주산열도가 늘어서 있다. 항주만과 바다가 만나는 곳에 있어서 어디로든 항로가 이어지고, 사방의 물산이 모이는 집산지이자 역사적으로 중요한 곳이었다.

중국 초기 역사시대의 3대 왕조인 하夏·은殷·주周 시대[2]에 명주 지역은 월국越國의 일부였다. 그 후에는 양주揚州에 속했으며 주나라 때에는 은현鄞縣과 구장현句章縣이었다. 전국시대에는 초국楚國의 직할지였으나 기원전 221년[3] 진시황은 은현·무현鄮縣·구현句縣의 3개 현을 두어 따로 회계군會稽郡에 붙여 버렸다. 바로 이 회계군의 회계산에서 춘추 시대 월나라 구천句踐은 오왕 부차夫差에게 항복하였으며 회계지치會稽之恥란 말이 여기서 탄생하였다. 이 일이 있은 해가 기원전 494년이다. 구천은 부차에게 항복하고 그 밑으로 들어가 말을 기르는 일을 맡고, 3년간 와신상담한 끝에 월나라로 돌아가 재기하였다. 그리고 마침내 오국을 멸망시키고 부차를 죽음으로 데려갔다. 그가 소흥紹興에 있는 회계산에서 항복한 지 20년만이었다(기원전 473년). 구천이 부차에게 항복의 예물로 바친 서시西施는 월나라 최고의 미녀간첩이었다. 이런 일이 있은 후로 중국에서도 항주와 소주를 포함하여 월주는 미녀가 많은 미색의 본고장이라고 한다. 그래서 '항주와 소주에 가면 얼굴 자랑 하지 말라'는 말이 있다.

그로부터 160여 년 후인 기원전 306년 초나라는 월국을 멸망시켰고, 기원전 222년 진시황이 초나라를 멸망시켰다.[4] 과거 춘추오패의 하나였던 월국의 중심지로서, 후에는 월주로 불렸으며 당송시대 이후엔 도자기 집산지로서 그 명성을 날렸다.

이곳이 명주明州라는 이름을 얻은 것은 서기 738년[5]이었다. 이 해에 월주越州의 무현鄮縣에 명주를 설치한 것이 명주의 시작이었다. 742년[6]에는 명주를 여도군余桃郡으로 고쳐 불렀다. 그리고 758년[7]에 다시 명주로 고쳤다가 1194년[8]에 경원부慶元府로 승격시켰다. 원 세조(쿠빌라이) 때인 1276년[9]에는 경원로慶元路로 다시 고쳤는데, 명 왕조가 들어서고 나서 주원장朱元璋은 1376년[10]에 다시 경원을 명주부明州府로 고쳐버렸다. 1381년[11]에는

중세시대 경제와 문화의 중심지 역할을 한 영파항. 그러나 오늘의 영파시는 상해에 밀려 쇠락하였다.

명주를 다시 영파부寧波府로 바꿨으며, 그 후로 청 왕조를 거쳐 지금까지 영파寧波로 부르고 있다.

명주가 중국 동남 지역 연해의 중요한 무역 중심으로 성장하게 된 것은 무엇보다도 시박사市舶司를 설치하고 그것을 꾸준히 발전시킨 중국 송대의 남방경제 운용에 있었다. 시박사는 외국과의 무역을 관장하는 정부기구이다. 중국은 이미 당나라 때 양주揚州·명주明州·광주廣州와 같은 항구들을 적극적으로 개방하고 교역을 권장하여 해외무역이 크게 늘었다. 해외 각국의 무역선이 명주를 찾았고, 이를 위해 송나라 때에는 시박사를 설치하였다. 당나라 때부터 시작된 외국과의 교역이 점차 커졌고, 송나라 때엔 교역 규모가 한층 확대되어 시박사를 두고 관리하게 된 것이다.

더욱이 원나라 때의 명주시박사는 그 역량을 크게 확대하였다. 송 초기에는 절강과 광주에만 시박사를 두었다. 그 무렵 절강의 시박무는 항주에 있었다. 그런데 990년[12]에 시박무를 명주로 옮겼다가 6년 후인 996년에 다시 항주로 옮겼다. 그로부터 3년 뒤인 999년[13]에는 항주와 명주에 시박무를 두었고, 이후 수주秀州와 온주溫州에도 시박무를 따로 두어 절강 지역에 모두 5개의 시박무를 두었다. 당시 명주시박사는 명주의 책임자가 겸임하던 때였다.

명주는 주변국과의 교역과 통상을 통해서 경제를 촉진하는 정책을 폈고, 그것을 바탕으로 문화를 발전시켰다. 명주가 국제적인 교역항으로 이름을 날린 것은 주변에 많은 청자 가마를 거느리고 있는 청자의 생산지이자 집산지였기 때문이다. 이곳의 월주요越州窯는 여러 나라 사람들이 아끼고 사랑한 상품이었다. 일본 후쿠오카로부터 서역까지 월주요가 팔려나가 그 명성을 높였으며, 서역의 여러 지역에서 출토된 월주요 청자편은 대

영파시에 있는 송~원 시대 시박사터

명주(경원)에 있던 고려 관 터 표지석. 현재의 영파시에 있다.

부분 절강 자계현慈溪縣에서 생산된 것이었다. 물론 막강한 명성을 날린 이웃 경덕진요도 빼놓을 수 없다. 항주 일대의 드넓은 지역, 산골짝 여러 곳에 흩어져 있던 경덕진요 가마들은 사철 최고급의 우수한 도자기를 생산하였고, 그중 꽤 많은 양이 물길을 따라 내려와 명주로 모였다.

명주가 도자기 수출항으로서 이름을 날린 것은 당나라 때로 거슬러 올라간다. 여기서 한국과 일본·태국·베트남·인도·이란·파키스탄·필리핀·인도네시아·이집트·시리아 등지로 도자기가 실려 나갔다. 명주에서는 이밖에도 불경과 불상·약재·향료 등을 수출하였는데, 주요 대상국은 고려와 일본이었다. 물론 북으로 산동반도나 북경 등지로 가는 상품도 이곳에서 출발하였다.

1014년[14]엔 고려 현종 왕순王詢이 거란을 물리치고 송과의 관계를 다시 회복하였으며, 이를 시작으로 고려는 명주와의 통상이 빈번해지는 가운데 고려의 경제도 안정을 찾았다. 1074년 고려는 김량감金良鑒을 송에 파견하여 고려에서 명주로 사절을 보낼 테니 허락해 달라고 요청했다. 이를 송에서 흔쾌히 받아들임으로써 흠종欽宗 즉위 때 고려는 축하사절을 보냈고, 이로써 고려 사람들이 명주를 자주 오갈 수 있었다. 그로부터 5년 후인 1079년[15]에 송의 상인이 고려에 갔는데, 이들이 고려에 가지고 간 자금이 무려 5천 민緡을 넘었다고 한다. 이에 명주 관아에서는 송나라 상인들의 이름과 나이 등을 조사하고 허가증을 발급하였는데, 그것은 송나라 상인들이 한 번에 외국으로 가지고 나가는 돈이 너무 많았기 때문이다. 이 무렵 고려에서도 명주를 주요 교역항으로 삼아 상인과 외교사절이 부단히 찾아갔다.

남송 정부는 1117년[16]에는 명주에 내원국來遠局이라는 고려사高麗司를 설치하였다. 이것은 고려와의 교역과 외교를 맡은 일종의 출입국사무소와 같은 곳이다. 이 기구를 통해 고려는 1년에 큰 배 2백 척[17]과 작은 배 1만 척[18] 이내에서 교역하도록 허락하였다. 그리고 별도로 고려사행관高麗司行館을 세우도록 해주었는데, 이것은 고려의 외교사절이나 상인들이 묵을 수 있는 숙소였다. 현재 영파시 진명로鎭明路 보규항寶奎巷 일대에 고려사행관 자리가 남아 있다. 통상 고려사행관을 줄여서 '고려관'이라는 이름으로 부른다.

영파시의 고려관 자리를 발굴하던 당시의 모습

송나라 때에는 중국과 일본의 관계도 한층 발전하였다. 기록상 일본은 명주를 통해서 765~779년[19]에 조공외교로 당나라와 처음 교역을 시작하였다. 물론 그것은 해상무역이었다. 중국은 베트남[20] 이남의 여러 섬나라를 남해 제국이라 불렀고, 필리핀·인도네시아·말레이시아 등 남해에 흩어져 있는 섬나라 사람들을 따로 도이島夷라고 하였다. 그러나 고려와 일본은 '도이'에서 제외되었다. 두 나라는 남해제국이 아니었으니까.

북송 160여 년 동안 중국에 일본 무역선이 온 회수를 기록에 있는 것만 헤아려도 60~70회 정도 된다. 그 후 명주는 두 나라의 무역에 중요한 항구였고, 일본 무역선의 왕래가 빈번하였다. 왜인들은 높은 파도와 위험을 무릅쓰고 명주에 가서 여러 가지 물건을 바꾸어 갔다. 일본과의 교역이 차츰 늘어가자 명주에서도 일본의 상인을 우대하는 정책을 취했다. 일본의 상선이 명주에 오면 명주시박사는 술과 음식을 마련하여 연회를 베풀고 후대하였다. 물론 그것은 왜구가 날뛰기 전까지만 해당되는 이야기이다.

고려관 터에서 나온 유물(영파박물관)

뿐만 아니라 명주는 도파국闍婆國·진리부眞里富·점성占城·섬라暹羅·발니勃泥[21]·마일麻逸[22]·삼불제三佛齊[23]와 같은 남해 여러 나라의 사절과 상인들이 끊임없이 드나든 곳이었다. 992년[24] 도파국왕

목라다穆羅茶는 사신을 보내어 상아·진주·비단·단향·대모·빈랑과 같은 여러 가지 공물을 바치고 조공을 하였다. 당시 시박사의 감찰어사였던 장숙선張肅先은 이들의 옷차림새가 파사국波斯國 사람과 비슷하다고 하였다. 당시 서역에서 파사국의 상단이 몰려와 살았으므로 명주에는 파사관波斯館이 설치되었고 그들이 사는 거리를 파사항波斯巷이라고 하였다. 파사는 현재의 이란 지역이므로 이란인 거리와 이란인 숙소가 따로 있었던 것이다. 그러나 파사국을 현재의 이라크 바스라(Basra) 항 근처에 있던 나라로 보는 견해가 있다. 송 함평咸平 연간(998~1003년)에는 당시 명주에 들어와 살던 아랍인과 이란·이라크 사람들이 청진사淸眞寺라는 이슬람 사원을 세웠을 만큼 서역인들이 많이 살았다.

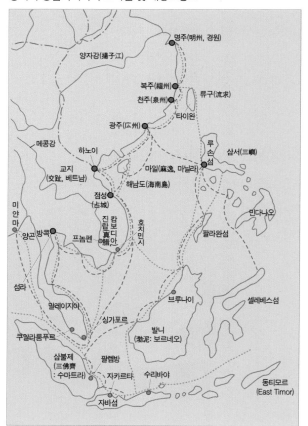

중국과 동남아시아의 교역권 및 해상교통로

한편 점성국(베트남 참파)이 명주를 찾아 통상을 시작한 것도 역사서의 기록에 의하면 송나라 때이다. 그 무렵 명주항의 대외무역은 널리 알려져서 1080년[25]에는 사신이나 상인들은 명주와 광주 두 곳의 시박사에서 입출국 수속을 밟도록 하였다. 이 시기 고려와 일본의 사신은 명주시박사에서 입출항 수속을 밟았다.

이 당시 중국이 서각(물소 뿔)·상아·산호·호박琥珀·대모·마노·수정·소목 등을 수입하는 대신 금과 은·납·주석·잡색 비단·도자기 등을 수출하였다. 옥을 좋아하는 중국인들에게 상아 또한 그에 버금가는 보배로 인식되었다. 남해제국과 아랍의 상인들이 아프리카나 인도 또는 동남아시아 여러 나라에서 상아를 중국에 끊임없이 들여온 데 따른 것으로, 지금도 국제적인 환경단체들의 감시와 반대에도 중국이 최대의 상아 소비국 자리를 지키고 있는 것을 보면 전통은 쉬 바뀌지 않는 것 같다.

참파유물(베트남 다낭 참파박물관)

수출품 중에서 도자기는 특별한 것이었다. 일찍이 북송의 월주요 청자와 남송의 용천요 청자가 이름을 날렸는데, 중국은 당나라 때부터 도자기 수출을 적극적으로 장려해왔으므로 14세기 초반 도자기 수출 양은 대단히 많았다.

남송시대에 요르단 암만의 상인이 인도네시아 자바에 와서 중국의 도자기를 사간 적이 있다. 서역 상인과의 거래가 늘면서 명주는 절강지역의 대표적인 청자 수출항이 되어 이곳에서 고려와 일본·동남아시아 및 유럽으로 많은 양의 도자기가 팔려 나갔다. 항주와 그 외의 여러 지역을 강이 이어주고 있어서 경원은 북송시대부터 대외 무역으로 빠르게 성장하였으며, 송 신종 시대에 항주와 명주·광주 세 곳에서 거두는 세수만 해도 1년에 53만 관貫[26]에 이르렀을 정도로 그 규모가 크게 확대되었다.

한편 원나라 때에 이르면 명주는 남방의 천주와 함께 해외 무역의 중심이 된다. 1277년에 천주에 시박사가 설치되었는데, 이때 경원·상해上海·감포澉浦에도 시박사를 두고 대신 복건안무사로 하여금 대외무역에 관한 업무를 주관하도록 하였다. 그로부터 15년 후인 1293년 여름 4월(음력), 항주·상해·감포澉浦·온주溫州·경원·광동·천주 일곱 군데의 시박사는 천주의 예에 따라 조색 상품은 30분의 1을 세금으로 거두고 그 나머지는 모두 15분의 1로 정해주었다. 그러나 원대에 이르면 이런 조치는 강화

흑유노태유두문호

된다. 화물에 따라 세색細色[27]의 경우 10분의 1, 조색粗色은 15분의 1을 세금으로 걷도록 하였는데, 그것은 부족한 재정을 메우기 위한 것이었다.

그런데 1320년 4월에는 명주에서 시박사를 철수시키고 무역선이 바다로 나가거나 들어오는 것을 금지하는 해금海禁 조치가 내려졌다. 배를 통한 해상무역을 금지한 이런 강압적이고도 과격한 조치[28]는 오래 가지 못했다. 불과 2년 후인 1322년(至治 2년) 3월에 다시 경원에 시박사를 설치해 외국무역을 권장하였다. 신안선이 경원을 거쳐 간 것은 이런 해금조치를 해제하고 1년이 지난 시점이었다.[29]

원나라 때 경원(명주)에는 세력이 큰 서역 상인들이 살고 있었다. 그들은 조상들의 종교인 이슬람교를 믿었으며 1335~1340년 무렵[30]에 속칭 회회당回回堂이라고 하는 이슬람 예배당을 영교靈橋 남쪽 모서리에 짓고 하루 몇 차례씩 마호메트를 섬겼다. 이와 같이 색목인을 비롯한 외국인들의 종교까지도 포용하는 중국의 관대한 정책과 환경은 이국의 다양한 문화를 불러들였고, 그 자체가 중국의 힘이 되어 주었다.

인삼과 차,
그 이름 뒤에 숨은 착취의 역사
전매제가 키워낸 고려와 중국의 상징물

인삼과 차는 한국과 중국 두 나라의 문화를 대변하는 상징적 존재이다. 그러나 그것들은 오랜 세월 수많은 사람들을 대상으로 착취의 역사가 키워낸 '피땀의 산물'이다. 지배와 착취, 수탈이 키워낸 산물이 바로 중국의 차와 고려 인삼이었으며, 아이러니하게도 그것은 두 나라의 주요 교역품이 되었다. 지금과 마찬가지로 신안선이 한·중·일 삼국을 누비던 14세기 초반에도 인삼과 차는 국제 시장에서 크게 대우 받는 품목이었다. 고상한 두 상품 뒤에 가려진 착취의 역사를 돌아본다.

백자도형잔

인삼과 차,
그 이름 뒤에 숨은 착취의 역사
- 전매제가 키워낸 고려와 중국의 상징물

인삼과 차는 고려와 중국을 대표하는 물품이었다. 따뜻하고 습윤한 남부의 기후와 부지런한 중국인들의 손길로 가꿔낸 차는 모든 이들이 즐겨온 기호품이었다. 오랜 재배 역사와 더불어 그 명성을 날린 중국 차는 당시 고려와 일본의 상류층에게 무한한 즐거움을 안겼다. 또한 토질과 기후조건으로 말미암아 요동과 한국에서만 나는 인삼은 중국인들에게 신비의 영약으로 알려져 있었다. 고려시대의 인삼은 산에서 캐는 산삼이었으므로 약효는 대단하였을 것이다. 그러나 중국과 고려를 대표하는 이 두 가지 물건은 착취의 상징물이었다. 두 나라의 이름 없는 민초들이 전매제라는 제도 하에서 착취와 수탈에 시달리며 그들의 피땀 어린 손길로 수천 년을 가꿔온 것이었다.

차, 그 고아한 이름에 가려진 착취의 역사

중국 남부지방에선 일찍부터 차를 마셨다. 그러나 그 시작이 정확히 언제였는지를 알 수는 없다. 기록에 의하면 예전 진나라는 남쪽 촉蜀 나라 사람들로부터 차를 알게 되었다고 한다.[1] 서북 지역의 수도 함양이나 진秦 나라에서는 차가 나지 않았다. 촉 지방이라고 하였으나 실제로는 초국楚國을 지칭하는 말이었을 것으로 추정되는 바, 아마도 춘추시대인 기원전 5~6세기에 오월 지방에서 들여온 차를 진나라 상층부 사람들이 처음 마시게 되었음을 전하는 이야기로 볼 수 있을 것 같다.

그 후로 한참이 지나 당나라 때가 되어 차가 빠르게 파급되었다. 항주에서 육우가 『다경』을 쓰고 상류층에서 차를 마시는 사람들이 늘어나면서 그것은 아주 멋스럽고 고상한 문화가 되었다. 황실로부터 귀족·관료·승려들에게 차는 고상한 이름이었다. 그들이 차를 마시는 것 자체가 우아한 일이었다. 손님을 맞아 다회茶會를 갖고 다연茶宴을 베푸는 일은 귀족과 상류층에 걸맞는 고아한 풍속이 되었다.

청자완

식사 뒤에 차를 마시지 않으면 안 되는 이들이 늘고, 사찰로 들어가는 차도 많았다. 귀족과 황실에서도 점점 더 많은 양의 차를 원하게 되었을 뿐 아니라 품질이 더 좋은 차를 바라는 이들도 늘었다. 그리하여 차의 종류도 늘어나기 시작했고, 품질에 따라 차의 가격도 여러 가지로 나뉘었다. 궁정과 귀족들 사이에서는 다연茶宴이 수시로 열렸으며, 그것은 더욱 많은 차의 수요를 불렀다. 그 수요를 맞추는 일쯤이야 어려운 것이 아니었다. 법과 가혹한 형벌, 그 두 가지만 앞세우면 무엇이든 얻을 수 없는 것은 없었다.

결국 차를 공물로 징발하기 위해 차 생산을 장악하고 조직적으로 관리하는 체계의 필요성을 느낀 황실과 귀족들은 차 공출을 담당하는 기구를 두는 것으로 시작하였다. 우선 차 산지 중 으뜸이라는 남녘 태호太湖[2] 주변의 호주胡州에 공다원貢茶院이라는 차 조달책을 설립했다. 지금의 상주常州 의흥義興과 호주에 걸쳐 있는 고저산顧渚山 넓은 차밭에 공다원이 생긴 것은 770년,[3] 당나라가 한창 그 세력을 자랑하던 때다. 고저산은 그 이름이 의미하는 바로 보건대 태호 물가에 있으며 사방을 조망하기에 딱 좋은 산이라고 하겠다. 그러나 산 전체를 차밭으로 일구면서 고저산이라는 본래의 이름을 두고 그 산은 다산茶山으로 불렸다. 그 당시 다산을 중심으로 설치한 공다원에는 찻잎을 따는 인부가 3만, 차를 만드는 기술자 1천여 명이 배치되었다. 이들이 뼈 빠지게 일하여 한 해에 1만 근(60톤) 이상 1만8천 근(10.8톤)의 차를 만들었고, 그것을 황실과 귀족들에게 공짜로 바쳤다. 이것이 소위 고저 자순차紫笋茶라고 하는 것으로, 너도나도 귀한 물건으로 여겼다. 자순의 '자'는 자주색이고 '순'은 차의 어린 순이니 이른 봄에 나는 '자줏빛 어린 순의 차'가 자순차의 본뜻이다. 이것은 떫은맛도 없고 맛이 좋아 사람들마다 크게 선호하였다. 남녘에서 나는 자순차 중에서도 고저 자순차를 제일로 꼽았다. 본래 호주는 고급 명차의 산지이며, 이곳은 명나라가 들어서기까지 약 6백여 년 동안 이런 방식으로 공다貢茶를 생산하였다. 10세기 말[4] 이곳에서 용봉龍鳳의 생김새를 닮은 단차를 생산하였는데, 그것이 바로 용봉차의 시작이었다. 단차란 차를 짓찧어서 그것을 다식판에 넣고 단자 모양으로 찍어낸 차를 말한다.

그러나 당·송·원의 세 정권은 이곳만이 아니라 차가 나는 곳이면 어디나 공차貢茶를 징발하였다. 일정량의 차를 생산하여 무조건 나라에 바쳐야 했던 것이다. 이러한 공차 제도는 차가 생산되는 지역의 농민이 고스란히 부담해야 하는 것이었다. 농사 외에 부가된 일이었으므로 농민들은 그것을 매우 고통스럽게 여겼다. 그렇다고 무슨 보상이 있는 것도 아니고 의무적으로 지워진 부담이었다. 농민들은 자신들에 대한 착취임을 알면서도 어쩌지 못하였다. 농민들이 감당해야 하는 고통은 당 덕종 때[5] 각차 제도가 도입되면서 더욱 커졌다.

이른 새벽부터 산비탈을 더듬어서 찻잎을 따고, 솥에 덖어서 차를 만드는 일은 여간 고되고 번거로운 일이 아니었으므로 농민은 고통에 신음하였다. 그들의 고혈이 만들어낸 차는 그들을 착취하는 자들에 의해 문화가 되었다. 호주 공다원에서 농민들이 고통스럽게 차를 만드는 모습을 두목[6]은 다산茶山이라는 시에서 이렇게 노래하였다.

"…태호 고저산의 경치는 동남 지역에서 뛰어나 자순차 또한 으뜸이라네. ……칡넝쿨 부여잡고 험한 절벽 기어올라 산발머리 거친 산을 헤집고 다녀. 아침내 따도 한 주먹이 안 되는데, 손발은 비늘처럼 터서 벌어졌구나. 슬피 한탄하는 소리 산에 가득하니 초목도 차마 봄을 이루지 못했네. 산그늘엔 찻잎이 돋지 않았는데 관리들의 독촉은 잦고 농민들은 마음만 다급해 고라니 사슴처럼 내닫네. 차를 골라 바치느라 밤낮이 없고, 차 찧는 소리 새벽부터 늦은 밤까지 끊이질 않네. 사람들은 나무등걸처럼 여위어 보고 있자니 애달파라.……"

흑유철반문찻잔. 이런
색상의 찻잔을 대모잔
(玳瑁盞)이라고도 한다.

호주의 공다원에는 공물로 징발해야 할 차를
감독하는 관리가 파견되었고, 해당 군의 태수는
해마다 봄이면 그곳에 직접 나가서 찻일을 하는
이들을 독려하였다. 그러나 농민들을 위로하고
독려한다는 것은 허울일 뿐, 배를 띄우고 기생
을 낀 채 술이나 마시며 죽도록 놀았다. 태수는
봄철 참새 혓바닥보다 작은 찻잎이 날 때면 고저산으로
달려가 산신에게 제사를 지냈다. 다산의 산신과 다신茶神에게 술과
음식을 올려 신들을 위로하는 일이었다. 그가 할 수 있는 노동은 그것이 유일하였다.
물론 그것이 그에게는 벼슬자리 잃지 않게 해 달라는 부탁이었겠지만, 그 일이 끝나기
가 무섭게 태호太湖에 수십 척의 배를 띄워 놓고 관기들을 동원하여 폼나게 즐겼다. 농
민은 차를 가꾸고 차를 만드는 일만도 고달픈데 이것저것 사역까지 감당해야 했으니
이중고였다. 차라리 나타나지 않는 것이 도와주는 것이었다. 태수와 그 주변의 관리들
만 살맛 나는 그 모습을 보고 시인 유우석[7]은 "어느 곳이 인간 선경이라 했는가. 기생
끼고 차를 따는 바로 이 청산이 신선들의 세상이로다"[8]라고 읊었다.

차를 개인이 사사로이 팔고사지 못하도록 하고, 나라에서 공물로 몽땅 징발하여 그
것을 비싼 값에 팔아 황실과 귀족·관리들이 챙기는 이상한 거래의 전매제는 농민들의
수족을 묶어놓았다. 각차법을 시행하면서 농민들이 겪는 고통은 더 극심해진 것이다.
중국을 동서로 잘라 그 절반의 북쪽은 차가 나지 않는 곳. 남방의 차 산지 농민들은 14
세기가 끝나갈 때까지 황실과 귀족에게 즐거움을 주는 차로 말미암아 6백 년 이상 뼈
를 깎는 고통을 겪어야 했다.

이런 경향은 후일 조선에서도 대략 같았다. 차를 토산물로 바치던 경상도 밀양·양
산·진주·달성·진해 여러 곳과 화개(하동)·승주·나주 등의 전라도 일대에서는 차가 제
법 생산되었다.[9] 영호남 남녘 사람들도 양반 세도가들에게 차를 공물로 바쳐야 했다.
점점 해를 거듭할수록 그 양이 많아서 영호남 농민들은 지배층을 빈대나 벼룩 보듯 하
였다. 그러나 차를 공물로 바치라는 압력이 드세지고, 그 양 또한 점차 늘어서 감당할

수 없게 되자 조선의 농민들은 마지막에 한 가지 꾀를 내었다. 조선의 기후와 토질에 맞지 않아 차가 더 이상 자라지 않는다고. 그리고 몰래 너도나도 차나무를 몽땅 베어 내고 뽑아 버림으로써 불가의 승려 외에는 조선 후기 이후 차를 마시는 사람이 없었고, 집집마다 차 없는 차례(茶禮)를 지내는 것이 풍속이 되었다. 조선 말기에 대원군에게 기세 좋게 통상을 요구하던 독일인 오페르트는 충남 덕산의 남연군묘를 파헤쳤는데, 그는 나중에 돌아가서 『닫혀있는 나라 한국으로의 여행』[10]이라는 기행을 남겼다. 그 글에서 그는 '조선인들은 차를 마시지 않는다'고 하였다. 오페르트가 보았듯이 이미 조선 사람들은 차를 마실 줄을 몰랐고, 차의 명맥은 끊어진 것이나 다름없었다. 그러나 조선 전기까지 차가 나는 영호남 지역의 농민들은 청명·곡우 이전에 어김없이 차를 바쳐야 했다. 세금으로 정해진 것은 아니었지만 토산물로 바쳐야 하는 것이 관례였기 때문이다. 고상한 이름의 차마저도 착취와 수탈의 대상이었던 것은 중국이나 한국이 같았다.

수탈의 역사가 가꾼 고려의 아이콘 인삼

삼별초를 진압하고 고려를 손바닥에 올려놓은 원 제국의 지배자들은 고려인들에게 갖가지 공물을 바칠 것을 요구하였다. 그로 말미암아 고려인들은 매우 힘든 삶을 살아야 했다. 고려의 지배층 부녀자를 공녀로 바칠 것을 요구하였고, 금

백지양인각매화문완

과 은·인삼 등을 징발하였으며 심지어 매사냥을 위한 매까지 공물로 받았다. 이에 따라 고려 왕실은 금혼령을 내리고 동녀를 선발하여 원나라에 바쳐야 했고, 인삼을 조달하기 위해 농민들을 가혹하게 다그쳤다. 본래 인삼은 고려 정부가 토산물로 받아온 품목이었다. 인삼이 나는 곳에서는 인삼을 캐어 가을에 바쳐야 했다. 하지만 원 제국의 간섭기에 들어와서 요구량은 부쩍 늘었고, 그것은 고스란히 고려 백성의 짐이 되었다.

고려 말에도 사람들은 인삼을 재배하는 법을 몰랐다. 즉 인삼이라고 하면 산야에 자생하는 산삼을 가리키는 말이었다. 고려의 산삼은 고구려 시대부터 그 이름이 중국에 잘 알려져 있었다. 그러므로 '고려인삼'의 고려는 고구려였다. 고구려인들도 산삼을 캐

어 공물로 바치기 위해 산야를 헤매었다. 원 제국 역시 고려에 많은 양의 인삼을 공물로 바칠 것을 요구하였고, 농민은 그것을 캐어다가 기한 내에 바쳐야 했다. 그러므로 농사철이라 해도 농사를 제쳐두고 인삼을 찾아 산을 헤매야 했다. 고려 왕실과 정부는 농민들로부터 가혹하게 세금을 받았고, 여러 가지 공물을 거둬들였다. 토산물로 바치던 인삼은 어느새 양이 늘어나 감당하기 어려운 지경이 되었다. 더구나 곡물을 거둬야 하는 가을철 수확기에 인삼을 찾아다니다 보니 농민은 먹고 살 길이 막막해졌다. 농민들 중에는 땅을 버리고 달아나 유민이 되는 이들이 많았다. 유민이 급격하게 늘어 전국의 군현 중에는 마을이 텅 빈 곳이 많았다. 가혹한 수탈과 공물을 지나치게 징수하면서 농민들이 생업에 집중할 수 없게 되었고, 견디다 못해 농토와 집을 버리고 도망한데 따른 것이다. 과도한 세금만이 아니라 인삼은 농민의 생활을 송두리째 무너뜨렸다. 인삼을 지나치게 많이 거둬들이면서 농민들은 고통 속에 나날을 보내야 했다. 인삼을 공물로 받는 공삼貢蔘 제도는 고려의 농민을 피폐하게 만들었고, 뇌물로 부패한 고려를 멍들게 하였다.

그러나 거둬들이는 인삼의 양이 많아질수록 인삼의 가격은 치솟았다. 인삼 가격이 비싸질수록 관리들의 가렴주구는 극성스러워졌다. 인삼을 캐어 제 소득으로 삼는 것도 아니고, 몽땅 나라에 바쳐야 하는 농민들에게는 자신들의 삶을 옥죄는 것이었고, 인삼이 사람을 고치는 약이 아니라 농민을 죽이는 독약이었다.

더구나 인삼을 공출해야 하는 시기가 가을까지로 정해져 있어서 수확기를 맞은 농작물을 내버려두고 산을 헤매고 풀속을 뒤져 인삼부터 캐야 했다. 그런데도 관리들은 제몫을 챙기기 위해 별도의 인삼을 더 요구하였고, 엎친 데 덮친 격으로 그것이 농민의 손발을 꽁꽁 묶었다.

하지만 이렇게 해서 기한 내에 인삼을 바치고 나서 조금이라도 남는 것이 있으면 그것마저 거둬다가 장사꾼들에게 넘겼고, 장사꾼들은 그것을 시장에 내다 팔았다. 아전들이 혹독하게 재촉하여 받아들인 인삼도 시장으로 되돌아 나갔다. 나라에 공물로 바친 인삼도 원나라에 바치는 할당량을 제외한 나머지는 상인들의 손에 맡겨져서 시장으로 나갔다. 결국 이런 것들이 중국에서 비싼 값에 거래되었고, 고려 왕실과 중앙 귀족이 배를 채우는 데 큰 몫을 떠맡았다.

그러나 농민에게 돌아가는 것은 아무 것도 없었다. 산삼 한 뿌리를 캐기 위해 산을 뒤지다가 가시에 찔리고 나뭇가지에 걸려 옷은 갈가리 찢어졌고, 피골이 상접한 농민들은 정든 집과 땅을 버리고 어디론가 도망갈 생각만 하였다. 산삼을 캐러 돌아다니다 보면 벼는 비바람에 쓰러지고 수확을 하지 못해 농작물은 주인의 손길을 기다리건만 끝내 거둘 손은 없었다. 가을걷이를 하지 못하면 농민을 기다리는 것은 혹심한 겨울추위와 굶어죽는 일이었다. 산속을 헤매어 겨우 산삼 몇 뿌리 캐어가지고 돌아와 보면 농부의 아내는 눈물만 짓고 있는 이 기막힌 현실을 목격한 고려의 신흥관료 안축은 '삼탄蔘歎'이란 시로써 그 잔인한 수탈의 참상을 이렇게 읊었다.

"신농씨가 지은 책에 풀이름 논하기를 풀 가운데 나삼羅蔘이 약으로는 으뜸이라고 하였네. 한 뿌리에 세 줄기 다섯 잎이 피어나니 사람 고치는 신통한 효험 평가하기 어렵네. 해마다 원나라 성천자(聖天子 : 원 제국의 황제를 말함)에게 공물로 바치나니 약국의 늙은 의원들이 다 탄식을 하고 놀라네. 배와 수레 가진 장사치 다투어 구해 사니 먼 곳에 넘겨 팔면 그 값이 가볍지 않네. 이득을 좇아 관가는 이득에 이득을 보니 해마다 백성에게 거두는 기한이 있네. 사물이 귀한 것은 본디 스스로 귀하여 보통 풀이 천하게 자라는 것과는 다르네. 시골 백성들이 온 산골에서 캐어내니 천 곳 만 곳 찾고 뒤져 한 줄기를 얻었네. 어찌하면 기한 전에 공출할 양을 채울까. 농부의 옷은 가시에 걸려 갈갈이 찢어졌는데, 비바람에 가을 벼가 쓰러졌고 두려운 아전들 빨리 인삼 바치라 재촉하니 따로 영위할 것도 잊었네. 돌아와 아내 보니 슬픈 눈물 괴롭고 땅을 버리고 떠나고픈 마음만 드네. 천지가 사물을 내어 약성을 주니 본디 아주 어질어서 이 약이(인삼이) 뭇 생명을 건진다네. (그러나) 생민의 병이 이 약에서 나오니 약 다스리는 약을 누가 행하랴.…"

안축은 사람의 병을 고치는 인삼이 백성을 고통으로 몰아넣고 있으니 이런 백성의 고통을 고치는 약은 과연 무엇이며, 누가 백성의 고통을 없애줄 것인가를 말하고 있다. 이것은 농민을 대신하여 힘 없는 지식인이 품었던 절규이다.

　누구를 위한 왕권이며, 어떤 이들의 나라이기에 이토록 착취하는 자와 수탈을 당하는 자로 갈라졌는가? 고금을 통틀어 부패와 착취 두 단어가 그리 낯설지 않은 나라는 그 존재 이유도, 가치도 없다. 무지하고 어리석지만 순박한 고려의 피지배층은 이래라저래라 늘 괴로움만 안기는 지배층을 향하여 서슬 푸른 칼을 겨누고, 그들의 목을 거둬들일 줄도 몰랐다.

소금 징발에 찌들대로 찌든 고려의 민초들

　충선왕이 원나라로 가고 나서 그 이듬해[11] 2월, 드디어 고려에서도 소금 전매제가 시행되었다. 이름하여 그것을 각염법榷鹽法이라고 한다. 충선왕은 원의 수도 북경에 앉아 전교傳教의 형식을 빌어 고려의 신하들에게 각염법을 지시한 것인데, 국왕의 말 한 마디는 나라 밖에서도 엄혹하였다. 봄부터 즉각 그 효과가 나타났고, 사람들은 우왕좌왕하였다.

　고려의 관리들은 일사불란하게 움직였다. 우선 전국 각 도의 군현에서 백성을 뽑아 염호鹽戶를 지정하였다. 서해와 동해 그리고 남해 해안에 사는 농민 가운데 소금을 만들기 좋은 곳에 있는 집을 골라 그들로 하여금 소금을 생산하도록 하였고, 그 생산량도 할당해 주었다. 또 전국의 요소요소에는 염창을 설치하였는데, 벌써 이 과정에서 백성은 괴로움을 호소하였다. 소금을 전매함으로써 국가의 수입을 늘리기 위해 중국에서 시행해온 소금전매법을 그대로 따라 한 것인데, 실상은 충선왕 자신의 왕권과 집권기반을 강화하기 위한 선제적 조치였다. 농민들의 고통과 신음소리를 보고 들을 필요 없이 먼 곳에서 명령을 내리는 것이니 어려울 것은 하나도 없었다. 사람은 못 된 것부터 배운다고, 형이 하는 짓을 보고 아우가 따라 한 격이 되었다.

　그간 소금 판매권과 그로부터 얻는 이익은 몇몇 세력들이 나눠 갖고 있었다. 고려 왕실의 내고內庫와 상적창常積倉, 내외 사찰이 갖고 있던 소금판매 이익을 바치게 하여 충선왕 자신이 장악하게 된 것인데 그것은 충렬왕 세력을 견제하는데 유효하게 작용하였다. 소금의 생산과 유통 전반을 국왕이 소유하고 관리하는 데에는 무엇보다도 그것을 담당하는 관청을 일원화하는 일이 시급하였다. 그래서 설치한 것이 의염창義鹽倉이다. 누구든 이제부터 소금을 의염창에서 사고팔도록 하였다. 전국 각 군현의 의염창에 삼베를 가지고 가서 사가도록 하였고, 사사로이 소금을 밀매하거나 몰래 소금을 사 재기하는 사람은 엄히 다스리도록 하였다. 금강산 장안사는 1050결[12]의 토지와 그것을 경작하는 농민을 갖고 있었으며 원산 지역의 염장과 염호를 거느리고 있었다. 지금의 고양시 행주로부터 전북 부안 등지에 450개의 소금 굽는 가마인 염분鹽盆을 갖고 있었으며, 개경 시전에 상가 30칸도 갖고 있었다. 이런 바탕을 가지고 장안사는 개경의 시전에 곡물과 소금을 비싸게 팔아 많은 이익을 남겨왔다. 광대한 사원전과 소금 생산 기반 그리고 수도 개경에서 그것을 팔 수 있는 기반을 갖고 있었던 것이다. 이들을 통해 장안사는 전곡을 쌓아둘 정도였다. 이런 배경이 있으니 각염제를 시행한다고 해도 사찰과 승려, 권력을 가진 이들에게 손해가 될 것이 없었다. 형식과 체제만 조금 바뀌는 것일 뿐이고, 설사 소금을 내어 준다고 해도 소금과 바꿀 수 있는 물화의 값을 올리면 간단히 수익구조는 크게 바뀌지 않을 것이기 때문이다. 소금 전매제가 시행되면서 충선왕과 왕실에 바치고 세금을 떼어야 했으니 소금 값은 뛰었다. 그로 말미암아 등이 휘는 쪽은 죄 없는 고려 백성이었다. 사사로이 소금을 팔 수 없게 하였으니 너나없이 모두 의염창으로 가서 소금을 구입해야 했고, 고려왕실과 지배층은 앉아서 장사를 하였다. 그렇게 하다 보니 장사는 땅 짚고 헤엄치는 격이라 자연히 폭리를 취하게 되어 소금 값이 폭등하는 악순환이 일어났다. 그러나 왕과 지배층에게 그런 현상은 오히려 재미나는 장사였다. 이런 경제 구조는 물가폭등을 불러 일으켰다. 그래서 고려 말 이색[13]은 이런 경제상황을 대단히 염려하였다.

고려시대의 소금은 염전에서 만드는 것이 아니었다. 지금의 천일염 생산 방식은 18세기에 개발된 것으로, 그 이전에는 모두 바닷물을 길어다 붓고 불을 때서 만드는 자염이었다. 염호는 바닷물을 긷고, 땔나무도 해야 했다. 밤새 불을 지펴가며 그을음 속에서 잠을 설쳐야 했다. 할당받은 양의 소금을 만들기 위해 동해와 서해 그리고 남해 바닷가의 염호는 가족 모두가 잠시도 쉬지 못하고 일을 해야 했다. 평생을 살아봐야 뼈 빠지게 일하고도 끼니를 잇기 어려운 살림에 나라에서는 해준 것 하나 없으면서 때

맞춰 세금을 독촉해서 걷어가고, 인삼을 공출하라 해서 날마다 고라니 노루새끼들처럼 산속을 헤집고 뛰어다녀야 했다. 그래도 혹시 날짜를 어기면 사람을 으르고 채찍으로 호되게 다루다가 안 되면 패대기쳤으며 이제는 소금까지 구워서 나라에다 바쳐야 했으니 고려 생민의 삶은 그들 자신을 위해 있는 것이 아니었다.

검게 그을린 움막, 짐승의 우리만도 못한 그곳에서 염호는 너무도 힘들고 바빠서 고려에 태어난 자신의 슬픈 운명을 원망조차 해볼 틈이 없었다. 국가가 정해준 소금을 제때에 만들기 위해 할아비와 아들 손자가 함께 검댕이 묻은 얼굴, 피죽 한 그릇 제대로 얻어먹지 못한 몰골로 혹사당하고 있는 동해안 관동지방 어느 마을의 모습을 목격한 안축은 '염호鹽戶'라는 시를 통해 부패하고 부조리한 고려 사회에 대한 분노를 삭이고 있다.

국왕이라는 자는 소금을 전매하여 그것으로 손쉽게 거둬들인 삼베와 비단을 맘에 드는 공신들에게 '국왕의 하사'라는 당당한 명목으로 제 맘껏 나누어준다. 아전은 채찍과 몽둥이질로 염호를 다그치고 공신과 임금은 저희들끼리 죽이 맞아 고려 백성의 고혈을 빨아먹었다. 그것은 통치라는 허울 속에서 자행된 폭력과 수탈의 하나일 뿐이었다. 이리 떼나 다름없는 관리들의 핍박에 백성은 한 곳에 오래 머무를 수 없었고, 살던 곳을 떠나 바람이 된 유민들은 누구든 원망하는 법이 없었다. 이런 고단한 삶이 소금 굽는 염호에게만 해당된 것은 아니었다. 농민의 삶은 차라리 죽음보다 못했다. 삼을 캐어 때맞춰 공출해야 했고, 농사철인데도 역졸로 뽑혀가 쉬지 않고 말 타고 뛰어도 하루가 모자랐다. 나라에 일이 있다 여기저기 노역으로 불려 다니고 정작 때를 맞춰 가꿔야 할 농작물은 붙일 수가 없으니 농민들의 삶은 갈수록 비참하였다. 밭은 갈지 않아 토박하였고, 사람이 도망간 집에는 연기도 나지 않는 쓸쓸한 풍경. 안축의 '염호鹽戶'라는 시에서 바닷가에 사는 가련한 고려인들의 모습을 생생하게 알 수 있다.

"…소금 전매하는 법은 어느 때 생겨서 역대로 따라서 고치지 않았네, 우리나라에서는 법이 가장 엄해서 해마다 세금이 농사보다 많다네. 나도 관동으로 나온 뒤로 바다에 나가 친히 (소금생산을) 독려하였지. 움막처럼 누추한 집, 쑥대문에는 거적자리도 걸지 않았네. 늙은이가 아들 손자 거느리고 한 치의 시간도 쉴 수가 업네. 혹한에도 바닷물 길어오느라 무거운 짐으로 어깨며 등이 다 벌겋게 되었네. 뜨거운 열기와 연기의 그을음에 바닷물 달이는 훈기에 눈썹에 새까맣게 되었네. 문앞의 열 수레나 되는 땔감 하루 저녁 쓸 양에도 모자라네. 하루 종일 바닷물 백 섬을 달여도 소금 한 섬을 못 채우네. 만약 기한 내에 못 마치면 혹독한 관리들 성을 내며 꾸짖네. 실어 나르는 관원은 소금을 산처럼 쌓아놓고 전매하여 비단 배가 되네. 임금은 공신을 중히 여겨 아끼지 않고 상으로 내려주네. 한 사람이 입은 곳 만백성의 노고인데 슬프다 저 염호는. 해진 옷이 등도 가리지 못하고 그 괴로움 견딜 수 없어 도망해 자취를 감추네…"

의염창으로 소금이 들고 나면서 많은 돈을 떨어트려 주니까 국왕과 지배층 및 대부분의 관료들은 먹고 사는데 소용되는 모든 것이 거저 생기는 것으로 생각할 정도였다. 고려는 이렇게 하여 점차 야위어 갔고, 스스로 제 목을 조이는 짓을 국왕과 지배층은 저지르고 있었다. 신안선이 증도 서쪽 바다에 침몰하던 그 무렵의 고려인들의 삶은 극도로 어려웠다.

원제국의 차와 술·소금 국가 전매제

중국의 전통적인 국가 전매품은 차와 술 그리고 소금이었다. 그러나 송·원 시대에 들어서는 여기에 식초와 술에 관한 주초법酒醋法도 강화하였다. 본래 차에 세금을 부과하는 각차법榷茶法은 정부가 차에 세금을 부과하는 전매제이다. 당나라 덕종 때인 779~804년[14] 사이에 시작되었으며, 송대에 더욱 정교하게 다듬어졌다. 세금을 확보하기 위한 수단으로 으뜸가는 것이었고, 당나라와 송나라에서는 국가 재정에 중요한 재원이었다. 이 각차법은 아무나 차를 마음대로 판매하지 못하게 제한하고 국가가 그것을 관리함으로써 재원을 마련하기 위한 것이었다.

원 제국은 송의 각차법을 그대로 따랐으나 그것을 강화하였다. 원나라 때에도 차는 술·식초·소금 등과 함께 중요한 전매품이었다. 차의 거래로

백탁유음각모란당초문병

부터 얻는 각화權貨[15]는 재정에 큰 비중을 차지하였으므로 원 제국의 각차법과 전매법 역시 엄격하였다. 1268년[16]부터는 개인이 사사로이 차를 채취하여 팔면 그 죄를 물어 염법을 위반했을 때와 똑같은 죄를 주었다. 이처럼 엄격한 제도 하에서 차는 매우 비싸게 거래될 수밖에 없었다. 서양의 상인은 물론, 일본과 고려에서도 매우 귀한 기호 품으로 인식되어 상류층에서만 차를 마실 수 있었다. 고려와 일본으로 수출되는 차도 많았다. 중국의 각종 진귀한 다완茶碗은 차를 즐겨 마신 풍속이 만들어낸 산물이었으며, 일본이 건요建窯를 비롯하여 값비싼 중국 다완을 수입한 것도 14세기 이후 상류층에서 차를 마시는 풍속이 유행하면서 나타난 현상이었다.

한편 원 제국은 1303년에 각염법을 시행하였다. 나라를 부강하게 하고 백성을 편하게 하기 위한 것이라지만, 이것 역시 실제로는 재정을 확충하기 위해 더욱 강화한 것이다. 그 전에도 소금은 전통적으로 차와 함께 전매품이었다. 그러나 원 제국에 들어와서는 부유한 상인들이 소금을 가지고 작간을 부리는 일이 부쩍 늘었다. 소금을 배로 실어 가지고 다니며 비싼 값에 팔아서 그 폐단이 많았다. 원나라 때에는 1년 임기의 매염관賣鹽官을 두었는데, 매염관은 글자 그대로 소금을 파는 관리이다. 소금 팔고 사는 것을 전문으로 담당한 원의 관리인데, 그 당시 원의 중통초中統鈔라는 돈 1관에 소금이 2근 4냥밖에 되지 않을 정도로 소금은 무척이나 비쌌다. 말하자면 이것은 소금 한두 가마를 사려면 돈을 달구지에 싣고 가야 하는 형국이 된 것이다. 이렇게 소금이 비싸게 거래되자 각종 편법이 등장하고 소금의 밀매도 이루어졌다. 어느 시대이든 제도가 마련되면 그것을 피하는 사람들이 생기고, 그 제도를 악용하여 제 이익을 챙기는 자들이 있게 마련이다. 역시 각염법의 법망 밖에서 소금을 몰래 거래하는 잠상도 상당히 많았고, 이들이 각종 수작을 부렸다. 수지맞는 장사였으므로 소금 밀매는 끊이지 않았다. 소금과 차를 밀매하면 똑같이 곤장 70대에 2년간의 구금형을 받도록 법으로 정해놓았지만, 법망에 걸려드는 사람은 재수 없는 경우였다. 구입하는 사람도 더 싼 값에 파는 밀매업자의 소금에 관심을 가질 수밖에 없었다. 소금과 식초까지도 국가가 전매하면서 여러 가지 부패상이 드러났고, 소금 가격만 비싸져서 사람들은 매우 고통스러웠다. 신안선이 한·중·일 삼국을 오가던 때, 고려와 중국의 힘 없는 백성들이 살아가던 모습이다.

이야기로 남은 동서 교류의 흔적들
서양으로 건너간 종이와 부기 그리고 신데렐라

신데렐라 이야기는 십자군 전쟁 후 아랍이나 이란 지방에서 각색되어 서양으로 전해졌다. 다시 말해 중국 설화의 서양판 버전이 신데렐라 이야기이다. 또 개성 상인들이 일찌감치 개발한 송도부기가 오늘의 서양 부기의 기초가 되었으며, 고선지 장군이 탈라스 전투에서 패전함으로써 중국의 종이가 비로소 서양에 전해졌다. 서양의 르네상스에 불을 지펴 준 것은 종이와 인쇄술·부기·화약과 같은 동양의 발명품들이었다. 오늘의 서양 문명은 동양에서 건너간 선진문물 덕분에 세계사의 중심으로 떠오르게 된 것이다.

백자봉형연적

제8부

이야기로 남은 동서 교류의 흔적들
- 서양으로 건너간 종이와 부기 그리고 신데렐라

　12~13세기부터 유라시아와 중국, 중국과 고려는 한층 가까워졌다. 지중해권의 유럽 여러 나라 사람들도 중국에 오갔으며, 중국에 나가 활동하던 고려인들은 세계 여러 나라의 진귀한 정보를 가져왔다. 중국의 문물과 정보가 서역으로 줄기차게 넘어갔고, 서양의 여러 가지 정보가 중국과 고려에 전해졌다. 세계는 한층 가까워졌고, 최첨단 대형선박이 동서 교류에 활기를 불어넣었다. 중세시대, 그중에서도 13~15세기는 그야말로 '대항해의 시대'였다. 무역선을 타고 상인과 여행가들이 분주하게 오고 갔으며, 그들을 따라 화약과 인쇄술·종이·비단·도자기·부기와 같은 동양의 위대한 발명품들이 서양으로 넘어갔다.

　종이는 과거 강국東國의 중심이었던 사마르칸드에서 이라크와 이집트·모로코·스페인·이탈리아 등지로 넘어갔으며, 곧이어 종이와 인쇄술은 아랍과 유럽을 단번에 휩쓸며 르네상스를 일으켰다. 고려의 개성부기가 바다를 건너 유럽에 전달되어 상업에 혁명을 불렀으며, 중국의 흥미진진한 이야기나 설화가 서역으로 넘어가 신데렐라 이야기로 각색되어 유럽에 전해졌다. 동시에 아랍의 여러 가지 문물이 중국과 고려로 넘어왔으며, 개성의 아락주와 한국의 소주도 아랍에서 건너온 술로부터 시작되었다. 동서의 문화교류는 여러 분야에서 나타났다.

　신안선이 활동하던 시대, 고려에서는 쌍화점이라는 가요가 널리 유행하였다. 서역의 상인과 승려들이 고려의 여인들과 벌인 야한 스캔들 역시 동서교류의 일면을 전하는 이야기이다. 십자군 전쟁을 거쳐 원제국이 성립된 뒤로, 세상은 급격히 바뀌었다. 동서간의 정보교류는 폭발적으로 늘어났다. 신안선을 이야기하면서 신안선이 활동하던 무렵에 벌어진 세상의 변화 가운데 눈여겨 볼만한 이야기 몇 가지를 모아 간단히 살펴보고 가야 하겠다.

외래문화와 혼란한 고려 말의 사회상 담긴 '쌍화점'

신안선이 침몰한 시기는 고려 왕조가 말기적 증상으로 신음해온 지 꽤 오래 된 때였다. 사찰의 토지 겸병과 고리대금업, 사원세력의 권력화, 승려들의 도덕적 해이, 부녀자들의 참선법회와 결사 및 시주 활동으로 비롯된 승속간의 풍기 문란 등 불교와 관련된 병폐가 많았다. 게다가 오랜 기간 몽고족과 원 제국에 저항하면서 고려인들은 모두 다 고단한 삶을 살았다. 친원파가 득세하여 정치가 혼란했고, 사회 경제적인 문제로 여러 가지 폐단이 드러나고 있었다. 그리고 11~12세기 여진인과 거란인의 귀화에 이어 충렬왕~공민왕 시대 많은 외래성씨가 귀화하여 다소간의 갈등이 있었으며, 개성 상인의 성장과 더불어 아랍상인이 고려에 들어와 상권을 장악하면서 많은 변화가 전개되었다. 고액화폐인 은병이 사용되면서 물가는 폭등하고 극심한 인플레로 말미암아 경제는 대단히 어려웠다. 많은 양의 은괴가 원 제국으로 빠져나가고 물자가 징발되어 고려인은 피폐했다. 기강이 무너지고 관리들의 부패가 심해진 가운데 고려 왕조는 내리막길로 치닫고 있었다. 어느 시대, 어느 나라, 어느 왕조든 이런 시대적 혼란상은 노래에 반영되기 마련이다. 남녀상열지사[1]라고 하는 고려가요에서 우리는 그것을 발견하게 된다. 그 대표적인 것이 만전춘과 쌍화점이다.

만전춘滿殿春

얼음 우에 댓닢 자리 보아 님과 나와 얼어죽을망정

얼음 우에 댓닢 자리 보아 님과 나와 얼어죽을망정

정든 오늘밤 더디 새오시라 더디 새오시라

경경耿耿 고침상孤枕上애 어느 잠이 오리오

서창西窓을 여러 하니 도화桃花가 발發하도다

도화는 시름없어 소춘풍笑春風하나다 소춘풍하나다

넋이라도 님을 한데 녀닛경景 너기다니

넋이라도 님을 한데 녀닛경景 너기다니

벼기시더니 뉘러시니잇가 뉘러시니잇가

올하 올하 아련 비올하

여흘란 어디 두고 소해 자라 올다

소곳 얼면 여흘도 됴하니 여흘도 됴하니

남산에 자리 보아 옥산玉山을 버여 누워

금수산 니블 안헤 사향麝香 각시를 안아 누워

약藥 든 가슴을 맞초읍사이다. 맞초읍사이다

아소 님하 원대평생遠代平生에 여힐살 모르읍새

남녀의 성행위 장면을 그린 것이니 요즘으로 치면 대단히 야한 노래이다. 그러나 고려의 말기적 혼란상은 쌍화점雙花店[2]에 더 잘 반영되어 있다.

쌍화점에 쌍화 사러 갓더니

회회아비 내 손목을 쥐더이다

이 말슴이 이 점店 밖으로 나명들명

다로러거디러

조그만 새끼광대 네 말이라 하리라

더러둥셩 다리러디러 다리러디러 다로러거디러 다로러

거 자리에 나도 자러 가리라

위위 다로러거디러 다로러

거 잔 티 フ티 덦거츠니 업다

삼장사三藏寺[3]에 블을 혀러 갔더니

그 절 사주社主 | 녀 손목을 취더이다.

이 말슴이 이 절 밧긔 나명들명

다로러거디러

조그만 새끼 상좌上座 | 네 말이라 하리라

더러둥셩 다리러디러 다리러디러 다로러거디러 다로러

거 자리에 나도 자러 가리라

위위 다로러거디러 다로러

거 잔 티 フ티 덦거츠니 업다

들의 우믈에 믈을 길러 갔더니

우믈 용龍이 녀 손목을 취더이다

이 말스미 이 우믈밧긔 나명들명

다로러거디러

조그만 드레박아 네 말이라 하리라

더러둥셩 다리러디러 다리러디러 다로러거디러 다로러

거 자리에 나도 자러 가리라

위위 다로러거디러 다로러

거 잔 티 フ티 덦거츠니 업다

술폴집의 술을 사러 갔더니

그 집아비 녀 손목을 취더이다

이 말ᄉᆞ미 이집밧긔 나명들명

다로러거디러

조그만 싀구비가 네 마리라 하리라

디러둥셩 다리러디러 다리러디러 다로러거디러 다로러

긔 자리예 나도 자라 가리라

위위 다로러거디러 다로러

긔 잔ᄃᆡ ᄀᆞ티 덦거츤 없다.

쌍화점은 회회아비와 절의 주지 승려, 술집 주인 그리고 하다못해 들판 우물의 주인
놈까지도 여염집 여인네를 유혹하는(Seduce) 타락한 세상을 희화적으로 그리고 있다.
절의 주지도, 회회아비와 시중에서 술을 파는 자도 모두 타락한 천민적 상업 세력을 대
표하는 모습으로 등장한다. 한 마디로 쌍화점은 그런 자들에 대한 야유이다. 쌍화점의
주인 회회아비는 서역의 이슬람을 상징하는 요소다. 구성과 표현방식을 볼 때 쌍화점
은 서역 문화의 영향을 받았으며, 원나라 잡극과도 관련이 있는 것으로 판단하고 있다.

『고려사』와 『고려사절요』에 따르면 쌍화점은 충렬왕 25년(1299) 5월 이전에 만들어졌
다. 물론 그것을 만든 사람들은 충렬왕 주변의 신료들이었다. 쌍화점은 본래 시중에
나돌던 노래이다. 그것을 가져다가 손질하여 궁중에서 춤을 추며 부르도록 한 것으로,
바로 이 쌍화점을 통해 13~14세기 승려와 아랍상인들의 타락상을 가늠해볼 수 있다.

쌍화점에 대해서는 "이에 앞서 여러 대신들[4]에게 명하여 쌍화점·만전춘·북전北殿의
노래 가운데 음란한 말을 잘라내고 고치도록 하였더니 임원준 등이 지어 바치므로 장
악원[5]에 영을 내려 익히게 하였다"고 『조선왕조실록』[6]에 기록되어 있다. 그러나 『고려
사』[7]에는 쌍화점을 한문으로 번역한 한역시 '삼장三藏'이 실려 있다. 이것은 충렬왕 때의
간신 오잠吳潛 등이 무용단인 남장별대男粧別隊에게 가르친 것이라고 한다. 남장별대란
쉽게 말해서 "남장여인 특별 가무단"으로, 여성 가수 및 춤꾼 조직으로 이해하면 된다.

"쌍화점은 충렬왕 대에 지어졌다. 충렬왕은 소인배 무리를 직접 만나 음악과 연희를

즐겼다. 오잠吳潛, 김원상金元祥, 석천보石天輔, 석천향石天鄕 등은 노래와 여색으로 왕을 기쁘게 해주기 위해 관현방管絃房의 태악太樂 재인才人이 부족하므로 아끼는 신하를 여러 도에 보내어 예쁘고 기예에 재주가 있는 자들을 궁기宮妓로 뽑고, 또 성안의 관비(官婢, 관노비)와 여무(女巫, 무당) 가운데 노래 잘 하는 자를 뽑아 한 무리를 조직했다. 이들을 궁중에 두고 비단옷을 입히고 말총 갓을 씌워 남장대男粧隊[8]라고 하였다. 이 남장별대에 게 쌍화점을 가르쳤다. 이들 무리와 밤낮으로 노래하고 춤추니 임금과 신하의 예도 없었다. 거기에 든 비용은 이루 말할 수 없었다."

쌍화점은 몇 사람이 창작한 가요가 아니라 고려 사회에 나돌던 노래를 고쳐 부른 것이다. 오래 전부터 문제가 된 사찰의 비리와 아랍 상인들의 횡포(상권 장악), 고려 여인들의 성적 문란을 반영하는 유행가였다고 보면 된다. 고려 사회가 얼마나 타락하였으면 이런 노래까지 시중에 파다하게 퍼져 있었을까? 원 제국 하에서 아랍 지역이나 기타 서역에서 온 사람들과 고려 여인들 사이에 일어난 갖가지 스캔들은 동서 교류의 확대에 따라 새롭게 나타난 그 시대의 풍속도였다고 할 수 있다.

자유분방한 고려 여인들, 외간남자와 스캔들 많아

중세시대 기독교에 빠진 서양 사람들과 마찬가지로 불교를 국교로 삼은 고려 사람들도 불교에 깊이 취해 있었다. 왕과 왕실로부터 귀족과 일반 백성에 이르기까지 지나치게 불교에 경도되어 있었던 것이다. 그리하여 고려 후기에 이르면 관료의 기강이 해이해졌다. 뇌물이 횡행하고 부패한 나머지 고려 사회는 되돌릴 수 없는 지경으로 나아가고 있었다. 사찰의 힘이 커지고, 사원전은 더욱 늘어났으며 사찰에 예속된 농민도 늘어났다. 각종 세금과 부채로 시달리던 농민이 사찰에 몸을 의지하여 농노로 전락한 사노寺奴도 늘었다. 사찰이 고리대금업까지 자행하였으니 승려들도 극도로 타락하였으며 사회는 혼란하였다.

고려 사회에서 왕실과 귀족 남자들은 물론 여인들도 누구나 불교를 믿었다. 어찌 보면 그것은 당연한 일이었다. 대개는 집에서 불경을 외우고 참선을 하였지만, 아예 승려가 되는 이들도 많았다. 고려 초부터 나타난 현상이지만 왕자의 신분으로서 승려가 된 사람도 꽤 많았다. 또 왕실 여인으로서 불교에 빠진 이도 적지 않았다. 그 대표적인 인물이 최충헌崔忠獻의 부인 왕도인王道人이다. 그녀는 재가신도로서 불교를 지성으로 믿고 평생 참선을 하며 살았다. 『진각국사어록眞覺國師語錄』에는 그녀의 신실한 믿음이 잘 그려져 있다.

> "나는 어릴 때부터 참선하는 공부에 마음이 간절하였으나 업장에 얽매여 그 한 끝도 직접 들지 못하고 그저 간절히 사모할 뿐이었습니다. 여러 곳의 노장 스님들이 때때로 와서 지도하기를 마음이 트일 때는 어디로 가든 거리낌이 없다고 하였습니다. 그렇지만 법진法塵의 그림자일 뿐이오 아직 철저히 깨쳐 듣지 못했습니다. 원컨대 조금이나마 본분의 초료草料를 주어 도에 들어가게 해주십시오. 다만 진겁塵劫의 소원이 여기에 있습니다. 이것은 지극한 정성에서 나오는 것입니다."[9]

이상은 왕도인이 진각국사 혜심에게 보낸 편지에서 자신의 불심을 토로한 내용이다. 드디어 고종 6년(1219) 왕도인은 남편 최충헌이 죽자마자 출가하였다. 진각국사 혜심[10]의 문하에는 왕도인 외에도 이런 비구니들이 많이 있었다. 고려 왕족이나 귀족[11]의 불교신자들은 주로 참선수행을 하거나 불경을 외우며 불심을 키웠다. 또 충숙왕 13년(1326) 3월, 인도승려 지공이 고려에 왔을 때, 그로부터 안정군부인定安君夫人[12]이 보살계를 받았는데, 그녀가 받은 무생계첩無生戒牒이 지금도 남아 있다.[13] 그녀 역시 나중에 출가하여 비구니가 되었다.

인도에서 온 승려 지공[14]·태고 보우[15]·백운 경한[16] 그리고 원나라에 가서 지공의 제자가 되어 차를 전수받고 돌아와 송광사 주지가 된 나옹 혜근[17]의 문하에도 숱한 여성 신자들이 몰려와 참선 수행을 하였다.

그러나 대개의 여성들은 보살계를 받고 재가신자로 살았다. 그 대표적인 인물이 목종의 어머니 황보 씨[18]이다. 황보 씨는 독실한 불교신자로서 보살계를 받았다. 그러면서 그녀는 남편 경종이 죽고 나서 김치양金致陽을 기둥서방으로 삼아 바람을 피웠다. 이

대담한 여인과 마찬가지로 고려 국왕들도 즉위 후에 보살계를 받은 사례가 꽤 있다.

충선왕은 즉위 첫해인 1298년[19] 5월에 공주와 함께 보살계를 받았다.[20] 6월에도 충렬왕과 충선왕 및 공주가 보살계를 다시 받았으며[21] 충렬왕 30년(1304) 중국의 임제종 승려 철산소경鐵山紹瓊이 고려에 왔을 때 김변金賆의 아내 허씨는 그를 찾아가 대승계를 받았다.[22] 그 이듬해에는 충렬왕과 숙창원비淑昌院妃도 철산소경으로부터 보살계를 받았다. 숙창원비는 김변의 큰형인 김저金貯의 딸이었으므로 허씨에게는 시댁 조카딸이었다. 이 시기 고려 왕실과 지배층 여성의 상당수가 철산소경으로부터 보살계를 받았을 것으로 보인다.

한편 충혜왕의 딸 장령공주長寧翁主는 원나라 출신으로, 충혜왕이 원에 있을 때[23] 결혼하여 충목왕과 장령공주를 낳았다. 그녀 역시 보살계를 받았다.

이런 부류와 달리 고려 사회에는 여성 향도나 청신계녀라고 불리는 불교신자는 더욱 많았다. 향도는 부처 앞에 지성으로 향을 사르며 석가의 가르침을 따르는 사람이고, 청신계녀는 불교의 계율에 따라 생활하는 사람이다. 둘 다 모두 적극적으로 불교를 믿고 각종 불사에 참여한 이들인데, 한 예로 1311년[24]에 약사암의 종을 만드는데 참여하여 시주한 사람들을 향도청신계녀香徒淸信戒女라고 하였다. 부처에게 향을 드리는 무리라는 뜻에서 향도라 부른 것인데, 이들은 향을 올리면서 반드시 차 공양을 하였다. 그런데 그 향도중에는 청신녀도 많았다. 청신계녀 또는 청신녀라는 이름의 불교에 빠진 이 여인들을 원음에 가깝게 우바이優婆夷로 음역하여 부르기도 하였다. 출가하지는 않았지만 불도에 따라 오계五戒를 받고 불가의 삼보三寶를 섬기는 여성을 의미한다. 또 무술명戊戌銘 종을 만드는데 시주를 한 사람들[25]도 수계와 법명을 받았다. 불가의 계율에 따라 평생 술과 파, 날고기를 먹지 않은 여성[26]들도 많았으며 원공국사 지종[27]의 어머니 김씨는 임신 중에 불교에서 금하는 훈채(오신채)와 냄새 나는 고기를 먹지 않았다. 임신 중에 쇠고기를 먹으면 아이가 음탕해진다 해서 쇠고기도 먹지 않았다. 물론 불가에서 금하는 개고기도 먹지 않았다. 이처럼 많은 여성들이 집에 머무르면서 불교를 신봉하여 불가에서 금하는 일을 하지 않았다. 한문교육을 받은 상류 지식층의 여성들은 집에서 불경을 읽고 외우거나 불교의 교리를 깊이 이해하였다.

각진국사 복구[28]의 어머니는 항상 집에서 불경을 읽었으며[29] 이숭인의 어머니는 아침마다『금강경』과『화엄경』보현행원품을 읽었다고 한다.[30] 그 당시 상류층의 부녀자들이 주로 읽던 불경은『화엄경』·『금강경』·『아미타경』·『천수다라니』·『법화경』과 같은 경전이었다. 이런 여인들은 부처가 밟은 꽃이라 하여 연꽃도 밟거나 따지 않았으며 연밥이나 연잎까지도 소중하게 생각하였다.

이 외에도 절에서 여는 법회에 참석하거나 결사結社의 구성원으로 활동한 여성 불교 신자들도 많았다. 이런 사람들 중에서 꼽아볼만한 인물이 몇 있다. 문종의 왕비이고 순종·선종·숙종·대각국사 의천의 어머니인 인예태후를 대표적인 사례로 들 수 있다. 인예태후는 선종 9년(1092) 6월 견불사見佛寺에서 천태종의 예참법禮懺法을 따라 1만 일을 기약하는 만일결사萬日結社를 주도하였다.[31] 1만 일이면 27년이 넘는 세월인데, 하루 벌어 하루 먹는 이들이 이런 일을 할 수 있었을까? 예나 지금이나 저 좋아서 하는 짓도 여유가 있어야 하는 법. 하층민들에겐 그런 호사스런 일을 꿈도 꿀 수 없었다.

또 다른 사례로, 인종시대 지리산 수정사水精社에도 많은 여성들이 드나들었다. 진억津億[32]이 인종 1년(1123)부터 7년 동안 폐허가 된 지리산 오대사烏臺寺의 사주社主가 되어 결성한 조직이 수정사다. 절이 완공되고 나서 낙성법회가 열리자 인종은 윤언이尹彦頤[33]에게 은 2백 냥을 들려 보내어 분향하게 하였다. 이 결사에는 왕실과 종친으로부터 그 아래 명망 있는 사람들과 여러 뛰어난 승려 그리고 청신녀에 이르기까지 다양한 계층이 참여하였다.[34] 쌍화점에 여염집 여인의 손목을 슬그머니 쥐고 유혹한 삼장사의 사주社主는 바로 이런 결사의 대표였다. 즉, 외간남자와의 섹스 스캔들이 신성해야 할 사찰에서 종종 일어났던 것이다. 공경 귀족의 부인으로부터 일반 여염집의 여인들이 집을 나와 사찰을 드나들며 절에서 기식하는 일들이 많아지자 차츰 문란한 풍조가 만연하였다. 아마도 이런 무리들은 "못다남 못다남 법당에선 못하남?"을 씨부렸을지 모른다. 이미 그들

백자능화연주문고족배

에게 불상과 부처는 사찰을 꾸미기 위한 마네킹 쯤으로 여겼을지 모를 일이다.

여기서 작지만 알아둬야 할 게 하나 있다. 우리가 고려불상과 그 이전의 통일신라 불상을 어떻게 구분하는가 하는 점인데, 그것은 눈에 있다. 통일신라나 삼국시대의 불상은 눈이 맑고 깨끗하다. 티 없이 맑아서 바라보면 마음이 정화된다. 부처의 근엄함에 경배심이 일어난다. 그러나 고려불상의 눈은 가늘고 길게 찢어져 있다. 그런데 그 눈엔 색기色氣가 가득하다. 인자한 모습이어야 할 불상이 색마의 눈을 가졌다면 그것은 100% 고려불상이라고 보아도 된다. 불상에 왜 이런 현상이 빚어졌을까? 바로 그런 불상을 만든 이가 고려 말의 타락한 공장승工匠僧[35]이었기 때문이다. 잡아먹을 듯 색기 가득한 눈으로 남자를 바라보는 여인은 무섭다. 그러나 그보다 더 무서운 눈은 빛이 흐리고 사람을 잠시도 똑바로 바라보지 않는 눈이다. 남자든 여자든 그런 눈을 가진 사람은 무섭다.

사찰과 승려의 타락상은 고려 전기부터 그 낌새가 드러났다. 결국 비구와 비구니, 우바이·우바새 남녀가 떼 지어 돌아다니며 문제가 일어나자 숙종 6년(1101)에는 만불회萬佛會를 금지하는 조치가 내려졌다. 그 당시로서는 감당하기 어려운 풍기문란 때문이었다. 인종 9년(1131)에도 만불향도萬佛香徒를 금지하였다. 승려와 남녀가 떼를 지어 돌아다니며 염불과 독경을 하며 허황된 짓을 한다는 것이 금지 이유였다. 이처럼 불교 관련행사에 여성들의 참여를 금지한 이유가 고작 불경을 외우며 허황된 짓을 한다는 것이었을까? 실제는 문란한 성 추문 때문이었다. 중과 눈이 맞아 집을 떠난 여인도 많았고, 승려와 배가 맞아 아이를 낳은 여인들도 있었다.

"충숙왕 후 8년(1339) 5월에 감찰사에서 다음과 같은 금령을 발표하였다.……여섯째 성 안의 부녀자들이 상하, 노소를 가리지 않고 향도香徒를 맺어 재齋를 올리고 등을 켜며 절로 몰려가서 중들과 간통을 하는 일도 간혹 있으니 평민은 그 아들에게 죄를 주고 양반의 집은 그 남편에게 죄를 줄 것이다."[36]

이것은 개경에 사는 부녀자들이 향도를 맺어 등불을 켜고 재를 올리느라 절에 드나들며 중들과의 간통사건이 끊이지 않고 일어나자 어쩔 수 없이 내린 조치이다. 우왕 18년(1387)에도 4,100명의 남녀 고려인들이 계를 조직하여 매향[37]하였는데, 여기에 우바이와 비구니들도 참여하였다. 이처럼 고려 후기에는 여자들이 남자들과 어울려 계를 맺고 매향을 하거나 향을 사르는 향도 조직에 참여하는 일이 흔히 있었다. 우왕 당시 "계를 맺어 향을 사르는 것을 이름 하여 향도라 하였으며 서로 돌아가며 연회를 베풀어 남녀노소가 차례로 앉아 함께 마시는 것을 향도라고 한다"[38]고 하였다. 남자와 여자, 젊은 것들과 노인의 구분도 없이 퍼마시고 놀다 보면 꼭 문제가 생기게 되어 있다. 이런 경우 으레 여자가 화근이 되기 마련.

남자와 별다르지 않은 권한을 누리며 산 고려의 여인들은 절에서 개최하는 각종 법회에도 적극적으로 참여하였다. 공민왕 16년(1367) 연복사에서 개설한 문수회에 많은 여성들이 참여한 사례도 있다. 이때 신돈의 요청으로 부녀자들이 불전에 앉아 설법을 들을 수 있게 했으며, 떡이나 여러 가지 음식을 그들에게 뿌려주었다[39]고 한 기록으로 보아 승속이 가까이하면서 살을 부비거나 옷깃을 스치는 일이 잦아진 것이 문제였다. 나옹화상 혜근이 우왕 2년(1376)에 양주 회암사를 중창하고 낙성법회를 개설하자 개경의 부녀자들이 구름처럼 몰려든 일이 있다. 그 당시 개경에서 양주 회암사까지는 가까운 거리가 아니었다. 이에 대간들이 법회를 금지할 것을 우왕에게 요청하였는데, 이로 인해 나옹은 영원사 楡元寺로 쫓겨났다.[40] 『고려사』에 더 이상 상세한 내용은 없지만 상류층 부인네들 사이에 뭔가 큰 스캔들이 있었음이 분명하다. 이 사건을 보더라도 고려시대 수도 개경의 여성들이 먼 곳에 있는 지방 사찰에까지 나가 법회에 참석하는 것이 흔한 일이었음을 알 수 있다.

김변 金胼의 처 허씨(1255~1324)는 자신의 나이 47세[41]에 남편이 죽자 무덤 근처에 감응사 感應寺라는 절을 지어 그의 명복을 빌고 금은으로 불경을 베껴 적어 절에 바쳤다. 그로부터 10년 뒤인 57세 때에 허씨는 길을 떠나 산천을 순례하였다. 안동 청량산 등을 순례하고 돌아와 61세에는 드디어 출가하여 승려가 되었다. 이처럼 고려시대 말기에는 많은 여성들이 불교를 믿어 법회에 참석하거나 결사를 조직하여 남녀가 함께 사찰을 두루 돌아다니며 활동을 하였고, 불사를 일으키거나 출가를 하는 경우가 많았다. 몇몇 자료만을 보더라도 승속 남녀가 어울려 많은 폐단을 일으킨 것은 분명하다.

a) 금강산의 기이한 절경은 해동의 산수 가운데에서도 으뜸인데, 불경에 담무갈보살曇無竭菩薩이 살았다는 말도 있어 세상에서는 인간정토라 일러왔다. 천자의 사신이 향과 폐백을 가져오는 것이 길에 줄을 이었다. 사방의 사녀士女들이 천리 길을 멀다 하지 않고 소와 말에 싣고 등으로 지고, 머리에 이고 왔으며, 부처님과 스님들에게 공양하는 자들의 발꿈치가 서로 잇닿았다.[42]

이것은 이곡[43]의 『가정집』에 나오는 내용이다. 조림趙琳[44]이 금강산 서북쪽에 도산사都山寺를 짓자 이 절에 전국의 부녀자들이 끊이지 않고 몰려든 정황을 그린 것인데 『동문선』에도 이와 유사한 이야기가 전한다.

b) …사람이 61번 이 산을 보면 죽어서도 지옥에 가지 않는다고 속이고 꼬여 위로는 공경公卿으로부터 아래로는 서민에 이르기까지 처자들이 다투어 가서 예배하게 되니 겨울철 눈보라나 여름철 장마로 길이 막힐 때를 제외하고는 구경꾼이 줄을 이었으며 겸하여 과부와 처녀가 따라가서 산중에 묵는 일도 있어 추한 소문이 가끔 들린다. 그러나 사람들이 해괴하게 여기지 아니한다.[45]

과부와 처녀가 산중의 중과 간통을 저지르는 추한 소문이 들린다고 한 이 글[46]은 충숙왕 16년(1329)에 쓴 것으로 승려와 불가, 고려 사람들의 문란해진 풍속을 잘 드러내고 있다. 화엄경 3책과 법화경을 금으로 사경하고 남편의 명복을 빈 독실한 불교도 김태현의 처 왕씨(1266~1356)처럼 매우 도덕적인 사람들도 있었지만 고려 말의 사회는 대체로 성 풍속까지 문란해졌던 것이다.

현재 일본 인송사隣松寺에 보존되어 있는 '관경십육관변상도觀經十六觀變相圖'는 고려 말[47]에 양주지역 여향도를 비롯하여 신분과 귀천에 관계없이 많은 이들이 시주하여 봉안한 불화이다. 1323년 신안선이 침몰한 해에 만든 이 불화가 어떻게 일본으로 넘어

갔는지는 분명치 않지만, 여기에는 시주자들이 '이 공덕으로 일체 중생에게 불도를 널리 펴고 우리와 중생이 모두 함께 성불에 이를 것을 바란다'[48]고 적혀 있다. 이와 같이 여신도들의 시주로 불사를 창건하거나 탑 또는 불화를 만들어 봉안하는 풍조는 고려 왕족의 자제나 귀족의 자제 및 지식층이 불교를 옹호하고 지원한 데서 생긴 것 같다. 이름난 승려들이 절이나 법당에 부녀자들을 불러 모아 불교를 믿을 수 있는 분위기를 조성한 결과일 수도 있다. 나아가 진각국사 혜심이 "깨달음이란 남녀의 모습이나 지위 여부와는 관계가 없으며 지금 당장 깨달음을 얻으려면 수행하라"고 비구니들에게 권유한 데서 아녀자들이 집 밖으로 뛰쳐나가 떼 지어 몰려다니면서 등을 켜고 향을 올리며 시주하고 독송하는 세태가 고려 말에 더욱 유행하게 되었을 것으로 보인다.

청자음각연화문능화형 대반

12세기 말~13세기 초에는 혜심의 문하에서 많은 여성들이 불교와 관련을 맺고 있었다. 왕실과 상류 권세가[49]의 많은 우바이優婆夷들이 혜심의 비문에 기록되어 있는데, 이들은 모두 혜심의 가르침에 따라 수행을 한 여인들이다. 개경의 여성들은 개경과 그 인근의 사찰만이 아니라 양주 회암사, 오대산 상원사, 금강산의 여러 사찰까지 찾아가 법회나 불사에 참여하였다. 자유분방한 고려 여인들이 절간을 찾는 일이 잦아지자 승려나 외간남자와의 스캔들이 줄어들지 않았다. 고려가요 쌍화점의 삼장사 주지가 여인의 손목을 쥐는 모습은 바로 이런 사회상을 그린 것이며, 신안선이 활동하던 시대에 고려 사회에는 쌍화점이 널리 불리고 있었다. 그럼에도 고려인들은 대개 이런 사회 풍조를 별로 이상하게 받아들이지 않았다. 신안선의 유물이 교토 동복사, 후쿠오카 조적암 그리고 많은 승려들과 관련이 있는 것을 보면 이런 흐름은 일본에서도 크게 다르지는 않았을 것이다.

고려 여인들 외출할 땐 검은 비단 너울 써

신안선이 활동하던 고려 말, 그 당시 사람들이 살아가던 모습은 어떠했을까? 서긍의 『고려도경』에 기록된 내용을 바탕으로 복원해 보면 고려시대 사람들은 매우 흥미로운 삶을 살았다.

서긍이 바라본 고려인들은 인색하여 남에게 은혜를 베푸는 일이 적었다. 재물을 중히 여기고 여색을 좋아하였다. 오늘의 한국인들과 다르지 않았던 것 같다. 바닷가 개경붙이들은 짠돌이에 색골이었던 걸까? 고려인들은 남녀 간의 혼인도 가볍게 여겼다. 그래서 누구나 쉽게 합치고 툭 하면 헤어졌다. 남녀 모두 연애와 결혼·이혼이 자유로웠고, 이혼율이 높았던 것 같다. 그래서 중국인들은 이런 고려인들의 풍속을 야만시하여 매우 좋지 않게 여겼다. 특히 사람마다 욕심이 많고 뇌물을 주고받는 것이 성행하였다. 아무리 좋은 일도 뇌물이 없으면 성사되지 않았고, 아무리 어려운 일이라도 뇌물이면 해결되는 사회였던 것 같다. 그런 사회는 딱 한 가지, 망하는 길밖에 없다. 아무튼 고조선도 중국인의 뇌물로 망했으니 한국인이 뇌물을 좋아한 것은 예나 지금이나 변함이 없다.

고려인들은 길을 갈 때는 바삐 걸었다. 이런 고려인들이 중국인의 눈에는 매우 인상적이었던 모양이다. 그리고 고려의 부인네들은 흰색 모시저고리에 노란색 치마를 입었다. 이것은 왕족이나 귀족으로부터 일반 백성에 이르기까지 모두가 한결 같았다고 한다. 귀부인은 화장을 하되 화려하지는 않게 하였다. 다만 눈썹을 그리는 데는 정성을 들였다. 눈썹을 버들같이 그려서 이마의 절반을 차지한다고 할 정도였다. 귀부인이 외출할 때는 검은 비단 세 폭으로 너울을 만들어서 쓰는데 한 폭의 길이가 8자나 되었다. 너울을 정수리부터 아래로 늘어뜨리고 얼굴만 보이게 하는데, 나머지는 땅에 끌릴 정도로 길었다. 귀족의 부인들은 검은 비단으로 만든 너울을 쓰고 노복이 딸린 말을 타고 외출하였다. 이때 너울 끝이 말등을 덮었다. 때로는 삿갓을 쓰고 그 위에 너울을 덮어 쓰기도 하였는데, 이런 모습은 당나라 때 여인들의 차림새와 비슷하였다고 한다. 너울을 쓰고 맵시 있게 화장한 고려 상류층의 여인들은 대단히 섹시하고 카리스마 넘치는 모습이었다. 이들 상류층 여인들이 말을 타고 행차할 때는 말고삐를 잡는 버마재

비는 세 사람을 넘지 않도록 법으로 정해져 있었다.

흰 세모시로 겉옷을 만들어 입는 것은 여인과 남자가 다 같았다. 농민이나 상인도 흰 모시옷을 입고 네 가닥의 띠가 있는 검은 색 두건을 썼다. 이 두건을 '복두'라는 이름으로 불렀다. 개경이나 서경은 물론 지방의 요소요소에는 복두를 파는 복두점 즉, 고려인들의 모자가게가 따로 있었다. 또 여인들의 바지는 무늬 있는 비단으로 큼지막하게 만들어 입는데, 안감으로 명주를 대어 바지 품을 넉넉하게 만들었다. 그것은 여인의 굴곡 있는 몸매가 겉으로 드러나지 않게 하기 위함이었다.

부인네들의 머리 모양은 귀천에 관계없이 다들 똑같았다. 머리칼을 정수리에 모아 홍색 비단 끈으로 단단히 묶고 작은 비녀를 찔러 봉긋하게 만든 다음, 머리칼을 오른쪽 어깨로 늘어뜨렸다. 여인들의 머리에는 푸른색 두건에 물들인 끈으로 금방울을 매달았다. 허리춤에는 비단 향주머니를 차는데, 부귀한 집 여인일수록 향주머니를 많이 차고 다녔다. 이 시기에 여인들이 향주머니에 넣은 것은 주로 사향이었다. 여인들은 가을과 겨울에는 노란색 비단으로 바지를 만들어 입었다. 공경대부의 부인이든 사민 또는 유녀(기생)든 복장에 차이가 별로 없었다. 왕비와 귀부인들은 간혹 홍색 수를 놓은 옷을 입는 경우가 있지만 그것은 매우 드문 일이었다. 일반 백성의 처나 잡역을 하는 여자들도 의복은 비슷하였으나 다만, 너울은 늘어트리지 않았다. 정수리에서 너울을 접어 땅에 끌리지 않도록 추스르며 다녔다. 그러나 가난한 집의 여자들은 너울조차 쓰지 않았다. 너울이 비싸서 두를 수 없었지만, 아마 이것만큼은 가난해서 편했을 것이다.

고려 사회에서 남녀 누구에게나 부채가 흔했다. 여인이면 누구나 손에 부채를 쥐었으며, 때로 그것은 얼굴을 가리거나 누군가 피해야 할 사람이 있을 때 활짝 펴서 자신의 얼굴을 가리는 데도 썼다.

한 가지 재미 있는 것은, 고려의 여인들이 남에게 손톱을 내보이는 것을 부끄럽게 여긴 것이다. 차라리 장갑을 만들어 꼈으면 좋았을 것을, 빨간 색 주머니로 손톱을 감싸고 다녔다.

고려인들은 귀천을 가리지 않고 깨끗한 것을 좋아하였다. 옛 기록에 의하면 고려의 풍속은 깨끗한 것을 좋아해서 사람들이 모두 정갈하다고 했다. 고려인들은 항상 중국인들이 때가 많고 더러운 것을 비웃고 흉을 보았다. 예로부터 중국인들은 별로 물과 친하지 않았던 모양이다. 이런 것을 보면 중국인들의 더럽고 지저분한 전통은 꽤 오래되었다.

고려인들은 누구나 아침에 일어나면 목욕부터 하고 외출하였으며, 여름에는 하루에 두 번씩 목욕을 하였다. 제 몸을 씻고 치장하는데 꽤 많은 시간을 투자하였다. 그래서 남녀를 가리지 않고 언덕에 의관을 벗어놓고 시냇물에 함께 들어서서 목욕을 하며 속옷을 남에게 보이는 것을 부끄러워하지 않았다. 서로 바라보면서 옷 벗고 한 개울에 들어서서 남녀 구별 없이 목욕을 하는 추한 모습이나 고려인들의 문란한 성 풍속은 후일 조선인을 유학으로 무장시켜 매우 금욕적이고 도덕적인 모습으로 바꾸는데 커다란 빌미가 되어 주었다.

서역 아랍인과 고려인의 교류와 무역

광주廣州·천주泉州·명주明州·태주台州·온주溫州와 같은 중국 남동부의 여러 항구도시에는 페르시아(이란)·아프가니스탄·요르단·터키와 아라비아 반도 그리고 인도·파키스탄과 같은 나라로부터 외국인들이 들어와 살았다. 그들은 장기간 거주하면서 무역을 하거나 각종 이권사업에 종사하였다. 그런가 하면, 원 제국 하에서는 관리로 진출하여 강력한 권한을 갖고 한인漢人들을 통치한 이들도 많았다. 원 제국은 1258년 이라크의 보달報達[50]을 함락하고 압바스 왕조[51]를 무너뜨림으로써 이란 등 서아시아 거의 대부분을 아우르는 제국을 건설하였다.[52] 그리고 나서 그 넓은 제국을 원활하게 통치하기 위해 서역의 색목인色目人을 우대하여 관리로 등용하였다. 말하자면 이것은 중국인의 오랜 전통인 이이제이以夷制夷를 응용한 통치술이었다. 원 제국은 자신들의 손아귀에 들어온 여러 세력이 제국을 이탈하지 않도록 하기 위해 푸른 눈의 서역인을 중국 땅에서도 중용한 것이다. 한인과 남송인을 박대하는 대신, 몽고인 다음으로 색목인을 우대하여 등용한 이런 정책적 배려에 고려까지 찾아와서 대상大商으로 성장하거나 고려 내에서 여러 가지 이권 사업에 진출한 서역인들도 제법 많이 있었다.

고려 말기, 원나라 사신과 다루가치 중에도 아랍인들이 의외로 많았다. 대식국인·회회인[53] 등으로 불린 아랍권의 이슬람교도들은 개성이나 고려의 주요 지방에서 자유롭게 사업을 하며 그 세력을 키웠다.

충렬왕비 제국대장공주를 따라온 삼가三哥, 그리고 충선왕 시대의 민보閔甫와 같은 사람들은 고려와 이슬람 사이의 적극적인 교류를 말해준다. 더욱이 충렬왕 시대에는 회회인들의 활동이 활발하였다. 이런 배경에서 충렬왕 시대에 쌍화점이 나올 수 있었고, 쌍화점 1연에 회회아비가 등장하는 것이다.

쌍화점에 등장하는 무대는 쌍화점 외에 삼장사(사찰)·우물가·술집이다. 쌍화점과 술집은 도시적 유흥공간으로 볼 수 있겠다. 밤낮으로 사람들이 북적이는 상업도시 개성의 분주한 거리에 상권을 형성한 아랍인을 대표하는 상징적인 존재가 쌍화점이다. 그리고 또 들에 있는 우물의 주인과 용은 규방에 갇혀 지내던 고려 여인들과 바깥 남정네의 야합을 떠올리게 한다.

충렬왕은 세자 시절과 왕에 오른 뒤에도 원나라를 여러 차례 다녀왔다. 재위기간 원에 여섯 차례를 다녀왔다. 그가 원 세조의 부마라는 신분 때문이었을 테지만, 그는 그곳에서 이국의 문화를 접하고 원의 복식을 따랐다. 머리 모양새 또한 몽고족을 따랐다. 그 당시에 고려인들은 푸른 눈의 서역 사람들을 호기심 어린 눈으로 바라보았을 것이고, 원나라가 그러했던 것처럼 충렬왕 역시 색목인을 우대한 것 같다.

충렬왕 시대 원나라에서는 잡극이 전성기를 맞았다. 그것은 상업도시로 성장한 대도(大都, =북경)의 오락적 수요가 있었기 때문이다. 원 잡극이 형성되던 시기에 이슬람 음악이 잡극에 가미되었고, 잡극이 번성하던 시기에 이슬람의 상업 환경이 작용하였으므로 원 잡극에 이슬람의 요소가 반영되었고, 고려 또한 그 영향을 받았다. 즉, 이런 환경이 쌍화점의 탄생에 어느 정도 작용한 것은 사실이지만, 쌍화점에 녹아있는 배경은 어디까지나 13~14세기 고려 말의 사회상이다.

아랍에서 온 증류 소주 '아라그(Arag)'

고려시대 아랍인 남자 '회회아비'가 쌍화점에서 팔았다는 '쌍화'는 어떤 것일까? 그

청자병

것이 호떡인지 아니면 아랍식 만두인지, 그 원형이 무엇이었는지는 분명히 말할 수 없다. '쌍화는 이런 것'이라고 명확히 말할 수 없는 것은 그것이 어떻게 생긴 것인지를 알려주는 기록이 없기 때문이다. 다만 쌍화와 비슷한 것으로서 '회회▢▢떡'이 호떡이 되었다는 설이 매우 타당하다고 본다. 고려시대의 기록에서 보면 '호병胡餠'이라는 것이 있는데, 글자의 뜻으로만 보면 이것이 호떡임이 분명하다. 그렇지만 호떡과 쌍화는 다른 것이라고 생각된다. '쌍화'라고 하였으니 추정하건대 만두피 안에 속을 넣어 꽃 모양으로 오므려서 찌거나 구운 만두가 아니었을까? 쌍화는 이슬람 지역에서 온 회회아비가 만들어 팔던 것이니 아프가니스탄으로부터 이라크·이란·터키·투르크메니스탄·우즈베키스탄·위구르 지역에 이르는 넓은 지역 가운데 어느 나라의 상인들이 고려에 가지고 들어와 팔던 것은 분명하다. 회회인들은 물론 이 외에도 이슬람권의 여러 가지 문물을 가지고 들어왔을 것으로 보이지만, 현재 우리에게 남아 있는 것 가운데 '이것은 아랍문화로부터 유래된 것'이라고 확언할 수 있는 것은 별로 없다. 다만 한 가지, 아락주는 아랍으로부터 건너온 것이고, 여기서 독한 소주가 비롯되었다.

아락주는 증류주이다. 페르시아[54] 및 이슬람권의 술로서 아라그(Arag)라고 하는 것을 말한다. 이 술이 원 제국 시대에 중국으로 넘어와 아랄길亞剌吉 즉, 아라키라는 몽골어로 정착하였다. 후일 청나라와 만주족들은 그것을 '알키'라는 이름으로 불렀다. 이것이 고려에 와서 아락주로 정착되어 개성의 명주 아락주를 탄생시켰다. 이것은 매우 독한 술이었다. 그때까지 고려 사회에는 이것만큼 독한 술이 없었다. 불 타는 것처럼 대단히 독한 술이라는 의미에서 나중에 '소주'로 불리게 되었다.

고려시대엔 서역에서 건너온 아락주를 즐겨 사 마시던 사람들이 꽤 많았을 것이다. 개경과 서경 그리고 고려의 주요 도시엔 주점과 주식점이 있었으므로 이런 곳에서 술을 사 마셨다. 쌍화점의 4연에 등장하는 '술 파는 집'의 술은 회회인들의 아락주였을 것이다.

신데렐라는 아랍인들이 전한 중국 설화의 서양판 버전

당송 이래로 아랍과 서역인들은 중국 동남부 해안의 여러 항구를 통해 중국을 자주 드나들었다. 대략 기원후 4~5세기까지는 중국 서북부에서 이어지는 육로 실크로드를 통해 서역인들이 중국에 들어왔으나 7~8세기 이후에는 북방 실크로드 대신 남해(해상) 실크로드를 따라 중국에 건너왔다. 유럽이나 아랍·인도·동남아시아의 다양한 상인들이 '베틀 위의 북'처럼 중국과 서역을 분주히 오고갔다. 즉, 육상실크로드를 대신하여 해상실크로드가 중요한 교역로가 되면서 물화와 사람의 이동규모가 한결 커진 것이다. 중국인들은 동남아시아 말라카해협을 지나 서역에 이르는 이 해로를 '바다의 비단길'이라는 의미에서 해상사주지로海上絲綢之路라고 부르고 있다. 또 도자기를 수출하던 길이어서 '도자기길'이란 의미로 도자지로陶瓷之路라고도 한다. 광주·복건·천주·경원 등 중국 동남부를 오간 서역의 상인들은 서역의 문물을 중국에 전하고, 중국의 물화를 가져다 서역에 팔아 많은 이익을 남겼다. 물론 중국의 상인들도 외국에 물건을 가지고 나가 수십 배의 이익을 거두었다. 다양한 문양, 아름다운 색깔의 비단이 배를 타고 서역으로 실려 나가고, 값비싼 도자기가 중국 동남 해안의 여러 항구에서 무역선을 타고 서양으로 끊임없이 팔려 나갔다.

그러나 해상교역로를 따라 오간 것은 단순히 상품이나 재화만이 아니었다. 두 지역의 생활과 풍속, 사회와 문화에 관한 기이하고 흥미로운 이야기나 많은 정보가 끊임없이 오가는 무역선과 상인들을 따라 전해졌다. 그 중에 다음에 소개하는 중국의 이야기는 송·원시대에 아랍인과 서역인들에 의해 서양에 전해져 신데렐라 이야기로 탈바꿈하였다. 우리가 알고 있는 신데렐라 이야기는 오랜 세월 중국 남부지방에 전해오던 설화가 서양에 전해져 각색된 것이다. 신데렐라 이야기는 당나라 때에 나온 『유양잡조』라는 책에 실려 있는 설화에서 시작되었다. 그 이야기가 아랍인들에게 전해졌고, 그것이 사막의 밤하늘 아래에서 새롭게 각색된 뒤에 유럽으로 전파되어 지금에 이른 것이다. 섭한의 신발이 유리구두로 윤색된 것을 보면, 아마도 이 이야기가 가공된 곳은 시리아나 요르단·이란·이라크 지역을 포함하여 유리 제조기술이 앞서 있던 지역이 아니었을까 짐작된다. 아무튼 신데렐라 이야기의 원전이라고 할 수 있는 『유양잡조』의 내용은 이렇게 되어 있다.

남방[55] 사람들이 서로 전해오기를 진한秦漢 시대 이전, 마을의 우두머리[56]인 오씨吳氏가 있었다. 사람들은 그를 오동吳洞이라고 불렀다. 그에게는 아내가 둘이 있었는데, 그중 하나가 먼저 죽었다. 죽은 아내에게는 섭한葉限[57]이라는 딸이 있었다. 이 딸은 어릴 적부터 슬기로웠으며 도금陶金을 잘해서 오동이 애지중지하였다. 그런데 섭한의 어미가 죽은 바로 그해 말에 오동마저 죽고 말았다. 그 바람에 딸 섭한은 계모에게 시달림을 받아야 했다. 항상 깊고 험한 산에서 나무를 해오게 하고, 깊은 물에서 물을 긷도록 했다. 그러던 중 언젠가 섭한이 두 치 남짓한 물고기 한 마리를 잡았다. 붉은 아가미에 금빛 눈을 가진 물고기였다. 섭한은 그 물고기를 몰래 물동이에 넣어 길렀다. 물고기는 날마다 커졌고, 몇 차례 물동이를 바꿨으나 너무 커서 더 이상 그릇에 넣어 기를 수가 없었다. 이에 집 뒤 연못에 물고기를 던져두고 자신이 먹고 남은 음식을 연못에 던져 주었다. 섭한이 연못에 이르면 물고기는 연못가에 머리를 드러내었으며 다른 사람이 오면 나타나지 않았다. 섭한의 계모가 그것을 알고 매번 몰래 훔쳐보았지만 그때마다 물고기는 모습을 드러내지 않았다. 그래서 계모는 섭한을 속여서 말하기를 "너 힘들지 않으냐? 내가 너를 위해 새 저고리 하나를 마련하였다"고 말하고는 해진 옷을 벗기고 새 것으로 갈아입도록 하였다. 그 뒤로는 몇 리나 떨어진 다른 샘에 가서 물을 길어 오도록 하였다. 계모는 천천히 의붓딸 섭한이 벗어놓은 헌 옷으로 갈아입고는 날카로운 칼을 소매 속에 숨긴 채 연못으로 가서 물고기를 불렀다. 그러자 물고기는 바로 머리를 내밀었고, 계모는 칼로 고기를 잘라 죽여 버렸다. 물고기는 한 길 남짓 자라 있었다. 그 고기를 회로 뜨자 여느 물고기보다 갑절이나 맛이 있었다. 계모는 먹고 남은 물고기의 뼈를 썩은 두엄 속에 묻어 버렸다.

다음날 딸 섭한이 연못에 왔으나 다시는 물고기를 볼 수 없었다. 이에 섭한은 들판에 나가서 통곡을 하였다. 그런데 갑자기 머리를 풀어헤치고 누더기 옷을 입은 사람이 하늘에서 내려와 그녀를 위로하며 말했다.

"울지 말거라. 네 계모가 너의 물고기를 죽였단다. 썩은 두엄 밑에 그 뼈가 있으니 너는 돌아가서 그 뼈를 가져다가 방안에 두어라. 네가 바라는 것이 있을 때 빌기만 하면 그 뼈가 네 소원을 들어줄 것이다.”

섭한이 그의 말대로 했더니 과연 금과 구슬이며 입고 먹는 것이 원하는 대로 생겼다.

마을 축제일이 되어 그 계모가 집을 나서며 섭한에게 뜰 안의 과일나무를 지키라고 하였다. 섭한은 계모가 멀리 간 것을 훔쳐보고는 (물고기 뼈에 빌어서 얻은) 비취색 비단옷을 입고 금 신발을 신고 축제에 참석하였다. 그런데 계모의 친딸이 섭한을 알아보고는 제 어미에게 “이 사람은 언니 같아요”하고 일러바쳤다. 계모 역시 의심하자 섭한은 급히 집으로 돌아오다가 그만 신발 한 짝을 잃어버리고 말았다. 그 신발을 그 동네 사람이 주웠다. 계모가 돌아와서 보니 섭한은 뜰의 과일나무를 붙잡고 잠들어 있었으므로 더 이상 의심하지 않았다.

그 마을은 섬 가까이 있었으며 섬 안에는 타한국陀汗國이라는 나라가 있었다. 군대가 강해서 수십 개의 섬과 수천 리 바다를 다스리고 있었다. 신발을 주운 마을 사람이 마침내 그것을 타한국에 팔아 그 나라 왕이 갖게 되었다. 왕은 주변에 명하여 그 신발을 신어보게 하였다. 그런데 발이 작은 사람에게도 그 신발은 한 치가 모자랐다. 이에 나라 안의 모든 여자들에게 그 신발을 신어보게 하였지만 아무도 맞는 사람이 없었다. 그 신발은 깃털처럼 가볍고 돌을 밟아도 소리가 나지 않았다. 타한왕陀汗王은 그 신발을 주웠다는 마을 사람이 옳지 못한 방법으로 신발을 얻은 것이라고 생각하고 그 자를 잡아다가 가두고 고문까지 하였지만 끝내 어디서 난 것인지는 알 수 없었다. 그래서 신발을 길옆에 던져두고 집집마다 찾아가 신발이 맞는 사람을 찾아서 잡아오도록 하였다. 조사 끝에 발이 맞는 여인이 있으니 붙잡아서 확인해야 한다는 보고가 올라왔다. 타한왕은 수상히 여겨 그 집을 수색하여 섭한을 붙잡아 와서 신어보게 하였더니 과연 섭한의 발에 꼭 맞는 것이 사실이었다. 섭한이 비취색 비단으로 짠 옷을 입고 신발을 끌며 나오는데 마치 선녀 같았다. 비로소 사실을 왕에게 아뢰자 왕은 물고기 뼈와 섭한을 배에 싣고 자기 나라로 돌아갔다.

섭한의 계모와 친딸은 날아오는 돌에 맞아 그 자리에서 죽었다. 마을 사람들은 슬퍼하며 돌무덤을 만들어 두 모녀를 묻어주고는 그 무덤을 오녀총懊女塚이라고 불렀다. 마을 사람들이 그곳에서 제사를 지냈는데 여자가 소원을 빌면 반드시 이루어지는 영험이 있었다.

타한왕은 본국에 도착하여 섭한을 상부인上婦人으로 삼았다. 1년 동안 왕은 물고기 뼈에 빌어 금은보화를 끝없이 구했다. 그러나 해가 넘어가자 더 이상 영험이 없었다. 왕은 물고기 뼈를 해안에 구슬 백 섬과 함께 묻어주었다. 그리고 금으로 무덤 주변을 표시하였다. 그런데 타한왕이 징발한 병졸들이 반란을 일으켜 거기서 보화를 꺼내어 군대에 나누어 주려고 하였다. 그러나 물고기 뼈와 구슬, 금은보화는 하룻밤 사이에 파도에 휩쓸려 어디론가 사라지고 말았다.

이 이야기를 기록하면서 단성식[58]은 자신의 옛날 집사인 이사원李士元이 들려준 것이라고 밝혔다. 그렇지만 이 이야기는 오랜 동안 중국 남부 지방에 전해오던 설화로서 이것이 송·원 시대에 아랍인들의 입을 통해 서역에 전해졌다. 이 이야기는 중국 여인들의 전족纏足[59]과 관련되어 중국 전역에 빠르게 전파되었으며 이것이 한국에 건너와 콩쥐팥쥐 이야기로 정착했을 것으로 짐작한다. 이 이야기가 조선에 소개된 것은 임진왜란이 일어나기 1백 년 전이었으며 11~15세기에 서양과 한국에 전해져 전혀 다른 내용으로 각색되었지만, 본래 콩쥐팥쥐와 신데렐라는 하나의 이야기에서 출발하였으니 중국판 설화의 이란성 쌍둥이로 볼 수 있지 않을까 생각된다.

이 이야기가 실려 있는 『유양잡조酉陽雜俎』는 단성식이 지은 것으로, 이 책에는 당나라 이전부터 전해오는 기이한 설화나 풍속·동식물·귀신이나 요괴에 관한 이야기와 불교 관련 설화 등 다양한 이야기가 실려 있다. 그가 창작한 내용도 있지만, 보고 들은 대로 수록한 것이 많이 실려 있다. 전집 20권에 속집 10권, 총 30권 분량의 방대한 저작으로서 이 책을 쓴 단성식은 원래 제남齊南 임치臨緇 출신이다. 역사와 전통이 있는 산동 지역의 중심이 고향인 그는 중국 내 여러 지역을 두루 유람하였으며, 온정균溫庭均을 비롯하여 당나라 때의 유명한 시인·문객과 교류하였을 정도로 그의 문명文名 또한 평범하지 않았다.

『유양잡조』는 단성식의 사후 7백여 년이 지난 뒤, 조선에서도 간행되었고 조선의 남녀 지식인들이 많이 보았다. 1492년 경상감사 이극돈李克墩이 경북 안동에서 목판본으로 간행하여 조정에 바쳤는데, 이것이 현재 남아 있는 『유양잡조』의 간행본으로서는 가장 오래 된 판본이다. 다시 말해 중국에서 나온 책이지만 정작 남아 있는 것으로는 조선에서 간행한 『유양잡조』 판본이 가장 오래 되었다는 것이다. 『유양잡조』의 유양酉陽은 본래 중국 호남성湖南省 원릉현沅陵縣에 있는 소유산小酉山이라고 한다. 유양이라고 했으니 소유산의 남쪽을 의미할 것이다. 잡조雜俎의 俎조는 도마를 이르는 말이니 '잡조'는 '도마 위에 올려놓은 잡다한 요리 재료'를 의미한다. 이런 요리재료를 아랍인들이 별밤에 나앉아 그들의 입맛대로 가공한 것이 다시 무역선을 타고 유럽으로 전해졌으며, 그것이 지금의 우리에게 신데렐라 이야기로 전해지기까지 7백여 년이란 세월이 걸린 것이다. 배를 타고 바다를 누빈 중세의 상인과 이야기꾼들은 이처럼 상품만이 아니라 동양과 서양의 문화를 옮겨놓은 문화의 전달자이기도 하였다.

외래 성씨의 유입과 고려 말의 혼란상

고려가요 쌍화점에 회회아비가 등장하는 것은 고려 말의 시대상을 반영한다. 아랍지역의 이슬람교도, 즉 색목인이 고려에 들어와 큰 이권사업부터 길거리의 쌍화점까지 상권을 거머쥐고 활동한 사실을 전해주고 있는 것이다. 여기에 등장하는 회회아비는 이슬람교도 성인남자를 이르지만, 회회라는 것을 대개 터키인으로 보는 경향이 있다. 이슬람교도이며, 지금의 '~스탄' 국가 사람들로 보아도 큰 문제가 없을 듯하다.

그러나 외국인은 단지 회회아비에 국한된 것은 아니었다. 몽고인을 비롯하여 거란인·여진인들도 고려에 들어와 살았으므로 고려인들은 이들 외래인에 대한 경계심도 상당하였던 듯하다. 또 고려 말에는 밖에서 많은 성씨가 들어와 고려인으로 편입되었다. 충렬왕과 공민왕의 시대에 외래 성씨가 특히 많이 들어왔다.

북경에서 제국대장공주[60]와 결혼한 충렬왕은 1277년에 개성으로 돌아왔는데, 이때 충렬왕비를 따라 고려에 와서 정착한 이들이 있다. 이들을 제국대장공주 배종공신 또는 호종공신扈從功臣이라고 하는데, 제국대장공주를 따라 들어와 고려인으로 편입된 외래성씨는 대략 10여 개 이상이다.

충렬왕 때 고려에 귀화한 외래성씨로서 먼저 덕수 장씨를 들 수 있다. 덕수 장씨의 관향[61]은 황해도 개풍군 덕수[62]로서, 덕수 이씨[63]와 같은 곳에서 시작되었다. 아랍인 장경張卿의 아들 장순용張舜龍이 1277년 충렬왕의 왕비를 따라 고려(개성)에 와서 덕수 지방에 정착한 것이 그 시작이었다. 덕수 장씨의 시조는 회회인回回人이라고 전한다. 그는 터키 사람이었을 가능성이 많다. 회회인이라고 하였지만 실제로는 위구르 사람이었을 것이라고 추정하는 이도 있다. 임천 이씨林川 李氏 또한 고려에 귀화한 아랍인이었다. 이런 까닭에 임천 이씨와 덕수 장씨의 후손들은 지금도 아랍인의 형질적 특징을 갖고 있다.

다음으로 곡산 연씨[64]·청주 양씨[65]·연안 인씨[66]·거제 반씨[67]·풍천 임씨任氏[68]·금성 범씨[69]·홍천 피씨[70]·순천 도씨[71]가 덕수 장씨·임천이씨 등과 함께 1277년 충렬왕비를 따라 고려에 들어와 정착한 성씨들이다.

물론 이보다 이른 시기에 고려에 귀화한 성씨도 많이 있었다. 대표적인 사례가 화산 이씨[72]와 정선 이씨이다. 화산 이씨는 그 시조가 베트남 왕족이다. 베트남 이공온[73]의 왕조가 1226년[74]에 멸망하게 되었다. 이에 왕족인 이용상李龍祥이 베트남을 탈출하여 황해도 화산花山에 정착하였다. 정선 이씨도 안남(安南, =베트남)의 남평왕 후손들이다. 이건덕李建德의 셋째 아들 이양혼李陽焜이 송나라 휘종[75] 때 경주로 피난해왔는데, 경주에서 살다가 9대째에 강원도 정선으로 옮겨가면서 정선 이씨가 되었다.

역사는 때로 아이러니하다. 오늘에 와서 다시 저 남쪽나라 베트남이나 필리핀 등 동남아시아 여인들을 통해 한국의 제3인간형을 만들고 있으니……. 그러나 이왕이면 우즈베키스탄이나 카자흐스탄·투르크메니스탄과 같은 곳의 남녀를 불러들이는 게 좋지 않을까? 백인의 피가 섞이지 않은 이 동네의 황인종은 확실히 혈통적으로 한국의 원종에 가까우니까. 우즈베키스탄에 가면 밭이랑에 쪼그리고 앉아서 김매는 여자도 미스코리아보다 낫다는 우스갯소리가 있다. 그것뿐일까? 카자흐스탄 알마티나 아스타나의 초록 눈을 가진 여인들은 모두가 미녀이다. 이들 남녀는 정통 흉노인의 후예로서 우리에겐 아주 적합한 대상일 것이다. 한 예로 중국과 고구려·한국의 온씨溫氏는 과거 흉노인의 본거지 중 하나인 월지국의 왕족 계열이다. 『구당서』에 실려 있는 사실이니 근거는 분명한 것이다. 개인적인 판단으로 아마도 강씨康氏도 그 원류가 서역 흉노의 본거지 중 하나였던 강국康國의 왕족 성씨였을 것으로 추정한다. 모두 다 선비족과 흉노로 거슬러 올라간다는 것이다.

그리고 장연 변씨도 고려 인종 때 귀화한 성씨이며, 이 외에도 충렬왕 이전 시대까지 고려에 정착한 귀화인은 많았다. 그 한 예가 거란인[76]과 여진인[77]이다.

그 후 1351년에는 공민왕비(노국대장공주)를 따라 들어온 성씨들도 고려인으로 편입되었다. 이때 들어온 외래성씨도 10여 개 이상이나 된다. 개성 방씨[78]·개성 로씨[79]·곡부 공씨[80]·문경 전씨[81]·청주 변씨[82]·죽산 음씨[83]·연안 나씨[84]·용강 팽씨[85]·회산 감씨[86] 등이다.

이 외에 공자의 제자인 민자건閔子騫의 후손 민칭도閔稱道가 고려 중기에 귀화하였다. 이로부터 조선조 내내 '치마양반'으로 위세를 떨친 여흥민씨가 시작되었다. 그리고 이씨는 원래 중국 서부의 농서隴西[87] 지역에서 시작된 융적의 성씨로서 통일신라 때 한국에 귀화한 농서 이씨·죽산 안씨를 비롯한 모든 안씨와 고성 이씨 등은 모두 한 계통의 이씨이다.[88] 이들은 중국 서부의 농서隴西 지역에서 시작된 성씨이다. 농서는 본래 융적의 땅이었으므로 흉노의 전성시대에는 흉노별부匈奴別部에 해당하는 지역이었다.

또 명 왕조의 창업자인 주원장朱元璋이 원나라를 멸망시킨 뒤에 설손[89]이 고려에 망명하여 통역 일을 하면서 경주에 정착하였는데, 바로 이 설손으로부터 경주 설씨가 시작되었다. 이와 또 다른 경주 설씨慶州薛氏가 더 있는데, 이 성씨는 본래 전국시대 말 산동지역의 설국薛國에서 유래하였으며 경산 압독국의 주인들이 경주 설씨였을 것이라고 보는 견해가 있다.

이상은 조선 세종 때 작성된『문헌비고文獻備考』를 바탕으로 대표적인 외래성씨만을 추출하여 소개한 것으로, 고려시대 이 땅에 귀화한 성씨는 이 외에도 많이 있다. 통일신라 말 이후 고려시대에 각 가문별로 족보가 만들어진 것은 이런 혼란 속에서 외래성씨와 구분하여 씨족별로 정통성을 지킨다는 명분에서 시작되었던 것 같다. 고려 이전부터 이 땅에 발을 붙이고 산 사람들은 이런 자존감을 갖고 원으로부터 들어온 몽고인이나 외래 귀화인을 구분하여 혼인을 피하고 차별을 둔 것이 아닌가 생각된다.

원나라 때 제주도에 뿌리 내린 이방인들

    진도 용장성이 함락되고 삼별초가 제주도로 거점을 옮겼으나 결국 원 세조 때인 1273년 6월에 여몽연합군에게 제주도의 삼별초도 평정당하고 말았다. 고려인으로서 원나라에 빌붙은 홍다구共茶丘[90]와 몽고인 흔도忻都는 병선과 대선 108척을 가지고 내려가 원나라와 몽골에 항거한 삼별초를 완전히 진압하였다. 원나라는 탐라국초토사를 설치하고 그곳을 효과적으로 다스리기 위해 군사 1700명을 주둔시켰다.[91] 이때 원은 실리백失里伯을 탐라초토사로 보냈다. 우리의 기록에도 1282년 한인과 몽고인으로 구성된 군대 1400명을 보내 탐라를 지키게 한 것으로 되어 있다.[92] 그 이듬해엔 만호 35명, 몽고군 2천 명, 수군 5백 명 마군 1만 명을 제주도에 보냈는데, 그것은 일본정벌을 위한 준비였다.

    그러나 얼마 안 가서 쿠빌라이가 죽고(1294년) 원 성종이 즉위하자 충렬왕은 탐라를 돌려달라고 요청했다. 이로써 탐라를 돌려받기는 했으나 제주도에서 말을 기르는 것만큼은 원나라가 계속하였다. 성종은 제주도에 탐라총관부를 설치(1300년)[93]하였는데, 삼별초 평정으로부터 1362년(원 혜종)에 탐라만호부를 설치하기까지 90여 년 동안 원나라는 말 기르는 마목관을 두고, 여러 관원과 군대를 파견하여 직접 통치하였다. 바로 이 기간에 제주도에 와서 산 이방인들이 많았다. 그래서 안정복은 『동사강목』에 "제주도에는 원나라 자손이 많다"고 적었다. 제주도에는 본관을 대원大元으로 하는 강씨姜氏·조씨趙氏·이씨李氏·석씨石氏·초씨肖氏·정씨鄭氏·송씨宋氏·장씨張氏·주씨周氏·진씨秦氏 등 10여 개 성씨가 있는데 바로 이들이 원나라 때 제주도에 발을 붙인 사람들이다. 『조선씨족통보』에 의하면 이들은 모두 원 투화인投化人으로 기

균유계삼이주자

록되어 있다. 투화인이란, 고려에 투항한 사람이란 뜻. 다시 말해서 원나라 때 파견되어 기세등등하게 살다가 원 제국이 멸망하자 '끈 떨어진 연' 신세가 되어 고려에 투항한 사람들이라는 의미이다. 이들 외에도 대원을 본관으로 하는 성씨가 더 있는데, 그중에서 방씨龐氏·유씨俞氏·좌씨左氏를 먼저 꼽을 수 있다. 대원 좌씨의 시조는 원나라 좌형소左亨蘇인데, 그는 감목관이 되어 탐라에 들어와 살았다.

압록강 너머의 이방인들이 제주도에 들어와서 살게 된 것은 원나라에서 말을 기르는 사람을 파견하면서부터이다. 감목관과 함께 도적과 죄수를 제주도에 유배 보낸 데서 시작되었다. 탐라를 평정한 초기(1278)에 원 제국은 하치哈赤를 보내어 말을 기르고 관리하도록 하였다. 말을 기르기 위해 두 군데에 둔마장屯馬場을 설치하였다. 제주도 성산읍 수산에 동아이막, 한경면 차귀(고산리)에 서아이막을 두었다. 하치는 말을 기르는 마부이고, 아이막은 이들 하치를 관할하는 조직 단위. 아이막愛幕을 제주도에서는 아막阿幕이라고 불렀다. 아이막과 발음이 비슷하고, 말과 사람을 감시하기 좋은 언덕배기에 세운 감시초소 '움막'이어서 아막이라고 한 것 같다.

그런데 이들 외에도 중국 남부의 운남雲南을 본관으로 하는 원씨元氏·양씨梁氏·안씨安氏·강씨姜氏·대씨對氏가 제주도에 정착하였다. 명나라 초기에 운남지역을 평정하고 양왕梁王의 가족을 제주도에 이주시킨 것이다.[94] 제주도의 터주대감 토성인 고·량·부 삼성과 다른 양씨가 이때 들어왔다. 원나라 투화인과 대원·운남이란 본관을 가진 성씨까지, 모두 20여 개의 성씨들이 고려 말의 혼란기에 제주도에 들어와 한국인으로 편입된 것이다. 그러나 운남의 양왕 가솔 외에는 제주도에 들어온 이들 대부분이 주로 현재의 하북성과 산동성·요령성 및 길림성 등지에서 들어온 사람들이므로 그 혈통적 계통은 과거 동이족의 범위로 보는 것이 타당할 것 같다.

경원에서 벽란도와 개성으로 이어진 뱃길

고려왕조 475년(918~1392) 동안의 수도이자 조선 건국 후 3년간(1392~1394) 임시수도였던 개성의 원래 이름은 송악松嶽이었다. 그러나 고려 건국 후에는 송악을 송도松都로 부르다가 다시 개경開京으로 고쳐 부르게 되었다. 그런데 조선시대에 들어서서 이곳에 개성부開城府가 설치되면서 비로소 개성이란 이름으로 부르게 되었으니 개성은 조선시대의 지명이고, 개경은 고려시대의 이름이다.

개경은 고려 왕조의 수도로서 정치·사회·경제·문화의 중심지였으므로 나라 안팎에서 문물이 모두 모였다. 대외무역의 주요 창구로서 상업이 번성하였으며 상인을 비롯한 외국인의 왕래가 빈번하였다. 한 마디로 개경은 고려를 대표하는 수도이자 활기가 넘치는 상업도시였다. 그것은 바다로 열린 개성의 상인들이 적극적으로 상업 활동을 펼친 결과이다.

개경 즉, 개성은 고려시대부터 상업으로 이름을 날렸다. 고려 태조 왕건의 아버지와 할아버지는 당나라와의 무역에서 부를 축적하였고, 결국 그것이 고려 건국의 기반이 되었다. 왕건 가계는 국제무역에서 실력을 쌓은 상업 세력으로서 왕건의 등장은 그 자체로서 개경의 귀족과 고려인들에게 상업의 중요성을 일깨워 주었다. 그래서 왕건은 건국 초부터 상업과 무역을 권장하였다.

개경 토박이로서 상업과 해외무역에 나선 개성의 장사꾼들을 예전에는 송상松商이라고 불렀다. 송도상인松都商人을 줄여서 부르던 이름이다. 송도 상인들은 고려 전지역은 물론, 중국과 일본으로 활동무대를 넓혀 나갔다. 송도(개성)에는 일찍부터 시전이 설치되어 신분과 남녀의 구분 없이 사람들은 거기서 내게 없는 것과 남이 가진 것을 서로 바꾸었다. 시전거리를 중심으로 개경의 번화가는 항상 사람들로 붐볐다. 더구나 개성에서 30리 거리의 예성강 하류에는 벽란도碧瀾島가 있었고, 개경에 드나드는 여러 나라의 배들은 이곳에 들러서 잠시 쉬었다 가곤 하였다. 벽란도에는 벽란정이라는 정자가 있어서 고려의 랜드마크 역할을 하였다. 이 벽란정이 외국에서 개성에 이르는 해상통로의 거점이자 근거지 역할을 하였으며, 국제 무역항으로서 큰 역할을 하였다. 벽란도는 송·원 시대에 이미 중국과 인근 몇몇 나라 그리고 멀리 아랍 상인들에게까지 알려졌다. 그리하여 한때 예성항이란 이름을 가졌던 벽란도는 개경을 가려면 꼭 들러야 하는 곳이 되었다. 특히 강화도나 교동도 등을 징검다리로 삼아 한강권으로 진출하기도 쉬웠고, 국내 각 지방으로 나다니기 좋은 지리적 이점을 갖고 있었다.

산동반도의 중국 등주登州나 내주萊州와 같은 항구에서 배를 띄워 곧바로 동쪽으로

서해를 횡단하여 개경으로 들어가기 쉬웠으므로 예성강과 벽란도는 개성을 국제적인 무역도시로 알렸고, 중세 시대 상업문화의 꽃을 피울 수 있도록 해주었다.

그러나 새로운 왕조로서 조선이 들어서고 수도가 한양[95]으로 옮겨 간 뒤에도 고려의 유신遺臣과 사족士族 그리고 개성의 상인들은 새로운 도읍지로 터전을 옮기지 않았다. 정치적 신념에 따라 개성에 남은 사람들과 마찬가지로 개성상인(송도상인)들은 개성을 지키며 예전 그대로 상업 활동을 계속하였다. 고려의 유신들은 불사이군不事二君의 충절을 중시하여 두문동杜門洞에 칩거하였으며, 이들과 사족 가운데 일부는 상업으로 눈을 돌렸다.[96] 즉 고려의 유신과 관료 및 사대부들은 당시 지식인이었고, 이들이 천대받던 상업에 진출하자 개성의 상업은 수준이 높아졌다. 이들은 장부 기재와 셈(계산), 문서화 및 경영합리화를 추진할 수 있었으며 이를 바탕으로 재력을 구축할 수 있었다.

그러나 아랍이나 유럽인 등 소위 색목인色目人을 우대하던 원 제국이 막을 내린 뒤로, 한족漢族 중심의 명 왕조가 들어서고 또 조선의 수도가 한양으로 옮겨가고 나서 자연히 개성은 국제항으로서의 활기를 잃어갔고, 외국과의 교역은 크게 줄었다. 결국 개성은 국내의 상업중심지 가운데 하나로 남게 되었으며, 대신 한양은 정치·경제 및 문화의 중심이 되어 갔다. 한양의 종로(운종가) 거리에 육의전(육주비전)이 설치되고 한양상인이 등장하여 궁궐과 관청에서 필요로 하는 상품의 공급을 전담하면서 한양상인의 세력이 확대되자 송도상인은 차츰 그 세력을 잃고 급기야 한양의 경강상인들에게 밀리기 시작하였다.

그러나 이렇게 되기 전의 개성상인들은 바다를 건너 중국·일본으로 나가 상업활동을 펼쳤다. 고려시대 중기부터 개성의 권세가와 결탁한 상업세력은 해외무역을 주도하였다. 이들은 중국 남부의 경원이나 천주 등지로 나가서 무역활동을 전개하였다. 그들은 인삼·포布·저포(모시)·비단·종이·구리·은·화문석 등을 내다 팔았다. 산동과 민절閩浙[97] 지방에서 명주실을 구입하여 고려에 들여온 뒤, 국내 수공업 기반을 활용하여 능포綾布를 비롯한 여러 종류의 고급 비단을 짜서 다시 내다 팔았다. 원자재를 구입하여 고려 여인들의 섬세한 손재주로 가공한 비단을 비싸게 내다 팔아 많은 수익을 올리는 가공무역을 한 것이다. 그러나 왕성했던 고려의 국제교역은 조선의 건국과 함께 갑자기 쇠락했다.

내륙 연강沿江의 수도 한양은 비록 한강 수로로 연결되어 있으나 바다로부터 너무 멀고 외져서 쉽게 접근할 수 있는 곳이 아니었다. 결국 이런 조건으로 말미암아 조선의 국제 무역은 쇠퇴하게 되었고, 조선의 중농억상 정책은 상업의 쇠퇴를 가져왔다. 그것은 국제항인 개성의 쇠락을 의미하는 것이었다. 건국 초부터 4대 시전市廛[98]을 중심으로 국제교역과 함께 전국적인 상업망을 구축하여 상업활동을 펼쳐온 개성상인들은 자신들의 명성을 한양상인들에게 내주었다. 육의전六矣廛을 중심으로 한 한양상인들이 개성상인들을 대신하여 공납권을 갖게 되었고, 그들 외에는 민간 상인의 무역을 금지함으로써 송도상인들의 상업활동이 크게 위축된 결과이다. 그럼에도 송도상인들의 명성은 사그라지지 않았다. 조선왕조 건국자들의 정치적 의도에 따라 고비를 맞게 되자 송상들은 개성의 시전과 연계하고 있던 전국의 행상조직인 송방松房을 결속시켜 상업망을 구축하였다. 그들은 삼포蔘圃에서 인삼을 재배하여 그것을 국내는 물론 외국에 내다 파는 대형 인삼무역상으로 변신하기도 하였다. 개성상인들은 조선시대에도 상업세력으로서의 명성을 겨우 유지하였다. 그리하여 1960년대 초반, 1원에 2개 하던 눈깔사탕을 파는 곳도 지방에서는 '송방'이라는 이름으로 불렀을 정도로 송도상인이 경영하는 상방商房이라는 뜻의 송방이라는 용어는 한동안 '가게'를 대신하는 이름이었다.

개성상인들이 개발한 '송도부기'가 세계를 지배하다

개성상인 중에는 고려의 귀족·권문세가를 비롯하여 지식인이 많았다. 고려 건국을 전후한 시기부터 이들은 중국을 오가며 국제무역을 하였다. 대형 선단을 거느리고 멀리 중국 동남부의 복건·광동廣東 지역으로까지 나가는 이들이 있었다. 그 중에서도 복건성의 천주나 강절江浙 지역의 경원(영파)·항주 등지는 고려의 개성상인들이 수시로 드나들던 곳이었다. 이들은 휘하에 많은 상인을 거느리고 있었으며, 개성상인 중에는 거상巨商이 많았다. 이들은 실제로 무역 현장의 실무를 맡은 사람들을 수하에 두고 무역에 관한 업무를 총괄하였다. 그 과정에서 거래 장부의 정리와 회계업무는 필수적이었다. 송도상인들은 일찍이 회계장부를 정리하는 기술을 개발하였다. 우리나라는 전

통적으로 송상들이 개발한 회계기법을 따라 썼으며, 그것을 소위 사개송도치부법^{四介}
松都治簿法이라고 한다. 치부법이란 '장부를 다루는 법'을 말한다. 다른 말로 사개다리치
부 또는 사개문서라고도 불렸는데, 개성상인들이 개발해서 쓴 장부 기법이므로 이것
을 쉽게 개성부기라고도 하였다. 이 개성부기가 바로 현재 널리 쓰이고 있는 부기[99]의
기초가 되었다. 다시 말해 개성부기는 현재 모든 분야에서 쓰이는 부기의 근간이 되었
으니 송도상인들은 현대 부기의 개발자이다. 부기簿記를 영어로 북 키핑(Book-keep-
ing)이라고 하는데, 이것은 중세시대 유럽 상인들이 개성부기를 받아들여 사용하면서
'부기'를 영어 소릿값으로 베껴낸 말이다.

　사개송도치부법에서 말하는 사개는 상업에서 중요한 근간이 되는 네 가지 요소를
의미한다. 본래 사개四介에는 두 가지 의미가 있다. 먼저 개介는 물건의 낱개를 세는
데 쓰는 계량명사이다. 즉 4개를 의미한다. 그리고 두 번째로는 '상자나 가재도구의
네 귀퉁이를 요철凹凸 모양으로 만들어서 모자라거나 넘치지 않고 꼭 맞춰서 들어맞
게 된 부분'을 뜻한다. 그래서 전후좌우 아귀가 서로 꼭 맞게 짜 맞추는 것을 "사개를
물린다"고 말한다. 그런데 송도사개치부법에서 쓰인 '사개'는 위의 두 가지 의미를 모
두 포괄한다. 다만 여기서 말하는 네 개란 상업에서 자산[100]·부채[101]·수익(이익)·비
용(손실)의 네 가지 요소를 가리킨다. 개성상인들은 자산계정의 차변원장(좌변)을 봉
차장捧次帳, 부채계정인 대변원장(우변)을 급차장給次帳이라고 구분하여 불렀다. 그리
고 이들 사이에서 움직이는 수익과 비용을 함께 기록하는 방식을 택한 부기법을 개발
하였는데, 바로 이것이 오늘날 부기의 원형이 된 것이다.

등록문화재 제587호로
등록된 '개성 복식부기
장부' 14권. 개성 지역에
서 활동했던 박재도(朴
在燾) 상인 집안의 회계
장부 14책과 다수의 문
서로 구성되어 있다.
1887년에서 1912년까
지 25년 동안 대략 30만
건의 거래 내역이 상세하
게 기재되어 있다. 이들
회계 자료는 복식부기
로 작성되어 있으며 현대
식 회계와 정확히 같다.
이 회계장부 14책과 문
서는 개성상인들이 20세
기 초 일본인들에게 이
땅의 상권을 내줄 때까
지도 우리 고유의 송도
(개성) 부기를 사용하였
음을 보여준다. 현대의
복식부기 실무 회계기록
이라는 회계사적 의의를
가진 귀중한 자료이다.
(문화재청 사진).

송도치부법 장부에서 자산 계정을 일차질一次秩이라고 하며, 부채 및 자본 계정은 급차질이라고 한다. 급차질은 빌려와서 보충한 것이니 부채이다. 송도상인들은 수익계정을 이익질, 비용 계정을 소비질이라고 정의하였다. 장사에서 돈의 흐름은 이들 네가지 즉, 사개의 들고 남이 서로 딱 맞게 되어 있다는 것이 송도부기의 기본원리. 이네 가지 장부 기재 요소는 회계관리에서 언제나 서로 꼭꼭 맞게 되어 있으며 또한 들어맞게 기록해야 하는 것이란 의미가 '사개송도치부법'이란 이름에 내재되어 있다. 결국 장사란 물건이 들고나며 이익을 떨어트리고 돌아다니는 것으로, 사개의 기본요소 안에서 움직이는 숫자 처리기술이 부기라는 것을 명확히 이해하고, 송도상인들은 자신들의 필요에 맞게 부기를 최대한 적절히 활용한 것이다.

이것을 현대 부기로 설명하면 쉽게 이해될 것이다. 상업부기에서 "자본=자산−부채"라고 한다. 이것이 소위 '자본등식'이다. 또 자신이 갖고 있는 자본에 다른 사람으로부터 빌려온 재화와 용역을 더한 것이 자산이다. 이것을 간단한 등식으로 표시할 수는 없을까? 앞의 등식에서 오른편의 '부채'를 좌변으로 넘기면 '자산=부채+자본'이 되어 간단히 설명할 수 있다. 이것을 대차대조표 공식이라고도 한다.

이런 원리를 송도상인들은 일찍부터 잘 알고 있었고, 거래에서 일어나는 모든 일을 이런 원리에 따라 나누어 기록하고 쉽게 알 수 있게끔 정리하였다. 용역(노동력)을 제공하면 그것을 제공받은 사람으로부터 재화를 받게 되고, 물건을 팔거나 사면 그로부터 재화가 이동한다. 쌍방의 거래이므로 거기에는 손익이 발생한다. 즉 그것을 차변(수익)과 대변(지출)으로 나누어 기록한다. 어떤 것이든 거래에는 수익(수입)과 지출(비용)이 동시에 발생한다. 다시 말해 모든 거래는 반드시 차변 요소와 대변요소가 동시에 발생하는 것이다. 이것을 거래의 이중성이라고 한다. 이것이 복식부기의 기본원리인데, 여기에는 모든 계정계좌의 차변 합계액과 대변 합계액은 반드시 일치한다는 '대차평균의 원리' 개념이 들어 있다. 송도부기를 개발해서 쓴 개성상인들은 이러한 원리를 너무도 잘 이해하고 있었다.

송도의 지식인들이 일찍이 개발한 이 송도부기는 서양으로 건너가 오늘날의 부기로 발전하였다. 고려의 개성부기는 이탈리아 부기보다 2백 년 가량이 앞서 있다. 서양의 복식부기 기원을 이탈리아의 루카 파치올리(Lucas Pacioli)가 베니스에서 출간한 『산수 기하 비례 및 비율총람』으로 보고 있다. 그러나 그보다 훨씬 이전에 이 땅에서 바다 건너 중국으로, 그리고 거기서 아랍·이집트·요르단·시리아 그리고 지중해를 따라 모로코를 거쳐 이탈리아로 송도부기가 건너갔다. 중국 명주와 천주로 나가서 살며 장사를 하던 고려의 개성상인들을 통해 개성부기가 십자군전쟁 이후 서양으로 넘어갔다. 그것이 모로코를 거쳐 이탈리아에 전해진 것인데, 그 후 이런 장부 기재법은 유럽 전역에 전파되었다.

이런 사개송도치부법은 개성과 중국의 해안지대 그리고 경원·천주·광주와 같은 국제적인 교역항을 무대로 뛰던 아랍 상인들의 손을 타고 유럽으로 전해졌다. 송과 원의 지배하에 있던 중세 시대에 아랍과 유럽에 전해졌으며, 역시 아랍인을 통해 유럽에 전해진 종이와 제지술에 힘입어 개성상인의 부기는 지중해 연안의 유럽 상인들을 크게 변화시켰다.

그러나 개성상인들이 송도부기로 거래장부를 간편하게 기록하고 관리하던 시기에 밀라노나 베니스의 상인들은 이런 부기 원리를 전혀 알지 못하고 있었다. 13~14세기까지도 서양사회는 종이가 널리 보급되지 않았으며, 일부 상층사회에서 책이나 귀중한 기록물을 남기기 위해 사용하는 것이 고작이었다. 종이 이야기가 나왔으니 여기서 간단하게 종이가 서양에 전파된 과정과 그것이 상업에 어떤 영향을 주었는지를 짚고 넘어가자.

종이와 제지술을 유럽에 전한 아랍의 상인들

인류는 기록을 위해 글자를 만들었고, 그것을 저장하기 위한 수단으로 여러 가지 재료를 이용하였다. 일찍이 메소포타미아 지방에서는 점토판을 만들어 거기에 설형문자로 기록하였으며, 이집트에서는 파피루스를 사용하였다. 중국의 은殷 왕조[102]에서는 거북이 등껍질과 짐승의 뼈에 기록을 남겼다. 청동기물에 남긴 기록도 있다.

그러나 기원후 2세기 후한 시대에 종이가 개발되면서 기록에 혁신을 가져왔으며 사람들의 삶에 큰 변화가 왔다. 그 이전 목간木簡이나 죽간竹簡[103]에 글을 써서 전달하거나 책을 만들어 보관하던 시대와 비교하면 놀라운 발전이었다.

이 외에도 사슴가죽인 녹피나 양피지羊皮紙 또는 명주와 같은 견직물에 기록을 남기기도 하였다. 이처럼 우리 인류는 파피루스·양피지·죽간·목간·점토판 등을 개발하여 이용해왔다. 그 중에서도 종이의 발명은 놀라운 것이었다. 후한의 채륜[104]은 삼베와 어망·비단·나무껍질 등을 절구에 넣고 찧어서 종이를 만들었다고 한다. 이것을 채후지蔡侯紙라고 하는데, 실제로 채륜의 묘에서 돌절구가 나와 그가 '돌절구에 삼베나 낡은 어망을 넣고 찧어서 종이를 만들었다'[105]는 기록은 믿을 수 있다.[106] 조선시대 실학자 이익은 채륜이 삼으로 만든 종이를 마지麻紙, 물고기를 잡던 그물로 만든 종이는 망지網紙, 나무껍질로 만든 것은 각지殻紙라고 설명하였다.[107] 이처럼 초기의 종이는 우리가 아는 닥나무 재료의 한지가 아니라 삼(대마)·명주·비단 등을 함께 넣고 짓찧어서 만든 것이었다.[108]

중국에서는 기원후 8~9세기의 당나라 때 이미 종이로 책을 인쇄하기 시작하였다. 그러나 같은 시기 서양에는 출판은 물론 종이와 인쇄기술이 없었다. 파피루스와 양피지에 필사하는 것이 고작이었다. 8세기 중반 중국의 종이와 제지술이 아랍으로 넘어갔고, 10~11세기 이후 동양의 인쇄술이 서양에 전해짐으로써 기록에 혁신을 가져왔다. 14~15세기에 서양의 르네상스와 인문주의가 꽃을 피우게 된 것은 동양에서 건너간 바로 이 종이와 인쇄술이 바탕이 되었다.

종이가 아랍 세계에 처음으로 전달된 것은 기원후 750년대였다.[109] 고구려 유민의 아들로서 당의 장수가 되어 서역에 파견된 고선지高仙芝는 탈라스 전투에서 크게 패하였는데,[110] 이때 포로로 잡혀간 당군의 제지기술자를 통해 중국의 제지기술이 아랍에 전해졌고,[111] 사마르칸드[112]에 제지소가 처음으로 설치되어 종이를 생산하기 시작하였다. 그런데 사마르칸드 제지소를 발굴해 보니 그보다 1세기 전인 7세기에 만든 종이가 제지소 자리에서 발견되었다. 제제소를 만들기 전부터 중국으로부터 종이를 수입하여 사용하고 있었던 것이다.

사마르칸드에서는 제지의 재료인 마麻를 생산하고 있었다. 8세기 중반 이후 사마르칸드에서 생산한 종이는 드디어 여러 방향으로 수출되었다.

사마르칸드 제지소가 생긴 뒤로 50여 년 가까이 지난 794년에는 이라크의 바그다드에도 제지소가 설립되었다. 그 당시 바그다드는 압바스 왕조의 수도로서 인구 1백만이 넘는 대도시였다. 바그다드는 이미 다마스쿠스와 함께 종이를 대량생산하는 곳이 되었다. 특히 바그다드는 관개용수가 잘 정비되어 있었으므로 제지에 적합하였다. 이 지역의 제지소에서 만든 종이는 15세기에 이르기까지 유럽에 계속 수출되었다. 이렇게 이슬람 세계에서 수백 년 동안 종이를 만들어 수출하기 시작한 뒤로 수 세기가 지나서도 중세 유럽은 계속해서 양피지를 고집하고 있었다. 이것은 한 마디로 인류사에 있어서 서양의 후진성을 보여주는 명백한 사례이다.

아랍세계에서는 8세기부터 종이를 생산하여 유럽에 수출하고 있었고, 그 때문에 양피지 대신 종이를 주로 사용하고 있었다. 현재 이슬람권에서 종이에 쓴 물건으로 가장 오래 된 것은 870년에 제작된 바그다드 사본(이슬람교 경전)으로 알려져 있다. 그 후 아랍의 제지기술은 이집트를 거쳐 모로코로 전해졌고, 거기서 다시 유럽 대륙에 상륙하였다. 유럽으로 건너간 제지술은 크게 발전을 거듭하였고, 이것이 영국에 도착한 것은 기록상으로는 1498년 무렵이다. 기원후 2세기에 중국에서 개발된 종이와 제지기술이 영국에 도착하기까지 무려 1300여 년이란 세월이 걸린 것이다.

동양의 제지기술을 받아들여 그것을 유럽의 활자 인쇄술로 구텐베르크가 독일 마인츠(Mainz)에서 인쇄를 시작한 것은 1450년경이다. 이것이 바로 유럽에서 가장 먼저 인쇄를 시작했다고 주장하는 해이다. 이 인쇄술을 영국이 도입하여 처음으로 인쇄본을 만든 것은 1476년이다. 이 때문에 1976년에 영국에서는 인쇄 500주년을 기념하는 행사를 가진 바 있다.

서양이 단잠에 빠져 있던 8~9세기, 중국 당나라에서는 매우 그럴듯한 인쇄기술이 있었다. 그러나 그 인쇄술이 세상을 바꾼 것은 송나라 때였다. 송의 수도 개봉開封과 함께 복건성·사천성四川省 등지는 이미 인쇄 및 출판으로 이름을 날리고 있었다. 송나라의 비약적인 발전 배경에는 인쇄술이 있었다. 인쇄술 덕분에 송나라의 과거제도는 크게 발전하였는데, 인쇄술이 빠르게 자식을 보급하고, 새로운 지식계층을 만들어냈다. 송나라에서는 범중엄과 호원胡瑗[113] 이후 학교와 교육제도 확장으로 사실상 지식

혁명이 일어났다. 이에 따라 관청이나 학교에서의 수요에 따라 많은 서적을 출간하였으며, 상업적인 출판도 성행하게 되었다. 11~13세기 고려에서도 종이 생산이 크게 늘고, 964년 이후 과거제의 발전에 따라 여러 가지 서적이 인쇄되어 빠르게 보급되었다.

13~14세기 원나라 때 북경의 만권당[114]에는 수많은 책이 있었고, 만권당을 통해 고려는 중국의 성리학과 유교 문화를 수입하였다. 15세기 조선의 세종 시대에 집현전에도 수많은 장서가 있었다. 그런데 14~15세기 성 아우구스티누스 수도원이 소장한 책이 고작 1,837권이었다. 이것이 그 당시 유럽에서 가장 많은 수의 장서를 보유했던 기록으로 보이는데, 이것을 아랍의 이슬람권과 비교해 보면 그 차이가 분명해진다. 9세기 이슬람권의 코르도바[115]도서관이 40만 권의 장서를 갖고 있었고, 10세기 바그다드 고위 관료의 개인 장서가 1천 권에 이르렀다는 기록이 있다. 더구나 11세기 이집트의 카이로 대도서관은 10만 권의 책을 소장하고 있었다. 이런 몇 가지 사례를 보더라도 이슬람권과 유럽 사이에는 종이의 생산과 보급, 인쇄술과 서적 출간에도 큰 격차가 있었음을 알게 된다.

이집트의 한 유적에서는 파피루스와 함께 목판 인쇄물편이 많이 발견된 적이 있는데, 그 중에는 서기 900~1300년 무렵에 목판인쇄술로 인쇄한 것이 있었다. 이슬람세계에서 목판인쇄술이 처음으로 이집트에 전해진 것은 10세기이고, 이집트에 제지술이 처음으로 전해진 것은 대략 11세기 이후이다. 이때 처음으로 목판인쇄술이 이집트에서 유럽으로 전해지기까지는 아주 오랜 시간이 걸렸다.

13~14세기 이후 중국의 종이와 제지술은 유럽으로 건너가 서양의 중세사회를 크게 변화시켰다. 그것은 중국에서 개발된 화약과 대포가 서양으로 넘어가 말을 타고 싸우는 기사계급을 몰락시키고 성을 중심으로 공성전 위주의 싸움을 하던 전투방식에 일대 변화를 가져온 것 이상으로 유럽 사회를 크게 변화시켰다.

종이는 서양 상인들을 획기적으로 변화시켰다. 종이가 전파되어 널리 보급되기 전까지 유럽의 상인들은 거래처별로 거래사실을 양피지에 따로따로 적어서 쌓아두었다. 이탈리아의 여러 상업도시에서 중세시대에 사다리를 높이 세워 놓고 양피지 더미 위에 올라가서 무언가 뒤적이거나 무슨 물건을 내리는 그림을 간혹 볼 수가 있는데, 그

유럽 지역에서의 종이 사용 및 생산연대

나라	종이의 사용	종이의 생산
스페인	950년	1150
콘스탄티노플	1100	
이탈리아	1154	1276
독일	1228	1390
영국	1309	1498

것이 바로 그 당시 이탈리아 상인들이 양피지에 쓴 거래 장부를 찾는 모습이다. 그들은 종이 한 장에 자산·부채·수익·비용의 시재時在를 한눈에 알아보기 쉽게 정리하는 장부 기록법을 몰랐기 때문에 거래가 있을 때마다 거래처와 거래내역을 한 장씩 따로따로 적었다. 같은 시대를 살았지만 영리하고 눈 밝은 송도상인들이 보았다면 이 어처구니없는 일에 저으기 놀랐을 것이다. 말하자면 이것 역시 그때까지 유럽인들이 뒤져 있었음을 보여주는 사례이다. 이런 환경에서 종이에 사개치부를 하는 개성상인의 부기가 아랍인과 개성상인의 무역선을 타고 전해지자 양피지 장부를 산더미처럼 쌓아두고 골머리를 썩이는 일이 사라졌고, 양피지 가격이 폭락하였다. 대신 종이의 수요가 크게 늘었다. 종이의 보급과 더불어 인쇄술이 개발되고 책이 출간되어 상인과 관료 및 일반 서민에게까지 읽히고, 책을 통해 지식과 정보가 빠르게 보급되기 시작하자 종교에 빠져 깊은 잠에 떨어져 있던 암흑의 중세사회는 드디어 찬란한 아침을 맞게 되었다. 서양에 전해진 종이와 송도부기는 14세기 이후 르네상스의 원동력이 된 것이다.

아랍의 르네상스, 유럽 르네상스의 기폭제가 되다

원나라 제4대 칸인 헌종[116]이 제국을 호령하던 시대에 훌라구[117]의 몽골 군대는 바그다드를 무자비하게 정복함으로써(1258년) 원 제국으로 가는 길을 다졌다. 이로써 서아시아 이슬람 세계의 중심으로서 풍요로운 시대를 누리던 압바스 왕조가 막을 내렸다. 8세기 중반(750)에 시작된 압바스 왕조는 9~12세기에 문화·경제·학문·정치 분야에서 최고의 번영을 누렸으며, 이 시대를 아랍에서는 '아랍의 르네상스'라 이른다.

쉽게 말해서 아랍의 르네상스는 751년 탈라스(Talas) 전투에서 고선지高仙芝가 압바스 군대에 패배하면서 시작되었다. 탈라스 전투에서 포로로 잡힌 당군은 약 2만여 명이었고, 이들은 바그다드를 비롯하여 이슬람권 전역에 강제 배치되었다. 그 중에는 중국의 여러 방면 기술자가 다 있었다. 압바스 왕조의 술탄은 이들 전쟁포로의 가치를 충분히 알고 있었다. 기술자를 선별하여 그에 맞는 직책을 주고 이들로부터 최대한 생산력을 끌어내는 것이 압바스 왕조가 포로들을 대상으로 처음 시작한 문화정책이었다. 그리하여 중국인 제지 기술자들은 각별한 대우를 받으며 종이 생산에 배치되었다. 죽음 대신 노역의 고통 속에 삶을 마치도록 포로들에게 강요함으로써 그들로부터 빼낸 종이는 그가 가질 수 있는 최고의 선물이었다. 종이와 제지기술자는 그 당시 '황금알을 낳는 거위'와 같은 것이었다. 첨단기술이 만들어내는 신종사업으로 압바스 왕조의 술탄은 부와 강력한 군대를 바탕으로 전도양양한 제국의 기반을 착실히 다져나갔

경주 괘릉을 지키고 있는 석인상. 이슬람 터번을 쓴 서역의 무인 모습을 하고 있다.

다. 앞에서 설명하였듯이 751년에 이미 사마르칸드에 중국의 종이가 알려져 있었고, 중국의 제지기술을 바탕으로 드디어 '사마르칸드지'가 생산되었다. 그리고 그로부터 40여 년 후인 794년, 압바스의 수도 바드다드에도 제지공장이 대규모로 건설되었다. 이재에 밝은 이 아랍인들의 제지공장에서 생산한 종이는 전통적인 종이 생산 종주국인 이집트로 넘어가 제일 먼저 카이로 사람들에게 선보였다. 그리고 금세 모로코 등 북아프리카에까지 전파되었다. 이어 12세기에는 스페인의 발렌시아나 톨레도와 같은 도시로도 종이가 넘어갔다.

사마르칸드나 바그다드 등, 이슬람권에서 생산된 종이는 가볍고 질긴 데다 값도 싸고 대량생산을 할 수 있었으므로 이슬람 지역에서 인기는 가히 폭발적이었다. 아마(Linnen)나 나무껍질 또는 삼베로 만든 것이지만 신기한 물건이었다. 흔히 구할 수 있는

버드나무나 닥나무와 같은 재료가 아니어도 종이는 질기고 좋았다. 아랍이 갖게 된 이 종이 기술은 유럽에서는 일찍이 구경한 적이 없는 신기한 요술방망이 같았다. 파피루스를 한 개 한 개 나란히 늘어놓아 가며 가로 세로로 펴서 무거운 돌로 눌러놓아 하루 이틀이 지나서야 파피루스 종이를 만들 수 있었는데, 새로운 제지술은 제작방법부터 혁신적이었다. 관개수로가 잘 정비된 바그다드에서 잘게 빻은 나무껍질을 물에 빨아서 고르게 건져내어 빨래처럼 널기만 하면 되는 이 희한한 중국식 제지기술은 습도가 낮은 사막 기후에는 아주 적합하였다. 떠놓은 지 한두 시간이면 그저 바삭바삭 소리 나는 종이가 손에 쥐어졌다. 이것이 이집트의 카이로 사람들의 숨을 멎게 만들었다. 파피루스 생산기반이 송두리째 무너진 것이다.

덥수룩한 수염에 퉁방울 눈, 양 미간을 모아 잔뜩 긴장한 누에눈썹, 앙다문 입이 매우 근엄해 보인다.

이렇게 되자 유럽에서 들어온 양피지와 파피루스는 하루아침에 인기가 없어지고 가격은 폭락하였으며 찾는 사람이 없어졌다. 카이로와 이집트의 전통 있는 파피루스 종이 산업은 일시에 무너져서 모두 도산하였다. 그에 따라 이슬람의 바그다드지와 사마르칸드지는 이집트를 순식간에 집어삼켰다. 먹여만 주면 죽을 때까지 종이를 생산할 수 있는 고마운 당군 포로들로부터 시작된 종이는 이집트에서 가장 오래 되고, 가장 전통이 있으며 왕과 지배층으로부터 늘상 환영받던 이집트의 파피루스 제지기술자, 제지업을 순식간에 날려 버렸다.

역사는 언제나 이렇게 격정적으로 바뀌었다. 새로운 세상을 지배하는 것은 새로운 기술이었다. 진정한 개혁은 새로운 제도나 체제에 있는 것이 아니라 기술이었다. 기술이 새로운 체제와 제도를 이끌었으며 그것은 도미노처럼 주변국을 무너뜨려 흡수하거나 그 영향권에 두기 마련이었다. 중국의 제지기술과 인쇄술은 5백 년 압바스 왕조의 번영과 르네상스를 이끌었고, 아랍의 르네상스는 다시 서쪽으로 넘어가 유럽의 르네상스를 촉발시켰다.

아랍의 종이는 9세기 들어서면서 학문의 발전을 촉진하였다. 값싼 종이가 개발되고, 그것으로 인쇄한 책이 널리 보급되자 학자들만이 아니라 일반 서민도 책을 접하고 글을 배우는 기회가 많아졌다. 그리하여 누구나 글을 배우고 책을 읽으며 기록을 남기는 일이 유행하였다. 그에 따라 역사·문학·철학이 발전하였다. 이렇게 해서 모래바람보다 더 강력한 힘으로 황량한 사막에 문예부흥의 물결이 거세졌고, 그 물결은 흑해와 지중해를 넘어 유럽인들의 대문을 두들겼다. 이번에는 유럽인들이 놀라 깬 것이다.

중국의 제지술과 인쇄술은 아랍권의 학문과 문예부흥을 일으킨 기폭제이자 유럽의 르네상스를 이끈 견인차였다. 그것을 엿볼 수 있는 것이 9세기부터 쏟아져 나온 아랍의 각종 지리서나 역사서·견문기·백과사전·천체와 천문에 관한 서적들이다.

바로 이 시기에 천주와 광주·항주·양주 등 중국 동남부의 항구도시에는 아랍의 이슬람인들이 들어와 살았으며, 멀리 신라까지 찾아와서 산 아랍인들도 있었다. 경주 괘릉과 흥덕왕릉 앞에 떡 버티고 지키는 덥수룩한 수염의 서역인들은 9세기 신라에 들어와 살던 아랍인들의 모습이다. 그 당시 아랍인들은 신라를 알 쉴라(Al-shila) 또는 알 실라(AL-sila)로 표기하였다. 중국의 해안도시를 매개로 신라에 들어가서 산 것이다. 그 시기의 신라는 금이 많이 나는 나라로 알려져 있어서 아랍인들의 호기심을 자극하였다. 뿐만 아니라 무역에서 바꿀 것이 많고 이익도 많이 남길 수 있는 나라였으며, 물이 맑고 공기도 깨끗하며 사계절이 있어서 해만 뜨면 일 년 내내 펄펄 끓는 모래뿐인 사막에서 나고 자란 아랍인들은 신라를 파라다이스로 생각하였다. 그들에게 신라는 마치 유토피아 같은 곳이었다. 그러나 그리로 가는 길은 멀었다. 아무도 가본 사람이 있다는 소리를 듣지 못했기 때문이었다. 아마도 신라 헌강왕 때 울산 처용동에 나타난 무리도 아랍의 어느 지역에서 중국으로 들어오다가 표류한 사람들이었을 것이다. 그들 역시 인도양과 페르시아만·중국해를 누비던 아랍의 상인들이었으리라 생각된다. 그리고 12~14세기에 고려 개경을 찾은 사람들에 의해 고려는 카올리(Kaoli)라는 새로운 이름으로 아랍에 소개되었다.

중국 송나라와 고려의 상인들
개성과 경원·천주를 무대로 바다를 누비다

작은 접시 하나에도 최고의 기술과 정성을 담되, 문화와 스토리가 있어야 한다는
것을 중세 시대 중국의 도공은 잘 알고 있었다. 그리고 고려의 상인들은, 비단의
종주국인 중국의 제품과 겨룰 수 있는 최상급의 비단을 생산하기 위해 따뜻한
중국 남부 지방의 명주실을 싼값에 사들이고, 거란인 기술자를 받아들여 기민하게
비단을 만들어 내다 파는 가공무역을 하였다. 전남 신안군의 여러 섬을 징검다리로
중국에 나가 활동하던 고려 상인들의 숨결은 기록과 유물에 생생하게 남아 있다.
기록을 찾아 그들의 발자취를 알아본다.

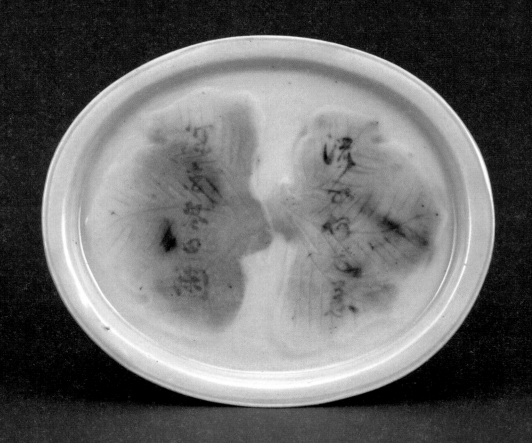

백자동화양인각쌍엽문시명접시

제9부

중국 송나라와 고려의 상인들
- 개성과 경원·천주를 무대로 바다를 누비다

　고려 상인들은 풍파를 헤치고 먼 곳까지 찾아가 무역을 하였고, 많은 이익을 거두었다. 중세의 프런티어 고려 상인들의 해외무역은 선박을 중심으로 이루어졌다. 고려 상인들의 상업은 배를 가지고 나가서 중국의 시박사에 세금을 내면서 합법적인 범위 안에서 적극적으로 이루어졌다. 그들은 일본과 중국을 중심으로 활동하였으나 그 외의 해외 여러 나라에도 관심을 가졌다. 외국에서 온 상인들을 통해 고려인들은 동남아시아나 서양 여러 나라의 이야기들을 전해들을 수 있었다.

규방 여인들의 마음을 자극한 중국인들의 상술

　신안선에서 건져 올린 도자기 중에는 흰 우윳빛의 특이한 접시 하나가 있다. 접시 한가운데에는 두 개의 나무 이파리를 양쪽으로 나란히 배치하였다. 두 개의 나뭇잎을 나란히 배치하였으니 이름 하여 이것을 쌍엽문雙葉文이라고 한다. 그 쌍엽문은 접시 면보다 약간 볼록한 양인각陽印刻으로 되어 있다. 그 양인각 잎사귀에 구리 빛의 동발색銅發色 채색을 입혀 발그레한 단풍잎을 표현하였다. 그리고 다시 그 위에 철사鐵砂로 오언절구 시 한 편 중에서 전연前聯 2행만을 적었는데, 바로 그것이 "流水何太急 宮中盡日閑"이라는 글귀이다. 본래 이 시는 당 나라 때[1] 우우于祐라는 사내와 궁녀 한씨韓氏 사이에 있었던 러브스토리를 그린 것으로, 이런 내용이었다.

流水何太急 흐르는 물은 어찌 저리 급한가?

宮中盡日閑 깊은 궁궐은 온종일 지루하기만 해

慇懃謝紅葉 붉게 물든 나뭇잎에 내 마음 적어

好去倒人間 인간 세상에 띄워나 볼까!

중국 강서성 경덕진요에서 생산한 것으로, 이 백자[2] 접시를 만든 중국의 도공은 앞의 두 행과 뒤의 두 행을 나누어 두 개의 접시에 따로 적었을 것이다. 그렇지만 이 시의 전연 두 행만을 적은 접시 하나만 나왔을 뿐, 뒤의 두 행을 적은 접시 하나는 아직까지 발견되지 않았다. 그것이 도굴로 사라진 것인지, 아니면 아직도 중도 앞바다 침몰 지역 어딘가에 남아있는지, 또는 두 번째 접시는 아예 없었는지를 알 수는 없다.

이 시의 주인공인 궁녀 한씨와 우우의 연애 과정은 특별하다. 어느 날 궁녀 한씨가 낙엽 하나에 시를 써서 궁궐 안으로 흐르는 개울에 띄워 궁궐 밖으로 보냈다. 이것을 궁궐 밖에서 우우가 건져 보고 궁녀 한씨를 흠모하게 되었다. 결국 궁궐에서는 한씨를 밖으로 내보내 시집을 가게 되었다. 한씨를 만난 우우는 한씨와 결혼하게 되었고, 첫날 밤 붉은 잎에 쓴 시를 우우가 내보이자 한씨도 같은 시를 꺼내 보였다고 하는데, 바로 그것이 앞에 소개한 시이다. 쌍엽문은 전연 2행을 적은 두 개의 단풍잎을 의미하는 것이며, 첫날밤 둘이 서로 내보인 나뭇잎의 시는 한씨 미녀와 우우가 각기 따로 간직한 것이었다.

이 이야기는 궁녀 한씨와 우우가 눈이 맞아 서로 흠모하게 되었는데, 그리워하는 마음을 전할 길이 없자 한씨는 궁궐 안으로 흐르는 개울물에 그리움을 적은 나뭇잎을 띄워 보냈고, 그것을 사내가 보았으며 이들의 사랑을 안 궁궐에서는 그 여인을 세상으로 다시 돌려보낸 일이 있는데, 바로 그 사건을 이런 시 한 편으로 표현한 것이었으리라.

하지만 이 이야기는 약간 미화된 것 같다. 원래는 우우가 황궁의 대로를 걷다가 이 시가 적힌 낙엽을 주웠다고 하는 이야기도 따로 전하고 있기 때문이다. 하여튼 이 사건이 있었던 것은 최치원이 당나라에 들어가서 한참 활동을 하고 있던 때이다.[3]

비록 자그마한 접시 한 개이지만, 궁녀 한씨와 당나라 사내의 애틋한 이 이야기는 규중閨中에서 벗어나지 못하고 살아야 했던 중세시대의 많은 여인들에게 바깥 세상에 대한 동경과 두 연인에 대한 연민의 정을 느끼게 하였을 것이다. 신안선의 상인들은 중국과 고려·일본의 규중 여인들이 갖고 있는 억눌린 감정을 중국판 러브스토리로 자극하여 남녀 사이의 애끓는 정과 그리움을 한껏 고조시켜 구매의욕을 높이기 위한 수단으로 이런 도자기를 선적하였을 것이다. 당송시대 이후 한동안 고려와 일본에서는 이들의 러브스토리가 유명한 일화로 꽤 알려져 있었던 듯하다. 그래서 고려시대 이인로李仁老 또한 궁녀 한씨의 고사를 이렇게 읊었다.

단풍잎에 시를 써서 궁성 밖으로 띄워보내니
먹에 아롱진 눈물 흔적 아직 또렷하여라
어구[4]의 흐르는 물 믿을 수야 있겠냐마는
궁녀의 한 조각 진 밖으로 흘려보내리.[5]

우리나라의 시문 중에서 빼어난 작품만을 뽑아서 수록한 『동문선東文選』에도 이 시가 실려 있다. 그 당시 규방에 갇혀 살던 여인들은 누구나 미녀 한씨를 자신과 똑같은 처지로 생각하였을 것이고, 한씨와 우우의 애끓는 사랑을 자신의 일로 여겼을 것이다.

어느 시대든 사람이 살았고, 남녀 사이의 정情한恨 또한 하루도 끊긴 날은 없었다. 앞에 소개한 양인각쌍엽문명문백자접시는 미녀 한씨와 궁궐 밖의 사내 이야기이기에 조금은 특별했을 것이다.

신안선에서 나온 백자접시 하나. 이 그릇을 빚어서 한 여인의 절절한 그리움을 얹은 도공의 의도는 무엇이었을까? 우리는 여기서 양인각 쌍엽문 백자접시를 만든 도공에게서 중요한 사실 하나를 배워야 한다. 아

백자앵무사향명문화형 접시. 앵무새와 사향 그리고 명문이 있는 꽃 모양의 접시라는 뜻이다.

흑유유두문호

무리 뛰어난 기술력을 가졌다 해도 거기에 문화를 입히지 않으면 생명력과 경쟁력을 가진 상품은 나올 수 없다는 사실이다. 이 접시를 만든 도공은 그것을 너무도 잘 이해하고 있었다. 자신이 살던 시대로부터 6백여 년 전에 있었던 중국판 러브스토리가 세계 어느 나라건, 여인들의 마음을 붙잡을 수 있는 주제이며, 그것이 그릇에 담길 때 접시는 흘륭한 스토리, 멋진 문화를 입고 세인들의 입에 오르내리며 '중국적 색채의 우월한 상품'이 된다는 것을 알고 있었던 것이다. 뛰어난 기술력과 우수한 품질에 흘륭한 테마, 독특한 문화를 입힌 상품이 시장에서 살아남지 못하는 사례는 찾아보기 어렵다. 문화를 읽는 눈이 있어야 사랑받는 상품이 나올 수 있고, 그런 상품이라야 생명력이 있는 법이다. 중국의 솜씨 좋은 도공은 그것을 너무도 잘 알고 있었다.

어느 도공의 손끝이 만들어낸 것인지는 모르지만, 이 외에도 명문이 있는 '백자명문 전접시' 한 점이 더 있다. 앵무새가 복숭아나무 가지에 앉아 금빛 복숭아를 쪼아대는 그림이 있는 이 접시에는 '麝香眠石竹 鸚鵡啄金桃(사향은 석죽에 잠자고 앵무새는 금빛 복숭아를 쪼다)라는 글자가 양각으로 새겨져 있다. 사향은 사향노루를 이르는 것일 테고, 석죽은 여인을 대표하는 꽃이니 사향노루는 수놈일 것이다.

이 백자명문白瓷銘文 전접시는 흔치 않은 양식이며, 다소 특이한 종류에 속한다. 앵무새와 황금색 복숭아의 궁합도 그렇고, 여자의 정절을 상징하는 석죽과 사향이 함께 있으니 이 접시가 의미하는 것은 다정한 부부의 금슬이었을 것이다. 고려의 문인 이규보가 석죽화石竹花를 노래한 시가 있다.

석죽화石竹花

질개는 대나무처럼 드놏아

꽃 피면 여자들이 좋아하지

(하지만) 찬 가을을 못 견디고 떨어지니

석죽이란 이름 분에 넘쳐[6]

석죽이 여인의 절개를 드러내는 꽃이라지만 가을을 못 견디고 지는 것을 한탄한 노래이다. 그렇지만 석죽과 사향·앵무새·복숭아 그림이 있는 이런 전접시는 사내 있는 여인의 마음을 붙잡기 위한 상품이었다고 보아야 하지 않을까? 그렇다면 신안선은 일본의 사찰에 물건을 조달하기 위한 목적 외에도 여인들의 관심을 끌만한 물건들을 실어가던 무역선이었음이 분명하다.

13세기 송나라에서 무역활동을 편 고려 상인들

앞에서 살펴본 대로 아랍이나 인도와 같은 나라들은 당나라 때부터 조공무역을 통해 중국과 교류하였다. 고려가 그러했듯이 중국 주변의 여러 나라들은 전통적으로 중국과의 조공무역을 근간으로 교역을 하였다. 각 나라의 특산물을 중국에 조공朝貢으로 바치고 중국 황제가 내려주는 회사품을 받아 가지고 돌아가는 방식의 교역이 이루어진 것이다. 그러나 11~12세기를 지나면 이런 무역에 새로운 변화가 나타난다. 조공사절을 통한 조공회사朝貢回賜 무역에서 벗어나 상인들이 자유롭게 오가며 무역을 하는 사무역이 교역을 주도해 가는 것이다. 13세기가 되면 보다 더 자유롭고 활발한 무역이 이루어져 관무역의 제한에서 벗어나 사무역으로 바뀌어 간다. 그와 같은 무역활동이 중국의 기록인 『묵장만록墨莊漫錄』[7](권5)에도 잘 나타나 있다.

"창국현昌國縣 보타산寶陀山에는 관음동觀音洞이 있다.……바다를 다니는 배들이 이곳에 오면 반드시 기도를 한다. 사찰에는 구리로 만든 종鍾과 경磬 등이 있는데, 모두 계림鷄林의 상인들이 보시한 것이며, 그들이 시주한 물건들에는 그 나라의 연호年號가 새겨져 있다."[8]

보타도 보타산에 있는 불긍거관음원. 고려와 일본의 무역 상인들로서 이곳을 들르지 않은 이들은 많지 않았을 것이다.

　보타산은 명주 앞바다 보타도에 있다. 고려에서 명주를 오가는 길목인데, 보타산에 있는 관음사에 들러 상인들은 항해의 안전을 기원하며 해신제海神祭를 지냈다. 고려의 상인들은 물론 동남아시아 그리고 멀리 서역의 여러 나라 상인들은 '바다의 여신'에게 무사고를 빌며 사찰에 시주를 하였다. 과학이 발달하지 않았던 시절이라 선원이나 승객이 배를 타고 바다를 건넌다는 것은 목을 내걸고 치르는 일종의 모험이자 사생계임이었다. 고려와 명주 사이를 드나들던 상인들 중에도 무역선이 파손되어 물귀신이 되어 돌아오지 못한 이들이 많았다. 설사 구사일생으로 중국 동부 해안에 표류하더라도 돌아오는 길이 적잖이 험난하였으므로 출항을 앞두면 언제나 안전을 빌었던 것이다.

　특히 천주나 그 외의 중국 동남부 여러 항구를 다녀오는 고려의 무역선은 보타산에서 잠시 쉬어 갈 겸, 관음사에 들러 무사항해를 빌었다. 고려의 상인들은 명주를 거쳐 복주福州나 광주 그리고 멀리 천주까지 줄을 이어 찾았다. 천주를 가는 데에도 명주는 중간 경유지 역할을 하였고, 그중 보타산과 관음사는 선원들의 뱃멀미를 잠시 멎게 해주는 휴게소가 되었다. 이 당시 고려와 송을 오간 상인들은 한반도 서남부 지역과 명주를 잇는 동중국해사단항로를 주로 이용하였다. 그 당시 고려의 상인들이 중국 남부 지방을 오가며 무역을 한 사실은 조선시대 자료인 『동국여지승람』에서도 확인할 수 있다. 여기에 "때로는 상객商客들이 오월吳越을 드나들었다"고 한 구절이 있는데,[9] 상객商客은 상인을 이른다. 또 오월은 당나라가 멸망한 후인 907~978년 양자강 하류 지역에 세워졌던 지방정권을 이르는 말인 동시에 춘추시대 오와 월의 무대였던 소주蘇州·항주杭州를 포함한 중국 남부지방을 가리키는 용어다.

　송·원 시대에 중국 동부해안의 항구를 찾는 상인들의 왕래가 잦아지면서 고려와 중국을 잇는 주요 항로 주변에는 풍파로 파선된 배들도 많았다. 그래서 일확천금의 꿈을 찾아 무역선을 탄 사람들 중에는 바다에 뼈를 묻고 돌아오지 못한 이들이 꽤 있었다. 그렇지만 배가 표류하여 간신히 살아 돌아온 사람들도 있었다. 고려 상인들의 표류 사례 몇 가지를 보자.

A. "함평咸平 3년(1000년) 10월 명주에서 재차 '바닷바람에 배가 파손되어 고려의 백성 지달池達 등 8명이 명주 은현鄞縣에 표착하였습니다'라고 아뢰었다. 이들을 등주登州에 넘기고 돈과 식량을 주어 편의를 봐서 고려로 귀국시켜 주라는 조서를 내렸다."[10]

B. "이제부터 명주에 신라의 배가 표류하여 오면 식량을 주고 잘 보살피다가 바람이 순조로워지면 돌려보내라는 조서를 내렸다."[11]

C. "명주에서 아뢰기를 '고려 협골도夾骨島의 백성 활달闊達이 바람에 표류하여 정해현定海縣에 도착하였습니다'라고 하니 조서를 내려 '해당 주州에서 잘 위로하고 식량을 주어 돌려보내라. 이후 이런 일이 있으면 이번 사례에 따라 돌려보내고 보고하라'고 하였다."[12]

A는 경원(명주) 즉, 현재의 영파 은현으로 표류한 고려의 상인들을 산동반도 등주로 보내어 거기서 다시 동쪽으로 서해 맞은편의 개경으로 돌아갈 수 있도록 조치해준 것을 말한다. B는 '신라의 배'라고 하였지만 실제로는 고려 선박을 말한 것이다. 표류하는 배가 많았기 때문에 고려의 표류민을 잘 보살펴서 돌려보내는 것을 상례로 삼도록 조치한 것이다. C 역시 그와 같은 조치를 보다 더 구체적으로 제시하고 있다.

이 당시 고려의 선박이 주로 표류한 곳은 명주明州와 그 인근 지역으로 나타나 있다. 고려의 배들이 서남 해안에서 표류했을 때 경원(명주)이나 그 주변으로 표착하였는데, 그것은 해류의 방향과 직접 관련이 있다. 물론 11세기 이후 명주가 한중 교류의 중심으로 떠오른 결과를 반영하는것이기도 하다. 대개 한국 서남해안에서 배가 표류하면 조류·해류·바람의 3대요인이 작용하여 중국 명주 인근으로 가게 된다.

위 사례에서 보듯이 11세기 초에는 송 정부가 고려의 표류민들을 구제하라는 조치를 취했지만, 그와 달리 1074년[13]에는 표류선박을 가까운 시박사로 옮기고 세금을 징수하라는 조서를 내린 사례도 있다.[14] 이런 것은 사무역이 급증하면서 나타난 현상으로, 바람에 떠밀려 의도하지 않은 곳으로 표류하는 배가 많았던 때문인 듯하다.

그런데 12세기 초가 되면 고려와 중국 남부 지역 사이의 교역이 뜸해진다. 북방 지역에서 금金 정권이 등장한 것이 계기였다. 거란과 북송을 멸망시키고 금나라가 동북아시아의 맹주로 등장하였다. 금나라의 건국에 따라 강남으로 쫓겨 간 송의 잔여세력은 휘종의 아들 조구를 옹립하여 남송을 재건하였지만, 금나라가 군사적으로 압박을 가하여 금과 남송 사이의 싸움은 1142년 평화협정인 소흥화약紹興和約을 체결하기까지 간간이 진행되었다. 이에 남송은 고려에 군사 협력을 요청하였다. 그러나 고려는 남송과 거리를 두고 그 요구를 거절하였다. 이에 분노한 남송은 신종 이후 고려에 대한 우대정책을 버리고 고려 사신의 왕래도 거부함으로써 양국의 교류가 갑자기 냉각되었다. 결국 그 일로 고려 의종 18년(1164) 이후에는 송과 고려 사이의 공식적인 왕래는 물론 국교가 완전히 단절되었다.

"1128년(송 인종 6년) 사농경司農卿 황악黃鍔은 소동파의 상소문을 예로 들어 송나라 상인들의 고려무역을 금지시키자는 상소를 올렸고 이것이 관철되었다."[15]

이것은 고려의 민간무역에 대한 금지조치를 언급한 것이다. 1125년 금과 송의 전쟁이 시작된 이후 1142년 소흥화약을 맺기까지 송나라 상인들의 고려무역은 없었다. 이미 이 시기에 사신의 왕래가 중단되고 남송 사람들의 고려 무역마저 금지된 것이다. 그러다가 고려 상인들의 남송 무역은 인종仁宗 시대[16] 후에 다시 시작되었다.

"소흥紹興 4년(1134) 고려 나주도羅州島 사람 광김光金과 그 외 10여 명이 바다로 천주泉州를 가려고 했는데, 바람으로 돛이 부러져 태주泰州, 초주楚州 경계 지역으로 표류해 왔다. 연해제치사沿海制置使 곽중순郭仲荀에게 그들을 돌봐주도록 하고, 돌아가는 배편이 있으면 돌려보내라는 조서를 내렸다. 광금의 말에 의하면 4월 3일에 모라도毛羅島에서 출발하였는데 당일에 바람을 만나 표류하여 28일에 회남淮南 지역으로 표류하였다고 한다."[17]

　명주는 그 이남의 천주·광주와 같은 주요 항구와 항로로 이어지고 있었다. 그래서 광주에서의 남양무역[18]과 고려 및 일본과의 무역 중심인 명주도 천주 못지않게 중요한 곳이었다. 그러나 대외 교역항으로서 천주는 명주보다도 더욱 중요하였다. 북송 시절 고려를 오간 송나라 상인들 중에도 복건과 천주 출신들이 많았다. 그와 같은 사실을 엿볼 수 있는 단서가 『고려사』에도 남아 있다. 송나라 상인들의 왕래 회수 중에서 천주 및 복건福建 상인들이 13회로 가장 많다. 그런데 고려 상인들이 남송과의 무역을 활발하게 추진한 시기는 고려 의종 시대[19]이다.

　(가) "1159년[20] 8월 무오戊午 양절시박사兩浙市舶司에서 '고려 상인이 동기(銅器, 구리그릇)를 팔러 왔으니 세금을 징수하고 팔도록 해주십시오'라고 보고하였다. 이에 주전사鑄錢司에 그리 하라는 조서를 내렸다.[21]

　이것은 고려 의종 13년(1159)의 일이다. 고려 상인들이 구리 제품을 갖고 명주에 가서 교역하였는데, 양절시박사에서 일부를 세금으로 징수하고 나머지를 모두 팔도록 도와주었다는 것이다.

　(나) 1167년[22] 4월 강선姜詵은 '명주시박사에 매년 여름이 되면 고려와 일본의 외국 배들이 옵니다. 관례에 따라 4월 초에 제거시박관提擧市舶官이 친히 가서 검사하고 금金과 구슬珠 등을 추해抽解[23]합니다.

　이것 역시 고려 의종 시대에 있었던 일로, 남송정부의 무역법에 따라 고려의 무역선을 검사하고 세금을 징수한 것이다. 이 시기에도 상인들이 계속 명주를 찾아가 장사를 하였고, 민간 무역에서는 교역과 교류가 단절되지 않았다. 해마다 명주를 찾는 외국 선박은 주로 고려와 일본의 무역선들로서 그 중에는 떼를 지어 명주를 찾는 상인들이 꽤 많았다. 의종 시대 고려와 일본의 무역선이 끊임없이 명주를 찾은 사실을 알려주는 구절이 남송시대 우윤문의 신도비문 가운데에도 보인다. 다음은 우윤문[24]이 우복야右 僕射에 임명된 다음해인 1170년의 일이다.

> "어느 날…바다 배 수백 척이 연안에 곧 도착한다고 하는데 어디서 온 배인지는 알 수 없다는 보고를 받았다. 황제가 공(公, 우윤문)에게 묻자 공이 대답하기를 '응당 외국의 무역선으로 바람에 표류하여 여기에 도착하였을 것입니다'라고 하였다. 알고 보니 과연 고려의 상인들이었다."[25]

이것은 오랜 동안 침체되었던 고려와 남송 상인들의 교역이 다시 활기를 띤 사정을 전하는 자료이다. 그러나 고려 상인들의 무역은 강남 지역의 명주뿐만 아니라 멀리 복건 지역까지 미쳤다.

> "복건시박사에는 각국의 무역선들이 자주 들어온다.……고려의 물품으로 인삼·구리·은·수은·릉綾[26]·포布[27]가 있다."[28]

복건성의 천주 지역으로 나가서 무역을 한 고려 상인들의 활동을 알려주는 기록이다. 바람에만 의존하여 범선을 타고 어떻게 그 먼 곳까지 드나들었을까? 상인들에겐 모험을 하기에 충분한 이익과 이국의 신기한 볼거리가 있었다. 이처럼 멀리 오갈 수 있었던 것은 통일신라 시대부터 수백 년 동안 쌓아온 지리 및 항해정보가 있었다. 고려인들의 항해술과 조선술도 썩 훌륭하였다.

또한 남송 정부는 재정난을 극복하기 위해 대외무역을 장려했다. 그리고 대외무역 수익을 시박사 관원들의 승진과도 연결지었다. 이런 강경한 조치가 내려지자 각 시박사에서는 무역에서 거두는 세금을 늘리기 위한 다양한 조치들을 취했고, 그에 따라 명주나 천주 같은 교역항이 크게 성장할 수 있었다.

천주나 광주는 외국상품의 일차 교역항이었다. 그 중에서도 천주는 국제교역항으로서 외국인과 외국상품이 특히 많았다. 그러므로 고려나 일본의 무역상은 일부러 멀리 천주까지 찾아가서 외국상품을 구입하였다. 천주는 중국 내에서 외국 상품이 들어오는 첫 관문 역할을 하였고, 여기서 다른 곳으로 상품이 움직이면 운임과 이윤이 붙게 되므로 고려의 상인들은 명주(경원)에 상품을 내다 팔고, 천

주에 내려가서 외국 상품을 사왔을 것이라고 추정할 수 있다. 이런 점 때문에 고려와 일본의 상인들은 천주를 많이 찾은 것 같다. 그래서였을까? 천주로 넘어가는 고려와 일본의 무역선들이 많아지자 명주시박사의 대외무역 수입이 줄어드는 것을 막기 위해 명주에서는 고려와 일본의 선장과 선원을 특별히 우대하는 정책을 폈다.

"고려와 일본 배의 강수綱首, 잡사雜事들에게는 세금을 19분의 1만 징수하고 선객[29]들에게는 15분의 1을 징수한다."[30]

이것은 『보경사명지寶慶四明志』의 내용 가운데 일부이다. 사명四明은 경원의 예전 이름인 명주[31]의 별칭이며 보경寶慶은 1225~1227년 사이에 남송이 사용한 연호이다. 명주시박사에서는 고려와 일본의 선장들에게 19분의 1을 세금으로 걷고, 그 배에 동승한 기타 소규모 상인에게는 15분의 1만 세금을 거뒀다는 것이다. 이런 우대정책을 시행하던 때의 남송 관세법은 '10분의 1 세금'을 적용하고 있었으므로 그것은 상당한 혜택이었다. 고려와 일본의 상인에게 시행한 이러한 세금우대정책은 많은 상인들을 명주로 불러들였다.

명주의 시박사는 이런 정책을 시행하면서 보다 큰 효과를 거두기 위해 구체적인 시행지침까지 마련해서 강수와 잡사들에게 우선적으로 혜택을 주는 조치를 취했다. 무

고려의 중국 수출품

세색(細色)	은·인삼·구리·수은·능포·사향·홍화·복령·꿀
조색(粗色)	대포(大布)·소포(小布)·모사포(毛絲布, 모시)·명주(紬)·소나무(松)·송화(松花)·밤·대추(棗肉, 씨를 뺀 것)·진자(榛子, 개암)·비자(榧子, 비자나무 열매)·행인(杏仁, 살구씨)·세신(細辛)·산수유(山茱萸)·백부자(白附子)·무이(蕪荑)·감초(甘草)·백출(白朮)·방풍(防風)·우슬(牛膝)·원지(遠志), 강황(薑黃)·향유(香油)·자채(紫菜)·나두(螺頭)·나전(螺鈿)·호피(虎皮)·옻[漆]·동기(銅器, 구리그릇)·청기(靑器, 청동그릇)·돗자리(席) 등

역선의 목적지는 대개 강사나 강수 등에 의해 결정되므로 이들에게 세금을 낮춰주어 명주로 유치함으로써 결국 명주시박사는 보다 많은 세금을 확보하는 정책을 시행한 것이다. 결국 이런 조치는 고려의 강수와 잡사들로 하여금 천주와 명주를 주요 교역항으로 선택하게 하였을 것이다. 그리하여 명주 또한 천주에 버금가는 곳으로 성장할 수 있었던 것 같다. 그러면 강수와 잡사는 어떤 사람들일까? 그것을 알려주는 내용이 있다.

"강수는 무역선의 선장이며 잡사는 배의 일상 업무를 관장하는 직명이다."[32]

그러면 그 당시 고려의 상인들이 바다 건너 멀리 명주에 내다 판 상품은 어떤 것들이었을까?

『보경사명지』에는 고려의 무역품들을 세색과 조색으로 구분하여 기록하였다. 세색[33]은 가볍고 값이 나가는 고급 물건, 조색[34]은 값이 싸거나 무거운 일반 상품을 이른다. 이것들을 수공품·약재류·과실·방직류·문방구류·모피류 등으로 구분할 수도 있겠다.

이 외에 붓과 종이 같은 것들도 고려의 수출품이었다. 고려에서 중국에 수출한 품목 중에서 비교적 값나가는 물건은 은과 인삼·수은·능포·사향·복령과 같은 세색이었다. 원나라는 세색에 대해서는 10분의 1, 조색은 15분의 1을 세금으로 걷었다. 대포大布나 소포는 모두 마포麻布 즉, 삼베 종류로서 저가품이라고 할 수 있다. 다만 모시와 비단 종류 몇 가지가 값이 다소 비싼 것이었지만 그나마 모시는 최상품은 수출하지 않았던 것 같다.

"모사포毛絲布는 속명으로 저마(苧麻, 모시)라고 한다. 많은 사람들이 이것으로 옷을 만들어 입는다. 최상의 절품은 紵(시, =모시)라고 한다. 옥처럼 희고 폭이 좁다. 왕과 귀인들은 모두 그것으로 옷을 해 입는다. 명주부로 오는 모시는 그 중에서도 곱지 않은 것이다."[35]

최상급 모시가 중국인들에게는 꽤 매력적인 상품이었으나 정작 수출품은 다소 거친 것이었음을 알 수 있다. 그런데 고려에서는 견직물을 전략 수출품으로 개발하였다. 그것을 엿볼 수 있는 기록이 있다.

"고려는 양잠에 능숙하지 않다. 명주 실은 모두 상인을 통해서 산동과 민절閩浙[36] 지역에서 수입한다. 그러나 화릉花綾, 문라계文羅罽, 사금계絲錦罽[37]를 잘 짠다. 후에는 북조北朝[38]에서 투항해온 병졸을 얻어 그 기술이 더욱 정교해졌다. 염색도 전보다 훨씬 발전하였다."[39]

당시 송나라가 외국에 내다 판 주요 수출품의 하나가 비단 제품이었다. 비단의 명산지인 중국에 고려가 비단 제품을 수출하였다는 것은 예삿일이 아니다. 수준 높은 제품이라야만 수출할 수 있는 상황에서 화릉花綾·문라계文羅罽·사금계絲錦罽와 같은 고급 비단을 중국에 수출하였다는 것은 비단 중에서도 특정 제품을 정해서 가공무역을 하였음을 알려준다. 이를 위해 항주·소주 이남의 따뜻한 곳에서 생산하는 명주실을 사들이고, 거란인 기술자로부터 비단 직조기술을 배워 우수한 비단을 생산하였다. 능포나 화릉이라고 하는 것은 꽃무늬 문양으로 멋을 낸 화려한 비단 종류를 이른다. 고려 상인들의 기민한 전략과 대응이 돋보이는 사례이다.

『보경사명지』에는 없지만 원 제국 시대에는 종이도 주요 수출품의 하나였다. 습도가 높아서 한지를 떠도 잘 마르지 않는 남방의 조건을 감안한 전략상품이었다고 이해할 수 있다. 이런 상품을 바탕으로 고려 상인들의 대송무역활동은 활발하게 전개되었다. 그리하여 12세기 중반부터 13세기 전반에는 고려와 송 사이의 교역이 빈번해지고, 교역규모가 크게 늘어났다. 이규보(1168~1241)는 그 당시 예성강에 고려의 장삿배와 외국의 무역선들이 오고가는 모습을 이와 같이 표현하였다.

"바닷물이 들고나매 오고가는 배는 머리와 꼬리가 잇닿았다. 아침에 다락 밑을 떠나면 한낮이 채 못 되어 남만南蠻의 하늘에 들어간다."[40]

한나절만에 중국 강남지역으로 갔다는 것은 지나친 과장이긴 하지만, 이것은 그 당시 강남으로 불리던 강절江折[41] 지역을 넘어 멀리 광동·복건 지역까지 무역선을 타고 나가서 해상무역을 하던 고려 상인들의 활동을 전하는 이야기이다.

고려와 송의 상인들 신안 지역 섬을 거점으로 활동

중국과 한국을 잇는 항로는 전통적으로 세 가지가 있었다. ①북중국연안항로와 ②황해횡단항로 ③동중국해사단항로이다. 이 세 가지 해로 중에서 먼저 북중국연안항로는 북송 초기에 주로 이용한 뱃길이었다. 산동반도의 등주登州에서 동북 방향으로 요동반도에 이르는 항로를 일컫는다. 요동반도에서는 남쪽으로 연안을 따라 압록강구와 대동강구를 지나쳐 남하한 뒤, 한국 북서부의 관북·관서 지방 여러 항구에 이르는 이 항로는 비록 거리는 멀지만 비교적 안전하다는 이점이 있었다. 섬을 징검다리 삼아 항해하거나 연안을 따라 이동하므로 오랜 세월 이용되어 온 이동로였다. 『신당서』에도 이 항로는 자세하게 기록되어 있다.

"등주登州에서 동북으로 항해하여 대사도大謝島·귀흠도龜欽島·말도末島를 지나 조호도烏湖島까지 3백 리이다. 북쪽으로 조호도를 건너 마석산馬石山 동쪽으로 도리진都里鎮까지 2백 리이다. 동쪽으로 해안선을 따라 가다가 청니포青泥浦·도화포桃花浦·행화포杏花浦·석인왕石人汪을 지나 烏骨江(압록강구)까지 8백 리이다. 여기서 남쪽으로 해안을 따라 오목도鳥牧島·패강구貝江口·초도椒島를 지나면 신라 서북 지방의 장구진(長口鎭, 황해도 풍천군)에 이른다. 다시 진왕석교秦王石橋·마전도(麻田島, =교동도)·고사도(古寺島, =강화도)·득물도(得物島, 덕적도)를 지나는데 압록강에서 당은포(唐恩浦口, 경기도 남양)까지 1천 리이다. 여기서 남동쪽으로 육로로 7백 리를 가면 신라 왕성에 이른다."[42]

하지만 10~13세기에는 고려와 송의 교류에 이 항로가 이용되지 않았다. 요遼와 금金이 차례로 일어나면서 고려와 송의 교류에 제약이 따르자 북중국연안항로 대신 황해횡단항로를 이용하였다.

황해횡단항로는 산동반도에서 황해를 곧바로 동쪽으로 횡단한 다음, 황해도 이남의 서해안 항구에 이르는 노선이다. 직선거리 약 200km의 동서 방향 뱃길인데, 이 항로는 당唐 이후 줄곧 이용되었다.

산동반도 북단에서 동쪽으로 서해를 횡단하여 황해도와 개경에 이르는 단거리 항로를 택한 것이다. 고려의 뱃사공들은 산동반도에서 곧바로 예성강에 이르는 항로를 잘 알고 있었다.

그러나 남송과의 교류가 긴밀해진 시기부터는 동중국해사단항로를 주로 이용하였다. 동중국해사단항로는 남중국의 명주(경원)에서 동북 방향으로 비스듬히 바다를 가로질러 가거도-대흑산도에 이르는 항로이다. 북방에서 요(거란)·금(여진)·원(몽고)이 계속 명멸하면서 남중국 연안에서 고려나 일본에 이르는 항로가 많이 이용되었다. 고려와 송의 사행로使行路가 등주에서 명주로 바뀌면서 고려 뿐 아니라 일본도 송과의 교류를 위해 동중국해사단항로를 이용하였다. 특히 영파·천주·광주 등지가 대외 무역의 중심으로 등장하면서 이 지역은 더욱 중시되었다. 이런 변화에 따라 개경과 명주를 잇는 항로상에 있는 한국 서해안의 여러 섬은 남송과 고려 사이의 징검다리가 되어 주었다. 외교사절의 왕래와 함께 관무역이 이 항로를 타고 활발하게 이루어졌으며, 고려 중기 이후엔 사무역이 폭증하여 두 나라 상인의 왕래가 빈번하였다.

그들이 이용한 항로는 명주-가거도-홍도-대흑산도-고군산군도-태안 마도-강화도-예성강-급수문-벽란도-개경의 순서로 적혀 있다. 이 해로는『고려도경』[43]에도 자세히 기록되어 있다. 10~13세기에는 고려와 송은 주로 동중국해사단항로 두 노선을 이용하였다. 거란의 등장으로 북방 해역을 이용하기 어렵게 되자 고려의 요청으로 문종 28년(1074) 이후에는 고려와 송의 사행로가 동중국해사단항로로 완전히 바뀐 것이다.

> A. "고려가 공물을 보내왔다고 명주에서 보고하였다. 황제는 명주에 명하여 해로에 익숙한 사람을 보내어 맞도록 하였다. 또 전운사를 관사로 파견해 새로운 의례로 위로하게 하였다. 고려는 송 건국 초부터 줄곧 등주를 거쳐 조공해 왔으나 최근 몇 년 동안은 명주 길을 자주 이용하였다. 요遼와 멀리 하기 위해서였다."[44]

> B. "희령熙寧 2년(1069)……지난번에 고려 사람들은 모두 등주로 왕래하였는데 7년(문종 28, 1074년)에 김량감金良鑑을 보내어 와서 말하기를 '거란을 멀리하고자 하니 바라건대 명주로 하여금 예궐하게 하소서'라고 하니 허락하였다."[45]

이상은 고려-송 사이의 교역로가 황해횡단항로에서 동중국해사단항로로 바뀌었음을 알려주는 자료이다. 송과 고려의 사행로를 동로東路와 남로南路로 구분[46]하여 설명한 기록도 있는데, 이 경우 동로는 황해횡단항로, 남로는 동중국해사단항로를 이른다. 두 나라의 외교사절이 오고 간 사행로인 황해횡단항로와 동중국해사단항로는 두 나라의 중요한 교역로였다. 그러나 위 자료의 A, B 내용으로 보면 이미 1074년 이전에도 동중국해사단항로를 활발하게 이용하고 있었다.

서긍도 이용한 개경-경원의 고려·남송 항로

서긍의 『고려도경』에 기록된 신주(神舟)의 복원 모형

서긍의 『선화봉사고려도경』에서 말한 선화宣和는 송 황제 휘종 시대의 말기인 1119년부터 1125년까지 중국에서 사용한 연호이다. 선화 연간에 사신의 임무를 받들고 고려에 가서 보고 들은 바를 글과 그림으로 기록하여 바친 것이 『선화봉사고려도경』의 본뜻이다. 서긍은 선화 5년, 그러니까 1123년에 고려

서긍이 다녀간 항로

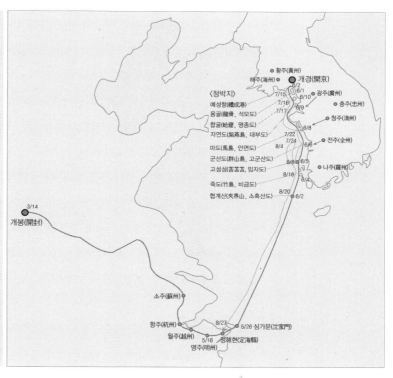

를 다녀갔다. 그가 개경을 왔다 갈 때 이용한 항로는 고려와 남송의
사절과 상인들이 주로 이용한 바닷길이었다. 그 경로를 보면 신안
선이 거쳐 갔을 항로를 훨씬 쉽게 이해할 수 있을 것이다. 서긍이 5
월 24일에 명주(=경원) 정해현을 떠나 심가들이 많이 사는 창
국현 심가문에 도착한 것이 5월 25일 오전 10시 경이었다.
이날 오후 네 시 경에 산에 올라가 무사항해를 빌며 제사를
지냈다. 이튿날 매잠梅岑에 도착하였다. 창국현 봉래산(28일)-
백수양(29일)-황수양-흑수양을 거쳐 가거도(=소흑산도) 협계
산夾界山을 지난 것은 6월 2일이었다. 그로부터 이틀 후인 6월 4일에 신안군 비금도[47]
에 이르렀으니 이때 바람은 별로 순조롭지 않았던 듯하다. 일주일이면 오는 뱃길을 보

서긍의 『고려도경』에 나
온 객주선. 지금의 여객
선에 해당한다.

름 동안 온 것이다. 그런데 거기서 다시 하루만에 임자도 즉, 고점점古苫苫을 지났다. 6일에는 고군산군도, 7일에는 충남 태안의 마도馬島를 지나고 9일에 대부도, 10일에 영종도를 지났다고 하였다. '가거도–비금도–임자도–고군산군도–마도–대부도–영종도–강화 석모도–예성항–개성'의 항로를 거친 것이다. 이것이 바로 개경과 경원 사이의 공식적인 항로인 동시에 상인들이 최단거리로 왕래하던 해로였다. 서긍은 개경–명주 항로 중에서 가거도–비금도–임자도의 순서로 간 것이다. 이것으로 보아 신안선 역시 서긍과 마찬가지 항로를 따라 가다가 가거도–상·하태도–비금도–임자도 코스의 어딘가에서 표류했을 가능성이 가장 높다. 배는 언제나 중간중간 섬을 끼고 거점 이동을 하는 식으로 간다. 거기에는 몇 가지 이유가 있다. 섬 사이로 흐르는 해류를 따라 가기 위해서이고, 만약의 경우 대피하기 위한 목적도 있다. 그보다 더욱 중요한 것은 식수의 보충과 휴식이다. 장거리 항해에서 가장 중요한 것은 적당한 휴식과 식수이다. 서긍은 『고려도경』에서 식수가 얼마나 중요한지를 이렇게 설명하고 있다.

"…배가 먼 바다를 건너려면 반드시 물독을 마련하고 식수를 많이 비축하여 마실 것을 준비한다. 대체로 먼 바다에서는 바람은 크게 걱정하지 않지만 물의 유무로 생사가 판가름 난다. 중국 사람이 서쪽에서 먼 바다를 건너오는데 여러 날이 걸린다. 그러므로 고려 사람들은 식수가 바닥났으리라고 짐작하고는 큰 독에 물을 싣고 배를 저어 와서 맞이하는데, 각기 차와 쌀로 갚아준다."

앞에서 설명한 대로 서긍은 경원 앞바다의 심가문沈家門을 5월 26일에 떠나서 그 다음달 2일에 가거도에 들어왔다. 여기까지 7일만이었다. 신안선이 마지막 선적을 끝낸 날짜로부터 서긍이 명주를 떠난 날 사이의 시차는 일주일 뿐이다. 서긍 일행은 아마도 가거도에 잠시 들러서 식수를 보충하고 쉬었다가 떠났을 것이다. 종합적으로 고려할 때 신안선도 서긍의 경우처럼 가거도와 비금도–임자도의 순서로 표류하여 증도 앞바다로 밀려가 침몰한 것으로 보는 것이 가장 합리적이다.

신안선이 경원에서 출발했을 때는 분명히 바람이 적당하고 해상의 날씨가 좋았을 것이다. "먼 바다로 나갈 때는 바람과 구름과 하늘의 때를 살핀 뒤에 나간다"[48]고 하였듯이 바다와 날씨의 변화에 민감한 선원들이 출발 무렵에 태풍의 전조를 느꼈다면 절대로 출항하지 않았을 테니까.

경원에서 동북 방향으로 바다를 가로질러 나가면 가거도에 이를 수 있다. 가거도에서 태도와 비금도–임자도–고군산군도에 이르는 뱃길이 이어진다. 이것이 개경에 이르는 최단거리 항로이고, 경원(명주)을 오가는 고려와 송의 상인들은 통상 이 항로를 택했다. 증도–도덕도 사이의 신안선 침몰지점은 그 항로에서 약간 벗어나 있다. 신안선이 통상적인 항로를 따라가다가 거친 바람에 떠밀려 간 것으로 추리하는 이유가 여기에 있다.

신주(神舟). 중국의 인공위성 이름도 여기서 따온 것이다.

앞서 설명한 대로 신안선이 가거도–비금도 사이 어딘가에서 표류한 것은 분명하지만, 가거도–임자도 코스로 계획된 항해를 하다가 표류한 것인지, 아니면 계획된 항로는 아니었으나 경원을 떠난 지 얼마 안 되어 바람에 떠밀린 것인지를 정확히 증명할 수는 없다. 침몰지점 서남 방향 1km 밖에서부터 물건들을 떨어트리며 배가 표류한 사실 외에는 그 이전의 행로를 전해주는 또렷한 증거는 없기 때문이다.

고려시대 이 해로상의 주요 거점에는 나졸을 태운 순라선이 배치되어 있었다. 위사尉司라는 글자를 쓴 깃발을 세운 순라선은 고군산군도에서 외국 사절을 맞아들이고 또 전송하였다. 그리고 육로의 주요 거점마다 역참驛站을 두어 여행편의를 도왔던 것처럼 그 당시 서해와 남해의 주요 거점엔 수참水站이 있었다. 대흑산도에도 수참이 설치되어 있었다.

이상을 종합하여 정리해 보자. 신안선은 경원항을 출발하면서 애초 신안 지역을 포함한 서남해로 진입하여 가거도를 거친 다음, 흑산도나 고군산군도에 정박했다가 개경으로 가는 길을 계획했을 것이다. 그것이 아니면 흑산도에서 남해안 연안의 해류(조류)를 타고 후쿠오카로 가려다가 바람에 표류하여 중도에 침몰했을 수도 있다. 그렇지만 신안선은 가거도–상태도·하태도 서편–비금도–임자도 항로를 따라 표류하다가 침몰한 것은 분명하다. 다른 어떤 항로보다도 서긍이 다녀간 항로를 거쳤을 가능성이 가장 높은 것이다. 더욱이 여름철 항해에 보다 안전한 방법은 남해안의 섬들을 징검다리로 삼아 이동하는 조류항해였다. 남해안의 섬들은 한·중·일 삼국의 문물과 문화 그리고 사람의 교류에 큰 역할을 한 해상의 가교였다. 삼국의 문물이 전파된 경로였고, 통상 중국 동부해안과 고려 서해안에서 일본을 가려면 반드시 신안군의 여러 섬들을 거쳐야 했다. 신안선도 예외가 아니었다. 서해 남부의 섬과 남해안의 섬 사이를 지나 서일본으로 가는 길을 계획하였다고 보는 게 타당할 것이다.

거친 풍파를 헤치고 먼 곳까지 오가며 활동한 고려 상인들

청자과형주자

고려는 농업을 기반으로 한 사회였지만 그에 못지않게 상업도 발달한 사회였다.[49] 고려의 상업은 개경의 시전市廛과 각 주요 도시의 시장을 중심으로 이루어졌다. 개경의 중심가에는 사람들로 항상 붐비는 시전 골목이 있었다. 개경의 시전은 왕궁[50]의 동문인 광화문廣化門에서 십자가에 이르는 남대가南大街의 양쪽에 긴 회랑으로 이어져 있었다. 광화문에서 봉선고奉先庫까지, 그리고 경시사京市司에서 흥국사興國寺 다리까지 시전이 개설되어 있었다. 수도 왕경의 중심가 양쪽으로 벌려 선 시전은 항상 사람들로 북적였다. 시전을 독차지하고 많은 수익을 올린 이들은 주로 왕실을 중심으로 한 지배층 및 사원과 연결된 상인들이었다. 시전은 국가가 지어서 상인에게 대여한 상설시장이었다. 시전은 경시서京市署의 감독을 받았다. 이들 시전 상점의 문루門樓에는 영통永通·광덕廣德·흥선興善·통상通商과 같은 간판을 내걸었다. 그 이름은 모두 상업과 관련된 것으로, 고려는 개경에 시전 외에도 서점이나 복두점[51]·약국·주점酒店·다점茶店·주식점

酒食店과 같은 관영상점을 개설하였다. 복두점은 그 당시 고려인 성인남자면 누구나 썼던 두건(=모자)[52]을 팔던 곳이고, 다점은 요즘의 커피숍이다.

개경에 처음 시전이 설치된 것은 919년(태조 2년)이다. 그때의 시전은 긴 회랑 형태로서 처음에는 규모가 작았다. 하지만 나중에 여러 차례 증축하여 시전은 제법 커졌다. 1208년(고려 희종 4년)에는 광화문에서 네거리(십자가)에 이르는 구간에 1008동의 회랑을 증축하여 규모를 크게 확장하였다. 서울의 명동 거리보다도 훨씬 긴 회랑형 상가였다. 1307년(충렬왕 33년)에는 시전 거리 양쪽에 2백 칸의 건물을 더 세웠고, 고려 말인 1377년(우왕 3년)에는 그 동쪽에 회랑을 새로 세워 시장 규모를 더욱 크게 늘렸다. 이것은 고려의 수도 개경의 경제규모가 세월의 흐름과 함께 점차 커졌음을 말해준다.

고려는 개경과 서경 외에도 여러 곳에 시전을 열어 상업을 장려하였으며 1102년(숙종 7년)에는 서경(현재의 평양)에 화천별감貨泉別監을 파견하여 중앙의 관리가 시전을 직접 관리 감독하고 상업을 장려하도록 하였다. 수도 개경과 서경 외에 각 주현에도 주식점이라든가 주점이며 다점 등을 개설하도록 하였는데, 시전의 확대와 함께 고려는 전국적으로 유통망이 확장되어 상업이 더욱 활기를 맞았다.

도시 근처에는 한낮이나 아침저녁에 시장이 개설되어 남녀노소 누구나 신분에 관계없이 이용하였다.[53] 전국의 시장과 상업망을 그물처럼 이어주는 고려의 전문 상인들은 전국을 두루 찾아다니며 장사를 했다. 험한 풍파를 겁내지 않고 국내의 여러 지방은 물론이고, 멀리 송나라까지 나가서 장사를 하던 모습을 기록에서도 볼 수 있다.

1) 진도현 주민 한백 등 8명이 물품 매매차 탁라도(제주도)로 가다가 풍랑을 만나 명주明州에 표착하였다. 명주에서 황제의 명령으로 그들에게 각각 비단 20필, 쌀 3섬을 주어 돌려보냈다.[54]

2) 왕이 탐라와 영암에서 목재를 장만하여 큰 배를 만들어 가지고 장차 송나라와 연계를 가지려 하였는데, 내사문하성에서 아뢰기를…'…탐라는 땅이 척박하고 백성이 가난하여 고기잡이와 배 타는 것으로 생계를 유지하고 있습니다.…'고 하였다.[55]

3) 형부에서 '감찰어사 이현부가 운흥창에서 쌀 17석을 가져다가 자기 맏아들과 부유한 상인에게 주었으니 그것을 창고에 반환하도록 하고, 그 직을 파면하여 옥에 가두기 바랍니다'고 아뢰었다.[56]

그 당시에 고려 상인들은 송나라로 건너가서 상업을 할 수 없었고 주로 송나라 상인들이 고려에서 활동하였으므로 실제 상업의 주도권을 송나라 상인들이 갖고 있었다. 어느 나라, 어느 사회든 잘못된 제도, 불합리한 규제는 발전을 저해한다.

송과 고려의 관계가 회복된 뒤에는 고려에서 활동한 송나라 상인보다도 고려 상인들이 바다 건너 먼 송나라에 나가 많은 이익을 거두었다. 그곳에서 고려가인高麗賈人으로 불리던 고려의 상인들은 돈을 벌어들였다. 그들은 중국 동전을 그대로 가져왔다. 고려 상인이나 일본 상인들이 중국에서 동전을 바꿔 가는 일이 많았음을 알려주는 기록이 『송사』에 있다. "고려와 일본 상인들이 동전을 바꿔 가는 것을 금지하였다"[57]는 내용이 그것이다. 이것은 천주와 경원 등지로 나가 교역에 종사한 고려의 상인들이 대단히 많았고, 그들이 거둔 무역 이익을 동전으로 가져가면서 전황이 발생하였기 때문에 내린 조치이다. 동전의 외부 유출을 막은 조치는 그 외에도 자주 있었다. 또 "양절시박사에서 말하기를 고려 상인들이 동기銅器[58]를 팔러 와서 세금을 거두어 줄 것을 요구하자 이를 주전사가 처리하도록 조서를 내렸다"[59]고 한 사실에서도 구리그릇을 만들어 중국 남부 지방에 팔아온 고려 상인들의 적극적인 무역활동을 살펴볼 수 있다.

고려 상인들은 직접 배를 가지고 나가서 중국 및 다른 나라와 교역을 하였다. 고려 상선의 존재를 알려주는 기록도 있다.[60] 고려 상

청동산형구병(青銅蒜形口瓶). 주둥이 입구가 마늘 모양으로 생긴 청동병이라는 의미다. 굽빝에는 의이자손(宜爾子孫)이라는 양각 명문이 있다.

인들은 중국을 비롯해 해외 여러 나라에서 무역을 하였다. 그들은 중국의 시박사에 세금을 내고 합법적으로 상업활동을 하였다.

당시 고려와 일본의 무역상들은 상당히 좋은 대우를 받았다. 강수와 잡사雜事는 교역 총액의 19분의 1을 세금으로 냈으며 그 나머지 배를 타고 들어온 승객[61]은 15분의 1을 세금으로 내야 했다.[62] 이때까지만 해도 고려와 송의 무역은 사신 교류와 함께 이루어지는 사행使行 무역 즉, 관무역이 중심이었다.

고려 초에는 사신이나 사행을 따라가는 상인들에게 사무역을 인정하는 정도였다. 그러나 그 근간은 공무역 즉, 관무역이었다. 고려의 지배층은 세력을 가진 상인들이 사사로이 외국과 무역을 하는 것이 중앙집권체제 강화에 문제가 될 수 있다고 생각하여 무역을 국가 주도하에 두려고 하였다. 그래서 성종[63] 때에는 사신에 의한 공무역 외에 사무역은 금지시키려고 하였다. 이와 함께 화폐를 주조하여 사용하게 하였는데, 그것은 상업 진흥책이었지만 본래의 목적은 국가가 무역과 상업을 통제하려고 취한 조치였다. 이와 같이 고려 초의 대외교역은 공무역 중심으로 추진되었다.[64] 송나라의 소철[65]이 고려의 사행 사신들이 상품 매매를 위해 정해진 숙소를 벗어나지 못하도록 제한하는 조치를 취해 줄 것을 건의한 일[66]이 있는데, 이것도 사무역을 통제하기 위한 것이었다. 고려만이 아니라 송에서도 사무역을 규제한 것이다.

고려는 사무역을 억제하였으므로 고려 전기의 송나라 자료에 고려 상인은 별로 없다. 대신 송나라 상인이나 여진인 등이 고려에 들어와서 장사를 한 기록은 많다. 이런 구도 하에서 송나라 상인들은 고려의 지배층과 고려에서 필요로 하는 물품을 공급하는 도매상의 역할을 톡톡히 하였다. 고려와 송의 교역에서 고려 상인은 별로 드러나지 않고, 송나라 상인들이 중요한 역할을 한 것은 이런 배경 때문

중국 남부의 하문(厦門, =샤먼). 하문(厦門)이라는 이름은 중국의 바깥 변경 관문임을 의미한다. 15~16세기를 지나면서 이곳이 해양실크로드의 새로운 출발점으로 등장하면서 영파(명주)와 천주가 드디어 쇠락하였다.

이다. 고려와 송의 교역에서 송나라 상인들의 역할은 중요한 일면이 있었다.

고려에 들어온 외국 상인들은 먼저 고려의 왕에게 공물이나 상품을 헌상하고 그 대신 무역허가 및 회사품回賜品을 받아가는 방식으로 교역을 하였다. 고려 현종[67]부터 정종 시대[68]까지는 팔관회八關會에 송나라 상인과 흑수말갈·여진·일본 등의 외국상인이 공물을 바치면 그것을 받고 회사품과 함께 무역권을 내주었던 것이다. 이러한 방식을 중국의 전통적인 조공질서에 상응하는 고려의 주체적인 외교 자세라고 볼 수도 있지만, 다른 한편으로 이런 체제는 지방의 호족이나 권문세가에게 교역권을 내주지 않고 고려 왕과 왕실이 교역 이익을 독점하기 위한 목적도 있었다. 제 배를 채우려면 아무나 못하게 막아야 했고, 그렇게 해야 고분고분하게 잘 바치는 놈에게만 혜택을 줄 수 있으니까.

송나라 상인 중에는 고려 측의 수요와 요구에 따라 물품을 조달하는 사람들이 꽤 있었다. 그들은 무역 외에도 불경을 들여오거나[69] 때로는 개인의 편지를 전해주는 일도 하였다.[70] 양국간 외교문서를 전달하는 역할도 하였으며 일종의 문화 전달자 구실도 하였다. 고려와 송 사이의 국교가 단절된 때[71]에도 송나라 상인들은 고려에 들어와 활발하게 활동하였다. 1068년 송나라가 고려에 국교재개 의사를 전달하였는데, 그 때도 송나라 상인 황신黃愼이 국서를 대신 가져왔다.

고려와 송의 교역항은 경원의 정해현定海縣과 창국현昌國縣 그리고 항주杭州·수주秀州·온주溫州·태주台州·천주泉州로 확대되었다. 물론 이들 외에 산동반도의 해주海州·초주楚州와 같은 곳들도 고려의 상인들이 즐겨 찾아가는 곳이었다.[72] 그 중에서도 가장 중요한 교역항은 광주·명주·천주·수주·온주·밀주密州 등이었다. 이 지역엔 해외무역을 관장하던 시박사나 시박무가 설치되어 있었다. 고려에 들어

중국 광동성(廣東省) 양강시(陽强市) 해안. 이곳 역시 해양실크로드의 출발점이었다.

와 활동하던 송나라 상인들도 이 지역 출신이 많았다. 특히 천주 사람들은 훌륭한 조
선술과 항해술을 갖고 있었으므로[73] 천주의 상인들은 국제적으로도 잘 알려져 있었
다. 뛰어난 조선술을 바탕으로 상인들이 일찍부터 서역과 교역을 할 수 있었던 것은
천주가 가진 지리적 이점 때문이었다.[74]

고려는 건국 초부터 해상무역의 중요성을 강조하였다. 태조 왕건 자신이 '주즙지리
舟楫之利'라고 하여 배를 타고 외국에 나가 교역에서 얻는 이익을 강조하고 해상무역을
장려하였는데, 그것은 취약한 재정을 보충하기 위한 의도였다. 왕건 가문은 신라 말
장보고와 관련되어 있었고, 왕건 자신도 무역의 중요성을 잘 알고 있었다. 상업을 중
시한 고려의 정책에 따라 수도 개경의 상업도 크게 활기를 띠었다. 한 번에 수백 명의
무역상들이 중국 남동부 연안의 민절閩浙[75]지방에서 들어온 경우도 많이 있었을[76] 정
도로 개경은 항상 중국과 여러 나라의 상인
들로 붐볐다.

고려는 포구와 해로가 잘 발달해 있었
고, 강이나 바다의 주요 포구에서 가까운
곳에는 조운창(=조창)이 있었다. 바다와 강
을 따라 조운선漕運船이 오가며 정부의
세곡을 조창漕倉에서 실어 날랐다. 고려
는 전국에 13개의 조창을 운영하였다.
강에는 덕흥창德興倉과 흥원창興元倉과
같은 창고를 두었고, 나머지 조창은 해
안의 항구나 포구에 있었다. 고려 정부
는 60여 군데의 포구를 중심으로 해안
을 관리하였는데[77] 결국 이런 항구나
포구가 고려 국내의 상업과 유통 거
점이 되었고, 그중 많은 수가 대외교
역의 주요 항구가 되었다. 고려의 대표

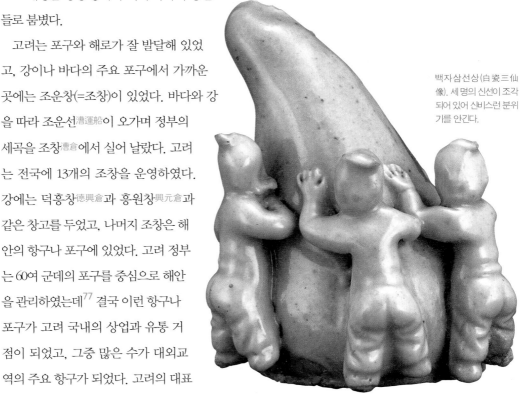

백자삼선상(白瓷三仙
像). 세 명의 신선이 조각
되어 있어 신비스런 분위
기를 안긴다.

적인 교역항으로는 개경 예성강의 벽란도, 나주의 회진會津, 무진주(전남 광주)의 승평昇平[78]·강진, 전북 임피(옥구), 풍천(황해도)[79] 등이 있었다. 무진주 승평은 지금의 여수·순천·승주 일대이다. 이들 중에서도 벽란도는 고려의 무역항으로 가장 널리 알려져 있었다. 송나라의 외교사절이나 상인들이 고려를 찾을 때 거쳐 가는 곳이었다. 그 다음으로 정주貞州가 예성강 하구의 벽란도에 버금가는 무역항이었다. 정주는 원래 신라 말~고려 초에 군사요충이었으나[80] 이후 무역항으로서 큰 역할을 하였다. 대각국사 의천은 선종 2년(1085) 4월에 바로 이 정주에서 송나라 상인 임령林寧의 배를 타고 송나라로 건너갔다. 그로부터 한 달 후인 5월 의천은 남송 판교진板橋鎭에 도착하였는데, 이때 송 철종哲宗[81]은 고위관료를 보내어 의천 일행을 정중히 맞이하였다. 의천은 수주·윤주潤州 및 항주 천태산天台山을 둘러보고 이듬해 5월 12일에 고려 사신과 함께 명주(경원)에서 배를 띄워 6월 18일에 예성강으로 되돌아왔다.

중국 정부는 등주나 천주와 마찬가지로 고려의 외교사절이나 상인들을 위해 명주에도 객관을 설치하였는데, 그것이 소위 고려관이다. 대신 고려는 개경과 풍주 등 여러 곳에 객관을 두어 송나라 상인과 사절에게 편의를 제공하였다.

중세 시대 무역 상품의 바코드 '목패'

목패에 들어있는 다양한 상품 정보들

신안선에 선적한 상품에는 각 종류마다 목패가 달려 있었다. 목패는 상품과 관련된 여러 가지 정보를 적은 나무조각으로, 오늘날의 '상품 바코드'이다. 거기에는 상품의 주인이나 행선지(도착지), 상품의 종류와 양(무게 또는 수량), 선적일자와 같은 것들이 적혀 있었다. 이런 귀중한 정보를 담은 목패로 말미암아 신안선의 마지막 대항해 연대와 날짜를 소상하게 알 수 있었고, 선적과 선주단도 추정할 수 있게 되었다. 상품의 생산과 교역 시점을 정확히 알 수 있었기에 신안선과 거기서 나온 유물은 더욱 큰 가치를 갖게 되었다.

백유흑화화문호

제10부

중세 시대 무역 상품의 바코드 '목패'
- 목패에 들어있는 다양한 상품 정보들

목패는 선적화물에 붙인 꼬리표이자 화물명세서로서 '나무로 만든 패찰'이다. 목패에는 각 상품의 주인과 행선지·선적일자(연월일)·상품명(상품의 종류)·무게 등이 적혀 있다. 또한 출항지(=선적장소)와 화주 또는 그 대리인·상품의 개수(또는 부피)·도량형 단위·상품의 성격과 같은 여러 가지 정보가 담겨 있었다. 이 목패를 통해 신안선의 성격이며 침몰연대와 같은 귀중한 정보를 얻을 수 있었고, 도자기 편년 설정에 절대적인 기준을 잡을 수 있었다. 말하자면 이들 목패는 14세기 무역활동과 관련된 '상품의 바코드'였던 것이다.

상품에 매단 꼬리표가 알려준 것들

신안선에 적재한 상품에는 각기 물표物標가 달려 있었다. 이것은 길고 조붓한 나무 조각에 상품 정보를 먹으로 써서 매단 꼬리표이다. 그 '나무 패찰'에는 상품과 관련하여 몇 가지 꼭 필요한 사항들을 기록하였다. 나무 조각에 적은 패찰이어서 그것을 목패라 부르게 되었는데, 거기에는 여러 가지 정보가 담겨 있었다. 이들 목패를 통해서 비로소 이 대형 선박의 성격이라든지 침몰연대와 같은 귀중한 정보를 얻을 수 있었으며, 도자기 편년 설정에 절대적인 기준을 잡을 수 있었다. 나아가 1320년대 중국 용천요 도자기와 경덕진 가마에서 생산한 도자기는 물론, 그 시대적 상황을 자세하게 알 수 있었다.

신안선의 유물을 인양하는 작업은 1976년 10월 26일에 시작되었지만 목패가 처음 나온 것은 발굴 시작 6년째인 1982년과 그 이듬해였다. 해저 갯벌 깊은 곳에 묻혀 있던 배의 맨 밑바닥에서 목패가 쏟아져 나왔는데, 1982년에 건져 올린 목패는 모두 328개이다. 이 목패들은 배 밑바닥에 실은 동전과 함께 나왔다.

이듬해에 또 찾아낸 36개를 합쳐 배 안에서 찾은 목패는 총 364개이다. 모두 신안선 바닥에 쌓인 흙을 흡인호스로 빨아내는 과정에서 뒤섞여 나왔는데, 이때 많은 양의 동전과 함께 다른 유물도 나왔다. 신안선 내부에서 건져낸 목패들을 각 선창 구역별로 구분하여 정리한 것이 아래 〈도표〉이다.

연도별로 인양한 목패 숫자(1982~1983년)

1982년도(328개)		1983년도(36개)	
Ⅱ구역	138개	Ⅵ구역	19개
Ⅲ구역	130개	Ⅶ구역	12개
Ⅳ구역	55개	Ⅶ, Ⅷ구역	3개
Ⅹ구역	5개	Ⅸ구역	1개
		우현 바깥	1개

목패는 길이가 대략 10cm~20cm이다.[1] 그 중에서 길이 15cm 안팎이 가장 많으며, 소나무와 삼나무로 만들었다. 목패의 머리에 홈을 파서 끈으로 묶어 매달 수 있도록 한 것인데, 일부는 상부 중앙에 작은 구멍을 뚫어서 끈을 꿸 수 있도록 한 것도 있다. 아무런 가공을 하지 않은 것도 있으나 소유주마다 목패의 생김새가 비슷하다. 머리 부분의 생김새에 따라 목패를 대여섯 가지 유형으로 구분할 수 있는데, 그 중에서 A(p.220의 그림 참조)형의 목패가 전체의 70%를 차지해 제일 많다. 이 A형 목패를 발굴자들은 다시 네 가지 유형으로 세분하여 제시했다.[2]

목패에 담은 내용은 어떤 것들이었나?

화물을 종류별로 구분하여 배에 싣고, 상품에는 각기 먹으로 쓴 목패를 매달아 그 물건의 소유주나 하주를 표시하였다. 하주는 선장이나 개인도 있었지만 일본 교토와 후쿠오카의 사찰이 많았다. 동복사東福寺 또는 강사綱司라는 직명을 표시한 목패들이 그것이다.

어떤 것은 자신만의 독특한 서명 즉, 수결手決을 한 목패도 있다. 화압花押이라고도 하는 이 수결은 개인이 사용한 사인私印이다. 일찍이 중국 당대唐代 이전에 시작된 표기 방식으로, 우리나라에서 가장 오래된 수결이 바로 이 신안선의 목패에서 확인되었다. 그 중에는 숙련된 필치와 함께 솜씨가 세련돼 보이는 것도 있고, 간단한 부호로 대신한 것도 있다.

그런데 잘 들여다보면 화주의 이름을 생략하고 앞뒤 면에 수결만을 한 것도 있고 아예 수결을 하지 않은 목패도 있다. 물론 화물의 소유주나 하주의 이름 아래에 수결을 한 것도 있고, 화주의 이름 대신 앞뒤 면에 세련된 솜씨로 수결만 한 것이 있다. 道阿弥도아미·常得상득·まこ三郎[3]·本とう二郎[4]처럼 하주의 이름만 쓰고 수결은 생략한 것이 있는가 하면 又七우칠이란 사람은 수결 대신 이름 앞에 특이한 부호를 표시하여 수결과 이름을 함께 기입하는 방식도 사용하였다. 이름과 수결을 아예 생략하고 목패의 앞뒤 면에 ▼ ∴ ❀ ✪ 와 같은 표시를 해놓은 것도 있다. 이들 목패에 쓴 사찰명이나 인명 그리고 강사와 같은 직명은 모두 상품의 구매자였을 것이다.

이 외에도 하주의 이름이나 수결을 생략하고 선적날짜나 화물의 수량만을 기록한 목패도 꽤 있다. 물론 앞면에 하주의 이름을 적고 그 옆에 날짜를 함께 적은 것도 있고, 매우 적은 수이지만 이름 옆에 수량을 병기한 예도 있다. 또 날짜와 수량을 함께 병기한 목패도 있다. 이런 것들은 선장 소유일 수도 있다.

그러나 뒷면에 아무 것도 기록하지 않은 목패도 66점이나 된다. 그리고 수량을 적고 나서 그 끝에 무게 단위인 관貫[5]·관문貫文과 같은 글자를 기록한 목패가 89점이나 된다. 이처럼 무게 단위를 표기한 것이 가장 많은데, 이것은 동전에 달았던 것이 아닌가 생각된다. 또 부피 단위인 斗두를 표기한 목패도 12점이 나왔다.[6] 말[斗]이라는 용적 단위로 보아 이런 목패를 단 물건은 곡물이었을 것이다. 또 斤(근, 2점)이나 種(1점)을 써넣은 목패도 있으며 包포라는 글자를 기록한 것도 52점이나 확인되었다. 근斤은 지금의 600g에 해당하며 포包는 봉지로 포장한 단위. 종種은 아마도 식물의 씨앗이 아니었나 짐작된다. 또 먹으로 대전大錢이라고 쓴 목패도 나왔는데, 대전은 동전의 한 종류이니 동전에 달았던 물표가 분명하다.

목패의 묵서 내용과 유형별로 화주 구분할 수 있어

신안선에서 나온 목패가 아니었으면 그저 배와 유물 말고는 우리가 알아낼 수 있는 것은 별로 없었다. 선적일자나 화물의 소유주, 출항지와 행선지, 배와 선적상품의 성격 등 자세한 정보를 알려준 것이 바로 목패였다. 특히 이 배는 1323년 음력 6월 초 이후에 경원항을 떠났고, 한여름인 6~7월경에 침몰했을 것이라는 추정도 목패가 있었기에 가능했다.

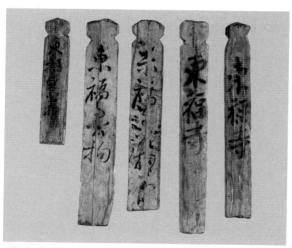
교토의 사찰 이름 東福寺(동복사)가 적혀 있는 목패

그런데 1982년에 인양한 목패 328개 중에는 강사綱司라고 적은 것이 109개나 되었다. 그리고 강사 다음에는 私라는 글자를 썼으며, 그것이 없는 것은 단 하나 뿐이었다. 목패의 앞면에 강사사綱司私라 쓰고 그 밑에 수결을 한 목패가 37개이고, 강사사 아래에 수결과 함께 유월삼일六月三日이라고 쓴 목패도 있다. 앞면에 강사사綱司私와 수결을 한 목패 37개 중에는 뒷면에 선적일자 오월십일일五月十一日을 기록한 것도 있고 앞면에 강사사란 수결과 함께 유월삼일六月三日을 기록한 목패는 뒷면에 약오종팔십藥五種八十이라고 적어 '약재 5종 80근'을 표기하였다. 약오종팔십藥五種八十은 한약재 5종 80斤근을 의미하며 약오종팔십藥五種八十, 진피오십오근陳皮伍拾伍斤은 상품과 무게를 함께 기입한 사례이다.

（앞면）綱司私 手決 六月三日（49개）

（뒷면）七十三包六百內

（앞면）綱司私 手決 六月三日（1개）

（뒷면）二包內行妙

　　목패에 적혀 있는 '강사綱司'는 배의 선장이나 선단주라고 이해하면 편할 것 같다. '강사' 뒤에 '私'를 붙인 것은 공용과 사용을 구분하기 위한 의도였다. 즉, 강사 개인의 용도를 위해 구입한 물품임을 표시한 것이다. 선장 자신의 목적에 따라 따로 선적한 물품으로, 그것은 동복사란 이름이 적힌 목패를 보면 이해하기 쉽다. 동복사東福寺란 사찰 이름을 적은 목패는 41개인데,[7] 이들은 앞면이나 뒷면에 모두 公用공용 또는 公物공물이라고 적혀 있어 강사사 목패와는 다르다.[8] 이것은 당시 동복사에서 필요로 하는 공용 물품이었고, 강사사는 강사 자신의 개인 상품이었음을 알려준다.

　　그러면 '강사綱司'는 무엇일까? 중세시대 중국에서 선장과 선단주船團主를 겸한 명칭으로 볼 수도 있다. 그렇지만 사찰과 관련이 있는 인물로 보는 게 좋을 듯하다. 우리나라 고려 충렬왕 때에 편찬된 『삼국유사』에는 3개소에 강사란 명칭이 등장한다. 『삼국유사』[9]에 따르면 그 당시 고려 사회에서는 사찰 관리직을 맡고 있던 승려들을 승강사라고 부르고 있었다. 이런 근거로 보아 『삼국유사』에 기록된 승강사와 신안선에서 인양한 목패의 강사는 같은 명칭임을 알 수 있다. 현재까지 확인된 자료에 의하면 강사라는 직책은 중국과 고려에만 있었다. 적어도 일본에는

5월 11일 목패와 6월 3일 목패 사진

이런 직책이 사찰에 있었다는 기록이 없다.[10] 이 점은 신안선의 선적, 즉 국적문제를 고민할 때 감안해야 할 사항이다. 다시 말해서 신안선은 중국인과 고려인이 공동선주가 되어 운영한 배일 수 있다. 재일중국인이나 고려인 상인들이 일본의 사찰 또는 승려와 거래한 것으로 볼 수 있다는 것이다.

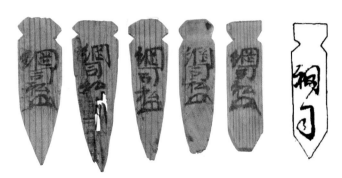

신안선과 천주만 송대해
선에서 나온 「강사」명
목패

그런데 강사란 이름이 적혀 있는 109개의 목패는 크게 두 종류로 구분된다. 이들 중에는 사례 ⓐ에서 보듯이 오월십일일五月十一日이란 날짜를 기록한 것이 37개이고 ⓑ와 같이 유월삼일六月三日을 표기한 목패가 51개이다. 나머지 24개는 글씨가 흐려서 판독이 불가능하지만, ⓐ ⓑ 두 종류는 필체와 수결 그리고 내용이 같으며, 같은 솜씨로 만들었다. 다만 ⓐ의 목패 중에는 뒷면에 五月十日이란 날짜 표기 위에 수결을 한 것이 일부 포함돼 있다. ⓑ류에 속하는 목패 중에는 뒷면에 '藥五種八十'이라고 쓴 것ⓒ과 '二包內行妙'라고 쓴 것ⓓ이 1개씩 나왔다.

오월십일일五月十一日로 적은 ⓐ종류의 목패는 주로 선미 쪽 세 번째 선창(Ⅲ구역)에서 나왔다. 반면 유월삼일六月三日로 날짜를 표기한 ⓑ류 목패는 주로 Ⅱ구역에서 나왔다.

강사綱司라고 적힌 목패에는 반드시 私사라는 글자가 부기되어 있고, 동복사 목패에는 반드시 公用공용 또는 公物공물이라는 구분이 있다. 이런 차이는 앞에서 설명했듯이 공사 관계를 명확히 하기 위한 것이며, 그 외에 다른 목적은 없는 것 같다. 동복사 및 조적암과 같은 사찰은 강사 편에 필요한 물건을 구입하였고, 그것을 신안선의 강사(선장)는 공용으로 표기하여 따로 구분하였다. 신안선의 선장은 일본의 사찰 또는 고위관리나 상류층 인사들로부터 사고 싶은 물건의 명단(물목)을 따로 건네받았을 것이다. 관리나 개인의 주문품과 강사의 상품에는 따로 강사사綱司私라고 적은 목패를 달았고, 사찰에서 주문한 것은 공용으로 표기한 것이다. 그러니까 강사사綱司私로 표시한 상품은 강사가 따로 부탁한 것이며, 그 외에 후쿠오카의 대당가大唐街나 교토 또는 오사카 등지의 시장에 유통시키기 위해 신안선 선장과 선단주가 선적한 무역상품이 따로 있었던 것이다. 한 예로, 10개씩 묶어서 상자에 포장한 상품은 시중에 팔기 위한 것이었다고 판단할 수 있다.

4월부터 6월까지 서너 차례 화물 실어

신안선에 실은 상품이 13~14세기의 자료로서 가치를 갖게 된 것은 목패 때문이었다. 목패는 매우 구체적인 상품 정보들을 담고 있었던 것이다. 배에서 꺼낸 364개의 목패 중에서 연대와 월일이 적혀있는 것 8개를 〈도표〉로 정리해 보았다. 목패에는 '至治지치'라는 원나라 연호年號를 사용하였다. 먹으로 '지치삼년至治參年'이라고 썼는데, '參' 대신 '三'자를 쓴 것도 절반 가량 된다. 지치 3년은 서기 1323년이다. '至治參年' 아래에는 월일을 적었다. 그 중에서 '六月一日'로 판독된 것이 2개, '六月'까지는 읽을 수 있으나 그 아래는 분명하지 않은 것이 2개, '至治參(三)年'만이 판독된 것이 3개이다. 이 외

일자별 목패의 분류

구분	내용	먹으로 쓴 위치	하주명	개수
A-1	至治參年五月	앞면	釣寂庵?	1
A-2	至治參(三)年六月一日	〃	釣寂庵	2
A-3	至治參(三)年六月(一日?)	〃	釣寂庵?	2
A-4	至治參(三)年(六月一日?)	〃	釣寂庵?	4
B-1	四月廿二日(九十貫內)	뒷면	道阿旀	1
B-2	四月廿三日(九十貫內)	〃	〃	3
B-3	四月廿三日(二字不明)	〃	釣寂庵	1
B-4	四月廿三日	〃	秀忍	1
B-5	(拾貳貫)四月廿三日	〃	(不明, 手決 있음)	1
C-1	五月十一日	〃	綱司	37
D-1	六月一日	〃	守中	1
D-2	(十貫)六月二日	〃	東福寺	7
D-3	(大錢五貫)六月二日	〃	東福寺	6
D-4	六月二日	〃	菊一	2
D-5	(綱司私)六月三日	앞면	綱司	51
D-6	六月三日(大錢)	뒷면	東福寺	1
D-7	六月三日	〃	守中	1
D-8	六月三日	〃	菊一	2
D-9	六月三日(手決 있음)	〃	伍貫文(手決 있음)	1
D-10	六月三日(手決 있음)	〃	五錢五貫(手決 있음)	1
D-11	六月三日(以下 不明)	〃	拾貫大錢	1

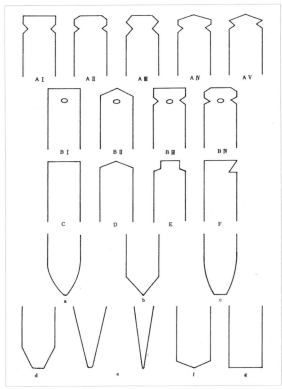

신안선에서 나온 목패의
형태별 분류

에 '至治參年五月'(그 이하의 글자는 명확하지 않다.)이라는 연월을 표기한 목패 1개가 더 있다. 이들 목패의 뒷면에는 동전의 수량과 조적암釣寂庵이라는 암자 이름이 있는데, 글씨가 처음부터 끝까지 온전하게 남아 있는 것은 하나도 없다. 그중에서도 '조적암'이란 이름이 분명하게 남아 있는 것은 3개뿐이다.

그러나 '至治參年'으로 시작된 목패 중에는 그 첫머리에 '寶'라는 한자를 먼저 적은 것이 따로 있다. 이것은 동전에 달았던 물표라고 생각된다. 또 앞뒤 양면에는 똑같은 수결을 남겼다. 이런 형식을 가진 목패는 조적암과 관계가 있으며 필체도 한 사람의 것임을 알 수 있었다.

다음으로 연호가 없고 월일만 적은 목패도 있다. 목패에 적힌 월별 시기는 四月·五月·六月의 세 가지이다. 이 가운데 4월로 기록된 목패는 廿二日(22일, 1개)과 廿三日(23일, 6개), 五月을 기록한 목패는 十一日(11일, 37개), 그리고 六月자 목패는 一日(1개)·二日(9개)·三日(58개) 세 가지가 있다. 이 날짜는 상품 구매일이거나 선적일일 것이다.

앞에서 설명한 날짜를 월일별로 다시 정리해 보면 4월 22일과 23일, 5월 11일, 그리고 6월 1일·2일·3일이다. 이 날짜들을 선적일로 볼 경우 마지막 선적일은 6월 3일이며, 첫 선적일인 4월 22일부터 평균 20일 가량의 간격으로 세 차례에 걸쳐 상품을 배에 실었음을 알 수 있다. 가장 많은 물건을 실은 때는 4월과 6월이었다.

목패에 남은 연월일은 이 무역선의 활동연대와 침몰시기 등을 파악할 수 있는 중요한 단서이기에 절대적인 가치가 있다. 우선 '至治參年'은 이 무역선이 마지막 항해를 한 해이다. 목패에는 대략 같은 내용을 먹으로 썼다. 배의 맨 밑바닥에 실은 방대한 양의 자단목과 동전은 가장 먼저 선적한 것이므로 4월 22일과 23일에 첫 출항지에서 실었을 것이다. 동전과 자단목은 한 장소에서 동시에 실었다. 자단목과 동전을 선적한 장소는 같으며 서로 다를 수는 없다는 점에 대해서는 따로 설명하였다.

다음은 목패에 적힌 사람의 이름과 소유주에 관한 것이다. 목패의 이름을 보면 이 배에는 최소한 20명이 넘는 화주나 그 대리인의 상품이 실려 있었던 것 같다. 이름은 상인 개인과 승려, 사찰[11]과 관련된 직명을 가진 그룹으로 구분할 수 있다.

먼저 개인의 이름을 적은 목패는 八郎(18개)·菊一(9개)·まこ三郎(9개)·とう二郎(8개)·本とう二郎(2개)·いや二郎(2개)·又七(2개)·又三郎(3개) 등 8명이다. 이들은 일본 서민층에 흔한 이름이다. 개인적인 판단이지만, 그 중에서 又七우칠은 又三郎우삼랑의 일곱 째 동생이 아닌가 생각된다. 또 八郎팔랑은 우칠의 동생일 수도 있다. 일본인들은 여러 형제가 있을 경우 큰 아들은 太郎[12] 또는 一郎,[13] 둘째아들은 次郎[14]나 二郎[15] 셋째를 三郎[16]으로 쓰는 관례가 있다. 그러므로 이들 형제는 한 가문의 상인들로 볼 수 있겠다. 일본 상인의 주문품에 매달았던 목패라는 뜻이다. 이런 것들을 감안할 때 신안선에 선적한 상품 중에는 후쿠오카나 교토 또는 오사카의 세력가 집안이 주문한 물품이 꽤 있었을 것으로 추정해볼 수 있다.

그런데 목패를 보면 한자와 일본어 히라가나平假名를 혼용한 이름이 절반이나 된다. 일전조미一田무米(14개), 송국득松 菊得(6개), 위문차랑衛門次郎(3개), 감초?랑甘草(?)郎(1개) 네 사람은 성과 이름이 함께 표기돼 있다. 그 중에서 송국득松菊得이라는 이름은 松 자와 菊得 사이를 한 글자 띄어 썼다. 일전조미一田무米라는 이름이 적힌 목패도 있었는데, 그 중에는 一田일전과 무米조미를 나누어 앞면과 뒷면에 따로 기입한 사례가 있다. 이것을 두고 구구한 해석이 있다. '무米'가 이른 쌀을 의미하므로 '햅쌀'을 의미한 것은 아니었을까? 그러나 一田을 사람의 이름으로 짐작하고 있다. 목패가 있는 것으로 보아 이 쌀은 배에서 먹기 위해 실은 양식은 아니었을 것이다.

목패에는 승려의 이름이 많았다

앞서 설명한 바와 같이 목패에는 사람의 이름이 적혀 있다. 일반인 외에 승려의 이

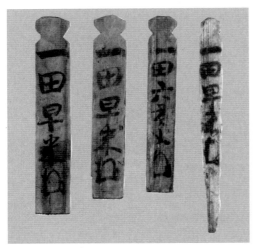

一田早米 (일전조미)라고 쓴 목패는 총 14개가 나왔다. '일전조미(一田무米)를 승려의 이름일 것으로 보는 이들이 있으나 아마도 이것은 점성국이나 지금의 베트남 지역에서 1323년에 처음 수확한 '올벼'일 가능성도 있다.

름도 꽤 있다. 승려의 이름으로 짐작되는 사례는 12가지로 간추릴 수 있다. 교선敎仙(7개)·도아며道阿旀(4개)·수인隨忍(5개)·상득常得(3개)·수인촛忍(2개)·원인元仁(2개)·수중守中(2개)·자철子哲·묘행妙行·득법得法·계심戒心·정오正悟(각 1개) 등이다. 이 중에서 교선敎仙이라는 이름은 목패의 내용으로 보건대 일본 하카다博多[17]의 거기팔번궁筥崎八幡宮 아래에 속해 있는 어느 사찰의 승려였을 것으로 짐작된다. 또 나무상자 하나에는 '자현子顯'이라는 이름을 적은 것이 있다. 이것을 합하면 배에 타고 있던 승려는 최소한 13명

이었음을 알 수 있다. 이들은 꽤 명망 있는 사람이었던 것 같다. 교선이라는 법명으로 보아 그는 교종과 선종을 아우른 승려였던 모양이다. 만약 이들이 신안선에 타고 있었다면 그들은 안타깝게도 중생구제의 짐을 증도 앞바다에 벗어놓은 것이다. 그러나 이들이 배에 타고 있지 않았다면 후쿠오카나 오사카 또는 교토에서 무역선이 오기를 목빠지게 기다리던 하주였을 수도 있다.

그렇지만 상득常得은 승려가 아니라 장사꾼이었던 것 같다. 글자의 의미가 '항상 얻는다'는 것이니 그런 이름을 안겨준 부모는 그가 상인으로서의 삶을 살기를 바랐던 것 같다.

목패엔 서일본 지역의 사찰과 신사 이름도 있어

동복사(41개)와 조적암(5개), 그리고 하코자키궁(3개)이라는 이름이 목패에서 확인되었다. 이들은 모두 일본의 사찰과 신사神社이다. 이 중에서 강사綱司라고 쓴 목패(110점)에 이어 동복사 목패가 두 번째로 많아서 동복사가 신안선 운항에 중추적인 역할을 했을 것으로 보고 있다. 41점에 이르는 동복사 목패에는 전부 공용公用 또는 공물公物이라고 적었다. 이것들은 신안선에 실은 상품의 소유자나 판매자와 관련된 것은 분명하다. 더 이상 구체적인 내용은 알 수 없으나 이상의 몇 가지 요소로 말미암아 물품의

주문과 공급을 주관한 주체는 동복사였을 것으로 판단하고 있다.

13~14세기 일본의 막부幕府 정권은 탑이나 불교대찰 창건에 필요한 자금을 조달하기 위해 공식적으로 무역선을 중국에 파견한 사례가 있었다. 그 대표적인 것이 1325년에 파견한 건장사조영선建長寺造營船과 1442년에 보낸 천룡사조영선天龍寺造營船이다. 건장사와 천룡사를 짓는데 필요한 물품과 경비를 조달하기 위해 중국에 보냈던 배이다. 일본 정부가 허가하여 보낸 배여서 이런 선박을 공허무역선公許貿易船이라고 한다. 상인 개인의 사무역선이 아니라 공무역선이라는 뜻이다. 중국에 가서 값나가는 물건을 사다가 일본에서 처분하고, 그 이익금으로 절을 짓기 위해 공무역선을 파견한 것인데, 이렇게 일본에서 공식적으로 중국에 공허무역선을 파견한 사례가 꽤 있다.

일본에서 동복사라고 하면 누구나 교토시京都市 동산구東山區에 있는 동복사를 떠올리게 된다. 이 절은 창건연대가 13세기 전반으로 올라가는 유서 깊은 고찰로서 그 당시 독자적으로 중국에 교역선을 보낼 수 있는 실력을 갖고 있었다. 그러나 정작 동복사사적東福寺事蹟을 비롯한 일본의 여러 문헌에는 이 절에서 무역선을 파견한 기록이 없다. 다만 1319년에 동복사의 대전大殿이 소실되었으므로 모두 타버리고 빈터만 남은 동복사를 다시 짓기 위해 그로부터 4년 후인 1323년에 신안선을 파견했을 가능성이 있다고 보는 이가 있다.[18] 그리고 또 신안선이 침몰한 해로부터 2년이 지난 1325년에 건장사조영선을 중국에 파견하였다고 하는 가마쿠라 막부의 공식적인 기록이 주목된다. 이것은 막부에서 직접 주도한 일이었지만, 이러한 공무역선 외에 사무역선도 따로 운영하였을 것이다.

다음으로, 조적암釣寂庵은 그 이름으로 미루어 짐작하건대 규모가 작은 사찰이었을 것이다. 이 암자는 일본 후쿠오카시福岡市의 승천사承天寺에 소속된 말사의 하나였다. 승천사는 일본에 귀화하여 하카다博多에 살던 송나라 상인 사국명謝國明의 시주로 성일국사聖一國師가 세운 절이다. 성일국사는 승천사를 세우기에 앞서 동복사를 창건한 전력이 있다. 현재도 동복사와 승천사는 본사와 말사의 관계를 유지하고 있다.[19] 조적암은 승천사의 말사였으니까 승천사나 조적암 모두 동복사의 관할에 들어 있었다. 조적암이란 이름이 판독된 목패의 수는 비록 5점이지만 '지치삼년至治參年'이란 연호가 적힌

목패(8개)는 모두가 이 조적암으로 가야 할 것들이었다.[20]

하코자키궁箇崎宮은 하카다항 즉, 현재의 후쿠오카시에 있는 신사였다. 일본에서는 그 이름이 널리 알려져 있는 팔번궁신사八幡宮神社의 하나이다. 19세기 말의 메이지明治 시대 초에 불교 사찰과 신사를 구분하도록 한 신불분리령神佛分離令이 내려질 때까지 하코자키궁은 팔번대보살거기궁八幡大菩薩箇崎宮이란 이름으로 불렸으며 신사와 불사 두 가지를 관장하는 기구로 남아 있었다. 거기궁箇崎宮이란 이름이 적힌 목패에는 '교선敎仙'이라는 사람의 서명과 수결이 남아 있는데, 이 인물은 거기궁에 소속되어 있던 사승社僧의 한 사람이었다고 보고 있다. 그리고 이 목패들에는 동전의 수량과 함께 '봉가전奉加錢'이라고 쓰여 있다. '봉가전奉加錢'은 시주한 금전이다. 즉 이 말로써 신안선에 선적한 동전은 거기궁에 시주한 것이었음을 알 수 있다. 그런데 거기궁의 승려로 짐작 되는 '교선敎仙'이라는 인물은 별도로 자신이 소유한 동전에 대해서는 '교선분敎仙分' 또 는 단지 '교선敎仙'이라는 이름을 쓴 목패를 달아서 다른 것과 구별해 두었다. 그런 목 패가 4개 발견되었는데, 이것은 교선이 항주나 경원에서 직접 시주받은 것일 수도 있 다. 하여튼 동복사의 강사를 감안하면 '교선'은 거기궁箇崎宮의 살림을 맡은 인물이었 을 것이다.

목패에는 사찰의 관리직 이름도 있어

목패의 내용으로 보면 이 무역선의 운영에는 3개의 사찰이 관여하였고, 그 중에서 도 동복사東福寺가 중심이었다고 볼 수 있다. 강사와 동복사는 긴밀한 관계를 갖고 이 무역선에 관여한 것으로 보인다. 앞에서 몇 차례 설명하였지만 동복사란 이름이 표시 된 목패에는 반드시 공용公用 또는 공물公物이라고 적혀 있는 반면, '강사'가 표시된 목 패에는 빠짐없이 '사私'라는 글자가 추가로 적혀 있다. 현재까지의 자료에 의하면 '강사' 라는 명칭은 중국과 고려에만 있었다. 참고로, 이와 비슷한 승강사僧綱司와 강수綱首의 두 가지 명칭이 중국에 있었는데, 승강사는 중국의 명明·청淸 시대 승려 감독을 위해 지방에 설치했던 관청이다.[21] 이것을 근거로 보면 강사라는 말은 승강사僧綱司의 줄임 말로서 사찰의 관리직을 이르는 용어였다고 생각할 수 있다.

강사와 달리 강수는 중국에서 무역선 또는 그 선단船團을 지휘하던 사람을 이르는 호칭이었다. 강수는 대개 선주와 선장을 겸했다고 한다. 쉽게 말해서 강수는 선장이다. 선장이 선주를 겸하는 일은 어디나 흔했다. 우리나라에서는 『고려사』에 송나라 강수들의 이름이 무역상으로 기록된 것을 볼 수 있다. 그런데 정작 고려에서는 강수를 도강都綱 또는 두강頭綱이라는 이름으로 불렀다. 그러니까 도강과 두강 그리고 강수는 모두 선장의 다른 이름이었던 것이다.

고려와 마찬가지로 일본에서도 송·원 시대에 무역상들이 중국을 빈번하게 오갔기 때문에 강수綱首가 있지 않았을까? 그러나 15세기 이전까지 일본에는 강사나 강수가 없었다. 실제로 일본에서는 1442년에 천룡사선天龍寺船을 중국에 보내면서 지본至本이라는 승려를 강사로 임명하여 최고책임자로 삼은 일이 있었다. 천룡사에서는 그 후에도 중국에 무역선을 보낸 일이 있었는데, 그때마다 승려를 강사로 임명하였다. 그러나 이러한 무역선들이 어떤 조직 속에서 파견되었는지는 구체적으로 밝혀져 있지 않다. 강사가 강수와 비슷한 역할을 수행했는지 아니면 전혀 다른 일을 했는지는 알 수 없지만, 강사는 사찰의 대리자 신분으로 강수의 임무를 겸했거나 별도로 강수를 거느렸을 것이라고 생각된다.

東福寺(동복사)란 이름이 적힌 목해

다음으로 '주사圭土'라는 명칭에 관한 문제이다. 이것은 사람의 이름이 아니다. 사찰과 관련된 특수한 직책명이다. '강사가 적힌 목패는 110개인데, 주사圭土라고 쓴 목패는 1개이다. 그렇지만 주사圭土라는 것이 어떤 신분인지 문헌 기록에서는 찾을 수가 없다. 그래서 '주사圭事'라고 써야 할 것을 '주사圭土'로 잘못 쓴 것이 아닐까 생각하는 이도 있다. 글자만 다를 뿐 둘이 서로 같은 것이라고 보는 데서 나온 견해이다. 주사圭事라는 직책은 어느 절에나 흔히 있었다. 선종禪宗 사찰에서는 사무를 담당한 6명의 주사가 따로 있었는데, 이들을 지사승知事僧으로도 불렀으므로 지사知事를 주사圭土로 보려는 이가 있다. 그러나 주사圭土와 지사知事가 과연 같은 것인지는 알 수 없고 설사 그것이 같다 하더라도 지사知事와 주사圭土가 같은 것인지는 더욱 알 수가 없다. 또 主事와

主士가 같은 것이라고 볼 수도 없다. 만약 그것이 같다면 왜 다른 글자를 썼을까? 그에 대한 설명이 먼저 제시되어야 할 것이다. 이 문제를 설명하다 보니 언젠가 이런 이야기를 본 기억이 떠오른다.

오로지 곤충 연구에만 몰두하던 어느 학자가 벼룩 한 마리를 잡아놓고 소리쳤다.
"뛰어!"
벼룩이 톡톡 튀어 달아났다. 그러자 그 곤충학자는 벼룩의 다리를 모두 떼어내고 다시 소리쳤다.
"뛰어!"
그러나 벼룩은 꼼짝도 하지 않았다. 곤충학자는 자신의 연구노트에 이렇게 적었다.
"벼룩은 다리가 없으면 듣지 못한다."

知事→主事→主士의 추리 과정이 마치 벼룩 이야기처럼 들린다. '주사主士'와 주사主事는 다르다. 주사主事는 강사나 강수 밑에서 실무를 맡은 사람이었으며 그 밑에 잡사雜事가 있었다고 생각된다. 한자의 본래 뜻을 가지고 이 직책을 살펴보면 무역에 관한 실무와 배에 관련된 일체의 일을 강수나 강사의 지시에 따라 진행한 사람이 주사主事였을 것이다. 주사는 그 밑에 여러 명의 잡사를 거느리고 있었다고 보는 게 타당할 것이다. 主士는 主事와 다른 것이라고 판단해야 하며, 이에 대해서는 향후 깊이 있는 검토가 필요할 것이다.

목패에는 여러 가지 특수용어도 있었다

목패에 표시된 하주의 이름으로는 승려·사찰명寺刹名·신사명神社名·직명 그리고 개인의 이름 등 비교적 다양하다. 물론 이런 것들 외에도 특수한 용어가 몇 가지 더 있다. 보寶·족足·권진勸進·봉가전奉加錢과 같은 용어들이 그것이다. 이러한 것들은 해당 선적품의 성격을 알려주는 것으로 볼 수 있다.

먼저 '至治參年'이라는 연호 위에 보寶라고 쓴 것이 있다. 이 보寶라는 한자는 '화폐'

라는 뜻으로 사용하였다. 보寶는 반드시 금이나 은과 같은 것을 의미하지는 않는다. 특별히 사찰에 시주한 금전을 뜻한다. 일본에서도 寶[22]는 돈과 재물을 가리키는 말이 었다. 또 특별하게 생각하는 것에 대해서 일종의 길상어로도 사용하였다고 한다. 그러므로 신안선 목패의 寶는 사찰에 헌납한 돈이나 물품으로 보면 무난할 것이다. 참고로, 고려 말 사찰의 고리대금업을 담당한 곳도 보寶였다. 만약 신인선 선적상품이 고려와 관련이 있거나 고려 불교가 일본의 불교를 지원했다면 함께 고려해볼 수 있는 문제이다.

다음은 족足이라는 용어이다. 동복사란 사찰 이름이 적혀 있는 41개의 목패 중에서 15개는 앞면에 동복사족東福寺足, 그리고 뒷면에 십관공용十貫公用이라고 쓰여 있다. 나머지 5개는 앞면에 동복사공용東福寺公用, 그리고 그 뒷면에는 십관족十貫足이라고 썼다. 이것으로써 동전은 10관 단위로 구분하여 선적하였음을 알 수 있다. 1관은 3.75kg이니까 37.5kg을 하나의 포장단위로 한 것이다.

그런데 여기에 쓴 '足'이라는 글자는 도대체 어떤 의미였을까? 일본에서 금전의 뜻으로 사용해 왔다고 보는 견해가 있다. 그와 다른 해석도 있다. 본래 한자 '足'은 발이다. 즉 아시(あし)라는 일본어를 표기한 글자로서 이것은 발로 돌아다니는 것처럼 돈이 세상에 유통되는 것을 비유해서 민간에서 사용한 속어라고 보는 설이다. 물론 일본인의 해석인데, 일본에서는 중세 때부터 금전을 대신하는 말로 썼다고 한다. 이것은 동복사족東福寺足과 동복사전東福寺錢을 같은 뜻으로 보는 견해이다. 다시 말해 일본 사회에서만 통용되던 용어로서 동복사전東福寺錢 대신 동복사족東福寺足으로 쓴 것이며, 이런 표기방식은 그 당시 일본인들의 관습이었다고 하는 주장이다.

그러나 그것은 옳지 않다. 여기서 足은 한자 뜻 그대로 해석하면 '충당하다'는 뜻이다. 족足이라는 한자의

교토(京都)에 있는 유명 사찰 동복사(東福寺). 서일본 지역에서 이름 있는 사찰 중 하나이다 (2006년 국립해양유물전시관이 발간한『신안선』에서 인용)

본래 의미는 '충당하다'는 것이다. 足족은 '발'이라는 일차적인 뜻 외에 보충하다, 충족시키다, 소용에 맞게 채운다는 의미를 갖고 있으니까 결국 동복사족東福寺足은 '동복사 충당용(상품 또는 화폐)'이란 뜻이 되는 것이다.

권진勸進과 봉가전奉加錢도 승려와 사찰에서 주로 사용한 특수 용어이다. 하코자키궁筥崎宮이란 이름이 적혀 있는 목패에는 권진 또는 봉가전이라는 글자가 부기되어 있었다. 세로로 筥崎奉加錢이라고 썼으므로 거기궁에 보낼 돈이었음이 분명하다. 奉加錢이라는 말은 사찰에서 흔히 사용하던 용어이다. 그 당시에는 신사에서 함께 썼을 수도 있다. 권진은 사찰을 짓거나 탑과 불상 등을 만들 때, 또는 그 외의 다른 목적으로 필요한 물품을 조달하기 위해 신도들에게 금품을 헌납하도록 권유하는 것을 말한다. 이렇게 승려들이 권진하여 사찰에 시주한 금전을 봉가전이라고 한다. 돈 대신 은을 헌납했을 때에는 봉가전 대신에 봉가은奉加銀이라는 말도 썼다.

중세시대 일본을 왕래한 선박인 감진양주선의 모형

일본 하카다의 홍려관은 외교사절과 상인들의 관용 숙소였다

과거 일본이 한국과 중국으로부터 선진문화를 받아들이던 대표적인 관문이 후쿠오카이다. 그 후쿠오카시福岡市의 하카다博多에는 홍려관鴻臚館이라는 숙박시설이 있었다. 중국이나 신라·고려·발해 등으로부터 온 외교관이나 상인들이 머물 수 있도록 일본 정부가 만든 관용 숙박시설이었다. 발해의 사신들이 일본을 오갈 때 이 홍려관에서 묵었던 사실은 발해 관련 기록에 자세하다.[23]

홍려관을 일본어로는 고로칸(こうろかん)이라고 한다. 홍려鴻臚란 '널리 전한다'는 의미. 원래는 중국의 홍려시鴻臚寺라는 이름에서 비롯되었다. 후쿠오카 성 유적의 한 부분이었던 '구 헤이와다이平和台 야구장' 자리에 홍려관 유적이 있었다. 서남부의 타네가지마種子島와 그 외 몇몇 지역으로부터 일본이 서구문물을 직접 접하며 개항을 하기까지 하카다는 일본의 중요한 문화수입 창구이자 현관이나 다름없는 곳이었다.

하카다의 홍려관은 그 시작이 6세기로 올라간다. 6세기 초 큐슈九州 북부에 세력을 넓혀 백제와 교류를 가진 왜 정권은 계체천황繼体天皇의 치세였다. 계체천황 21년(527)

에 쓰쿠시군筑紫君 이와이磐井[24]가 이 일대에서 반란을 일으켰는데, 당시 왜 조정은 이를 진압하고 하카다에 군사용 창고를 설치했다. 그 후 천지천황天智天皇 2년(663), 나당연합군과의 백강白江 전투에서 백제와 왜가 패배하자 왜 정권은 하카다로부터 약간 떨어진 곳에 다자이후大宰府를 설치하고 외교 및 군사 거점으로 활용하였다. 후에 외국 사절을 맞아들이기 위해 당의 홍려시를 본 따서 9세기부터 홍려관을 설치하였는데, 일본은 이곳 외에도 나라奈良 헤이안교平安京와 나니와(難波, 현재의 오사카)에도 홍려관을 더 두었다.

홍려관은 당나라로 보내는 사절(요즘의 시찰단에 해당)인 견당사遣唐使나 신라에 파견하는 견신라사遣新羅使가 출항하기 전에 제반 준비를 하며 머무르

던 곳으로도 활용되었다. 발해나 신라·당나라 등지에서 오는 사절들도 이곳에 묵었다. 세계 여러 나라에서 건너온 물산이 모이는 곳이었으므로 한국이나 중국 각지에서 건너온 도자기와 이슬람 지역에서 온 도자기, 페르시아 지방의 유리, 지중해나 이슬람에서 온 다양한 물건들이 거래되었고 당과 신라의 상인이 빈번하게 드나들었다.

홍려관의 넓이는 사방 100m 규모로 추정되었다. 이 유적의 한가운데에는 홍려북관鴻臚北館이 있었고, 그 옆에 홍려중도관鴻臚中島館이 더 있었다. 일본의 『원성사문서』[25]에는 858년에 승려 원진圓珍이 당나라 상인의 선박이 왔을 때 바로 이 홍려관에서 환영연을 열어 주었다고 한다.

이 홍려관 유적에서는 나라시대 전반기의 화장실 유구가 나왔는데, 거기서는 참외씨라든가 기타 식물의 씨앗과 화분(花粉, 꽃가루)·도미나 기타 물고기의 뼈·회충알이나 편충알과 같은 기생충알이 확인되었다. 화장실은 남녀용이 따로 있었다.

이 홍려관에서는 당나라 때의 도자기와 10세기 이후 월주요越州窯에서 생산한 아름

일본 하카다(博多)의 거
기궁신사(莒崎宮神社,
2006년 국립해양유물전
시관이 발간한 『신안선』
에서 인용)

다운 자기라든가 9~10세기 무렵의 신라 도기, 이슬람 압바스 왕조(9세기)의 청록유靑綠釉 도기편 등이 많이 출토되었다. 11세기는 홍려관 시대의 말기에 해당하는데, 11세기 후반 하카다에서는 처음으로 대당가大唐街라고 하는, 일종의 차이나타운이 형성되었다. 송나라에서 배가 들어오면 작은 배(종선)가 나가서 사람과 도자기며 향료·약재·서책 등의 각종 화물을 나누어 싣고 들어와 하역을 하였다. 후쿠오카 시교육위원회는 150 차례가 넘도록 홍려관 유적을 발굴하여 송의 무역상들이 활동하며 살았던 대당가 일대를 자세히 밝힐 수 있었다. 현재 후쿠오카 냉천공원冷泉公園 근처에 조성된 이 대당가의 범위는 남북 2km, 동서 800m에 이르는 것으로 밝혀졌다.

하카다에는 중국인 강수들이 많이 살았다. 외국인으로서 일본에 거주하면서 무역을 하던 하카다의 강수나 상인들은 일본인들에게 상업의 유익함을 알려주었다. 그들이 건너가 배에 싣고 온 각종 물화는 일본인들에게 우수하고 귀한 것으로 각인되었고, 그것을 통해 일본인들은 중국 문화에 한 발짝 다가설 수 있었다.

| 제11부 |

신안선에서 나온 또 다른 보물들
난파선이 뱉어놓은 중세시대 한·중·일의 문화상

뽀얀 속살을 과감하게 드러낸 여인의 옷매무새와 머리묶음이며 장식, 복식과 빗,
거울과 같은 생활용품으로부터 칠기라든가 접시·대접·항아리며 벼루·연적·붓통
그리고 맷돌·석판·숫돌·주사위·장기·게타·유리비녀에 이르기까지 중세 시대를 산
사람들이 평소 사용하던 물건들도 꽤 많이 나왔다. 수백 년 세월 저 너머 아득히
먼 시대의 이야기이지만 이런 유물들을 통해 그 시대를 산 사람들의 생생한 삶을
현재적 관점에서 살펴보는 것은 상당한 의미가 있다.

백자철반문천인상

제11부

신안선에서 나온 또 다른 보물들
- 난파선이 뱉어놓은 중세시대 한·중·일의 문화상

신안선에서 꺼낸 물품은 도자기와 동전 등 무역에 필요한 것들 말고도 선원들의 생활용품이나 승객들의 소지품, 각종 약재와 향료, 종교적인 의례용품, 다완과 찻잔, 주전자와 정병, 그리고 그 외에 특이한 기물 등 그 수와 종류를 헤아리기 어려울 만큼 엄청난 것이었다. 당시 한·중·일 삼국의 문화와 생활상을 신안선에서 나온 또 다른 보물들을 중심으로 되살려 본다.

13~14세기의 생활용품도 많았다

신안선에는 14세기 초를 살았던 사람들의 생활상을 알 수 있는 유물이 꽤 있었으므로 이들을 따로 묶어서 살펴볼 필요가 있겠다. 먼저 목제보살입상木製菩薩立像인데, 이것은 길이 27cm이다. 처음 만들 때 오래 보존하기 위해 겉면에 정성스레 칠을 입혔다. 그러나 바닷물 속에 오래 잠겨 있었던 탓에 칠이 심하게 벗겨졌다. 보살입상의 좌우 두 손과 양 팔뚝도 없어졌다. 그 외에는 대체로 원형을 유지하고 있다.

보살입상은 상의裳衣 몇 겹을 걸치고, 보관寶冠을 쓰고서 살짝 눈을 감은 채로 입가에 미소를 머금었다. 오뚝한 코, 볼록한 볼은 여유가 있어 보인다.

이와 더불어 도칠모란동자상부조장식[1]도 흥미로운 유물이다. 벌거벗은 나체의 동자상童子像 뒤로 만개한 모란꽃이 배치되어 있다. 동자는 모란꽃 줄기에 걸터앉았고,

도칠모란동자상부조장식

그 앞으로는 꽃봉오리를 가진 부조 장식이 있다. 옻칠을 해서 검은 광택이 난다.

다음은 세 점의 목제 빗木櫛이다. 겉에 칠을 한 것(②)과 칠하지 않은① 두 가지가 있는데, 칠을 하지 않은 빗은 빗살이 가늘고 촘촘하다. 그러나 칠을 입힌 도칠목제빗은 머리 좌우에 각기 화엽문花葉文이 한 개씩 있으며 그밖의 다른 면에는 그물무늬가 있다. 이것은 아마도 여자들이 머리에 꽂는 장식용 빗이었으리라고 보고 있다.

목제빗

도칠목제빗

빗살이 굵고 빗살 간격이 넓어서 어름빗 모양이다. 남아 있는 빗살은 15개이다. 나머지 한쪽의 빗살 6개는 끝이 부러져 없다. 이것 역시 머리에 꽂는 머리 장식용 빗으로 추정하고 있다. 또 하나의 목제빗 잔편은 빗살이 촘촘하고 가늘며 검은색을 띠고 있다. 빗살 10여 개가 파손되어 없다.

이 외에 1983년에 추가로 인양한 목제빗 2점이 더 있다. 완형이 아니라 절반도 채 안 남은 잔편인데, 빗살이 가는 참빗과 빗살이 굵은 어름빗 두 가지이다.

용각목인장龍刻木印章[2]과 주판알도 눈여겨 볼 유물이다. 용각목인장은 용의 모습을 양각으로 새긴 나무도장인데, 용의 발톱이 날카롭고 마치 살아서 꿈틀거리는 것과 같다. 이런 도장은 선장이나 이 배를 얻어 탄 상인들 중 누군가가 거

용각목인장. 용 무늬를 새긴 나무도장이라는 뜻이다.

래와 약속을 위해 사용하였을 것이다.

　주판알[3]은 이 배를 부리던 상인들이 무역과 거래에 사용하던 것으로 볼 수 있다. 주판알의 모양은 마름모꼴과 원형 두 가지가 있다. 원형의 주판알은 색깔이 연한 황색이며 오랜 세월 바다 속에 있었음에도 상태가 썩 좋은 편이다.

　또 '대길大吉[4]'이란 글자를 새긴 자(尺)가 있다. 이런 자는 목재나 포목 또는 비단과 명주 같은 견직물을 재어서 팔고 사는 데에 사용하였다. 수지 맞는 장사를 원했기에 그들은 저울이나 자, 나무상자에도 먹으로 大吉이라고 썼다. 예전엔 입춘일에 붙이는 춘첩자에도 '입춘대길'이라고 써왔듯이 '大吉'은 상서로운 일만이 있기를 염원하던 사람들이 항상 썼던 길상어이다. 중세 무역선을 타고 여러 나라를 돌아다닌 14세기 초의 상인들 역시 안전과 무사항해, 많은 이익과 여러 가지 상서로운 일이 있기를 염원하였다. 물품의 길이를 재고 정확한 가격을 산정하기 위해서는 자가 반드시 필요하다. 자의 눈금은 아주 분명해서 당시의 길이 단위를 대략 헤아릴 수 있다.

수량표식목편

　상인들에게 필수품인 저울과 저울대도 나왔다. 무게를 다는 데 사용한 저울대는 2점이 나왔는데, 그 중 한 점은 끝부분이 부러졌다. 나머지 하나는 거의 완형으로 남아 있다.[5] 저울대 윗면에는 눈금이 있다. 한쪽에 금속 고리가 남아 있는데, 이 금속 고리 가까이에 각점刻點으로 '大吉'이라는 글자를 새겼다. 한쪽에는 무게를 달 때 물건을 올려놓는 접시를 달아매기 위한 작은 금속 고리 2개가 있고, 그 아랫면에는 금속 고리가 하나 더 있다. 저울대가 가늘고 눈금이 촘촘해서 약재와 같은 가벼운 물건을 다는데 쓴 약저울로 보고 있다.

　또 다른 하나의 저울대[6]는 절반 정도만 남아 있고, 금속 고리도 흔적만 남아 있었다. 앞부분 상면에 '大吉'이라는 글자를 각점으로 새겼다. 이 역시 약재류와 같은 가벼운 물건을 다는 데 쓰던 저울이다.

저울접시. 청동제이며 물건을 올려놓고 무게를 달기 위한 것이다.

도자기포장용재(신안선)

저울에 사용한 접시도 나왔다. 구리(청동)로 만든 것으로 약재라든가 부피와 무게가 적게 나가는 물건을 달던 것이 분명하다.

이와 함께 동전 뭉치 사이에 꽂아두었던 수량표 시용 목편木片[7]도 꽤 있었다. 나무젓가락처럼 가늘고 긴 것인데, 이것이 나온 위치와 생김새로 보아 동전의 수량을 표시하기 위해 동전꾸러미 사이사이에 꽂아두었던 것으로 보고 있다.

또 하나 흥미로운 것은 도자기 포장용 자단목편[8]이다. 모양과 크기가 비슷한 자단목 조각 여러 개가 도자기를 가득 채운 나무상자 안에서 나왔다. 이것은 상자에 도자기를 차곡차곡 넣으면서 도자기가 서로 부딪혀서 깨지지 않도록 도자기 사이에 끼워넣은 장방형의 자단목편이다. 이것으로 인하여 인양 당시에도 도자기가 온전한 상태로 남아 있었다.

또 도칠당초화형문부조장식판[9]이라는 게 있다. 당초문과 꽃 문양을 부조로 새기고 칠을 입힌 장식판이라는 뜻인데, 아래위로 정교하게 꽃잎을 한 개씩 배치하였다. 당초문唐草文[10]과 꽃문양을 새긴 조각 솜씨가 뛰어나다. 당초문은 소위 금은화라고도 부르는 인동초의 잎새 문양을 이른다. 이것이 어디에 쓰던 것인지 그 용도는 알 수 없다.

끝으로 염주 알[11]도 있다. 이것은 무환자나무 씨로 만든 것이다. 색깔은 검은색과 진한 갈색·회색·불그스레한 색 등 여러 가지이다. 단단하고 표면이 반들반들 광택이 난다. 가운데에 구멍이 뚫려 있다. 이것은 승려들이 염주 알로 쓴 무환자無患子 나무의 씨이다. 무환자나무의 다른 이름이 모감주나무이다. 신안선에 선적한

파상형조각장식진결

상품으로 사찰 및 승려 관련 용품이 많은데, 염주 알까지 나와 이 배에는 승려가 많이 타고 있었을 것으로 추정하게 되었다. 무환자의 열매를 『동의보감』은 이렇게 설명하였다.

"씨(子) 속에 있는 알맹이(仁)를 태워서 냄새를 피우면 악한 기운을 물리친다. 씨는 옻칠을 한 구슬처럼 생겨서 중들이 이것을 꿰어 염주를 만든다. 자홍색이면서 작은 것이 좋다. 옛날 어떤 무당이 이 나무로 방망이를 만들어 귀신을 때려 죽였다 해서 무환無患이라 부르게 되었다고 한다."[12]

모감주나무는 우리나라에서는 제주도에서만 난다. 그 외에 충남 태안의 안면도 서안 방포에도 자생하는 것이 약간 있다. 사실 여부는 알 수 없지만, 그곳 사람들은 모감주나무 씨가 중국에서 파도에 떠밀려 와서 방포해수욕장 모래톱에 뿌리를 내렸다고들 전하고 있다. 모감주나무의 껍질은 주근깨를 없애 준다고 한 것으로 보아 변비를 없애주거나 장을 이롭게 하는 약재로 쓰였던 것으로 보인다.

신안선에서 나온 칠기가 말해주는 진실들

몇 점에 불과하지만 신안선에서는 생산지가 다른 칠기漆器가 나왔다. 중국산과 일본산의 두 가지이다. 일본산은 문양이나 그릇의 형태 또는 그 양식이나 제작기법이 중국에서 만든 것과 뚜렷한 차이가 있다. 중국산 칠기 또한 고유의 특징이 있어 일본산과는 금세 구분할 수 있었다.

신안선에서 나온 중국산 칠기의 종류는 발缽과 완椀을 먼저 꼽을 수 있다. 그 다음으로 소형합小形盒·원통합圓筒盒·향합香盒과 같은 합 종류가 있다. 수백 년 바닷물에 잠겨 있었으므로 대부분 표면

'신미년에 혜당 진만일숙이 만들다'라는 의미의 신미혜당진만일숙조(辛未兮塘陳万一叔造)라는 명문이 있는 칠기 발.

의 칠이 벗겨지고 목심木心이 드러나 있지만 그릇의 모양은 그대로였고, 상태도 그다지 나쁘지 않았다. 세 개가 겹쳐진 채로 나온 칠기 발은 안쪽 면에 옻칠을 입힌 것이었다. 그 중 하나[13]는 안팎을 모두 흑칠로 입힌 것인데, 구연부가 조금 파손된 것을 빼고 그 나머지는 파손되지 않았다. 이 칠기 발의 바깥 바닥면에는 '辛未分塘 陳万一叔造'라는 글자가 두 줄로 음각되어 있다. 이것은 '신미년에 혜당分塘 진만일숙陳萬一叔이 만들었다'는 내용이다. 이 목제 칠기를 만든 사람의 호가 혜당分塘이었다. 신안선이 침몰한 해는 1323년이고, 그 해로부터 가장 가까운 신미년辛未年은 1271년이다. 그러므로 이 칠기 발은 52년 전인 1271년에 중국에서 만든 것으로 볼 수 있다. 또한 겹쳐진 채로 나온 세 개의 칠기 발鉢 중에서 가운데에 끼어 있던 것[14]은 칠이 가장 많이 벗겨져 있었다. 다만 안쪽면의 칠이 울퉁불퉁 부풀어 올랐으며 바깥면의 칠은 거의 다 벗겨진 상태였다. 맨 바깥쪽에 겹쳐져 있던 칠기 발[15]은 크기가 제일 큰데, 안팎에 모두 흑칠을 입혔다.

신안선에서 나온 칠기 중에는 칠기 완盌[16]도 있다. 남아 있는 칠기 중에서 상태가 가장 좋은 것으로, 다만 기저 안쪽 면에 폭 2mm, 길이 약 2cm 가량 칠이 벗겨져 있는 것을 제외하고는 양호하다. 안쪽 면에는 주칠, 바깥 면에는 검게 옻칠을 해서 반들반들 윤기가 난다.

칠기 완 가운데 일부는 그 안팎 면에 맵시 있는 기교로 초화문을 넣어 한껏 멋을 낸 것이 있다. 또 그릇 안쪽면 바닥 중앙에 붉은 색으로 '楊宅盆양택분'이라고 쓴 칠기가 하나 있다. '楊宅盆양택분'이라는 글자를 붉은 색으로 써넣은 칠기 완이어서 이 유물에는 '양택분명칠기완楊宅盆銘漆器盌'[17]이라는 이름이 주어졌다. 비록 구연부가 톱니처럼 깨어져 있지만 그릇 안팎 면에 모두 옻칠을 해서 반들반들 광택이 난다. 다만 군데군데 칠이 벗겨져 있다.

이 칠기는 양씨가에서 만든 것이거나 지체 높은 양씨楊氏 집안에서 사용하기 위해 주문제작한 것일 수 있다. 주문자 생산 방

칠기완

식으로 양씨가 생산을 의뢰하여 제작 판매한 칠기로 볼 수도 있고, 양씨가 직접 생산한 것일 수도 있다. 오래도록 양씨 가문에서 사용하던 가재도구를 누군가에 처분하여 그 중 칠기와 몇 가지 살림살이가 신안선에 실렸을 수도 있다. 또 양씨 집에서 사용하던 그릇이었다면 배에서 이 그릇을 사용한 사람은 양씨와 깊은 관련이 있을 것이다. 만일 양씨 가문에서 보낸 대리인이 화주로서 신안선에 타고 있었고, 그가 이 칠기를 사용하였다면 신안선의 공동선주 가운데 한 사람이 양씨였다고 볼 수도 있다.

원통형칠기합

이 외에도 그릇 안팎 면에 초화문을 매우 보기 좋게 그려 넣은 칠기 완盌[18]을 비롯하여 두 개의 칠기 완이 더 있다.

또 작은 칠기 합盒이 하나 더 있다. 합은 뚜껑이 있는 용기를 이른다. 바깥 면에 붉은 칠을 입히고 안쪽 면은 검게 흑칠을 입혔다. 뚜껑은 파손되어 없다. 또 원통형의 칠기로서 향합香盒[19]도 나왔는데, 이것은 그릇의 두께, 다시 말해서 기벽器壁이 아주 얇다. 원통형의 합은 몸통과 뚜껑의 안과 바깥면 모두를 검게 칠하였다. 칠이 매우 정교하며 광택이 난다.

여러 가지 목제 용기 중에서 칠기는 의미 있는 유물이다. 신안선이 활동하던 때로부터 50여 년 전에 만든 칠기라든가 '양택분'과 같은 것은 옻칠을 한 용기로서 설령 이것이 최상품은 아니었다 하더라도 그 당시엔 부유한 사람들만이 사용할 수 있는 것이었다. 칠기는 중국과 한국·일본에서 모두 만들었지만 14세기 초의 상황을 감안할 때 신안선의 중국산 칠기는 온주溫州에서 생산한 것이었다고 판단된다. 원 제국 시대에 온주는 칠기 제품으로 유명한 곳이었다. 말하자면 칠기 전문 생산단지가 온주에 있었기 때문이다. 상품 선적날짜와 천주-온주-경원(명주)의 거리로 볼 때, 5월 2일이나 5월 11일자 목패의 상품이라든가 칠기와 같은 것들은 온주에서 선적했을 가능성이 있다. 신안선은 천주를 출발해 5월 초순 온주를 잠시 거쳐 온 것으로 추정할 수 있다는 것이다.

석제발(石製鉢). 일종의 소형 돌절구이다.

석제용기. 어디에 쓰던 것인지는 알 수 없다.

도자기의 명문으로 알게 된 사실들

신안선의 선적 상품에 매달았던 물표(=목패)로부터 우리는 다양한 정보를 얻었다. 목패에는 많은 것들이 적혀 있었다. 그러나 목패만이 아니었다. 도자기에도 명문이나 글씨가 남아 있었다. 그릇에 새긴 글자나 먹으로 쓴 글자로부터 비로소 14세기 초 중국과 고려 및 일본의 생활상이며 당시의 사정을 보다 상세하게 알 수 있었다. 이러한 것들이 아니었으면 신안선과 거기서 나온 유물은 지금보다 그 가치가 훨씬 떨어졌을 것이다.

도자기는 기종이나 생산자·화주를 구분하기 위해 먹으로 쓴 '목패' 꼬리표를 선적상품마다 달아놓았다. 그릇 안쪽 면 바닥이나 바깥 기저 또는 측면에 어떤 글자를 새겨 넣은 것이 있었다. 도자기를 성형할 때 도자기에 도장을 찍듯 눌러서 찍은 압인각押印刻 명문도 있다. 그러나 도자기 안쪽 바닥이나 굽 밑에 먹으로 쓴 종이를 그릇 안에 넣어둔 것도 있었다.

먼저 "…元 字柴…拾參號…匠…"라는 글자이다. 이것은 청자호문호靑瓷鎬文壺의 굽 밑에 먹으로 쓴 내용이다. 안타깝게도 글자가 지워져서 어떤 내용인지 전체 문장을 또렷하게 알 수는 없지만, 拾參號십삼호와 匠장은 도자기 생산 가마와 전문 도공을 표시한 것으로 짐작된다. 즉 13호 가마의 장인이 생산한 청자호靑瓷壺로 볼 수 있다는 것이다. 다른 도자기에 '17호'가 적혀 있으니 13호나 17호와 같은 구분은 가마의 표기가 분명해 보인다.

이 외에도 청자에는 乙[20]·十五斤蛙□□·又三郎·□□□靑□·上色□靑寇八·上□靑□·□色□靑□□·□盤□□□·□□靑□□盆·天下太平·壽·五□二□·可(가)·上色□□□□·上色□白甌·上色□白甌·淸香과 같은 글자들이 남아 있었다.

이 중에서 五□二□은 물품의 구매일 또는 선적 날짜인 5월 2일로 짐작된다. 이것으로 5월 2일에도 신안선은 중국 동부의 어느 항구에서 상품을 선적한 것으로 볼 수 있다. 그렇다면 신안선은 ①4월 22일·23일 ②5월 2일 ③5월 11일 ④6월 1일·2일·3일 네 차례 선적을 하였으며, 신안선이 들른 항구도 모두 네 곳이었다는 결론을 추출할 수 있다.

도자기 굽 밑에 '使司帥府公用^{사사수부공용}'이란 글자를 새긴 청자접시는 원 제국(1271~1368)의 관청용 그릇임을 표시한 것이다. 그렇다면 원 제국의 관용 그릇을 값싸게 불하받아 배에 실었거나 경덕진의 도공과 경원 등에 나가 있던 도자기 판매상이 관청용으로 만든 도자기를 빼돌려 팔아먹은 것으로 볼 수 있다.

한편 추부계^{樞府系} 백자 완^盌에는 上色□□□·上色□□茶와 같은 글자가 있는 것도 있었다. 끝에 茶라는 글자가 있으니 이것은 최상급의 다완을 구분하여 표시한 것이라고 볼 수 있다. 이상에서 살펴본 바와 같이 청자에서 읽을 수 있는 일반적인 명문은 그리 다양하지는 않으나 그래도 소중한 정보 몇 가지는 얻었다.

양각 또는 음각 압인자^{押印字}가 새겨진 도자기가 있었다. 압인자는 음각 또는 양각으로 새긴 도장을 도자기에 눌러 찍은 명문을 말한다. 백자나 청백자에서 확인한 글자로서 반드시 거론해야 할 것들이 몇 가지 있다.[21] 대개 음인각으로 새긴 글자인데, 음인각이란 양각으로 새긴 도장으로 눌러 찍어서 생긴 글자를 말한다. 백자 대접의 안쪽 바닥 중앙에 글자를 찍은 것이어서 백자음인각문자명^{白磁陰印刻文字銘} 대접이라고 부르고 있다.

그러면 이러한 글자를 왜 새겼을까? 그저 부귀와 복과 장수를 바라는 염원을 전통적인 방식 그대로 새겼을 것이다. 그런데 우리는 그릇에 새긴 이런 글자로써 도자기의 생산지를 알 수 있다. '옥은 곤산에서 난다'는 뜻의 옥출곤산^{玉出崑山}이나 곤출편옥^{崑出片玉}과 같은 명문은 추부백자 계열의 도자기에 새긴 글자이다. 진시황 시대 이전부터 곤산[22]에서는 좋은 백옥이 많이 났다. 그러므로 '옥은 곤산에서 난다'는 평범한 사실로부터 백자음인각문자명^{白磁陰印刻文字銘} 대접은 중국 강소성^{江蘇省} 곤산현^{昆山縣}에서 만든 것을 알 수 있으며, 백옥만당^{白玉滿堂}이라는 명문이 있는 도자기도 마찬가지이다. 이들은 모두 경덕진요 계열의 도자기이다.

부귀장명^{富貴長命}은 부귀와 장수, 수산복해^{壽山福海} 역시 장수와 바다처럼 큰 복을 비는 길상어이다. 의식자연^{衣食自然} 또한 먹고 입는 것이 풍족하기를 바라는 길상어이다. 이런 명문은 어느 시대, 누구나 다 갖고 있는 삶과 희망을 담은 글귀이다. 그러나 록^祿이나 복록쌍전^{福祿雙全}과 같은 글자가 있는 그릇은 원나라 때 관청에서 사용하던 그릇

백자음인각 『옥출곤산』
명대접

백자음인각 『곤산
편옥』명대접

백자음인각 『수산복해』
명대접

에 새겼던 것들이다. 이런 글자들은 주로 경덕진에서 생산한 추부계 백자 완류碗類에 많이 남아 있었다. 완碗을 비롯한 일상용기에도 玉이나 正 자를 대칭으로 새긴 것이 있다. 사이호四耳壺의 어깨 부분에는 '淸香' 또는 '□酉'와 같은 글자가 배치된 것도 있다.

원나라 때의 경덕진은 청백자·백자·흑유자 외에도 난백유자·청화자靑花瓷·유리홍자釉里紅瓷·홍유紅釉 등을 생산하면서 그 명성을 유지하였다. 원래 청백자 생산기지 역할을 하던 경덕진이 원대에는 유백색의 난백유자[23]라는 새로운 도자기 양식도 출현시켰는데, 이런 양식의 도자기를 우리는 지금 추부樞府 또는 추부자樞府瓷라고 부르고 있는 것이다.

추부는 추밀원樞密院을 줄여서 부르는 이름인 동시에 추부 가마에서 구운 그릇 추부요기樞府窯器의 약칭이기도 하다. 근래 경덕진의 호전湖田 지구에서는 추부계 가마터가 발견되어 당시 추부자기를 조달하던 가마의 수와 그 규모가 대단히 컸음을 알 수 있었다.

추부자는 처음에 청백색을 띠었으나 나중에 난백색으로 색깔이 변하게 되었다. 그런데 추부에서는 반盤이나 완碗 그리고 고족배高足杯[24]라든가 호壺와 같은 도자기를 주로 생산하였다. 그 중에서도 제일 전형적인 양식은 반이나 완이었다. 반과 완의 굽은 노태露胎로 되어 있으며 굽의 벽이 두텁다. 추부자를 생산하던 도공들이 주로 구사한 문양은 연蓮이나 국화꽃잎 등이었는데, 그 중에서도 중심이 되는 것은 꽃과 새였다.

백유흑화운룡문호

추부자 도자기에는 흔히 추부樞府라는 명문을 새겨서 다른 도자기와 쉽게 구분할 수 있다. 그렇지만 樞나 府 한 글자만을 표기한 것도 있다. 이 외에 태희太禧·복록福祿·복수福壽·복福·수壽·량良과 같은 길상어를 표기한 것도 있다. 이런 것들은

건강하고 유복한 삶, 기쁨과 즐거운 일이 많기를
염원하던 중세시대 사람들의 욕구를 반영한 것이다.

경덕진요는 송나라 때에 이르러 자기 제작기술에 큰
진전을 이루었으며, 규모와 양에서도 놀라운 발전을 보였
다. 송나라 때에 경덕진에서 만든 도자기 종류에는 여러 가지가 있
다. 원과 명나라 때에는 새로운 양식을 부단히 만들어 냈다. 그러나 송대 초기에 경덕
진에서 만든 도자기는 청백자 단일 품종이었을 정도로 경덕진의 청백자 전통은 남달
랐다. 경덕진 청백자에서 만든 청백자는 청백옥처럼 푸르스름한 흰 빛을 머금었다. 옥
기玉器와 다름없다 해서 玉이라는 글자를 써서 나타내는 경우도 있었다.

백제음각수금문대접

이런 사례들 외에도 먹으로 글씨를 쓴 종이를 도자기 사이에 넣어두거나 상품을 싼
흔적이 남아 있는 것도 있었다. 글자는 대부분 지워지고 몇 글자 또는 흔적만 남은 것
도 있었으며, '⋯首□⋯' '⋯兄足⋯' '⋯望' '道和尙 ⋯'
과 같은 글자만 남아 있는 것도 제법 있었다. 또 13
세기 서장西藏[25]지역의 고승 파스파巴思八[26]가 1269년
에 만들었다는 파스파巴思八 몽고문자와 닮은 글자를 먹
으로 쓴 도자기도 있었다.

청자양각연판문완

이집트·수단·지중해로까지 팔려나간 중국 도자기들

그런데 위의 여러 가지 도자기 중에서 淸香청향이란 명문이 있는 사이호四耳壺를 주
목할 필요가 있다. 사이호는 어깨 부근 네 군데에 손잡이처럼 생긴 귀가 달린 항아리
이다. 이것은 멀리 홍해와 터키 등지로까지 수출되었다. 원나라 때의 도자기는 인도와
홍해 및 지중해와 유럽지역까지 전파되었다. 그 시절에는 아시아 전 지역과 동아프리
카까지 도자기를 수출하였다. 절강성 용천요龍泉窯와 강소성 경덕진요景德鎭窯에서 생
산한 도자기들이 중심이었다. 이들 두 가지 계보의 도자기는 터키나 이란 등지에서도
발견되고 있다. 터키 이스탄불의 토프카피(Topkapi)[27] 왕궁박물관은 송·원 시대에 용
천요와 경덕진요에서 생산한 도자기를 많이 소장하고 있다. 경덕진에서 생산한 원나

백자수우동자형연적

라 때의 도자기 50여 점, 용천요 도자기 4백여 점 가량을 소장하고 있는데, 이런 유물들은 7~8세기에 시작된 중국과의 교역이 13~14세기를 맞아 절정에 이르렀음을 보여준다. 대식국 또는 회회인이나 대진국으로 불리던 나라의 사람들이 배를 타고 들어와 중국에서 사간 도자기들인 것이다.

원나라 때의 용천요 청자는 일본을 비롯하여 필리핀과 동남아시아 일대에서도 발견되고 있다. 신안선에서 나온 물소 모양의 백자 연적이 있다. 백자수우형연적白磁水牛形硯滴이라는 것인데, 이것과 모양은 같고 세 개의 철반문鐵斑文이 있는 연적이 필리핀에서 출토되었다. 또 말레이시아와 멀리 아프리카 수단에서도 淸香청향이란 명문이 있는 사이호四耳壺가 발견되었는데, 청향이란 글자는 도장으로 눌러 찍은 압인문押印文이다. 홍해 연안 수단(Sudan)의 애더하브(Aidhab) 항에서도 청향淸香이란 명문이 있는 회갈색유灰褐色釉의 어깨 부분 조각이 발견되었는데, 이것은 14세기 말 명나라 때의 유물이라고 추측하고 있을 뿐, 정확한 연대는 알 수 없다.

그런데 신안선에서 나온 '청향명 흑유사이호淸香銘褐釉四耳壺'와 애더하브(Aidhab) 항에서 출토된 도자기는 같은 종류이다. 다만 약 1세기 차이를 두고 생산된 것으로 보고 있다. 뿐만 아니라 인도네시아 Bakau 섬에서는 소나무로 만든 중국 선박에서 청향淸香이란 압인문이 있는 갈색유와 흑유 사계관四繫罐이 완전한 제 모습 그대로 나왔는데, 이런 것들은 신안선에서 나온 도자기보다 약 1세기 뒤에 생산되었다. 신안선에서 나온 '청향명흑유사이호'는 연대가 분명하므로 이러한 도자기들의 편년을 결정하는 데 귀중한 자료가 되었다. 청향명 사이호는 '청향'이라는 말이 갖고 있는 의미로 판단하건대 각종 액체 상태의 향료를 담는 데 주로 쓴 용기였던 모양이다.

칠기 소형합

벼루와 먹·문진은 거래와 장부 기록에 사용한 증거

신안선에는 값비싼 도자기와 동전·자단목 외에도 벼루와 돌로 만든 문진文鎭이며 먹과 같은 필기도구가 있었다. 이런 것들은 문서를 작성하고 서신을 보내거나 필요한 정보를 주고받고, 거래 내역을 정리하는 데 반드시 필요한 것이었다. 문방사보 중에서 가장 많이 나온 것이 벼루이다. 벼루는 모두 20여 개가 나왔다. 물에 녹기 쉬운 먹도 나왔다. 그러나 붓은 나오지 않았다. 붓은 바닷물에 쉽게 썩으므로 설령 벼루나 먹과 함께 붓이 실려 있었다 하더라도 그대로 남아있지는 못했을 것이다.

석제삼족연

문방사보는 과거 상류 지식층에게는 삶의 일부였다. 신안선을 운항한 선장과 선원, 그리고 승려와 상인들에게도 문방사보는 대단히 중요한 물건이었다. 붓과 먹은 벼루의 힘을 빌어야만 그 존재를 나타낼 수 있는 것이다. 그래서 특히 벼루는 문방사보의 중심에 있는 도구로서 대단히 중요하게 인식되었다.

석제구분연

벼루는 무엇보다도 석질이 중요하다. 돌이 단단하면서도 까칠까칠해서 먹이 잘 갈려야 한다. 그러나 지나치게 단단해도 안 된다. 돌이 너무 단단하면 먹이 잘 갈리지 않아 발묵이 잘 되지 않는다. 그렇다고 돌이 너무 연하면 먹은 잘 갈리지만 벼루가 쉽게 닳는다. 그런 벼루는 물을 많이 먹어서 벼루로서의 기능을 제대로 하기도 어렵다. 강도가 적당해서 먹은 잘 갈리되 벼루는 쉬 닳지 않고, 발묵이 잘 되는 벼루라야 제대로 된 벼루라고 할 수 있다.

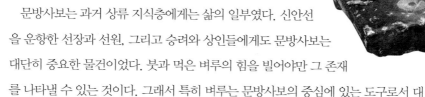

석제사각연

문방사보를 가까이 두고 평생을 같이 했던 옛 선비와 지식인들은 벼루 하나에도 우리네 삶의 지혜를 가탁하였다. 벼루는 갈아도 쉽게 닳지 않는 성질로 지조와 정절·절개를 상징하였다. 그 묵직한 무게감과 조용함으로 말미암아 정중靜重을

석제팔각연

석제조형연. 새 모양의
석제 벼루라는 의미이다.

대변하는 표상이기도 하였다. 어진 사람의 안온함과 인격, 그리고 바른 행동과 덕을 의미하는 것이기도 하였다. 벼루와 먹의 갈고 닦는 관계는 선비의 인격 수양과 학문을 부단히 연마하는 상징적 존재로 비쳐졌다. 그리하여 옛 사람들은 이런 벼루의 성질을 고전에서 찾았다.

"갈아도 쉬 닳지 않고 검게 물들여도 물들지 않는다"[28]

이것이 바로 선비가 갖춰야 할 덕목인 정절과 지조였다. 갈아도 쉽게 닳지 않으니 그것은 다시 말하면 굳건한 것이고, 검게 물들여도 물들지 않으니 그것은 선비의 절개와 지조를 대신하는 것이다. 이런 것들을 선비가 가져야 할 덕목으로 파악하고 그것을 벼루에 가탁하였다. 그 지조와 정절을 갖춘 벼루를 지정연志貞硯이라 하여 선비들이 가져야 할 가치관과 처세술, 삶의 지혜를 벼루에 의탁하였다.

벼루는 바탕이 견고해서 갈아도 닳지 않고, 화려한 문장을 이루는 물건[29]이어서 덕을 가졌다고 보았다. 벼루가 갖고 있는 미덕은 진중함이다. 즉 무게[重]와 조용함[靜] 그리고 지조[貞]라고 파악한 이도 있다.[30] 묵직한 바탕에 조용하고 흔들림 없는 성질, 그리고 붓과 먹과 물의 조화로 종이에 글과 문장을 만드는 중심에 있는 물건이 벼루이므로 벼루를 우리네 삶에 꼭 필요한 인간상에 빗대어 설명하기도 한다. 아름다운 미덕을 갖춘 완전한 인격체에 벼루를 비유하였던 것이다.

벼루와 붓, 그 묘한 보합관계의 역사

인간이 기록 수단을 갖게 된 것은 아주 오래 전이었다. 중국 서안에서 나온 도기에 쓰인 글자를 운남 곤명[31]의 이족彛族 가운데 이족 문자를 간직해온 사람이 해독한 것은 너무나도 유명한 이야기이다.[32] 중국이 자랑하는 수많은 학자들이 갑골문과 한자로 해독하지 못한 그 글자는 5천 년 전 이족들이 쓰던 과두문[33]이었다. 또 황하 이북 여러 지역의 바위에 새긴 암각화는 카스피해와 아랄해 일대에서 요하 지역까지 자유롭게 오가며 살았던 흉노인들의 기호였다. 아직은 문자라고 할 수 없지만 새나 해·사람·말과 같은 것들을 색깔 있는 물건으로 그렸다. 또 수만 년 전 동굴벽화나 북아메리카의 인디언이 남긴 암각화 역시 물감으로 그린 일종의 상형문자이다. 그랜드캐년에 붉은색 물감으로 그린 기장 그림은 은 왕조의 갑골문에 보이는 기장 黍서라는 글자와 거의 같다. 이런 기록을 남기기 위해서는 무엇보다도 붓이 필요하다. 이렇게 붓은 인류의 기록수단에 또 다른 혁명을 가져왔다.

벼루와 붓을 처음 사용한 것은 중국 은 왕조 시대였다. 하남성 안양현 은허에서 갑골에 붉은색 물감을 붓으로 찍어서 쓴 글자가 확인되었으므로 그렇게 판단할 수 있는 것이다. 붓은 벼루와 불가분의 관계를 갖고 있고, 벼루가 있어야 붓을 쓸 수 있는 만큼, 붓으로 벼루의 존재를 유추할 수 있다. 실제로 돌판에 갈아 쓰던 석묵石墨이 하남성 안양현安陽縣 은허殷墟에서 나온 바 있어 이미 3천3백여 년 전에 붓과 벼루를 사용하였음을 알 수 있었다. 현재까지 출토된 유물로 보면 그 당시 사람들은 석편石片이나 와편瓦片과 같은 기와조각에 석묵을 갈아서 썼을 것이다.

벼루와 문진·먹이 나온 것으로 보아 신안선에도 붓이 실려 있었음은 분명하다. 그 당시의 필통으로 보이는 '백자단이죽절통'이라는 것이 2점 나왔으니 그 가능성이 아주 높다. 대나무 다섯 마디를 본 따서 만든 백자필통이어서 죽절통이고, 한쪽에 끈을 꿰어 어디에 매달 수 있는 고리가 하나 있어서 '단이單耳'라는 이름을 부여하였다. 만일 이것이 상품으로 선적된 것이라면 붓도 실었을 것이고, 배에서 선장과 선원들이 사용하던 붓도 따로 있었을 것이다.

낙양洛陽에서 발굴한 서주西周 시대[34]의 무덤에서는 장방형의 석판이 출토된 적이 있다. 여기에는 붉은색 먹으로 쓴 흔적이 남아 있었다고 한다. 이런 석판 종류는 모두 초기 벼루로 볼 수 있다.[35] 뿐만 아니라 호북성湖北省에서는 진秦 나라 때와 한漢 나라 때의 벼루가 나왔다. 기원전 167년[36]경에 사용한 벼루가 강릉현江陵縣 봉황산의 한나라 때 무덤에서 나왔는가 하면, 중국 남부의 광주廣州[37]에 있는 한나라 때 무덤에서도 벼루가 나온 바 있다. 고대 중국의 진한秦漢 시대에는 와연瓦硯이라 해서 진흙으로 구운 벼루를 사용하였

백자단이죽절통

다. 말하자면 기와벼루인데, 진시황의 아방궁阿房宮과 전한 시대의 미앙궁未央宮 그리고 감천궁甘泉宮에서도 기와 벼루가 출토되어 진·한 시대에는 왕궁에서도 이런 기와벼루를 사용하였음을 충분히 알 수 있었다. 그리고 후한 시대의 무덤에서는 칠연漆硯도 나왔다고 하니 고대의 벼루 재질은 우리가 생각했던 것 보다 훨씬 다양했던 것 같다. 또 서하[38] 지역에서는 갈유자연褐釉瓷硯[39]이 나왔다. 이것은 흙으로 빚은 자기 연적이다. 표면에 갈유를 입힌 것으로, 이런 벼루는 그다지 흔치는 않지만 제법 많이 사용하였다.

석제 벼루는 초기에는 간단한 모양에 원형이 일반적이었다. 그러던 것이 후기로 내려가면서 여러 가지 모양을 갖게 된다. 뚜껑을 따로 갖거나 곰다리 모양의 웅족熊足을 가진 벼루도 나타난다. 위진남북조 시대에도 석제벼루와 함께 흙으로 빚어서 구운 도제陶製 벼루를 흔히 사용하였다. 이와 함께 북연北燕에서는 청석제靑石製 벼루가 등장하였다. 벼루 표면에 연지硯池를 갖춘 벼루와 네

은제잔

개의 다리를 가진 벼루는 물론, 원형의 벼루 주변에 물이 고이게 하는 벽옹연辟雍硯과 같은 특이한 형식이 유행하는 것도 이 시기이다.

이미 5~6세기 이전에 중국에서는 여러 가지 모양의 벼루가 사용되었다.[40] 그 후 벼루는 다양한 모습으로 발전하였으며, 먹을 갈아 붓으로 찍어 쓰기 위한 단순한 기능 외에 여러 가지 동식물의 모양을 조각하여 멋을 부린 벼루까지 다양하였다.

5~6세기 이후에는 벼루를 만드는 데 자주색 단석端石과 검은색 흡석歙石을 줄곧 사용해 왔다. 한 마디로 벼루 제작에 사용한 돌의 색깔은 검은색과 자주색 두 가지가 중심이었다. 당나라 때에는 자주색의 단석으로 만든 단계연端溪硯이 이름을 날렸다. 단계연은 당나라 초기[41]에 용암龍岩에서 처음 단석을 채취하여 만들기 시작한 것으로『동파잡록東坡雜錄』에도 기록되어 있다. 단석연端石硯은 단계자석연端溪紫石硯을 줄여서 부르는 이름이다. 단석연은 먹이 잘 갈리며 기름처럼 부드럽게 발묵이 되므로 당송 시대 이후로 많은 시인묵객들이 애용한 것으로 유명하다. 단계연은 조선시대 왕실에서도 사용하였고, 정조도 단계연을 좋아하였다. 흔히 단계연이라는 이름으로도 부르던 단

석연은 지금도 중국 남부의 광동성 조경시肇慶市에서 많이 생산되고 있다. 바로 이 조경시의 옛날 이름이 단주端州이며, 광동성 서북부에 있다. 수 왕조의 건국과 더불어 589년 단주부端州府를 설치한 것이 단주의 시작이었으며, 이로부터 단주端州에서 생산되는 벼루를 단연端硯·단계연端溪硯·단석연端石硯으로 불렀다. 그 후 송나라 휘종徽宗이 단주를 조경肇慶이란 이름으로 바꾸어 오늘에 이르고 있다.

단계연과 함께 흡석歙石으로 만든 흡연歙硯 또한 많은 이들이 애용하였다. 흡석은 돌빛깔이 흑청색을 띤 자주색으로, 역시 그 석질은 단석연과 한 계열로 볼 수 있다. 당 현종玄宗 때 흡석이 처음 발견되면서 흡석벼루를 만들었다고 전한다. 흡연歙硯은 흡주歙州의 벼루라는 뜻에서 시작되었으므로 흡연歙硯은 흡주연歙州硯의 약칭인 것이다. 무원현婺原縣 그러니까 옛날 흡주歙州의 용미산龍尾山 계곡에서 나는 돌로 만들었으므로 벼루의 이름도 무원연 또는 용미연 두 가지로 불렀다.

신안선에서 나온 다양한 모양의 벼루들

석제쌍일각수상 문진

신안선에서 나온 벼루는 그 형태가 다양하다. 사각연과 다각형 벼루 등 여러 형태가 있다. 장방형의 사각형 벼루는 통상 장방연長方硯이라고 부르는데, 여기에는 자색과 흑색의 두 가지가 있다. 그 중에서 가장 많은 종류는 긴 사각형의 벼루이다. 신안선에서 나온 벼루는 돌의 색깔과 형태로 보면 10여 가지이다.

그 형태상으로 분류하면 팔각형벼루[42]·9각형벼루[43]·이면연二面硯[44]·흑회색 원형벼루(1점)[45]·새 모양의 조형연鳥形硯[46]·족연[47]·흑회색의 규연圭硯[48] 등인데, 이것들은 상품으로 선적한 것이 아니라 배에서 사용하던 것으로 판단된다.

동제와형연적

문방사보와 함께 사용하는 석제문진[49]도 몇 개 나왔다. 외뿔의 짐승을 나란히 앉혀놓은 흑색 각수상角獸像의 문진[50]은 꽤 세련된 모습인데, 신안선에서 나온 문진은 형태상 몇 가지가 있다.

다음으로, 문방사보와 함께 빼놓을 수 없는 것이 연

청자 인물형연적

적이다. 사람이 물소의 등에 올라탄 모양을 한 백자연적, 백자철반문연적, 백자봉황연적이 있다. 또 사람이 앉아있는 모양의 청자인물형연적, 납작 엎드린 소 모양의 연적(청자우형연적), 그리고 잉어 모양의 청자어형연적이 있다. 이것들을 크게 청자연적과 백자연적 그리고 구리로 만든 개구리 모양의 연적(1점)으로 나눌 수 있다.

　그렇지만 신안선 출토 연적은 조형미라든가 예술성을 크게 평가할 수 있는 것은 아니다. 어디서든 쉽게 사용할 수 있는 실용적인 도구일 뿐, 값나가는 고급품이 아니라 다소 조잡한 느낌마저 든다. 사실성이라든가 해학적 미감으로 보면 7점의 고려청자 중 하나인 해치형청자연적에 비하면 그 격이 한참이나 떨어진다. 백자연적 종류도 조선시대 복숭아연적에 견주어 보더라도 비할 바가 못 된다. 굳이 그 실물을 예로 들지 않아도 조선의 복숭아 연적이 실물처럼 잘 만들어 얼마나 보기 좋았으면 이런 시가 나왔을까? 조선시대 말기 김병연의 연적[51]이라는 시이다.

백자봉형연적

어느 하늘 선녀가 젖 하나를 잃어버려
어쩌다 인간세상 글방에 잘못 떨어졌나
여러 제자들이 두 손으로 어루만지나
부끄러움 못 이겨 눈물을 뚝뚝 떨군다

백자철반문수우동자형
연적

복숭아연적을 떠올리며 이 시를 음미하다 보면 시인의 직관력과 표현력이 그저 놀라울 뿐이다. 작은 사물 하나일지언정 시인의 눈은 남다른 데가 있다.

청자어형연적

맷돌·주석정·유리비녀와 같은 다양한 유물이 나왔다

이런 것들 외에도 신안선에서는 14세기 초의 생활상을 알려주는 유물로서 맷돌·석제추石製錘·석제 방추차紡錘車가 나왔다. 지석[52]과 바리 모양의 갈돌인 연발㼝鉢 그리고 숫돌이나 돌절구·석판[53]도 나왔다. 골제 주사위와 약간의 유리 제품도 있었다.

숫돌

맷돌은 모두 3개가 나왔다. 맷돌은 모두 작은 것인데, 선장과 선원 그리고 승객의 먹거리를 대기 위해 배에서 직접 곡물을 가는 데 썼을 것으로 보인다. 세 개의 맷돌 중에서 두 개만이 완형인데, 아랫돌과 윗돌로 구성되어 있다. 이런 모양을 갖춘 맷돌은 중국 한나라 때에 비로소 그 형태가 완성되었다. 주로 보리나 쌀·밀·콩·메밀과 같은 곡물을 갈아서 가루를 만드는 데 사용하였으나 때로는 차나 약을 만들 때도 사용하였다.

유공석판

먼저 소형맷돌(1조)[54]은 높이가 12cm로서 크기가 작다. 윗돌 가운데에 주입구가 있고, 손잡이를 끼우는 구멍이 측면에 있다. 단차나 말차抹茶를 만드는데 사용하던 맷돌이었을 것이라고 보는 이들이 있는데, 일리가 있다. 말차抹茶를 만들기 위한 다마茶磨로 보는 게 옳겠다. 고려의 이규보는 일찍이 말차를 만드는데 쓰는 맷돌 하나를 선물로 받고, 그에 감사하는 마음으로 쓴 시가 있다. '차맷돌을 보내준 이에 감사하며[55]'라는 제목의 시이다.

고려만이 아니라 일본에서도 이런 맷돌을 차를 가는 데 사용하였다. 볶은 보리를 갈고, 그것을 찻가루와 버무려서 다식판에 찍어내어 말리면 훌륭한 단차가 된다. 이런 소형 맷돌이 일본의 기록에 나타나는 것은 14세기 초이다. 그러나 그러한 소형 맷돌이 일본에 처음 등장한 것은 12세기 초라고 보는 이가 있다.

그런데 이와 또 다른 맷돌 하나가 더 있다. 이 맷돌엔 무늬가 있다. 회색의 사암제 맷돌인데 아랫돌과 높이 15.2cm의 윗돌로 구성되었다.[56] 곡물을 가는 면은 여덟 개의 구간으로 나뉘어 있다. 곱게 간 곡물이 나오는 주출구는 짧은 편이며 손잡

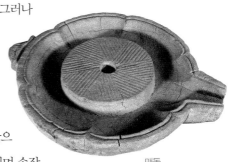
맷돌

이는 주출구 반대편에 있다. 갈 것을 넣기 위한 주입구는 맷돌 한가운데에 있다.

석판은 두세 점이 나왔다. 석판은 맷돌과 비슷한 용도의 갈돌로 사용하였으리라고 추정하고 있다. 석판 중에는 얇은 석판 한가운데에 두 줄의 평행선을 음각으로 새기고 그 음각선 사이에 당초문을 넣은 음각당초문석판과 짙은 회색의 음각당초문구형석판陰刻唐草文矩形石板[57] 두 가지가 있다.

짙은 회색의 유공구형석판有孔矩形石板[58]도 있다. 이것은 한쪽 중앙에 원형의 작은 구멍이 하나 있어서 유공구형석판이라고 부르게 되었다. 벼루의 원자재로 보는 이도 있지만 어디에 쓰던 석판인지는 알 수 없다

은제고

다음은 석제연발石製碾鉢[59]이 있다. 작은 바리 모양의 절구인데, 많이 사용해서 구연부가 까맣게 변색되어 있다. 거친 돌을 다듬어서 만들었으며, 양쪽에 손잡이가 달려 있다.

또 한 가지 특이한 점은 배에서 숫돌이 상당히 많이 나왔다는 것이다. 거의 모두가 사용하던 것이었는데, 작은 칼을 가는데 주로 사용하였던 것 같다. 목패나 목첨을 다듬는데 칼을 사용하였으므로 수시로 칼을 갈아 썼을 것이다.

이 외에도 5점의 숫돌[60]이 더 있다. 이런 숫돌은 신안선에 타고 있던 사람들이 수시로 칼을 갈아 목패를 깎거나 음식 조리용 칼을 가는 데도 사용하였을 것이다.

석제추와 방추차紡綞車도 나왔다. 돌로 만든 추는 그렇다 치더라도 방추차가 배에서 나온 것은 의외라고 하겠다. 방추차는 양면을 납작하게 다듬은 것과 한 쪽 면은 납작하고 다른 면은 반구형으로 만든 것이 있다. 구멍은 모두 가운데에 뚫려 있다. 검은색의 방추차(1점)[61]는 양면을 납작하게 잘 다듬었다. 또 다른 한 점의 방추차 역시 흑회색으로[62] 한 면은 납작하고 그 뒷면은 반구형이다.

석제방추차

골제주사위

신안선에서 나온 일본 장기알들

이 외에 몇 가지 골제품骨製品이 있다. 배에서 건져낸 유물은 도자기류가 압도적으로 많지만 금속제품과 석제품·목제품·식물류 그리고 뼈로 만든 주사위와 같은 유물도 꽤 있다. 골제 도장은 한 개, 주사위는 세 개가 나왔다.

뼈로 만든 도장[63]은 마치 종처럼 생겼다. 상단부 중앙에 구멍[64] 하나가 뚫려 있는데, 이것은 도장에 끈을 꿰어서 묶기 위한 것이다.

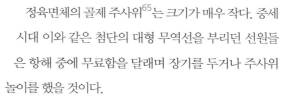

은제압출쌍봉문접시

글자는 음각으로 새겨져 있는데, 그 이름을 정확히 판독하지 않아 도장에 새긴 이름을 알 수 없다.

정육면체의 골제 주사위[65]는 크기가 매우 작다. 중세시대 이와 같은 첨단의 대형 무역선을 부리던 선원들은 항해 중에 무료함을 달래며 장기를 두거나 주사위 놀이를 했을 것이다.

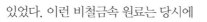

자후명청동거울

한편 신안선의 뱃바닥에는 3백 개 이상의 주석정朱錫鋌이 있었다. 이런 비철금속 원료는 당시에는 매우 귀중한 물자였다. 주석은 구리와 함께 유기의 주원료로서 은銀에 버금갈 정도로 귀하게 거래되었다. 중국의 청동기가 3천 년 이상 그 전통을 이어오면서 그간에는 주석을 중국 내에서 자체 생산하여 수요에 충당했으나 점차 수요가 늘어나 이 무렵에는 외국에서 수입하여 사용하였다. 인구의 급증과 수요 증가에 따른 결과로서 더 많은 양을 수입에 의존하지 않으면 안 되었을 것이다. 그러나 기록에는 주석에 대한 언급은 별로 없다. 더구나 주석 산지를 원나라 때의 기록에만 의존하여 찾기는 꽤 어렵다.

신안선에서 나온 주석은 순도가 매우 높다. 아연처럼 잿빛 회색을 띠고 있다. 이것은 중국 내에서 생산된 것 같지 않다. 태국이나 말레이시아·인도네시아 같은 나라에서 수

국화쌍작문방경(菊花雙雀文方鏡)

일본식 게타(下駄)

입한 것으로 볼 수 있다. 특히 열대와 아열대 지방에서 주로 생산되는 한약재와 후추·자단목 등을 고려하면 중국 남쪽의 어느 나라에서 가져왔을 가능성이 높다. 참고로 일본에서 출토된 청동유물의 성분을 조사해본 결과, 태국산 주석 성분이 검출된 사례가 있다.

장기말

가마쿠라 시대 일본에서 사용하던 장기 말이다. 1983년에 건져낸 것인데, 장기 알은 모두 10개이다. 소나무와 삼나무杉木로 다듬어서 만든 것 두 가지가 있는데, 위 부분은 끌이나 칼로 깎았다. 앞면에는 먹으로 香車·王將·步兵·金·桂馬·金將·金將·步兵·桂馬·香車와 같은 글자를 썼으며 뒷면에는 알 수 없는 부호가 있다.

앞면에 桂馬계마, 뒷면에는 金금이라는 글자를 쓴 장기 알도 있는데, 이것은 일본산 삼나무로 만들었다.

그러나 이런 일본 장기 알은 중국 천주해선과 태안 마도3호선에서 나온 것과 분명히 다르다. 천주해선에서 출토된 장기는 현재 우리가 사용하고 있는 장기와 모양이 비슷하다. 다식처럼 자른 나무에 馬·車·士·象을 새긴 것인데, 이것은 일본식 장기와 다르다. 태안 마도3호선에서 나온 총 46개의 장기알은 돌로 만든 것이지만 천주해선에서 나온 것과 비슷하다. 마도2호선 장기 알은 선원들의 주요 생활공간이었던 제3칸에서 나왔으며, 장기 알에 車·包·卒 세 글자가 적혀 있었다. 이것으로 보아 일본식 장기는 신안선에 탄 선원 가운데 일본인 선원이나 일본인 승객이 즐기던 것이었다고 판단할 수 있다.

일본 게타下駄[66]

게타(げた)는 가장 일본적인 생활용품이다. 이것이 신안선에서 나와 이 배에 일본인이 타고 있었음을 비로소 알게 되었다. 일본인이 신고 있던 것으로 보이는 소나무제 게타[67]는 통나무를 다듬어서 만들었다. 바닥과 굽이 하나인 통굽으로 되어 있으며[68]

굽 사이는 끌로 깎아서 흔들림이 없다. 굽이 높고, 발바닥이 닿는 바닥은 매끄럽다. 평면 모양은 장타원형이다. 앞쪽 좌우에 각각 한 개씩 구멍이 뚫려 있는데, 이것은 게타의 끈을 꿰기 위한 것이다.[69] 불에 달군 쇠꼬챙이로 구멍을 뚫어서 구멍 속이 꺼멓게 불탔다. 좌우 두 개의 구멍 중간쯤에 새가 나는 모습의 문양인 비조문飛鳥文이 있는데, 이 문양도 불에 달군 쇠꼬챙이로 그렸다. 두 구멍 중 한쪽 구멍에는 나무 조각이 절반가량 박혀 있었다. 이것은 끊어진 신발 끈을 임시로 고정시키기 위해 박아놓았던 일종의 쐐기이다.

그런데 왜 불에 달군 쇠로 지져서 새가 나는 모습을 그렸을까? 인간의 모든 행동에는 이유가 있기 마련. 이것은 소유자를 표시하기 위한 것으로 이해하고 있다. 그리고 이 게타는 굽이 높고 두께가 두터워서[70] 꽤 견고해 보인다. 그렇지만 오래 신어서 앞쪽이 많이 닳았다.

일본의 게타는 멀리 야요이 시대[71]부터 나타났다고 보는 것이 지금까지의 통설이다. 그런데 대략 16세기 무로마치 시대 이전에는 먼 길을 갈 때는 짚신을 신거나 맨발이었으며 게타를 신지 않았다고 한다. 게타는 집안이나 집 주변에서 간단히 신기 위한 것이었고, 특히 굽이 높은 게타는 비가 올 때나 여자들이 집안에서 허드렛일을 할 때 옷자락이나 발이 젖지 않도록 하기 위해 신었다. 일본의 기록[72]에는 용변을 보는 남녀노소가 굽이 높은 게타를 신고 있는 장면이 있다. 그 당시에는 집에 화장실을 두지 않아서 집 밖에서 용변을 보았으므로 용변을 볼 때 옷자락이나 발등에 묻히지 않기 위해 게타를 신었던 것이다. 게타의 모양은 16세기에 이르기까지 변화가 없었다.

다음으로 일본 유물로서 모란문회유병牡丹文灰釉瓶[73]이 있다. 이것은 어깨가 넓고 주둥이가 좁은 술항아리로서 중국 및 고려의 매병과 그 맥이 닿는 것이다. 어깨와 허리에 걸쳐 모란문과 당초문을 선으로 새겨서 표현하였으며, 전체가 연한 녹회색의 회유로 덮여 있다. 이 회유병은 소위 세토야키瀨戸燒에서 만든 것이며, 표면의 회유는 철분 환원염으로 생긴 것이다.

병의 한쪽 면은 산화되어 회유가 벗겨졌다. 그래서 태토가 드러나 있다. 이런 회유병은 가마쿠라 시대에 많이 생산되었으므로 일본의 여러 지역에서 출토되고 있다. 이

칼코등이

와 같은 회유병이 생산된 곳은 일본 중부의 아이치현愛知縣에 있는 세토시瀬戸市이다. 세토시에 처음 도자기 가마를 연 사람은 후지시로藤四郎라고 한다. 이 사람은 1223년 도원선사道元禪師를 따라 중국 송나라에 건너갔다가 1227년에 일본으로 돌아가 가마를 열었는데, 그가 중국에서 도자기 제작기술을 배워 왔기 때문에 세토 가마는 중국풍의 일본도기를 생산하는 곳이 되었다고 한다.

신안선에서 나온 모란문회유병은 가마쿠라 시대에 만든 것이다. 이 외에 모란문 회유병과 거의 같은 모양의 회유병灰釉瓶[74] 역시 세토瀬戸 가마에서 생산한 것이다. 그릇 전체에 회유를 입혔으며 문양은 없다.

한편 일본도의 칼코등이鐔 세 개가 신안선에서 나와 일본도가 배에 실려 있었음을 알게 되었다. 손잡이 앞의 칼 부속품인 칼코등이로 보아 그 무렵 일본의 무사들이 흔히 쓰던 것으로 판단하고 있다. 배에는 값나가는 도자기와 진귀한 외국의 물건들이 많았으므로 웬만한 사람은 구경조차 하기 어려운 상품과 승객, 선원과 배를 보호하기 위해 몇 명의 무사가 승선했을 것이다.

세 점의 칼코등이는 아무런 문양이 없다. 비교적 얇은 구리판으로 만든 것인데, 위쪽의 폭이 약간 넓다. 색깔은 붉은 다갈색. 이런 것을 이른바 장니형障泥形 칼코등이라는 이름으로 구분하여 부르고 있다.

부처님 예불과 공양을 위하여
불전 공양을 위한 여러 가지 의례용구들

아침저녁 불전에 바치는 예불이나 부처님과 승려들을 받드는 공양은 석가모니 생시로부터 지금까지 하루도 거르지 않고 이어져 온 의식이다. 지난 2천5백여 년 동안 불가의 승려들이 하루도 빠트린 적 없이 지켜온 예불과 공양에는 향과 차와 등불과 꽃이며 과일과 쌀을 드려왔다. 차를 올릴 때 반드시 향로에 향을 피웠고, 화분이나 화병에 꽃을 꽂아 좋은 냄새로써 부처님의 공덕을 기려 온 것이다. 이 파트에서는 신안선에서 나온 의례용 향로와 화병·화분 그리고 국왕과 상류층에서 주기로 사용한 매병의 역사를 알아본다.

청자사자뉴개력형향로

제12부

부처님 예불과 공양을 위하여
- 불전 공양을 위한 여러 가지 의례용구들

신안선에서는 매병과 정병 그리고 꽃병이나 화분과 함께 꽤 많은 수의 향로가 나왔다. 신안선이 사찰 및 승려와 깊은 관련이 있는 배라는 점을 감안할 때 신안선에서 나온 상당수의 유물들은 불전 의식에 사용할 목적으로 수입해가던 것들이었다. 신안선 선적상품들이 일본 사찰이나 승려들의 필요에 따라 가져가던 물품이라는 사실은 목패의 내용과 기타 유물의 성격으로 보아 더욱 분명하다. 다 같은 상품이라 하더라도 사찰에 의례용으로 쓰일 물건들이 따로 있었으므로 이 점에 유의하여 유물을 이해해야 하는 것이다.

다양한 화병과 화분은 불전 헌화의식과 관련 있어

신안선에서 나온 2만여 점의 도자기 중에서 매우 흥미로운 기종이 화병(꽃병)과 화분이다. 화분과 화병은 생김새와 종류가 여러 가지인데, 이것들은 꽃꽂이라든가 실내 장식 그리고 사찰에서의 공양 의례에 쓰였다. 화분은 꽃을 심고 가꾸어서 오래도록 보기 위한 것이니 대략 세 가지 맛을 즐기기 위함이었겠다. 꽃을 기르는 그 자체를 즐거움으로 삼는 것이오, 꽃의 아름다움을 가까이서 느끼려는 것이 그 둘째다. 그 색과 향에 취해 보자는 것이니 말하자면 그것은 곱고 아름다운 것으로써 심성을 즐거이 기르고 달콤한 향으로써 순수한 마음으로 돌아가려는 것이라 하겠다. 그러므로 화병에 꽃을 꽂아 실내를 장식하거나 화분에 꽃을 심어 가꾸는 일은 곧 마음을 기르는 것이다. 후일 조선시대 후기의 서유구[1]는 『임원경제지』 예원지藝畹志에서 꽃을 길러 완상하는 일을 이렇게 설명하였다.

"무릇 우리 사람은 오관[2]을 써서 살아간다. 그러나 그 중 어느 것 한 가지만으로는 움직일 수 없다. 반드시 자연에 있는 사물로써 오관을 길러야 삶이 풍요로워진다. 곡식이나 고기, 채소와 같은 것들은 입을 길러주는 것이니 그것으로 충분하다. 그렇다면 유독 귀와 눈, 코를 길러주는 것은 없을까?……입도 내게 달린 것이고, 귀와 눈, 코도 내게 있는 것이다. 만약 입만을 기를 줄 알고 눈·귀·코를 기를 줄 모른다면 한쪽으로 너무 치우친 일이 아니겠는가. 우리 사람에게 보탬이 될 만한 것을 찾고자 한다면 반드시 오관을 모두 만족시키는 것을 먼저 찾아야 할 것이다.…"

풍요로운 삶이란 오관을 두루 만족시킬 줄 아는 것이란 의미이다. 그 첫 번째로 양화를 들었는데, 그것을 한 마디로 요약하면 '양화완상'이라고 할 수 있겠다. 중국의 진계유[3]는 "향은 사람의 생각을 그윽하게 하고…차는 사람의 뜻을 비게 하고…꽃은 사람들을 운치 있게 한다…"고 하였다.[4]

그러나 신안선이 사찰 및 승려와 깊은 관련이 있는 무역선이라는 점을 감안할 때 신안선에서 나온 화병과 화분은 불전 헌화의식에 사용되었을 것으로 보는 게 타당하리라. 부처님에게 꽃을 바치고, 경건한 마음으로 예불하는 것도 화분에 꽃을 심고 가꾸는 마음과 별반 다르지 않은 것이겠다.

여러 가지 유물과 목패의 내용으로 볼 때 신안선의 화분과 화병은 일본 사찰이나 승려들의 주문에 따라 수입해 가던 물품이었을 것이다. 그 중 일부는 상층 귀족의 여인들에게 시주의 대가로 나누어 주거나 시중에 내다 팔리던 것이었을 수 있다. 믿음이 깊은 불교신자로서 시주를 많이 한 사람이라든가 상층 신분의 권세가 여인들에게 나

청자첩화모란당초문화병

청자첩화국당초문화병

청자사이화병

누어 주어 집에서 장식용으로 사용하게 하려 했거나 작은 불상을 모셔두고 그 앞에 꽃을 꽂은 꽃병을 드림으로써 헌화의식을 대신하도록 했을 법하다. 시주자의 이름과 함께 꽃을 꽂아 사찰 본당의 불전에 놓아두기 위한 것이었을 수도 있겠다. 이런 행위를 우리는 화공양花供養 즉, 꽃공양이라는 불전 헌화의례로 규정할 수 있을 것이다.

한국이나 일본에서는 부처님에게 꽃을 바치는 꽃공양이 일찍부터 유행하였다. 거슬러 올라가면 우리의 꽃꽂이 역사는 삼국시대 불교의 전래와 함께 시작되었다. 불전佛典에 꽃을 바치는 헌화의식으로서 꽃공양이 전래된 이후에 꽃꽂이가 시작된 것은 우리와 일본이 같다. 고구려의 쌍영총과 경주 불국사 석굴암 등에 있는 꽃그림은 불교의 헌화의식을 반영한다. 고구려의 벽화고분에 보이는 연꽃이라든가 여러 가지 꽃 그림을 꽃꽂이의 다른 형식으로 볼 수도 있을 것이다. 묘법연화경(제 6권)이나 『삼국사기』 열전 궁예 편의 기록 또는 쌍계사 진감선사 비명에도 꽃꽂이 놀이가 있다고 하였으니 불가에는 오래 전부터 꽃공양으로서 꽃꽂이가 있어 왔음을 볼 수 있다.

쌍영총 벽화에는 병에 꽂은 꽃꽂이 그림 두 개가 있다. 거기에는 병에 꽂은 꽃줄기를 바로 세워서 좌우 대칭으로 그렸다. 경주 석굴암의 십일면 관세음보살입상에도 삼각 구도의 형태로 꽃꽂이 그림이 새겨져 있다. 이것을 양식상으로는 일본 다데바나立花[5]와 비슷한 구도로 볼 수 있다.

꽃꽂이에 관한 우리나라 최초의 기록은 8세기 중반에 처음으로 나타난다. 신라 경덕왕 35년(756) 중국 당나라에 가서 수도를 하던 지장법사[6]가 지은 글에 처음으로 꽃꽂이가 등장하는 것이다.

"절간이 적막하여 네가 집 생각을 하더니 승방에서 작별하고 구화산을 내려가는구나. 대난간의 죽마 타기를 즐겨 묻더니 절에서 금모래 모으기 게 을렀고 시냇가 늪에 비친 달을 볼 생각도 하지 않고 차 달이고 병에 꽃꽂이도 하지 않는구나. 눈물 거두고 어서 내려가 부모를 뵈어라."[7]

청자음각모란문대화병

청자봉황식화병

청자능화형양이화병

이렇게 꽃꽂이와 차가 등장하는 것으로 보아 신라 시대에도 불가에서 차와 꽃을 드리는 의식이 있었음을 알 수 있다. 통일신라와 마찬가지로 불교를 국교로 삼은 고려에서는 사찰은 물론 궁궐에서 꽃으로 장식하거나 꽃꽂이를 하는 일이 많았다. 고려시대 궁중에는 압화사·권화사·인화담원·선화주사·화주궁관과 같은 꽃 전문 담당 관직이 있었다. 모두 꽃을 길러서 공급하고 그것으로 궁궐이나 관청의 행사에 장식하는 일과 관련된 사람들이다. 고려시대에는 병에 꽂는 꽃꽂이가 유난히 성행하였으며, 그에 따라 청자와 기타 도자기 기술이 발전하여 화병도 다양해지고 꽃꽂이 기법도 그 전보다 한층 다채롭게 발전하였다.

이후 조선시대에는 궁중과 최상층 양반 사대부가에서 주로 하던 꽃꽂이가 일반 평민에게까지 널리 보급되었다. 조선시대 후기로 가면 꽃꽂이는 생활 속에 파고들어 실용적인 장식으로 정착하였다. 이후 이러한 꽃꽂이 모습은 문인화나 양반 귀족 여인들의 자수(병풍)와 화조도 등에서도 엿볼 수 있다. 세종시대에는 꽃꽂이에 관한 저술로서 『양화소록』(강희안)이 나왔고, 허균의 『한정록』(권17)에도 중국의 『병사瓶史』(원광도)를 인용하여 꽃꽂이에 관한 전문적인 내용을 적고 있다. 조선의 꽃꽂이 이론은 후기로 내려가면서 점점 더 체계화되었다. 그리하여 홍만선의 『산림경제』에는 꽃나무를 병에 꽂는 방식[8]에 관하여 자세히 다루었으며, 19세기 서유구의 『임원경제지』라든가 『오주연문장전산고五洲衍文長箋散稿』(이규경) 등에는 조선 사회의 꽃꽂이 이론과 기법을 발전시킨 저작들이 실려 있다.

일본의 꽃꽂이도 552년 백제의 노리사치계가 불교를 전해주면서 시작되었다고 보는 게 옳을 것 같다. 중국·한국과 마찬가지로 불전에 꽃을 바치는 불전헌화[9] 의식이 일본의 사찰에서 시작된 후로 여인들의 손에 의해 꽃꽂이가 가정에 보급된 것이다. 일본에서는 810년 나

청자능화형양이화병

청자양인각모란당초문 양이화병

라奈良에 있는 원흥사元興寺 승려가 불전에 꽃을 바치는 양식을 정하여 그것을 『삽화고
실집挿花故実集』이란 기록으로 남겼으므로 공식적으로는 이때를 일본의 꽃꽂이 역사의
시작기로 보고 있다. 그 후(905년)에 나온 『고금집古今集』에도 '꽃을 꽂는다'는 의미에서
挿花삽화라는 용어를 사용하였다. 10~14세기에는 꽃꽂이한 꽃을 불
상 앞에 바치는 그림이 대단히 많이 나타난다. 바로 이 무렵 일본
에서 꽃꽂이하여 실내를 장식하는 다데바나立花가 유행하였는데,
규방의 여인네들 사이에서 전염병처럼 번진 이런 사치스런 풍조는 많
은 양의 화병과 화분 수요를 일으켰다. 신안선에서 나온 도자기 가운
데 상당수의 화분이나 화병은 13~14세기 이후 일본에서의 그와 같
은 풍조를 반영하는 것으로 볼 수 있다. 물론 신안선에 실린 상품 일
부는 동복사와 조적암 그리고 승려들의 것이었으므로 신안선에서 나온 화
병과 화분은 불전에 꽃을 바치기 위한 것과 시판용의 두 가지가 있
었을 것으로 보인다.

청자화분

앞에서 설명하였듯이 부처님에게 꽃을 바치고 불공을 드리는 헌화의
식, 즉 꽃 공양은 일본의 경우에도 중세시대에 들어서면서 일정한 형식을
갖추기 시작했다. 불상 앞의 탁자에 꽃꽂이한 다데바나(たて花)[10]를 바치고
그 앞에 향과 촛불을 켜두는 의식이 정형화되었는데, 초기 다데바나는 화병이 따로 없
었다. 주둥이가 넓은 사발砂鉢[11]에 모래를 넣고, 거기에 꽃을 꽂았다. 이런 꽃꽂이 양
식을 스나모노砂物라고 하였다. 그런데 사발에 꽃을 꽂으려니 주둥이가
넓어서 꽃을 바로 세울 수가 없었다. 그래서 사발에 모래를 담고 거
기에 꽃을 꽂았는데, 꽃꽂이용 사발에 담는 모래는 사정에 따라 흰모
래나 검은 모래를 사용하였다.

청자화분

이후 사찰과 궁정에서는 칠월칠석이면 으레 꽃을 바치는 꽃 공양이 있
었다. 7월 보름날의 백중절[12] 행사는 소위 우란분재로서 7대의 조상과 현재
의 부모를 위해 백 가지 맛있는 음식과 다섯 가지 과일·물 긷는 그릇·향유·초·평상 등
을 갖추고 세상에서 제일 맛난 음식을 그릇(우란분)에 담아 대덕 스님에게 공양하는 것

청자양인각화훼문육각
화분

이다. 부처님의 제자 목련존자는 자신의 어머니 청제부인이 살아서 저지른 악행으로 아비지옥에 떨어진 과정을 알고, 어머니를 천도하여 정토에 태어나게 하였다는 데서 우란분재가 시작되었다고 한다.[13] 그런데 부처님은 일찍 이 승려들이 하안거를 마친 날이 7월 15일이므로 부처님 이 이 날을 우란분재일로 정했다고 한다.

청자다구병

일본 무로마치室町 시대에는 승려와 최상층 귀족 사이 에서 특별한 유희로서 꽃꽂이가 유행하였다. 이 무렵에 일본에서 처음으로 꽃꽂이를 총칭하는 말로서 이케바나 (いけ花)라는 용어가 사용되기 시작한 것으로 보인다. 보 다 정확히 말하면 일본의 이케바나는 헤이안平安 시대에 다 데바나에서 분리되어 나왔다. 하지만 일본에서 이케바나가 나타난 것은 기록상으로는 15세기 중엽의 무로마치 시대이다. 꽃꽂이를 의미하는 '이케바나'란 용어는 1462년 이케보노 센케池坊專慶가 처음으로 사용했다고 한다. 헤이안 시대에 이케바나가 유행한 뒤, 무로마치 시대에 이 르러서는 침실의 장식이나 선반에 꽃병을 올려놓아 실내를 예쁘게 장식하기 위한 꽃 꽂이도 성행하였다.

일본의 꽃꽂이는 중국의 선종과도 관계가 있다. 중국의 선종인 임 제종이 처음 일본에 알려지기 시작한 것은 12~13세기부터이다. 그 후로 꽤 시간이 지나 15~16세기 후반 무렵이 되면 선종의 영향으로 일본 사회 에는 차를 마시는 풍속이 크게 성행하게 되는데, 이런 풍속과 함께 차바 나茶花가 시작되어 꽃꽂이에 또 하나의 장르로 추가되었다. 차바나는 차를 마시기 위한 찻상에 놓는 장식용 꽃꽂이를 말한다. 이로부터 차바 나는 사찰은 물론이고 일반에 보급되어 널리 유행하였다. 찻상의 분위 기를 돋우기 위한 차바나는 간단한 소품 형식으로 꽃을 꽂아두는 것인데, 이것이 후일 일본에서 꽃꽂이의 한 장르로 정착하여 오늘에도 그 맥을 이 어가고 있다.

군유계화분

어디에 쓰는 물건이며, 왜 매병인가?

1323년 여름 흑산도 동쪽의 신안군 증도와 도덕도 사이에 침몰한 신안선은 14세기 초의 한·중·일 삼국 문화를 고스란히 간직한 타임캡슐이란 점에서 유물들이 갖는 가치는 크다. 그런데 그 많은 유물 중에서도 비중이 있는 것은 도자기이고, 도자기 중에서 가장 먼저 눈길을 붙잡는 것은 역시 매병이다.

매병은 풍만하고 요염해 보인다. 그리고 화려하다. 어깨가 넓어서 탁 트인 시원함을 안긴다. 넓은 어깨로 하여금 숨김없이 다 드러낸 느낌을 주기 때문이다. 마치 감당할 수 없는 미인을 보는 것 같다. 그러나 그것이 더욱 매력적으로 보이는 까닭은 아래가 좁고 가늘기 때문이다. 다 드러내지 않고 감춘 듯 겸양의 뉘앙스를 안기므로, 대담하면서도 겸손하고 잘난 체 뽐내지 않는, 성숙한 여인의 모습이랄까. 이런 분위기가 사실은, 상부는 넓고 하부는 좁아서 위태롭게 보이는 데서 오는 것으로, 이 묘한 매력이 매병에 자그마한 안정감을 준다. 극도의 불안정성 속에 도사린 그윽한 안정성. 한 마디로 그것은 감춰진 역동성이다. 소위 정중동靜中動이라 함은 이런 것을 이르는 말일 터이다. 그 정점에 있는 것이 고려의 비색 상감청자라 할만하다. 여기저기 뭉게구름이 피어나고, 구름 속의 용이 인간세상을 훔쳐보며 학이 어지럽게 날되 상감이라는 이름의 동그란 테두리에 갇힌 그 절제미야말로 비색을 돋보이게 한다. 매병을 비롯하여 고려의 상감청자들을 바라보고 있으면 고려인의 창의적이고 역동적인 인생관, 그것을 보는 듯하다.

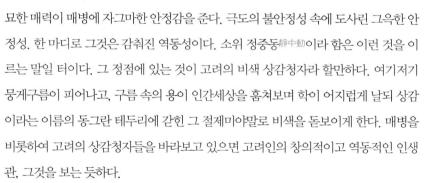
청자음각연당초문매병

매병은 도자기 중에서 가장 독특한 기종으로 부피가 큰 종류에 속한다. 매병이 그런 모습으로 처음 등장한 것은 언제일까? 중국 당나라 때이다. 그것이 얼마 안 있어 한국과 일본에 전해졌는데, 정작 매병이 가장 널리 쓰인 것은 그로부터 한참 지난 송나라 때이다. 어느 나라든 상류층에서 사용한 그릇이었는데, 신안선에서는 중국제 매병(청자·백자)과 고려 및 일본의 세토 매병이 다 나왔다.[14] 삼국의 매병 중에서 품질과 우수성에서는 고려의 청자매병이 돋보인다. 매병은 본래 키가 큰 기종이 아니었다. 높이가 대개 30~40cm 가량인데, 30cm가 안 되는 것도 있다. 큰 것은 70~80cm나 되는 것도 있다. 종류별로는 청자·백자·흑유(흑자) 매병이 있지만, 이 중에서 가장 많은 것은 역시 비색의 청자매병이다. 백자매병과 도기매병도 있고, 철채매병도 꽤 있다. 그러나 신안선에서는 철채나 분청사기·백자 매병은 확인되지 않았다.

청자매병(신안선)

신안선에서 나온 매병은 모두 15점이다. 중국제 매병 12점에 고려 매병 1점과 일본 세토매병 2점이다. 중국산 매병은 청자와 백자 외에 흑유 매병 몇 점이 더 있다. 이들 중국산 매병의 생산지는 경덕진요와 용천요 및 자주요이며 고려청자음각연화당초문매병은 전남 강진군 대구면 사당리나 전북 부안군 보안면 유천리에서 만든 것으로 보고 있다.

매병은 고려와 중국의 송·원 시대에 많이 만들어 사용한 도자기의 한 형태이다. 일본에서는 헤이안平安 시대에 조잡한 단계의 매병을 처음으로 만들어 쓰기 시작했으나 제작기술이 모자라 결국 실패하였다. 그 후 가마쿠라鎌倉[15] 시대에 들어서면서 많이 사용했다고 전해오는데, 실제로는 가마쿠라 시대 중에서도 후기에 꽤 유행하였다.

중국에서의 매병 출토 사례도 많아

매병은 본래 중국에서 먼저 나타나 고려에 전해졌고, 곧 일본에도 등장하였다. 중국에서 그 형태가 처음 나타난 직후에 고려에서 본격적으로 생산하는데, 도대체 이런 형태의 도자기가 어떻게 등장하게 되었으며, 어떻게 해서 매병이란 이름을 갖게 되었을까? 그에 대해서는 여러 가지 이견이 있다.

매병은 본래 술을 담는 용기로 시작되었다. 그에 관한 기록과 증거 몇 가지가 중국과 우리나라에 있다. 1970년 산동성山東省 추현鄒縣에서 발굴한 매병을 대표적인 예로 들 수 있다. 명 왕조가 갓 시작된 1389년 무렵에 구룡산九龍山에 묻힌 주단朱檀이라는 사람의 무덤에서 술이 든 매병이 나온 것이다. 그리고 1974년 요령성遼寧省 법고현法庫縣

에서 요^遼 나라 때의 귀족 묘를 발굴했는데 거기서 나온 36점의 도자기 가운데 붉은 색 술이 담긴 매병이 있었다. 또 강소성^{江蘇省}에서 나온 청자상감매병과 청자상감연화문매병은 13세기 후반~14세기 초에 만든 것으로 보고 있다. 신안선 매병과 거의 같은 시기에 만든 것인데 역시 술병으로 쓰였다. 1994년 하북성에서 나온 청자상감모란운학문매병도 있다. 이것은 원 세조 때 재상을 지낸 사천택[16]의 무덤에서 나온 고려 매병인데, 13세기 중반 이후에 만든 것으로 본다.[17] 또 상해박물관이 소장하고 있는 백지흑화매병^{白地黑花梅瓶}도 분명한 증거물이다. 백지흑화매병이란 그 이름이 갖고 있는 글자의 의미 그대로 백자의 흰 바탕에 검은색 꽃그림을 그린 매병이라는 뜻인데, 이 매병 두 점은 자주요^{磁州窯} 계통의 도자기로 알려져 있다. 이들 두 개의 매병 겉면에는 각기 '淸沽美酒_{청고미주}' '醉香酒海_{취향주해}'라고 쓰여 있다. 맑고 감미로운 술, 바닷물처럼 마를 날 없기를 바라며 쓴 글귀 중에 술 酒 자가 있으니 이것으로 매병은 본래 술을 담는 그릇이었음을 알겠다.

또 일반적인 매병과 형태는 약간 다르지만 중국 안휘성^{安徽省}의 송나라 때 무덤에서 나온 백자 매병에도 '內酒_{내주}'라는 글자가 쓰여 있어 그 역시 술병으로 사용되었음을 알려주고 있다. 이러한 매병이 나타난 직후인 11세기 중엽이 되면 중국에서 뚜껑이 있는 매병이 새롭게 모습을 드러낸다. 뚜껑은 술의 알코올이 잘 날아가지 못하도록 병의 주둥이를 꼭 막기 위한 마개 대용이었다.

백자매병(신안선)

매병, 술 외에 참기름이나 꿀을 저장하기도

그러면 매병에 관한 우리의 기록은 없을까? 고려에서도 매병을 술동이로 사용하였으며, 그러한 사실은 기록과 유물 몇 가지로 증명된다. 서긍은 『선화봉사고려도경』에서 도준^{陶罇}이 술동이라고 기록하였다.

충남 태안군의 마도에서
나온 마도2호선 고려청
자 매병에 매달았던 목간

"술동이는 마치 참외처럼 생겼는데 위에 작은 뚜껑이 있으며 겉에는 연꽃과 오리가 엎드린 모양의 문양이 있다."[18]

여기서 말한 주존酒尊은 술동이이며 존尊은 준樽(술동이)과 같은 의미로 쓴 글자이다. 다시 말해서 陶尊도존은 도준陶樽이며, 이 도준을 매병으로 볼 수 있다. 서긍이 도존陶尊·와존瓦尊·부용존芙蓉尊·등존藤尊으로 기록한 것은 모두 술동이이며 매병이다. 먼저 와존은 질그릇 술독이다. 다시 말해서 와존은 질그릇 매병이다. 왕이 마시는 법주를 담아서 보관하던 매병으로서 질그릇으로 만든 술동이이지만 그 모양은 매병으로 보고 있다. 당시 왕이 마시는 술을 양온良醞이라고 하였다. 또 등존은 등나무 술독을 이른다. 도존을 바깥에서 등나무로 감싸서 서로 부딪혀도 깨지지 않도록 한 것이다. 배 안에서 흔들리며 부딪혀도 깨지지 않으므로 바닷가 사람들이 주로 사용하였다. 지방의 각 주와 군이나 섬에서 중앙에 바치던 술동이이다. 이들은 술동이라는 의미의 樽준 대신 尊존 자를 쓰긴 했으나 모두 매병으로 볼 수 있다.

그러나 매병은 술동이로만 사용된 것은 아니다. 술 외에 꿀이나 참기름을 넣어서 운반한 사례가 있다. 2010년 7월 충남 태안에서 4백여 점의 유물과 함께 바다를 헤치고 나온 매병으로 확인된 사실이다. 마도2호선[19]으로 명명된 이 배는 개경으로 보내는 물자를 싣고 있었다. 배 안에는 여러 가지 화물과 함께 청자매병 3점과 도기매병 1점이 있었다. 그 중 2점의 청자매병에는 꿀과 참기름을 넣고, 그것을 받는 사람의 이름을 죽찰竹札[20]에 적어 매달았다. 몸 표면 네 군데에 연꽃 무늬를 음각으로 새긴 음각문양청자매병이 그것이다. 다른 한 점은 상감청자매병인데, 이것은 몸통이 참외처럼 생겼으며 몸통에 골이 있다. 몸통 여섯 면에 등간격으로 골이 나있으며, 겉에는 버드나무와 대나무·갈대·국화·모란·나비·물새 등을 상감으로 새겼다.[21] 음각문양청자매병에는 꿀을 넣었고 상감청자매병에는 참기름을 담았다. 물건을 배에 실으면서 함께 부친 죽찰에는 중방重房의 도장교都將校 오문부

은제매병(신안선)

吳文富에게 보낸 것으로 되어 있다. 마도2호선은 개경으로 가던 중 충남 태안군 안흥의 마도 앞바다 해역에 침몰하였는데, 우리가 매병이라고 부르는 청자매병을 죽찰에는 樽준으로 적었다. 이것은 서긍이 『선화봉사고려도경』에서 말한 도존陶尊·주존酒尊의 尊과 같은 글자이다. 한 예로 『춘향전』에 "금으로 만든 술동이의 맛있는 술은 천 사람의 피요, 옥반의 맛난 안주는 만 백성의 기름이다"[22]고 한 구절이 있는데, 여기서 말한 준樽이 고려시대의 매병과 같은 술동이이며 이것을 고려와 서긍의 『고려도경』에서는 존尊으로 쓴 것이다.

태안 마도2호선에서 나온 고려 청자 매병

이와 같이 고려에서는 매병을 술병만이 아니라 참기름이나 꿀과 같은 액체를 담는 용기로도 사용하였다. 그렇다면 이 외에도 여러 가지 식물성 기름이라든가 액체 상태의 음료를 담는 데에도 사용하였으리라고 추정해볼 수 있다. 그런데 마도2호선에서 함께 나온 목간에는 유자량[23]·이극서[24]와 같은 인물이 기록되어 있다. 그들은 모두 13세기 초를 살았던 인물들이다. 이극서는 1213년 추밀원부사로 있었기 때문에 마도2호선은 1213년 이전 어느 해에 마도 앞바다에서 난파당한 것으로 보고 있다.

명문으로 입증된 술항아리, 고려매병

우리나라의 매병 중에서 대표적인 것으로는 청자상감유문을유사온서명매병[25]이 있다. 국립중앙박물관이 갖고 있는 이 매병에는 버드나무 문양과 '을유사온서乙酉司醞署'라는 글자가 있다. 이 매병의 겉면에 있는 '사온서司醞署'라는 이름에 바로 매병의 용도가 무엇인지에 대한 답이 있다. 사온서는 고려시대 궁중에서 필요한 술을 관리하던 관청이다.[26] 『고려사』에 "사온서는 궁중에 술을 공급하는 일을 맡는다"[27]고 되어 있어서 매병이 술항아리였음을 알 수 있다. 사온서에서는 술 외에 감주(식혜)도 공급하였다.

혹유수반문매병(신안선)

또 국립중앙박물관이 소장하고 있는 청자상감유연문덕천명매병[28]이라고 하는 것이 있다. 상감청자로서 몸통 겉면에 버들과 연꽃이 있고, 덕천德泉이란 글자가 쓰여 있어 그렇게 부르고 있는데, '덕천'이라고 하는 것도 고려 왕실에 술을 공급하던 관청이었다. 이것은 본래 덕천고德泉庫 또는 덕천창德泉倉을 뜻했다. 이 부서는 조선시대에는 내섬시內贍寺로 바뀌는데[29] 이것 역시 '내섬內贍'이라는 말의 뜻을 알면 내섬시가 무엇을 하던 곳이었는지 금세 짐작이 간다. 내섬시라는 관청은 궁궐과 2품 이상의 고위관리들에게 공급하는 음식이나 의복 등에 관한 일을 맡아보던 곳으로, 고려시대의 덕천이라는 부서와 똑같은 일을 하였다. 다만 덕천고나 덕천창은 술과 관련된 기구였다. 고려~조선에서 매병은 덕천고·사온서 외에도 여러 관청에서 많이 사용하였다. 지금까지 출토된 자료로 볼 때 매병을 사용한 고려시대의 관청으로는 보원고·성상소·준비색·의성고 등 여럿이 있다.

이상과 같이 고려시대의 매병은 왕실과 귀족 상류층에서 주로 사용하였다. 물론 중앙의 관청에서도 썼다. 그 외에 사찰 주변에서도 출토되는 것으로 보아 고려시대의 승려들도 매병을 사용하였음을 알 수 있다. 강화 선원사지·여주 고달사지·안성 봉업사지·강원 거돈사지와 법천사지·부여 왕흥사지 등에서 청자매병이 출토되어 사찰에서 승려들도 매병을 사용하였음을 알 수 있다. 다만 사찰에서 매병을 어떤 용도로 썼는지는 알 수 없다.

무덤 부장용 또는 골호 대용으로도 쓰여

매병은 그러나 그 외 다른 용도로도 쓰인 사례가 있다. 앞서 중국의 출토 사례에서 본 바와 같이 무덤에 함께 매병을 넣어주어 죽은 이를 위로한 것이다. 지금까지 고려시대 청자매병과 도기매병이 나온 고분은 상당히 많다. 대표적인 것이 고려 희종熙宗이 묻힌 석릉,[30] 명종의 무덤인 지릉智陵(1202), 곤릉坤陵[31] 등이다.[32] 이런 고려 왕들의 무덤을 근거로 "12세기 중반 이후 지방 석실묘나 석곽묘 등에 매병과 함께 기타 청자

흑유박지모란문매병(신안선)

를 부장하였으며, 왕릉급 무덤엔 13세기 전반에 매병을 부장하였다"고 보고 있다.[33] 이때 만약 매병에 술을 넣어 함께 부장하였다면 매병의 성격을 제례용으로 파악할 수 있을 것이다.

세토매병

세토화문매병

한편 일본에서도 처음엔 매병을 술항아리로 사용하였다. 일본의 한 신사[34]에서 나온 세토 매병[35]의 겉면에도 '술동이'로 썼음을 알려주는 증거가 남아 있다. 주기酒器라는 명문[36]이 있는 것으로 보아 신전에 술을 공양하는 용기로 사용하였음을 알 수 있다. 그런데 일본에서는 특이하게도 매병을 화장한 유골을 담는 용기 즉, 골호 대용으로 사용한 예가 있다.

이 매병이 처음 생긴 당나라 때는 그 이름을 갖지 않았었다. 정작 매병이라는 명칭이 나타난 것은 북송시대이다. 12세기 북송의 한표[37]라는 사람이 쓴 『간천집澗泉集』에 처음으로 매병이라는 이름이 보이는 것이다.[38] 그로부터 한참 후인 18세기 초의 청나라 때에도 매병에 관한 기록이 있다. 청 황제 강희제에게 진상한 물건 중에 '末磁梅瓶송자매병'이 있었다고 『만수성전초집萬壽盛典初集』[39]에 전하고 있다. '송자매병'은 '송나라 자기 매병'을 의미한다. 즉, 송나라 때부터 전해오던 매병을 청나라 강희제[40]에게 바쳤다는 얘기인데, 여기서도 매병이라는 이름이 확인된다. 그리고 청나라 말기인 1910년[41]에 간행된 『도아陶雅』 매병 조에도 '매병'이란 이름이 보인다.

매화 가지를 꽂을 수 있어 매병

그러면 왜 이런 모양의 도자기를 매병이라고 부르게 되었을까? 『음류제설자飮流齊設瓷』[42]의 매병 조에 그 답이 있다.

"매병은 입이 작고 목이 짧다. 어깨는 대단히 둥글고 넓다.……그 주둥이가 좁아 앙상한 매화 가지를 꽂을 수 있고, 매화와 서로 잘 어울리므로 매병이라고 한다"

이와 같이 허지형은 매병의 모양 및 특징과 함께 매병이라고 부르게 된 내력을 간결하게 요약하여 설명하고 있다.[43] 이것은 북송시대부터 매병이라는 이름으로 불러온 내력을 설명한 구절로 볼 수 있다.

이상에서 알아보았듯이 매병은 처음부터 술항아리로 사용되었으며, 그것이 청나라 때에 와서 갑자기 매화를 꽂는 화병으로 전용된 것이 아니다. 술은 고도의 발효기술로 빚는 음료이므로 무엇보다도 발효기술이 중요하다. 그런데 발효에서 핵심이 되는 것은 온도이다. 자유롭게 온도를 조절하지 못한 옛날에는 술은 봄부터 가을까지만 담갔다.

옛날에는 누구든 한겨울에는 술을 담그지 못했다. 그러므로 가을까지 담았던 술을 비우고 나면 이듬해 봄이 되기까지 기다려야 했으니, 술이 떨어지거나 매병을 비운 상태에서 술 대신 매화 가지를 꽂아둔 데서 매병이란 이름이 생겼을 것이라는 생각을 해 본다. 가을에 담은 감로주를 다 비우고 새 봄을 기다리며, 맑은 물을 부어 항아리의 잡내를 우려내는 사이, 한두 가지 꽂아둔 나무에서 매화가 피어오르고 매화가 질 즈음에야 술이 다시 익어 매병에 담아둘 수 있었기에 매병이라고 부르게 된 것이었을지 모른다. 여러 정황으로 미루어 보면 그렇게 이해하는 것이 옳을 것이다. 그것이 아니라는 증거는 어디에도 없으니 일단 그렇게 믿어보기로 하자.

청자방정형향로

왕실과 귀족·사찰 의례용으로 사용된 향로

신안선의 도자기는 종류별로 다 특징이 있어 어느 것 하나 갖고 싶지 않은 것이 없다. 어떤 것은 색이 고와서, 어느 것은 모양이 하도 예뻐서, 나만 아는 곳에 숨겨두고 그윽한 눈빛으로 바라보고 싶다. 화병도 그렇고 화분이라도 좋다. 향로라면 더욱 좋을 것이다. 향로는 금세 코를 즐겁게 하는 향을 안길 것 같다.

신안선에서는 꽤 많은 수의 향로가 나왔다. 향로의 종류는 도자기와 금속제 두 가지. 그런데 왜 중국을 떠나 일본으로 가던 중세시대 무역선에 이런 향로가 실려 있었을까? 화분이나 화병이 배에서 사용하기 위한 것이 아니라 사찰에서 부처님에게 꽃 공양을 드리기 위한 것이었듯이 향로 또한 아침저녁 예불과 특별

한 행사 때마다 부처님에게 향 공양을 드리기 위한 공양구
이다. 불가에서 향은 육법공양의 하나로, 부처님의 공덕
을 기리기 위한 것이다. 그러나 이런 불교 예참만이 아니
라 일상생활에서 사람들은 향과 향로를 여러 가지 용도로
사용하였다.

청자양인각운문육각향로

　인간은 생존과 보다 나은 삶을 위해 일찍부터 향이나 연기를
이용하였다. 불을 피워 그 연기로 벌이나 모기를 쫓는 것은 아주 오
래 된 해충 퇴치법이다. 그러나 실내에서도 이런 효과를 거두려면 화재의
위험 없이 안전하게 향을 피울 수 있는 도구가 있어야 했다. 향로는 사찰이
나 궁궐 또는 품격 있는 목조 가옥에서 주로 사용하였다. 실내에서 냄새
가 좋은 향을 피워 해충이나 독충의 피해를 막았다. 또한 사람이나 실내에
서 나는 악취를 없애고, 의복에서 나는 나쁜 냄새와 좀 벌레를 없애기 위해 사
람들은 오랜 옛날부터 향로와 향을 사용하였다. 사당에서 제사를 지내거
나 사찰의 종교의식에도 반드시 향로와 향을 썼다. 더욱이 외딴 산속에 있
는 사찰에는 각종 해충과 유해동물이 많아 피해를 입는 일이 흔했으므로
향으로 쫓지 않으면 안 되었다. 향과 그것을 피울 때 나는 연기는 목조건물에
피해를 입히는 개미나 해충도 물리쳐 주었다.

청자관요식삼족향로

청자정형향로

　독충을 쫓기 위해 일찍부터 향로를 쓴 사실은 『주례周禮』[44]에도 잘 나타나
있다. 『주례』에는 우리 몸에 해를 끼치는 독충과 좀을 막기 위해 가초嘉草나
훈초薰草를 향로에 태웠다고 하였다. 여기서 말하는 가초나 훈초는 향기가
나는 풀을 가리킨다. 원래 薰훈은 '불이 붙어 연기가 위로 치솟는 것을 이르
며[45] 향기 또는 증기[46]를 의미하기도 한다. 향기 나는 풀을 불에 태울 때 나는 연기는
물론이고 물에 끓여서 나는 증기를 아우르는 말이기도 하다. 향로는 이러한 향기와 훈
증 효과를 얻기 위한 것이다. 결국 기록에서 말한 薰훈은 향초 또는 향초의 냄새를 의
미한다. 『신농본초경』에도 "향기는 바른 기氣이며, 이것은 삿된 것이나 더러운 것을 없
애준다"[47]고 하였다.

청자양각팔괘문향로

향로에 관한 기록은 『춘추좌전』에도 보인다. '한 번 향초 향내를 내면 십년 동안 냄새가 남아 있다'[48]는 내용이 있다. 또 『후한서』에는 향을 피운 향로를 들고 왕의 주위에 시녀들이 둘러선 모습이 표현되어 있다. 의복에 좀이 생겨 피해를 주는 일이 없도록 향을 피워 옷이나 실내를 관리하는 여성 관원이 따로 있었음을 설명하고 있는데[49] 이런 모습은 중국 하남성 남양南陽의 후한 시대 무덤 안에 그려진 화상석畵像石에서도 확인되었다.[50] 돈황 제103호 석굴 유마좌상維摩坐像에도 당나라 때의 향로 그림이 있다.[51] 또 하북성 망도현望都縣 소약촌所葯村 1호분 벽화에도 향로 그림이 있어 귀족 사회에서 향로를 쓰고 있었음을 알 수 있으며[52] 고구려 안악3호분 벽화에도 향로를 들고 있는 여인의 그림이 있다.

백자정형향로

백자양인각운문타원정형향로

이와 같이 고대 사회에서는 향로를 널리 사용하였다. 중국과 서아시아 그리고 로마·이라크 지방의 앗시리아(Assyria) 등지의 여러 유적에서 향로가 두루 나타나고 있는 것이 그 증거이다. 현재 남아 있는 자료로 추적하여 보면 사람들이 향로를 사용하기 시작한 것은 적어도 기원전 7~8세기 이전부터였다. 여러 가지 그림이나 유물 등을 보면 앗시리아의 왕과 귀족들이 향로를 가장 먼저 사용했다고 한다. 간다라 페샤와르 지방을 비롯하여 불교 유적에서도 향로가 상당히 많이 나타나며 유럽이나 인도·중국에서는 불교 또는 그 외의 여러 가지 종교의식에 향로를 사용하였다. 특히 인도에서 불상을 만들 때 한동안은 향로를 대좌臺座 정면에 배치하였다. 그러다가 나중에는 법륜法輪이 향로를 대치하는 경향을 보이는데, 이것은 불교와 향로의 깊은 관련성을 보여주는 사례이다. 인도에서 향로가 불교를 따라 중국에 건너와서는 불교 조각에 크게 유행하게 된다.

한편 운강석굴雲岡石窟을 중심으로 중국 북방지역의 불교 조각에 나타나는 향로는 거의 대부분이 박산로이다. 초기의 향로는 불교 전파 이전에 중국 서북지역에 들어와 있었다. 서아시아나 중동 지역으로부터 들어온 것으로 보고 있다. 그것은 중국 북방 지역에 빠르게 퍼졌으며 한나라 때 이후에 드디어 향로는 널리 사용되었다. 향로를 부조로 표현한 5호16국 시대의 금동여래좌상 하나가 있는데, 이 불상에 표현한 향로는 박산로이다. 서역으로부터 전해진 향로 가 이 시대에 와서 박산로로 정형화 된 것이다. 이런 박산로는 5세기 후반부터 형태에 많은 변화를 겪게 된다. 불교 조각에서는 박산로의 몸통을 연꽃봉오 리처럼 표현한다. 그리고 그 향로를 떠받치는 지주支柱는 마치 연꽃의 줄기 처럼 가늘고 길게 만든 것이 있다. 이런 박산로를 최고의 예술적 경지로까지 끌어올린 향로가 백제금동대향로이다.

백자향로

5세기 중후반의 고구려 석실분 벽화에도 이런 모양의 박산로가 보인다. 중국 길림성 집안輯安의 고구려 고분인 장천1호분 전실 천정벽화와 쌍영총 주 실에 그린 부부행렬도에도 박산로 그림이 있고, 신라 성덕대왕신종에는 박산 로를 바치는 비천상이 있으며 경주 석굴암 사천왕상에도 향로

백자음각모란문향로

를 받든 모습이 표현되어 있다. 신라의 불상 가운데는 향로를 부조로 표현한 것도 있다. 경주 남산의 석조약사여래좌상과 영주 부석사 석조여래좌상(석불)이 그 대표적인 사례이다.

일찍부터 사람들은 해충을 쫓기 위해, 그리고 나쁜 냄새를 없 애기 위해 또는 마음을 안정시키고 병을 치료하기 위한 목적으 로 향초나 여러 가지 향을 태웠다. 이렇게 오랜 옛날부터 향기를 인체의 치료에 이용해온 것이다. 그러나 향기치료에 관한 기록은 한 참 후에 나타난다. 중국의『외대비요外臺秘要』에는 향이나 향초를 해수

백자양인각초화문육각
향로

치료에 쓴 사실이 기록되어 있다. 또 귀신에 홀린 증상이라든가 정서장애, 가위에 눌 리는 증상 또는 몽정夢精과 같은 난감한 증세를 치료하는 데도 향기를 이용하였다.

중국 전국시대 이후 향로가 널리 보급되었다

지금처럼 농약이나 살충제가 없던 옛날에는 수많은 곤충으로부터 많은 피해를 보

았다. 모기나 빈대·벼룩·각종 쐐기라든가 지네와 같은 독충은 물론 뱀이나 벌과 같은 벌레들이 뜻하지 않은 피해를 입혔고, 그로 말미암아 목숨을 잃는 이들이 많았다. 잠을 자는 사이, 가는 뱀이 귓구멍으로 들어가서 사람이 갑자기 죽거나 펄펄 뛰기도 하고[53] 대청마루에서 자던 사람이 지네에게 인중을 물려 죽는 일도 흔히 있었다. 집이나 사찰에서 이런 유해동물이나 해충으로부터 피해를 줄이기 위해 각종 향을 개발해 썼고, 향을 쓰기 위해 향로는 반드시 필요하였다. 향로가 없이 향을 피우다가 집이나 사찰이 화재로 전소되거나 화상을 입는 일이 흔히 있어서 불에 의한 피해가 대단히 컸다. 이런 필요성에서 향로를 개발하였고, 향로 본연의 기능을 잘 살리되 거기에 예술성과 장식성을 가미한 것이 과거의 향로이다.

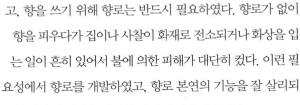
청동향로

향로는 제례에도 사용하였다. 왕가의 종묘나 한 가문의 사당, 개인 가계의 제사에도 향로와 향을 사용하였다. 그것은 제사음식의 냄새를 맡고 몰려드는 해충을 막기 위한 목적도 있었다. 물론 향을 살라 조상의 영혼을 즐겁게 하고 그 연기를 밟고 신이 강림하기를 바라는 강신降神 의식으로 향을 사용해 왔다.

청동삼족향로

향로는 중국 전국시대의 무덤에서도 흔히 나온다. 서역에서 들어온 향로가 이미 전국시대 상류층에 확산되어 있었던 것이다. 다만 전국시대의 향로는 둥근 굽이 달린 굽접시 뚜껑을 가진 두형豆形 양식의 향로가 일반적인데, 이런 모양의 향로는 주로 광주廣州와 장사長沙 일대를 포함하여 중국 남부 지방에서 유행하였다. 반면 중국 북부지방에서는 그와 다른 형식의 박산로가 중심을 이루었다. 박산로는 일찍이 백제·고구려에 영향을 미쳤고, 그것은 상당히 오랜 기간 한국 향로의 한 형태로 유지되었다.

원래 박산로博山爐는 도가의 신선 사상으로부터 나왔다. 또 그것이 발생한 것도 화북지방이라고 보고 있다. 한나라 때 신선설을 유행시킨 방사方士나 술사는 중국 동북부 하북성과 산동성 일대의 연燕이나 제齊 지역 출신이 많았고, 그로 말미암아 그들이 사용한 향로가 북중국 일대에서 주로 출토된다는 점을 근거로 한 것이다. 물론 이것은 박산로를 기준으로 한 이야기이다. 사실 중국에서 도가의 연원은 매우 오래 되었다. 소위 도가들의 양생술은 오랜 세월 쉽게 배울 수 없는 신묘한 세계였다. 무병장수를 넘어 불로불사를 꿈꾸며 자연에서 그 비법을 찾기 위해 노력한 사람들이 도가의 부류였다. 도가의 방사方士들은 인간의 불로 장생에 도움이 되는 천연약물을 동식물이나 자연물에서 찾으려고 애썼다. 그 종착점에 신선설이 있었다.

은제향로

어느 것이든 향로는 ①해충이나 독충을 쫓고 ②의복을 갉아먹는 좀을 없애며 ③실내의 나쁜 냄새를 없애기 위해 개발된 것 같다. 그러면 어떻게 해서 화북지방의 박산로와 남부지방의 두형 향로가 서로 다른 모습을 갖게 된 것일까? 중국 남부와 북부의 향로 형태가 다른 까닭은 대략 두 가지로 요약할 수 있다. 향로의 기원(전파)과 향료의 차이다. 중국 북부지방의 향로는 그 기원을 유럽과 이라크 지방에 두고 있다. 일찍이 이라크와 이란 일대에 이르는 지역에서는 소합향蘇合香이라고 하는 향료를 주로 사용하였다. 그러면 소합향은 어떤 향료일까? 『후한서』에는 그에 대한 설명이 있다. "여러 가지 향을 한데 모아서 그 즙을 끓이면 소합향이 된다"[54]는 내용이다. 향수로 말하면 플로럴(Floral)에 해당하는 향이라고 할 수 있다. 다만 이것저것 몇 가지 향을 섞은 것이었다. 3세기에 나온 『삼국지』 오환전에도 "대진국에서 나는 것으로 첫째가 미목微木이며 둘째가 소합향이다.······"[55]고 하여 여기에도 로마제국과 중동지역의 소합향이 보인다. 이미 3세기 이전에 현재의 이라크 지방 향로 양식이 소합향과 함께 중국에 전해진 것으로 볼 수 있다. 두형 향로와는 다른 형식으로, 현재 중국 서북 지역과 북부 지역에서 박산로가 많이 출토되는 것은 이런 배경을 설명해 준다. 실크로드와 연계되는 서북 지역엔 기원전 8세기경부터 앗시리아 지방에 기원을 둔 박산로가 전해져서 중국 향로의 형태에 하나의 뚜렷한 계통과 흐름을 형성하게 된 것이다.

향로는 향료에 따라 대략 세 가지 형식이 존재했다고 파악하고 있다.

은제투각화문향병

초기에 중국 광주 지방의 향로는 두형豆形의 도자기 향로가 중심이었다. 그러던 것이 곧 용뇌향의 등장으로 두형 향로는 그 형태에 변화를 겪는다.

중국 동남부 지역에서 두형 향로가 주로 쓰인 것은 수마트라 등 열대지방의 남해제 국으로부터 용뇌향이 광주와 복건성 일대에 들어오면서부터였다. 용뇌향을 피우기 위한 새로운 모양의 향로가 필요했으므로 향로의 모양을 바꾸어 변화를 주었다. 용뇌향은 소합향과 달리 향을 피우기가 까다로웠다. 소합향은 태우기가 쉽지만 용뇌향은 태우기가 어려웠다. 먼저 향로 바닥에 숯불을 피우고 그 위에 용뇌향을 올려놓아야 향을 제대로 피울 수 있다. 그러나 기존의 두형향로는 용뇌향을 피우는 데 문제가 있었다. 그래서 그 해결책으로 박산로의 장점을 취하게 되었고, 그에 따라 두형 향로는 박산로의 모습을 일부 취하게 되었다. 더욱이 숯불 위에 용뇌의 수지 분말을 올려놓아 태워야 했으므로 광주지방의 두형 향로는 그 겉모양마저도 차츰 박산로의 형태와 가까워지게 되었다.

일찍이 박산로는 몇 가지 향로를 종합하여 그 독특한 형태를 완성하였다. 먼저 삼족 三足에 자루 달린 향로의 기능과 특징을 일부 받아들인 것이 따로 있었다. 박산로 뚜껑에는 대개 그물무늬처럼 무수히 많은 투공이 있어서 그곳으로 향과 연기가 피어오르게 되어 있다. 자루를 달아 변화를 시도한 향로도 있다. 그 모습이 마치 들고 다니는 행등行燈을 닮아서 이러한 모양의 향로를 따로이 행로行爐라고 구분해서 불렀다.

그 다음으로, 새처럼 생긴 합盒의 상부 뚜껑을 갖고 있는 향로이다. 뚜껑에는 투공이 있다. 이와 같이 모양이 다른 몇 가지 향로의 장점과 기능을 아울러서 비로소 박산로라는 독특한 모양의 향로가 탄생한 것이다.

한 마디로 두형향로는 광주 중심의 양식이며 박산로는 서북지방의 양식이다. 서북지방의 스타일이라고 할 수 있는 박산로는 서역과의 교류를 통해 중국에 전파된 것으로, 박산로의 형태를 완전하게 갖춘 시기는 전한 말기 무렵이다.[56]

청동박산향로

화북지방에서 나온 박산로 가운데 대표적인 것으로 중국 하북성 만성滿城의 한나라 때 1호무덤에서 나온 향로를 들 수 있다. 이것은 가장 정교하고 크기도 크다. 여러 개의 산이 중첩된 문양을 가진 박산로 중에서는 이것이 가장 오래 되었다.

전국시대 중산국[57] 왕의 무덤에서도 향로가 나왔는데 이것은 대좌에 용의 모습을 사실감 있게 투조로 새긴 용문투조향로龍文透彫香爐이다. 지금까지의 조사 결과로는 이것이 최초의 용문투조향로인데, 매가 발톱으로 두 마리의 뱀을 움켜쥐고 있는 모습을 생생하게 표현하였다. 본래 용신앙은 서역 흉노인의 것이었고, 선비족도 그것을 공유하였다. 전국시대 백적의 선우씨鮮虞氏가 중심이었던 중산국에서도 용을 숭상하였음을 알 수 있다.

청동방형향로

그럼 박산로는 무엇이며, 박산은 어떤 뜻을 갖고 있을까? 중국의 옛 기록에 "향로의 그릇 모양은 남산을 본뜬 것이고 향은 서역에서 전해진 것이다"[58]라고 한 내용이 있다. 이것은 향로가 본래 중국 서북지방으로 전해졌음을 설명한 것이다. 박산로는 육상 실크로드와 연계된 중국 서북 지역으로 먼저 들어와서 태행산맥 동쪽으로 퍼져 나갔다. 박산博山은 많은 산들이 넓게 중첩되어 있는 모습을 이른다. 음양오행설이나 신선설이 크게 유행한 중국의 전한시대 말에 사람들은 산을 신선이 사는 곳으로 생각하였다. 그래서 신선을 뜻하는 仙선이라는 글자는 원래 산 위에 사는 사람이라는 뜻으로 仚이라고 썼었다. 그 소릿값도 지금처럼 '선'이 아니라 '산'이었다(『설문해자』). 산꼭대기에 신선이 산다고 믿었고, 사람도 불로장생하면 신선이 된다고 믿었다. 이런 데서 향로의 뚜껑이 박산의 모습을 갖게 된 것이다.

청동사자뉴개향로

그리하여 박산로라는 향로의 명칭은 전한 말기에

처음 사용되기 시작하였다. 이것은 박산로가 제 모습을 갖춘 시기가 전한 말기임을 말해주는 것이다. 『서경잡기西京雜記』[59]에는 '장안長安'의 솜씨 좋은 장인 정완丁緩이 만들었다'는 구층박산향로九層博山香爐 이야기가 나온다. 바로 이것이 博山香爐박산향로라는 용어를 맨 처음 사용한 기록이다.

그렇지만 박산로란 명칭을 쓰게 된 근거는 그보다 훨씬 후에 나타난다. 『역대종정이기관식법첩歷代鐘鼎彝器款識法帖』이란 기록에 이런 구절이 있다. "뚜껑을 산 모양으로 만들고 아래를 쟁반 모양으로 만든 것을 항간에 박산로라 한다"[60]는 것이다. 서역과의 교류가 대단히 활발

청동징과 청동바라. 사찰의 여러 가지 의식에 많이 쓰였다.

하였던 전국시대 이후 서역에서 전해진 향로가 전한 말~후한 초기에 박산로라는 모습을 갖게 되었다. 그러나 전한 말로부터 1300여 년의 세월이 흘렀는데도 중국 동남부 지역에서는 두형향로가 주로 쓰이고 있었다. 신안선에서 나온 향로는 거의가 경원이나 천주에서 선적된 것들이므로 남방식 두형향로가 중심이며, 박산로는 한 점밖에 없다.

다선일여를 추구한 승려들

차의 시작은 항주 경산, 천목 다완의 시원지는 항주 천목산

따뜻한 남방의 산야에서 밤마다 이슬을 머금어야 싱그러운 순을 피워 올리는 동백나무과의 잎새에 차(茶)라는 이름이 주어진 뒤에야 비로소 그것은 사람 곁으로 다가와 문화가 되었다. 차의 요람 항주 경산, 다완과 찻잔의 시원지 항주엔 다성 (茶聖) 육우로부터 수많은 다인(茶人)들이 있었다. 비록 신안선에는 무역상품 으로서 차가 실려 있었는지는 알 수 없으나 청자·백자·청백자·흑유 다완과 찻잔이 꽤 많이 있었다. 한·중·일 상류층에 번져가던 끽다 풍속과 더불어 차의 역사, 차에 얽힌 이야기를 간략하게 훑어본다.

백자철화매월운문잔

제13부

다선일여를 추구한 승려들
- 차의 시작은 항주 경산, 천목 다완의 시원지는 항주 천목산

신안선에서 나온 도자기 중에는 찻사발 '다완'이 상당수 있었다. 백자·청백자·청자·흑유(흑자) 네 종류의 다완이 있는데, 이 다완은 중국에서 시작된 차 문화의 상징적인 존재이다. 중세 시대 차는 약이었다. 영원한 불국정토를 꿈꾸며 수행에 정진하던 승려를 비롯, 왕실과 상류 지배층 사회에서 차는 새로운 문화를 이끈 주역이었다. 신안선에서 나온 다완과 찻잔은 대부분 사찰의 차공양에 쓰기 위한 것이었으리라 짐작된다. 사찰 공양에서 향을 사르며 차를 함께 올리는 것을 소위 분향반명焚香伴茗이라 한다. 이 파트에서는 신안선에서 나온 다완이나 찻잔과 더불어 차의 역사를 더듬어 살펴본다.

신안선 다완으로 보는 차의 역사, 차 이야기

신안선에서 나온 매병과 화분·화병·향로나 접시를 비롯하여 다양한 기종의 도자기를 하나하나 들여다보노라면 딱 두 가지 생각이 떠오른다. 아름답다. 그리고 갖고 싶다는 것이다. 매병은 시원하고 화려하며, 정병은 깔끔해서 좋다. 화병이나 잔은 앙증맞고, 대접이나 접시는 바로 식탁에 올려도 좋을 듯하다. 향로는 방 안 가득 상큼한 내음으로 코를 즐겁게 해줄 것이고, 화분에 꽃을 심어 곁에 두면 일 년 내내 푸르름과 꽃 향기에 취할 수 있으리라. 그러나 그 중에서 소품 한 가지만을 골라 보라고 하면 다완과 찻잔을 가질 것이다.

청자하엽형잔

신안선에서 나온 다완은 종류가 다양하다. 백자 다완에 노란 찻물을 따르면 깔끔한 맛이 있을 것 같다. 청자 다완에 부으면 푸른 차밭에 뜬 달을 떠올릴 수 있으리라. 다들 나름대로의 멋과 맛이 있지만 다완 중에서도 하나만을 택하라고 하면 흑유 천목다완을 꼽겠다. 팔팔 끓는 찻물을 부으면 흰색 포말이 검붉은 바탕에서 튀어 오르며 눈맛부터 새큼해질 것이다.

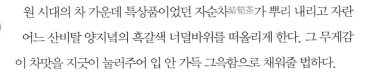

흑유 다완이 마음을 붙잡는 까닭은 무게감이다. 흑유의 검은 바탕색은 중국 송·원 시대의 차 가운데 특상품이었던 자순차紫筍茶가 뿌리 내리고 자란 어느 산비탈 양지녘의 흑갈색 너덜바위를 떠올리게 한다. 그 무게감이 차맛을 지긋이 눌러주어 입 안 가득 그윽함으로 채워줄 법하다.

청자화형잔

항주杭州 경산徑山의 자그마한 샘 곁에서 육우陸羽가 『다경』을 완성한 뒤에야 따뜻한 남녘 산야에 흩어져 있던 동백나무과의 나뭇잎은 사람들의 곁으로 들어와 茶차라는 이름을 얻었다. 이로써 차는 곧 선종禪宗 승려들의 각별한 사랑을 받아 선仙의 경지에 들었고, 그것을 마시는 일은 고상한 문화가 되었다.

산야의 차갑고도 묘한 기운을 받은 찻잎의 품격을 최고의 경지로 끌어올린 또 하나의 걸작 천목 다완은 경산 가까이에 있는 항주 천목산에서 시작되었다. 이렇게 해서 차의 본향 항주에서 차가 시작되었지만, 정작 차를 마시는 풍속을 이끈 것은 왕실과 귀족 그리고 승려들이었다. 그들에 의해 다도라는 이름의 음다飮茶 문화가 싹텄고, 그것은 일찍부터 선종禪宗 승려들에 의해 널리 보급되었다. 선종 승려들이 차의 보급에 공헌한 것은 중국과 한국·일본이 모두 같다.

청자잔탁

중국에서 차를 마신 것은 수천 년 전부터였다. 하지만 8세기 당나라 때에 이르러서야 비로소 육우[1]에 의해 다도茶道가 정립되었으며, 그 뒤로 중국에서 차를 마시는 풍속이 널리 퍼졌고, 그것이 다시 한국과 일본으로 전파되었다. 송대 이후에 차는 일반에 널리 보급되었다. 차를 마시는 사람들이 늘어나자 송나라 정부는 차에 세금을 부과하였다. 송과 원 두 왕조에서 차로부터 걷는 세수는 국가의 중요 재원이었을 정도로 비중이 있는 재화였다. 차가 널리 보급된 데는 여러 가지 이유가 있겠지만, 그 중에서도 차를 약처럼 인식한 데 있었다.

전해오는 이야기에 따르면 차를 처음 마시게 된 것은 4천여 년 전의 일이다. 차를 맨 처음 개발한 사람은 신농씨神農氏라는 전설 속의 인물이다. 신농씨는 산야의 풀을 모두 씹어 보아 먹을 수 있는 풀과 먹어서는 안 되는 풀을 가렸고, 풀과 나무의 맛을 보아 서로 어울리는 것들을 조합하여 한약을 개발하였다고 전한다. 그런데 그가 온갖 풀과 나무 이파리며 뿌리를 씹어보는 과정에서 70여 가지 독초에 중독되었고, 독을 이기지 못해 사방으로 뛰어다니다가 동백나무과의 찻잎을 달여 먹고 드디어 해독을 하게 되었으며, 이로부터 차를 약으로 마시는 전통이 시작되었다고 전해온다. 당나라 때 지은 『신수본초新修本草』에도 차를 마치 약처럼 기록하였는데, 그것은 바로 이런 전통에 바탕을 두고 있는 것 같다.

청자양인각운룡문주자

차의 시작이 신농씨神農에 있다고 하였으니 그 시기는 전설시대이다. 햇수로 따지면 지금부터 4천 2~3백여 년 전에 차의 역사가 시작되었다는 것이다. 물론 이런 이야기들을 액면 그대로 다 믿기는 어렵다 해도 그것이 전혀 근거 없는 이야기는 아닐 것이다.

그러면 당나라 육우 이전에 중국에서 차를 마시는 풍속이 시작된 것은 언제였을까? 전한 시대로 거슬러 올라간다. 이것은 기록으로 알 수 있는 사실인데, 이미 한나라 사람들은 찻잎의 약용 효과나 차를 마시는 방법에 대해서 잘 알고 있었다. 기원전 59년에 중국의 왕포王褒가 쓴 『동약僮約』이란 책에는 차[2]를 음료로 이용하였다고 기록되어 있다. 그러나 사람들이 차를 널리 마시게 된 것은 당나라 때부터이고, 이때부터 차의 재배가 크게 늘어났으며 차를 마시는 풍속이 널리 보급되었다. 중국의 차가 한국에 처음 전해진 것도 당나라 때이고, 일본에 전해진 것은 그로부터 한참이 지난 13~14세기이다.

차 보급에는 무엇보다도 당나라 때 육우가 쓴 『다경茶經』이 큰 역할을 하였다.[3] 육우는 자신의 저서에서 차의 맛과 쓰임을 이렇게 정의하였다.

"만약 열이 나고 갈증이 있거나 번민이 있거나 두통이 있거나 눈이 뻑뻑하거나 사지가 괴롭거나 온몸의 마디가 펴지지 않을 때 (차를) 너댓 번만 마시면 제호(맑은 술)나 감로와 견줄 만하다."[4]

청자잔

『다경』에 의하면 육우 이전에는 茶차는 원래 '다'가 아니라 茶도였다. 중국의 진한秦漢 시대 이전의 기록에도 차를 茶도라고 하였다. 茶도라는 글자에서 한 획을 생략하여 육우가 茶다로 쓴 것이 차의 시작이었다. 이렇게 한자의 한 획을 생략한 것은 '도茶'의 남방음인 '다'와 '떼(Te)'를 나타내기 위한 의도였을 것으로 보인다.[5] 육우는 『다경』에서 차를 이렇게 정의하였다.

"차는 맛이 지극히 차가워서 그것을 마셔서 정행검덕精行儉德한 사람이 되는데 가장 적합하다."[6]

하나의 음료에 불과한 차를 육우는 이처럼 높은 경지로 끌어올려 설명하였다. 육우는 "신농씨 식경에 차를 오래 마시면 힘이 나고 기분이 상쾌해진다"[7]고도 하였다. 당나라의 시인 백거이白居易는 식후食後라는 제목의 시에서 '식사를 마치고 한 잠 자고 깨니 두 사발의 차가 오더라'는 시를 남겼다.

차에는 본래 전차煎茶와 말차 두 가지 종류가 있다. 전차는 찻잎에 끓는 물을 부어서 우려낸 물을 마시기 위한 것이고, 말차는 가루차이다. 가루차이기에 다른 말로 점다點茶라고도 부르는데, 북송의 8대 황제인 휘종[8]도 차를 몹시 좋아하였다. 그래서 그는 몸소 점다를 만들어 신하들에게 나누어 주곤 하였다.

일본에는 영서榮西[9] 선사라는 인물이 있었다. 얼마나 오래 살기를 원했던지 본명이 천수환千壽丸이었는데, 그는 막부의 장군 미나모토 사네토모[10]가 병이 나서 몹시 아프다는 소식을 듣고 약이라며 차를 바쳤다고 한다. 차 한 잔과 함께 『끽다양생기』를 써서 바쳤다는데, 거기에 이런 구절이 있다. '차라고 하는 것은 양생의 선약이다. 오래 살게 해주는 묘한 술법이다. 산골짜기에 차가 나면 그 땅은 신령스럽다. 그것을 채취하는 사람도 수명이 길어진다. 인도와 당나라에서 모두 이것을 귀중하게 생각한다. 우리 일본도 아끼고 좋아한다. 예로부터 지금까지 기묘한 선약이니 따지 않을 수 없다'는 것이다. 실제로 영서 선사의 『끽다양생기』에는 흥미로운 구절들이 많이 있다.

"양생술에서는 오장을 편안하게 해야 한다. 오장 중에는 심장이 제일 중요하다. 심장을 바르게 세우는 방법은 차를 마시는 것이 바로 묘술이다. 이 심장이 약하면 곧 오장이 모두 병이 생긴다. 인도의 기파가 가버린 지 2천여 년이 되었으니 이 시대의 혈맥을 누가 진료하겠는가?"

영서 선사가 살았던 시기에 고려에도 차의 명인이 살아서 맛깔 나는 다시를 남겼다. 지눌에게서 배운 진각국사 혜심[11]의 다시 한 편.

산마루의 구름은 아직 걷히지 않았고
시냇물은 왜 그리 빨리 흐르는가
소나무 아래서 솔방울을 따서
차를 달이니 그 맛 더욱 향기로워라[12]

차에 대한 이런 인식은 우리에게도 근래까지 이어졌다. 구한말의 혼란기를 살았던 이능화는 『조선불교통사』에서 차를 이렇게 설명하였다.

"…차는 현성賢聖 즉, 선禪이다. 그것은 깊고 오묘한 도를 지니고 있으며 청화淸和의 덕이 있다. …차는 도의 하나이므로 마침내 선禪에 속하게 되었다."[13]

이것은 한 마디로 다즉선茶即禪을 설명한 것이다. 다시 말해 '차는 곧 선이다'라는 것이 이능화에게까지 전해진 우리 선조들의 차에 대한 인식이었다. 신라에서는 8세기 중반 승려 충담忠談이 차를 달여 부처님에게 공양하였다고 하였고, 9세기 초반 흥덕왕 때 김대렴이 당나라에서 차를 들여왔다고 하였으니 오래 전부터 차를 마시는 법도가 이 땅에 전해져 있었다. 승려들 사이에서 차를 마시는 음다飮茶 풍속은 질기게 이어져 왔다. 이땅에서 차를 마시는 풍속은 고려 시대에 널리 성행하였고, 조선에서도 그 맥은 끊이지 않고 전해졌다. 그리하여 일제강점기 문필가였던 문일평[14]은 승려에게 차가 어떤 것이었는지를 다음과 같이 요약하였다.

"승려에게 차는 술과 약을 대신하며 수도할 때 수마(睡魔, 잠)를 쫓아내고 정신을 깨끗하게 한다. 그뿐만 아니라 밝은 창과 깨끗한 책상에서 산속의 소나무 물결 이는 소리와 함께 평상 위의 다향茶香이 끓어오를 때 좌선坐禪의 그윽하고 깊고 절묘함을 일층 더 도와준다."[15]

이런 이야기들은 조선 후기까지 우리에게도 다도의 맥이 질기게 이어져 왔음을 알려준다. 조선 정조 때, 곡우 전에 딴 차를 초의선사로부터 받고 그에 대한 답례로 김명희[16]가 시 한 수를 써 보냈는데, 그 시를 보면 옛 사람들이 차를 어떻게 생각하고 마셔왔는지를 잘 알 수 있다. 그의 시 구절 가운데 "좋은 차는 아름다운 사람과 같다더라"[17]고 한 것이나 "노스님 차 고르기 마치 부처 고르듯 한다"[18] 또는 "향기 따라 맛 따라 바라밀에 들겠네"[19]와 같은 표현들이 있다. 차에 대한 각별한 의식을 엿볼 수 있는 표현들이며, 차를 딸 때부터 그것을 마시기까지 신실한 자세로 임했음을 알 수 있다. 추사 김정희의 동생인 김명희[20]가 보낸 시를 받고 초의선사는 다시 이렇게 화답했다.[21]

"예로부터 성현들은 차를 좋아했지. 차는 군자[22]와 같아서 삿됨이 없으니까."

초의선사草衣禪師가 훌륭한 차를 보내준 데 대하여 감사의 뜻으로 추사가 써 보낸 글 茗禪명선을 놓고 한바탕 위작 시비가 붙은 적이 있다. 모름지기 서예의 기본에는 획을 하나 그을 때마다 힘을 주어야 할 곳과 힘을 빼고 자연스럽게 흘려야 할 곳이 있으며, 힘을 주되 머물러 마무리하는 데에도 정해진 법이 있다. 그 서법이 격식과 형세와 모양에 맞아야 하는데, 추사가 써 보낸 茗禪이라는 글씨에는 도무지 추사의 냄새가 없다는 것이 위작설의

청자 잔. 찻잔이다.

이유였다. 그러나 바로 그 점이 추사의 놀라운 재간이라고 봐야 할 것이다. 단순한 것 같지만 이것 하나만으로도 그의 미감과 정신세계를 엿볼 수 있는 것이다. 추사에 이르기까지 1천여 년, 다선이라는 말은 있었으나 茗禪이라고 말한 이는 없었다. 茶는 차의 포괄적 용어이다. 茗은 따야 할 기한 내에 딴 차이다. 귀한 차로써 선에 들었으니 명선이며 그것은 불가의 다선일여의 다른 말이다. 다선茶禪에 든 세상은 부귀고천의 경계를 넘은 세계이다. 거기엔 화려함도, 뻐기고 으스대는 힘도 권력도 부질없다. 번뇌와 잡념은 없고, 생각도 쉬는 상태이며, 그것은 곧 침잠이라는 말로 대신할 수 있으리라. 추사는 바로 이 즈음에서 생각이 멈췄고, 붓은 힘을 뺀 채, 가장 소박하며 순수한 자세를 마음에 그리며 썼다. 아마 욕심도 속진의 부귀영화도 바라지 않는 선승을 떠올렸을 수도 있다. 단 두 글자. 茗禪은 그렇게 쓴 글이다. 고작 두 글자의 글씨이지만, 선사 초의는 추사가 전하고자 한 의미를 다 알았을 테고, 그것을 받아든 손은 파르르 떨었을 것이다. 섣불리 위작을 말하기 전에 그 내면을 읽는 게 좋을 것 같다. 아마도 추사에게는 은거하며 쓰는 글이 곧 명선茗禪이었으리라.

우리나라에서 차가 일반에 널리 보급된 시기는 고려시대 후기이다. 고려의 중앙에는 다방茶房이 설치되어 있었고, 시중에는 다점茶店이라고 하는 찻집이 성업을 하였을 정도로 차를 매개로 한 풍속이 독특하였다.

청자하엽형잔. 하엽(荷葉)은 연잎이다. 연잎 모양 청자 잔이라는 의미이다.

고려시대 전기까지만 해도 차는 승려와 왕실 그리고 귀족 일부에서만 즐기던 기호품이었다. 무신란 이후에야 비로소 승려와 문인들이 주로 차를 마

셨는데, 승려와 유가儒家의 선비들이 차를 즐긴 흔적은 그들이 쓴 다시茶詩에 고스란히 남아 있다. 『고려사』나 『고려도경』에는 궁중의 다사茶事에 관한 기록도 많이 있다. 『고려사』에 태조 왕건이 승려에게 차와 향을 차등 있게 나누어 준 사실이 있는데(931년 8월),[23] 이것은 8월 추석 전에 행한 군신간의 의례였던 것 같다. 그리고 해린海麟이라는 국사가 산으로 돌아갈 때, 문종이 현화사玄化寺에 나가서 그를 전송하면서 차와 약 등을 나눠 준 기록도 있다(1067년).[24] 고려 국왕이 차를 나눠준 사례를 더 보자.

"목종 10년 7월 왕이 백성 남녀 80세 이상인 사람과 위독한 병자 635명을 모아놓고 술과 베·비단·차·약을 차등 있게 나누어 주었다."[25]

또한 현종顯宗은 북쪽 변방에서 전사한 장병의 부모처자에게 차와 면포를 차등 있게 나누어준 일도 있다.[26] 이렇게 일반 백성에게까지 차를 나눠 준 것은 고려 사회에서 차를 마시는 풍속이 널리 퍼져 있었기에 가능한 일이었다. 성종은 직접 절에서 공덕재功德齋를 설치하고 현세와 내세에서도 복을 받기를 빌며 불공을 드렸고, 차와 보리를 맷돌에 직접 갈았다는 기록이 있다.[27] 차와 보리를 갈았다는 것은 차에 보릿가루를 섞어 단차團茶를 만들어서 나눠 주는 행사를 성종이 직접 주관했다는 표현이다. 이 당시 고려의 왕실과 상층에서는 차를 가는 데 다마茶磨를 사용하였음을 알 수 있다.

백자잔

고려 왕실에서는 차를 마시는 의식이 많았다. 군신 사이의 연회나 사신을 맞아 베푸는 연회는 물론 그 외에도 여러 가지 다례茶禮가 있었다. 왕자나 공주의 책봉의 식이 있을 때라든가 왕실 결혼이 있을 때도 차를 마시는 의례가 행해졌다. 궁 중에서 이런 다례 행사가 많았으므로 고려 정부는 차를 관장하는 관청을 따로 두었다. 그것이 바로 다방茶房으로, 여기에는 이름난 한의사들이 배치되어 있었다. 한의사들은 태의감 아래 다방에 소속되어 있었으며, 그들이 의약 및 치료에 관한 일을 맡았다. 고려의 명의들은 모두 태의감에 소속되어 있었으므로 다방은 약방문을 내고, 치료를 하였으며 차에 관한 일도 보았던 것

백자과형잔

이다. 이것은 차를 약으로 여긴 고려인들의 의식을 들여다볼 수 있는 점이다.

고려 중기 때부터는 승려와 마찬가지로 왕실과 귀족들 사이에서도 차를 마시는 일이 유행하였다. 그리고 고려 말에 이르게 되면 차를 마시는 풍속은 고려인 모두에게 널리 확산되었다. 승려들은 선 수행을 할 때 선방禪房에서도 차를 마셨으며, 식사 후에도 흔히 마셨다. 승려들이 차를 마신 것은 잡다한 생각이나 잠을 쫓고, 선을 수행하기 위한 수단이었다. 달마達摩 대사가 전해준 선종禪宗은 중국의 도가와 결합되어 중국인들의 생활과 문화, 차 마시는 풍속에도 큰 영향을 미쳤다. 달마로부터 전승된 남송 선종의 영향을 받아서 '차와 선은 하나다'라는 다선일여茶禪一如의 인식이 널리 확산되면서 차를 마시는 일이 유행하였고, 다선일미茶禪一味라 하여 '차와 선은 한 가지 맛'이라는 개념 정의도 이런 배경에서 나오게 되었다. 본래 다선일여茶禪一如라는 말은 남종선南宗禪의 맥을 이은 원오극근[28]이 처음 사용한 것으로 전한다. 이후 차는 다선일여·다선일미라는 말과 함께 불가의 선승들이 수행을 하는데 도움을 주는 것이라 하여 대단한 의미를 부여하였으며, 선승이라면 차 마시는 일을 잊지 않았다. 마찬가지로 유가에서도 차는 수신修身에 큰 효과가 있는 것으로 인식하였으며 유가의 이러한 다도정신은 조선 중기 김시습[29]을 거쳐, 조선조 말의 다산 정약용과 겸정희·김명희 형제 그리고 소치 허련 같은 화인畵人으로 그 맥을 이어갔으며 불가에서는 초의선사[30]와 혜장이 다도를 지켰다. 절에 들어가 공부를 한 김시습은 후일 경주 남산 근처에 들어가서 직접 차를 가꾸었다. 그 차를 서거정[31] 등에게도 선물하였을 정도로 김시습도 차를 좋아하였고, 다시도 남겼다.

법당에서 불공을 드릴 때에는 차를 올리는 절차가 있었고, 다례를 마치면 으레 차를 나누어 마셨다. 이런 흐름에 따라 사찰 주변에는 절에서 관리하는 다촌茶村[32]도 생겨나 성업이었다. 다촌에서는 누구나 차를 사서 마실 수 있었는데, 이렇게 다촌이 형성된 데에는 몇 가지 배경이 있다. 우선 차가 영호남 남단 지역에서만 나는 제한과 희

청자연화문팔각접시

소성, 그리고 국교인 불교에서 승려들이 차를 중시하면서 국왕으로부터 하층 신민에 이르기까지 차를 귀하게 인식한 데 있다. 더구나 그 당시의 차는 마음의 병을 고치는 약인 양 믿는 이들이 많았다. 이런 풍조와 더불어 고려시대의 승려들에게는 차 마시는 일이 일상화되어 있었다. 사찰의 연등회나 팔관회에서도 차를 올렸으며 고려 후기에는 선비들도 승려의 영향을 받아 차를 마시는 일이 생활화되어 있었다. 고려 중기까지 왕실과 승려·유학자 중심으로 마시던 차가 차츰 일반 백성에게 보급되었으며, 늦게 배운 도둑질이 무섭다고 무신란 이후의 고려 후기에는 승려들을 제치고 유학자들이 차 마시는 풍속을 주도하였을 만큼 지식인과 상류층의 생활 속에 차가 자리 잡았다. 고려 후기의 유학자 몇몇만을 예로 들더라도 역사에 이름이 쟁쟁한 선비다인[33]들이 그 중심에 있었음을 알 수 있다.

백자철화매화절지문접시

누구나 차를 마시는 풍속은 고려 사회의 큰 특징이었다. 도시의 번화한 거리에는 다점茶店이라는 이름의 찻집도 있었다. 임춘林椿의 '다점에서 낮잠을 자다[34]라는 시에도 '다점'이라는 이름이 등장한다. 고려인들은 바로 이 다점에서 돈이나 쌀 또는 베[布]를 갖다 주고 차를 사 마셨다.[35]

고려 사회에서 차의 보급에 지대한 영향을 준 또 하나의 요소는 불교와 유교 사이에 차별이나 차등이 없었던 것이다. 고려 제4대 광종은 과거제를 도입하고 유학적 질서에 따라 관리를 등용함으로써 관료체계를 짜나갔는데, 이 과정에서 유불의 경계가 모호해졌다. 왕실과 귀족의 자제가 승려가 되거나 과거에 합격한 최고 지식층이 승려가 되어 불교에 귀의하는 일이 많아지면서 불가와 유학자의 차별이 없었고, 승려와 선비가 벽을 트고 격의 없이 지내는 유불상통儒佛相通의 사회적 분위기가 형성되어 있었다. 승려 또한 선비를 같은 길을 가는 사람으로 여겼고, 유학자들도 승려를 예로써 대하였다. 왕실 및 귀족의 자제로서 승려가 되었거나 선비로서 불가에 귀의한 사람들이 고려 시대에는 아주 많았다.

보조국사 지눌은 선비로서 과거에 합격하였으나 나중에 승려가 되었다. 또 지눌의 법맥을 이어 수선사修禪社 2세가 된 진각국사 혜심[36]도 과거에 합격한 선비였으나 승려로 변신하였다. 지눌의 제자로서 지눌 이후 중시해온 간화선看話禪의 법맥을 이은 그는 많은 다시茶詩를 남겼다. 그런 혜심의 이력은 고려의 유학자들과 친밀해지는 배경이 되었다. 수선사 4세인 혼원[37]이나 수선사 5세인 천영[38]도 유학적 소양이 깊은 인물이었다. 13세기 선종 승려 중 한 사람인 원감 충지[39]도 본래 과거에 급제하여 관료를 지내다가 29세에 출가하였다.

유교와 불교는 무신들의 집권기에는 더욱 밀접해졌다. 원의 간섭 하에서는 많은 유학자들이 대도大都(북경)에 유학하고 그곳에서 과거를 통해 관료로 진출하였으며, 승려들 중에는 남송 지역으로 건너가 불교를 공부하고 돌아오는 이들이 많았다. 원에서 관리로 등용되어 고려에서 중용된 인물로는 이제현과 이곡·이색 부자를 꼽을 수 있다. 한미한 가문 출신인 이곡이 현달한 것은 원에 나가서 관리로 등용된 뒤이며, 그 아들 이색도 같은 길을 걸었다.

특히 고려 인종 시대[40] 이자겸의 난과 그 이후 묘청의 난 등으로 왕권이 약화되는 위기를 맞았을 때, 무신들과 대척점에 있던 왕실과 귀족·유학자들의 지원으로 불교가 융성해졌으며, 무신란을 평정하는데 승려들이 참여하면서 유·불과 왕실이 밀접해졌다.

그 후로 왕실의 비호 아래 정치와 가까워진 불교는 막강한 경제력까지 축적하며 권력화 하였고, 그 과정에서 불교는 고려 말에 이르러 드디어 타락하였다. 이런 가운데 불교에 새로운 변화를 가져온 것이 선종이었고, 선종과 승려에 의해 차가 더욱 널리 보급되었으며, 고려 말에는 유학자들이 차를 마시는 풍속을 주도하였던 것이다. 고려 초에는 왕과 귀족이 중심이었으나 무신란 이후에는 선비들이 차를 즐겼다. 고려 후기에 이르면 드디어 왕과 귀족·관리·선비·백성이 모두 차를 즐겨 마시는 풍속이 일반화되었다.

백자대접

이런 전통은 한동안 그대로 유지되었다. 그래서 조선 전기인 16세기 초까지도 승려와 선비, 불교와 유가의 차별은 없었다. 그것을 보여주는 사례가 승려 보우[41]의 경우이다. 보우는 유학과 불교에 통달한 사람이었다. 보우의 언행을 모아놓은 『허응당화상어록』에는 이런 구절이 있다.

"배움은 시전·서전·주역을 두루 섭렵하였고 지혜는 불·로·선을 통했노라"[42]

여기서 불로선佛老禪의 불은 불교(교종), 노老는 노자의 도가, 선은 선종을 의미한다. 또 보우가 쓴 『허응당집』에는 불교와 유교가 본래 같은 것이라는 시가 있다. '유교의 상도常道와 불교의 권도權道는 하나다'라는 시이다. 마치 하나의 손이 주먹과 손바닥으로 나누어진 것처럼 양자는 서로 다른 모습일 뿐 결국 같은 것[43]이라고 파악하였다.

고려 선비들, 불가의 색즉시공을 갈파하다

이규보[44]나 이제현·안축·이색·이인로와 같은 선비들이 승려와 친밀하게 지내고 교류한 것은 승려나 유학자 모두 같은 길을 가는 사람이라는 인식에서 나왔다. 이제현이 직접 교유한 승려로는 식영암息影菴과 송광화상松廣和尚 등이 있다. 이제현의 아버지 이진[45]은 혜감국사 만항과 교유하였고, 이진의 형이 승려 체원體元으로, 그는 화엄종 승려였다. 이와 같이 이제현 부자는 불교와 불가분의 관계가 있었다. 이런 배경이 있었던 까닭에 이제현은 "부처의 도는 자비와 희사喜捨를 근본으로 삼는다. 자비는 인仁이고 희사는 의로운 일이다"[46]고 하였으며 이곡 역시 "(유가에서) 무릇 살리는 것을 좋아하는 성인의 덕과 살생을 하지 않는 불가의 계율은 다같이 인애仁愛이고 자비이다"[47]라고 파악하였다. 이곡은 또 불교의 자비와 유교의 효도 서로 통하는 것으로 보았다. 이렇게 고려 말 유학자들은 대부분 불교를 믿었다. 아예 불교에 빠진 이도 많았다.

백자화형잔

고려 말 스스로 거사居士라고 자칭한 사람들은 유·불의 경계를 넘은 이들이다. 유·불 간의 교류와 더불어 차를 마시는 풍속이 유행되었는데, 유학자들은 차를 마시는 것을 수신修身의 방편으로 생각하였고, 승려들은 선과 도의 수행을 위한 수단이라고 믿었다. 그리하여 이색[48]은 자신의 시문에서도 도道를 말했는데, 그가 『목은집』에서 말한 도는 바로 불도였다. 특히 이색은 여주 신륵사에 들어가서 생을 마쳤을 정도로 유학자이면서 불교에 심취해 있었고 다도茶道에 빠져 살았다.[49]

백자양인각연화문완

조선 성리학의 토대를 마련해준 이색이 그러했던 것처럼 이제현과 이규보도 승려들과 대단히 친밀하였다. 고려 말 유학자로서 자칭 거사라고 한 이들은 자신의 안위만을 위해 불교를 믿은 사람들이었는데, 이런 사람들을 쉽게 말하면 재가불교도라고 할 수 있겠다.[50] 그 자신 거사였던 이규보의 시문에서도 불가와 유가의 친밀성을 엿볼 수 있다. 그가 얼마나 불교에 깊숙이 빠져 들었는지를 알 수 있는 시가 있다. '산사의 저녁 우물 속에 비친 달'을 읊은 시[51]가 『동국이상국집』[52]에 다음과 같이 전한다.

백자양인각국모란당초문완

山僧貪月色 산 속의 중이 달빛을 탐내어
並汲一瓶中 물과 함께 한 병 길어 넣었네.
到寺方應覺 (그는) 절에 이르러 비로소 깨달을 것이다.
瓶傾月色空 병을 기울이면 달 또한 비게 된다는 것을

유학자이자 대문장가로서 그가 그린 대상은 산사에 사는 중이 달밤에 물을 길어가지고 돌아가는 모습이다. 그러나 그것은 겉으로 보이는 것일 뿐, 정작 표현하고자 한 속뜻은 '색즉시공色卽是空'이라는 불가의 핵심사상이다. 4행 20자의 5언절구로서 간결하지만 시어가 아름답고 그 표현 또한 빼어나다. 4행의 각 구절마다 심오한 뜻을 갖고 있어 그야말로 절창絶唱이라 하겠다.

그러나 시인은 세로 방향으로도 깊은 뜻을 지니도록 20자의 한자를 절묘하게 배치하여 보는 이로 하여금 감탄을 자아내게 하였다. 먼저 각 행의 마지막 글자만을 따로 모아서 보자. '色中覺空색중각공'이다. 이것은 '색 가운데서 공을 깨닫다'는 의미를 갖는 하나의 완전한 문장이 되어 그것만으로도 불가의 심오한 철학을 드러내는데 성공하였다. 유학자이지만 이규보는 이미 불교의 핵심교리를 꿰뚫고 있었고, 그것을 이토록 명쾌하게 표현한 것이다. 선비로서 불가의 교리를 어쩌면 이렇게도 잘 이해하였을까? 글자의 배치와 글자마다에 실은 의미를 볼 때 이규보는 가히 천재였다고 할 것이다.

그 다음 '月瓶應色월병응색'도 마찬가지. 이것은 '병 속의 달이 색을 갖다'는 의미가 된다. 그리고 또 貪一方月탐일방월은 그 의미로 풀면 '한켠에 뜬 달을 탐하다'이다. 僧汲寺傾승급사경의 汲급은 물을 긷는 것을 의미한다. 아마도 중이 머리를 젖히고 병의 물을 마시는 상태에서 곁눈으로 바라본 사찰을 상상하였던 것 같다. 이처럼 치밀하게 글자를 배치하여 가로세로 방격方格의 형식미까지 갖췄으니 이규보는 계획과 의도한 바에 따라 20자로써 모두 아홉 구의 의미를 표현하는데 철저히 성공하였다. 이백李白을 시성詩聖이라 하여 첫손에 꼽지만, 중국의 어느 시인도 이러한 경지를 뛰어넘은 이가 아직 없었다. 이 시는 유불을 아우르는 최고의 절창이라 할만하다. 그래서 이수광은『지봉유설』에서 '참으로 아름답다'고 절찬하였다.

고려의 승려와 유학자들은 불가의 이론을 공유하고 서로 존중하였다. 고려시대 지식층에서 선비와 승려의 구분이 없는 이런 풍조는 왕실과 귀족의 자제로서 승려가 된 사람이 많았고, 과거에 등용된 유학자들 중에도 불교에 귀의하거나 승려가 되는 이들이 많았던 데서 생겨났다. 하나의 사례이지만, 회안군淮安君이 출가했다는 말을 듣고 이제현李齊賢[53]이 지은 시 한 편이 있다. 이것도 사실은 유학자와 승려의 구분이 크게 없었던 고려시대의 사정을 전하는 내용으로 볼 수 있다.

불속의 좋은 옥이오, 물속의 연꽃 같은 자질로
한밤중에 성을 넘어 아득히 가버렸네.
기다란 장삼으로 바꿔 입고 새 얼굴로 오니
아버는 짧은 인연이 다한 것을 슬퍼하여 울고 있네.[54]

회안군은 이제현의 동서[55]이다. 이제현의 아내 또한 생과부가 된 자매의 처지를 안타까워하였을 것이다. 이처럼 "고려 사회에서는 왕자가 치의緇衣[56]를 입고 중이 되는 일이 많았다. 그래서 시가 이런 것이다. '반야半夜에 성을 넘어갔다'는 말은 석가釋迦가 왕자의 신분으로서 한밤중에 성을 넘어 출가하여 설산에 들어가서 수도하였다는 사실을 이른 것이다."라고 이수광은 설명하였다.

신안선이 전남 신안군의 바다 한가운데에 가라앉은 시기를 전후한 13세기 말~14세기 초의 고려 사회는 이러하였다. 신안선의 화물이 교토京都 동복사와 후쿠오카 조적암으로 가던 것이었고, 배에 탄 사람은 승려가 대부분이었다. 불교로 볼 때 한·중·일 모두 비슷한 성향을 보인 시기였고, 신안선은 사찰과 깊은 관련이 있다는 점에서 고려 사회의 종교적 색채를 간단히 더듬어 보았다.

천목 흑유란 어떤 것인가?

앞에서 도자기 가운데 천목天目 또는 흑유黑釉라는 이름의 다완에 대해 설명하였다. 천목과 흑유 둘 다 도자기의 한 종류를 이르는 말이지만 천목은 특정 지명에서 유래하였다. 반면 흑유는 '검은 유약을 이르는 말인 동시에 검은 유약을 입힌 도자기 즉, 흑자黑瓷를 의미한다. 흑자와 흑유는 같은 것이고, 또 천목天目이

흑유완

라는 이름은 본래 중국 절강성浙江省 서북부의 항주에 있는 천목산天目山에서 나왔다. 바로 이 천목산 주변에 흩어져 있던 도자기 가마들에서 생산한 도자기의 한 유형을 이르는 명칭으로 자리를 굳히게 되었지만, 천목은 그 품질과 형태 및 생산지에 따라 두 가지로 해석을 하고 있다.

먼저 천목 흑유는 건요建窯와 길주요吉州窯 두 가지로 구분한다. 건요는 복건성 건양현에서 생산하던 것이고, 길주요는 강서성 길안부에서 생산되었다. 그렇지만 품질 면에서는 건요가 한 수 위다. 길주요에서는 바다큰거북이의 껍질[57] 색깔을 닮은 도자기 잔이라 해서 대모잔玳瑁盞이라고 부르는 것을 천목 가운데서는 가장 특징적인 종류로 꼽는다.

천목 흑유 중에서 가장 유명한 것은 건요이다. 건요천목 중에서도 손꼽히는 걸작은

대개 요변천목과 유적 계열. 일본에 전해진 다완 중에서 건요계의 유적이나 요변천목으로서 국보로 지정된 것들이 꽤 있다. 이와 함께 하남성 지역을 중심으로 생산되던 하남천목도 있는데, 하남천목의 도자기에도 명품이 제법 있었다. 그 중에서 가장 유명한 것은 감색 계열의 시천목柿天目이다.

흑유 천목의 한 종류로서 유적油滴이라고 하는 것이 있다. 천목 계열에서 최상의 명품으로 꼽는 이것은 흑유 표면에 무수한 기름방울을 뿌린 것 같아서 '기름방울'이라는 뜻의 '유적'이 도자기의 한 종류를 이르는 이름이 되었다. 한참을 들여다보노라면 검은 하늘에 뜬 무수한 별이 생각난다. 도무지 이 자그마한 그릇을 만드는 데엔 어떤 기술을 적용한 것일까? 아름답기도 하려니와 도공들끼리 대를 물려 전한 과학이 바로 이 유적 다완에 숨어 있는 것이다. 현재 일본에는 건요천목 가운데 국보로 지정된 유적 다완이 꽤 있다. 그러나 아쉽게도 신안선에서는 유적이나 요변천목과 같은 명품은 한 점도 없었다.

한편 도자기는 그 제작지와 가장 특징 있는 계통으로 구분한다. ①용천요龍泉窯의 청자, ②정요定窯의 백자, ③자주요磁州窯 및 경덕진요景德鎭窯의 영청影靑[58] 그리고 ④하남요河南窯의 시천목이다. 이와 별도로 요주饒州 계통을 따로 들기도 하는데, 이것은 경덕

흑유완. 크기와 모양이 모두 다완이다. 따라서 흑유다완으로 불러야 마땅하다.

주요 지역별 중국 도자기 생산지

도자기 생산 요지	위치 및 특징
건요(建窯)	중국 복건성(福建省) 건양현(建陽縣)에 있었다. 흔히 건양요(建陽窯)라고 한다. 철분이 많은 흑갈색 바탕의 도자기를 특징으로 하며 요변천목(曜變天目)·유적(油滴)·화목(禾目)·피(灰被)·조잔(鳥盞) 등을 생산하였다.
길주요(吉州窯)	중국 강서성(江西省) 길안부(吉安府) 영화진(永和鎭)에 있었다. 능피잔(能皮盞)으로 불리는 거북이 등껍질 색깔의 문양을 가진 천목을 생산하였다.
용천요(龍泉窯)	중국 절강성(浙工省) 남부에 있었다. 중국 최대의 청자요였다.
정요(定窯)	중국 하북성(河北省) 정현(定縣)에 있던 도자기 생산지이다. 백자가 가장 많았다.
자주요(磁州窯)	중국 하북성(河北省) 자현(磁縣)을 중심으로 형성되어 있던 도자기 생산지. 회고려(繪高麗) 다완이 여기에 포함된다.
하남(河南)	중국 하남성을 중심으로 발전한 천목으로서 하남천목(河南天目)을 시천목(柿天目)이라고 한다. 백토에 감색인 시갈색(柿褐色) 유(釉)를 입힌 것이다.

진요가 있는 강서성江西省 요주부饒州府 부량현浮梁縣에서 유래한 명칭으로 경덕진에서
생산하던 영청影靑을 지칭하는 말로 대신 쓰이기도 한다.

다완의 형태상 분류, 어떻게 볼 것인가?

다완茶碗이라는 이름의 찻사발은 여럿이 차를 나누어 마시기 위해
찻잎을 넣고 끓는 물을 부어 차를 우려내기 위한 것이다. 이것이 있어야
주전자에 끓인 물을 부어 차를 우릴 수 있었고, 다 우린 다음엔 찻잔에 따라 마
실 수 있었다. 다완은 크게 청자·백자(청백자 포함)·흑유의 세 가지이며 형태별로는
각기 두세 가지 이상으로 나눌 수 있다. 신안선에서 나온 여러 가지 청자 및 백자 잔은
모두 찻잔으로 볼 수 있다. 물론 필요할 때는 술잔으로도 사용하였을 것이다. 다완을
찻사발 뿐 아니라 밥그릇으로도 사용한 점을 감안할 때 찻잔을 술잔으로도 쓴 것이 그
리 이상한 일은 아닐 것이다.

신안선에서 나온 향로·화병·화분·향병과 같은 것들은 주로 사찰에
서 쓰기 위한 것이었으리라고 짐작하였다. 불전 헌화라든가 불공의
식과 관계가 있는 기종들이기 때문인데, 이 중에서 다완 종류도
승려와 사찰 그리고 상류층의 기호와 관계가 있다. 물론 시대적
으로 다완의 수요가 늘어난 현상 때문이기도 하다. 당·송 이후
약으로 인식되어 온 차가 선불교와 선승들에 의해 일반에 널리
보급된 것은 중국과 한국·일본이 다르지 않았다. 신안선에서 나온
다완과 찻잔으로 미루어 보건대 은제 및 철제 주전자를 다구茶具로 이해해
도 무리가 없을 것 같다. 일부는 배에서 사용하던 것으로 보인다.

여러 형태의 찻잔 종류는 줄곧 사용해온 청동작靑銅爵이나 동작銅爵과
같은 중국의 전형적인 술잔과는 확연한 차이가 있다. 청동작 또는 동작
이라고 하는 것은 오래도록 그 모양을 바꾸지 않았고, 남송 및 원제국 하
에서도 계속 사용되었다. 원나라에 끝까지 저항하여 몽고인·색목인·한인 다음의 '제4
부류 인간'으로 차별받은 남송의 구귀족들은 한대漢代 이전의 문화를 계승하기 위해 노

중국에서 기원전 18~19
세기부터 2천 수백 년 동
안 사용한 술잔인 청동작.

력하였다. 자신들의 삶 속에서 지켜온 그들만의 '전통 있는 술잔'은 청동으로 만든 것이어서 깜찍하고 편리하게 만든 도자기 찻잔과는 너무도 다른 모습이다. 중국의 삼국시대, 조조나 제갈량이 술을 마실 때 사용한 이런 청동 작은 신안선에서도 몇 점이 나왔다. 이와 같은 양식의 술잔은 멀리 하 왕조와 은 왕조 때의 모양을 그대로 유지해온 기물로서 그 역사가 대단히 깊다.

청자반양각당초문곡구완

청자음각당초문곡구완

다완의 형태, 어떤 것들이 있을까?

건요建窯의 경우 청자나 백자·천목 다완은 대개 굽 위에서부터 주둥이까지 직선으로 되어 있다. '다완의 형태별 분류표' 그림에서 보듯이 천목형과 함께 ④와 같은 형태가 중심인 것이다. 특히 ④형은 청자나 백자·청백자 모두 영청 계열에 많다. 이 외에 접시처럼 낮은 ⑧형의 경우도 건요에 꽤 있다. 또 건잔建盞의 경우 몸통이 직선이 아니며 대략 ②와 같은 완형椀形에 속한다. 이것의 변형판이 ⑤와 같은 형태이며 삼나무를 엎어놓은 모양이라 하여 일본에서는 스기형(杉形, すぎなり)이라고도 부르는 ④형 역시 건요建窯에 흔한 모양이다. 또 ③⑥의 변형 형태가 ⑦⑩⑪과 같은 것들이다. ①과 ②를 조합한 모양이 ⑫와 같은 것이며, 신안선에서 나온 다완류 중에는 ⑧⑨와 같은 형태도 제법 많이 있다. ⑨와 같은 모양은 본래 청자나 백자에서 볼 수 있는 형태로서 이런 모양의 다완을 마상배馬上杯라는 이름으로 부르기도 한다. 고족배高足杯라고도 하는 이 양식은 원나라 때에 나타난 특이한 형태이다. 다음은 ③⑥과 같은 통형筒形 다완이다. 굳이 구분하자면 ③은 심통형深筒形 ⑥은 반통형半筒形 그리고 평통형平筒形이라고 할 수 있는데, 신

백자양인각명문팔각
고족배

백자첩화연당초동자문
고족배

안선에서는 ⑥과 같은 반통형 및 평통형의 다완이 주로 나왔다.

우리가 흔히 중국의 도자기나 다완을 말할 때 청자는 용천요, 백자는 정요定窯와 자주요磁州窯, 천목은 건요建窯 계통과 길주요계吉州窯系로 구분하여 이해한다. 각 생산지별로 다완의 특징이 따로 있고, 잘 만드는 기종이 따로 있기 때문에 그저 편리하게 이해하기 위해 이런 구분방법을 생각해낸 것이지만 그 분류가 꼭 맞는 것은 아니다.

일본은 송나라 때에 이들 여

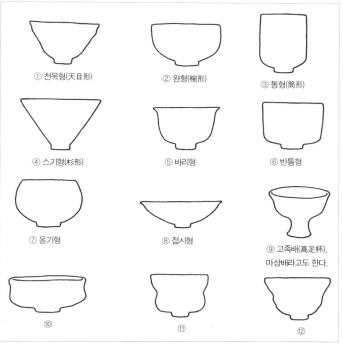

① 천목형(天目形) ② 완형(椀形) ③ 통형(筒形)
④ 스기형(杉形) ⑤ 바리형 ⑥ 반통형
⑦ 옹기형 ⑧ 접시형 ⑨ 고족배(高足杯). 마상배라고도 한다.
⑩ ⑪ ⑫

다완의 형태별 분류 그림

러 지역의 다완을 수입해가기 시작하였다. 비록 소수이긴 하지만 가마쿠라 시대부터 남북조 시대까지 중국에 가서 선종을 배운 선승禪僧들이 일본에 돌아갈 때 가지고 간 다완이 그것이다. 이 외에도 나중에 아시카가足利 막부는 명나라에서 직접 도자기나 칠기 등을 수입해 갔고, 그 후 무로마치 시대에는 다완을 일본 내의 세토 가마瀬戸窯에 주문하여 생산하기도 하였다. 이로부터 세토천목瀬戸天目이라는 이름의 새로운 일본 도자기 양식이 탄생하였는데, 바로 이것이 일본 다완의 시작이라고 알려져 있다. 세토瀬戸는 일본의 지명이고, 천목天目은 항주의 지명이지만, 항주 천목산 가마에서 굽는 천목계와 같은 양식의 도자기로서 세

백자양인각매월문고족배   청자철반문고족배

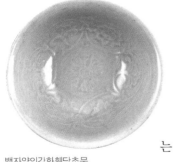

백자양인각화훼당초문
고족배

청자음각모란문고족배

토 지방에서 구운 다완을 뜻한다.

청자 다완이 일본에 처음 소개된 것은 헤이안平安 시대이고, 가마쿠라 시대에 천목·청자·백자 다완을 선승이 일본에 갖고 들어가 여러 가지 종류의 다완을 알게 되었다. 또한 무로마치 시대에는 각종 천목 다완을 수입하였다. 무로마치시대 후기에 이르면 고려 다완을 수입하는 한편, 일본에서도 세토가마에서 천목을 흉내 낸 다완을 구워내기 시작하는 것이다. 그 후 모모야마桃山 시대[59]에는 각종 고려 다완을 적극적으로 수입해 갔으며, 일본 내 여러 지역에서 말차용 다완을 굽지만 기술적인 한계로 말미암아 다완이나 도자기는 더 이상 발전하지 못했다.[60] 그러다가 에도江戸 시대에 조선에서 다완을 주문하는 일이 성행하였다(金海). 일본은 중국의 다완과 도자기 영향을 받았으면서 그와 동시에 고려 다완과 고려 도자기의 전통을 이어받았다. 임진왜란 이후 일본의 다완과 도자기는 끌려간 조선 도공들이 이 땅에서 다 피우지 못한 자신들의 기교를 쏟아낸 명품들이지만, 그로 말미암아 조선 후기 이 땅에서의 다완은 그 맥이 사라졌다.

| 제14부 |

질병의 고통이 없는 세상을 위하여
승려들, 불교의학으로 중생 구제를 꿈꾸다

인류의 평화와 평등, 질서와 화목, 행복과 지혜로운 삶을 추구한 불교는 어떻게
하면 인간이 겪는 생로병사의 문제로부터 자유로워질 수 있을까를 고민하였다.
사람이 겪는 그 고통을 줄이는 것이 행복의 기본 조건임을 간파한 석가모니와
그의 제자들은 질병 치료를 통한 인간구제에 관심을 가졌다. 불교가 의학에
관심을 둔 것은 약사불과 불교의서에 잘 드러나 있다. 인도에서 중국에 전해진
불교의학과 중국의 전통 한의학은 일찍이 동양의학이란 체계로 정립되었다.
신안선에서 나온 한약재로 보아 중국과 고려의 상류층은 여러 가지 한약재를
배합하여 다양한 질환을 다스리는 처방을 잘 활용하였을 만큼 한의학은 상당한
수준에 이르러 있었다.

백자표형주자

제14부

질병의 고통이 없는 세상을 위하여
- 승려들, 불교의학으로 중생 구제를 꿈꾸다

불가에서 말하는 중생 구제란 사람이 겪어야 하는 생로병사의 고통에서 건져내어 정신적 안정을 찾아주는 것이다. 그래서 불교는 애초부터 의학과 밀접한 관계를 갖고 있었다. 비록 오늘날의 과학적인 치료 수단으로서의 의학과는 다소 거리가 있지만 불교의학은 그 당시의 의학적 지식을 집결시킨 것이었다. 그 바탕에는 오랜 세월 인간이 쌓아온 약물 치료 경험이 있었다. 신안선에 실린 다양한 약재들은 중생을 구제하기 위한 것이었다.

인도의학, 불경을 타고 중국에 들어오다

반야半夜에 카필라 성[1]의 담장을 뛰어넘어 설산으로 들어가 수행을 시작한 지 6년이 끝나가는 해의 12월 6일, 새벽 별을 바라보며 석가모니[2]는 깨달음을 얻었다. 그의 나이 35세였다. 불가에서는 이것을 정각正覺이라고 표현한다. '올바르게 깨달았다'는 뜻이다. 과연 그는 무엇을 깨달았다는 것일까? 석가모니 이후 불교가 '중생구제'를 지고의 종교적 가치로 삼은 것을 볼 때, 석가모니가 깨달은 것은 인간의 실존적 문제를 생로병사에서 이해한 것이라고 하겠다. 다시 말해서 "인간은 생로병사의 사고四苦를 벗어날 수 없는 존재"라는 것이었다. 석가모니는 고행 기간 내내 인간의 존재와 가치에 대해 고뇌하였다. 그리하여 마침내 그가 찾아낸 해답은 중생구제였다. 불가에서 말하는 중생 구제는 결국 사람이 겪어야 하는 생로병사의 문제로부터 자유롭게 해주는 것이었다. 그 중에서도 질병의 치료는 중요하였으며, 그 목표가 바로 약사불로 표현되었다. 중생을 생로병사의 고통으로부터 벗어나게 하고 정신적 안정을 찾아준다는 목표를 지향점으로 삼은 것이다. 불교는 처음부터 인간의 질병과 치료에 관심이 깊었고, 의학과 밀접한 관계를 갖고 있었다. 불교의학은 그 당시의 의학적 지식을 집결시킨 것으로서 그 바탕에는 오랜 세월 인간이 쌓아온 약물 치료 경험이 있었다.

갠지즈 강가의 녹야원에서 석가모니는 인간의 삶과 이상세계를 제자들에게 가르쳤다. 그 이상세계가 바로 인간 정토이고 소위 불국토였다. 그들이 꿈꾼 불국토는 빈부와 신분에 따른 차별이 없고 만인이 평등하고 평화로운 세상이었다. 그러나 불교가 그 무엇보다도 우선에 둔 목표는 질병으로부터 고통 받는 사람이 없는 세상이었다고 해도 좋을 것이다.

석가모니가 살았던 브라만시대[3]에도 인도에는 그 전부터 오랜 세월 전해오던 의학서로서 아유르베다(Ayur Veda)가 있었다. 지금도 이 아유르베다는 많은 이들의 사랑을 받고 있지만, 남아 있는 기록에 따르면 고대 불교의학은 석가모니로부터 시작되었으며, 그의 제자 기파耆婆[4]가 그것을 크게 발전시켰다고 한다. 석가모니와 기파가 살아서 행한 의료행위와 인도의 불교의학은 『십송률十誦律』[5]이나 『제일체질병다라니경除一切疾病多羅尼經』[6]과 같은 여러 불교경전에 비교적 상세하게 전한다.[7] 그 중에서 『금광명최승왕경』에는 여덟 가지 의술을 자세히 설명하고 있다. 이런 의서나 불경은 당시까지 집적된 인도와 네팔 지역의 의학을 한문으로 옮긴 번역서로 이해할 수 있다.

사람의 질병은 우리 인체 내에서 물과 불과 바람 그리고 흙이라고 하는 네 가지 원소가 조화를 이루지 못해서 일어난다는 게 오래도록 전해진 불교의학의 인식론이었다. 이것은 그대로 중국의 고대 의학에 영향을 주었다. 용수龍樹[8]는 중국에 들어와 의학서 『대지도론大智度論』(권 10)을 만들었다. 거기서 그는 사람에게 일어나는 질병을 외인병과 내인병 두 가지로 파악하였는데, 다음의 내용은 『대지도론』에 실린 것으로서 실제로는 불교의학을 그대로 옮겨놓은 것이라고 하겠다.

"사람에게는 외인병外因病과 내인병內因病의 두 가지 질병이 있는데 외인병은 한열寒熱·기갈飢渴·병인兵刃[9]·도장刀杖[10]·타락墮落[11]·추압推壓[12] 등 신체 외부로부터 비롯된 질환을 말한다. 내인병은 음식을 조절하지 못해서 오는 것으로, 여기에는 모두 404가지의 병이 있다."

나아가 용수는 병의 원인이 인체 내부에 있는 내인병은 물과 불과 바람과 흙, 다시 말해서 水·火·風·土(=地)의 네 가지 원소가 조화를 이루지 못한 데서 오는 것이라고 보았다. 이런 인식은 불교의학의 통설로서 오랫동안 많은 사람을 지배하였다. 불경에도 반영된 인도의 의술과 불교의학은 중국의 한의학에도 큰 영향을 미쳤다. 이것이 승려들 사이에 전해져 승려들은 의술에 밝았고, 그래서 사람들을 치료해 줄 수 있었다. 이로 인해 사람들은 불가와 승려를 믿고 따랐다. 중국에 건너가 불경이나 불교의서를 번역한 인도의 승려와 불경 번역에 앞장 선 중국의 도가들도 한의학 발전에 큰 역할을 하였다. 도가들은 신선사상을 믿고 양생술養生術을 익혔으며 사람이 어떻게 하면 병들거나 죽지 않고 신선이 되는 법이 없을까 고민하였다. 소위 방사方士나 술사術士 또는 노사老師라는 호칭으로 불린 도가들은 자연에서 그 답을 찾기 위해 각종 약재를 찾아 헤맸고, 이들에 의해 본초학(약물학)의 기초가 전수되었다.

인도에서 들어온 외과 수술법과 본초학에 바탕을 둔 약물학으로 말미암아 고대와 중세시대 불교 의학은 대단히 과학적인 것으로 인식되었다. 불교의학이 중국의 전통 한의학과 합쳐져 더욱 발전한 것이다.

불교가 중국에 보급되기 시작한 것은 2세기 중엽의 후한시대부터이다. 전한 중기인 기원전 1세기에 중국에 알려진 뒤로 150여 년이 흐른 뒤에 상류층에 불교가 확산되었지만, 불교가 널리 파급된 것은 4세기 초로서 영가永嘉의 난[13]으로부터 동진 원제[14] 무렵의 일이다. 그러면 영가의 난은 어떤 사건이었나? 그것에 대한 기본적인 이해가 있어야만 이 시대의 상황을 쉽게 파악할 수 있을 것이기에 간단히 설명한다. 이야기는 삼국시대로 올라간다. 촉의 승상 제갈량이 마지막 북벌을 위해 촉군을 서안 인근에 모으자 조조의 위군이 대치했다. 그러나 하늘은 제갈량의 뜻을 들어주지 않았다. 지금의 서안西安 오장원五丈原에서 제갈량이 죽자 죽은 제갈량에 놀라서 도망쳤던 사마의(사마중달)가 혁명으로 서진西晉을 세웠다. 이렇게 해서 주인이 바뀐 낙양은 그런대로 유지되었다. 그러나 얼마 후 서진의 수도 낙양이 흉노 군대의 공격을 받아 함락되고, 회제懷帝는 흉노에 붙잡혀 끌려갔다. 이것이 영가의 난으로, 이때 이미 서진은 멸망한 것이나 다름없었다. 그 뒤에 다시 장안(서안)에서 민제[15]가 즉위했으나 316년에 다시 장안이 흉노의 공격을 받아 함락되었고, 민제도 흉노에 잡혀가 서진이 드디어 멸망하였다. 이렇게 해서 북방의 여러 흉노와 선비족 세력이 팽창하면서 5호16국 시대가 열렸다. 새로운 시대의 시작과 더불어 남쪽에서는 4세기 말 동진이 시작되었다. 이런 혼란과 변화가 계속된 4세기 초 불교는 중국 사회에 널리 확산되었고, 인도에서 들어온 승려들이 의술로 이름을 날리기 시작하였다.

명의로 이름을 날린 인도 출신 승려들

4세기의 초기 불교는 의술과 함께 그 사상을 전파하고 기반을 착실히 넓혀나갔다. 인도의 승려들은 인도의 전통의서와 약재를 가지고 중국에 들어가 중국의 전통 민간 의학을 융합하여 불교의학을 더욱 발전시켰다. 인도 승려들은 침이나 선진 의학기술을 바탕으로 추종자들을 불러 모았고, 그것을 바탕으로 교세를 넓혀 나갔다. 초기에 의술로 포교에 크게 성공한 서역승으로는 구마라습[16]을 들 수 있다. 그는 401년[17] 장안長安[18]에 들어가 불경을 번역하였다. 그의 번역서는 후일 고구려에도 전해져 고구려의 의학에도 영향을 준 것으로 보고 있다.

4세기에 후조後趙에 들어가 불교 포교와 함께 사람들의 질병을 고쳐주면서 크게 숭앙받은 불도징佛圖澄도 인도 출신의 승려였다. 후조는 흉노인 석륵石勒과 석호石虎가 세운 정권으로, 흉노인과 더불어 상당히 많은 수의 갈족이 중심인 나라였다. 갈족은 흉노족의 한 분파로서 투르크(돌궐)와의 혼혈종으로 의심하는 사람들이 있다. 코가 높고 눈이 부리부리하며 신체에 덥수룩 털이 많다는 갈족의 생김새로 보아 그와 같이 판단할

백자인물좌상

수 있다는 것이다. 하여튼 불도징은 바로 이 후조 정권에서 불교의학을 펼쳐 많은 이들로부터 추앙받은 인물이다. 그가 세상에 알려지게 된 것은 죽은 석호의 아들을 살려내면서부터였다. 석호의 아들 석빈石斌이 석륵의 양자가 되어 사랑을 받았는데, 어느 날 갑자기 죽었다. 이에 석호는 불도징에게 급히 연락하여 치료를 맡겼는데, 불도징은 죽은 지 이틀이나 된 석빈을 되살려내었다. 우연인지는 모르나 그 당시로서는 도저히 믿기 힘든, 그래서 더욱 불가사의한 일이었다. 이 일로 그는 크게 인정받았다. 그리고 불도징의 제자인 축불조竺佛調[19] 역시 인도에서 온 비구승으로서 그는 상산사常山寺라는 절에 머물며 의술을 폈으며, 가난하고 질병에 시달리는 사람들을 치료해 주자 사람들은 그를 마치 살아 있는 부처로 여겼다.

또 동진東晉에 들어온 인도 승려 사법광竺法曠 역시 당시의 여러 문인들과 교류하면서 그 이름을 떨쳤으며, 인도 의술로써 많은 사람들의 마음을 얻었다. 인도에서 배로 광주廣州에 들어왔다가 낙양洛陽으로 가서 남방불교를 전한 기역耆域이라는 인도 승려도 병을 잘 고쳐서 명성을 드날렸고, 가라갈訶羅竭, 안혜즉安慧則과 같은 인도 승려도 의술에 뛰어난 이들이었다. 동진의 효종孝宗 시대 우법개于法開 역시 의술에 정통한 사람으로 그 이름을 드날렸다.

748년[20]에는 인도 승려가 일본에서 온 감진화상鑑眞和尙의 안질을 치료해준 일도 있고,[21] 『자치통감資治通鑑』에는 당 고종 시대[22] 진명학秦鳴鶴이라는 의사를 불러 백회혈百會穴과 뇌호혈腦戶穴의 두 군데 혈 자리에 침을 놓아 머리가 무겁고 눈이 보이지 않는 증상을 치료했다는 기록이 있다.[23] 이 두 가지 혈은 정수리에 있으며, 뇌에서 중요한 부분이다. 그 두 개의 혈 자리에 침을 놓은 것으로 보아 이미 그 당시에 침술이 상당한 수준에 있었음을 알 수 있다. 지금도 대단한 경험과 기술을 가진 한의사라야만 정수리 백회혈과 뇌호혈에 침을 놓을 수 있다. 또 3세기 삼국시대 화타華陀[24]가 마비산麻弗散을 써서 관우의 팔뚝에 박힌 화살촉을 빼낸 외과수술을 한 것은 대단히 유명한 이야기이다(『후한서』). 이것을 두고 본래 화타가 인도인이 아니었을까 의심하는 이들도 있다. 적어도 인도인은 아닐지라도 인도의학에 관한 전문지식을 가진 이로부터 배웠다고 볼 수는 있을 것 같다. 그 무렵 사람의 몸에 칼을 대는 외과수술을 한 사람들은 인도에서 온 이들이었기 때문이다. 이런 사례들은 그 당시 인도의 외과수술법이 중국에 들어왔음을 말해주는 것으로 볼 수 있다.

의술과 함께 약사불에 대한 믿음 전파

이와 같이 초기에 인도 불교가 중국에 전해질 때 의술이 함께 따라 왔고, 병마에 시달리는 이들을 승려가 치료해주자 중국인들은 부처가 행복을 가져다준다고 믿었으므로 불교를 쉽게 보급할 수 있었다. 이렇게 해서 불교의학은 불교 전파기에 큰 역할을 하였고, 이로 말미암아 불교도들은 초기 불교를 마치 신선도神仙道처럼 신봉하였다. 승려들이 각종 의서를 번역하고 질병 치료와 의술을 펼친 것은 포교를 위한 하나의 방편이었다. 그렇지만 그 과정에서 불교의학은 대중에게 절대적인 신뢰를 얻었으며, 의승醫僧들을 통해 그 당시까지 집적된 의학지식이 꾸준히 대물림되었다. 그와 함께 민간에는 약사신앙이 널리 퍼져서 약사불에 대한 믿음이 깊어졌다. 불교에서 중생의 질병을 치료하는 상징적인 존재는 약사불藥師佛이다. 약사불이 항상 약병을 들고 있는 것은 중생의 질병을 구제한다는 불교 의학의 목표를 보여주는 것이다.

의술을 가진 승려와 약사불에 대한 믿음은 거의 절대적이었다. 고려시대 이 땅의 사람들도 약사불[25]을 모셔둔 약사전藥師殿을 인간의 수명과 행복을 주관하는 곳으로 인식하였다. 그리하여 누구나 약사전에 향을 피우고 극진한 예를 올렸다. 향을 피울 때는 참배자의 소망을 담은 향문香文도 함께 올렸다.

이렇듯 부처와 약사불에 대한 믿음이 컸다. 불교가 중국에 들어와 중국의 전통한의학은 더욱 발전하였다. 초기의 불경과 불교의서 번역에 도가들이 깊숙이 개입하면서 중국의 한의학서나 불교의서에도 자연히 도가의 양생술과 그들의 의학상식이 융합되었다. 중국의 전통의학은 승려들의 의술을 받아들여 크게 발전하였고, 불교는 인도의 의술을 바탕으로 포교활동을 할 수 있었다.

불교 전파 이전 중국의 전통의학

중국에는 불교 이전에 오랜 약물학 전통이 있었다. 전한 시대까지 줄곧 도가들이 양생술을 발전시켜 왔으며, 그 당시 도가의 의학지식을 압축한 것이 소위 『황제내경』이라고 할 수 있다. 그들 나름의 이론 또한 인도 의학에 못지않았다. 물론 중국은 은 왕조 이후에 줄곧 사람들이 축적해온 천연약물에 대한 경험과 지식이 있었으며, 이를 바탕으로 고유의 한의학이 전해져 오고 있었다. 『황제내경』과 도가의 양생술에 후한시대 이후에는 『신농본초경』이 등장하여 그때까지 사람들이 경험으로 축적해온 약물학 지식을 보급하였다.

그러나 그에 앞서 전국시대 말의 기원전 4세기 말, 발해의 명의 편작扁鵲이 의술로 세상을 깜짝 놀라게 하였다. 편작은 본래 발해 정현鄭縣 사람으로, 성씨는 진씨秦氏였다. 현재 소수이지만 우리나라에 있는 진씨秦氏와 같으며 편작의 출신지 발해는 동이족의 본거지 중 하나였다. 따라서 거슬러 올라가면 발해인 편작은 사실상 한국인과 뿌리가 같다. 그는 자신의 건강을 과신하는 자와 미신을 믿고 의사를 믿지 않는 자, 재물만 중히 여기고 제 몸을 가벼이 여기는 사람은 절대로 치료해 주지 않았다.[26] 편작은 침을 잘 놓았고, 맥을 잘 짚었으며 지금의 맥을 보는 신묘한 방법은 그에게서 비롯되었다(『사기』). 이런 편작의 의술은 인도 불교가 중국에 전해지기 2백여 년 전의 일이므로 편작의 침술과 한의학은 본래 발해 지역에서 독자적으로 전해져온 의술에서 나온 것이었다.

과거 연燕·제齊[27] 지역은 선진문화가 발전해 있었다. 그곳에는 편작 이전에도 전통 한의학과 놀라울 정도로 발전된 침술이 전해져 왔다. 바로 그러한 경험과 약물학을 전문적으로 가르치고 익히는 전통이 있어 왔으므로 여기에 다시 불교의학을 받아들여 더욱 발전시킨 것으로 보는 게 옳다.

연燕과 제齊 지역의 동이족은 기원전 2~3천 년 전부터 생활에서 터득한 동식물의 약성과 효과를 바탕으로 놀라운 약물학 정보를 갖고 있었다. 한의학으로 완전하게 체계가 잡히기 전까지 그들에게는 오랜 세월 인간을 상대로 생체실험(?)을 해온 경험의학이 있었다. 그것은 마치 쌀·보리·콩과 같은 오곡이 인체에 무해하며 대단히 이롭다는 사실을 수천 년 동안 인간 스스로의 몸으로 실험해 온 것과 같은 이치이다. 기원전 4세기, 이전에 현재의 하북성 발해 출신으로서 전설적인 명의 편작이 신비로운 의술로 많은 이들을 살려낼 수 있었던 것도 그 당시까지 전해온 본초학에 관한 풍부한 지식이 있었기 때문에 가능한 일이었다. 중국 내에서 개발된 고유의 의학 지식이 불교의학과 서로 영향을 주고받으며 보다 세련된 한의학으로 발전한 것이다.

중국의 전통 의학서적과 불교의서들

불교가 처음 중국에 전파될 때 인도의 외과수술법이라든가 약물학이 함께 전해져서 불교의학이 크게 발달하였지만, 그간 도가들이 쌓아온 양생술에 바탕을 둔 중국 한의학은 독자적인 발전과정을 거쳐 왔다. 다만 불교 전파 뒤에는 불교의학을 받아들이면서 더욱 발전하였다. 인도 승려들은 그 당시까지 전해지던 인도의 약품과 의학 지식을 가지고 중국에 들어가 그것을 한문으로 번역하였고, 그것이 중국의 한의학에 크게 기여한 것이다. 남북조시대부터 당나라 때까지 나온 중국 의학서에 인도 의학과 도가적 색채가 짙게 반영되어 있는 것은 바로 이런 배경에 있다. 6세기에 썼다는 도홍경陶弘景의 『명의별록名醫別錄』이 신선사상을 가진 것이나 기타 중국의학서에 음양오행설이 접목된 것 역시 도가의 영향이다. 음양오행설은 전한시대 말인 기원전 1세기 말에 가미되었다.

후한 시대의 무덤 내 화상석에는 의신醫神의 그림이 있다. 한 손으로 환자의 손을 잡고 진맥을 하며, 다른 손으로는 침을 놓고 있는 모습을 그린 것으로 이것을 의술의 신이라고 보는 이가 있는가 하면, 명의 편작으로 보는 이도 있다.[28] 이런 것으로 보더라도 후한 시대에 이미 상당한 수준의 진맥과 침술이 시행되고 있었음을 알 수 있다.

아울러 당나라 때의 명의로 알려진 손사막孫思邈[29]은 『천금방千金方』을 저술하였는데, 그는 불교의 101병설을 그대로 따라[30] 『천금방』에서 인간이 겪는 질병을 101가지로 이해하였다. 이것은 중국 한의학이 불교의학의 영향을 받았음을 알려주는 것이다. 『천금방』은 불교와 음양오행설 및 도가의 학설을 모두 수용하였다.

나아가 송대에는 성리학이 발전하면서 성리학적 이해가 한의학에 다시 접목되었다. 당송시대까지 중국에서는 인도에서 들어온 승려와 그들로부터 의술을 배운 승려들이 질병치료와 포교를 겸하였다. 그 과정에서 중국 내 각 지역의 민간요법과 동식물을 중심으로 한 천연약물의 의학적 효과도 불교의서와 한의학서에 함께 반영되었다.

중국에서는 일찍부터 인도의 불교 의학서를 번역하였으므로 6~7세기에는 많은 불교의서가 보급되었다. 중국의 역사서 『수서隋書』[31]에 의하면 6세기 이전에 이미 중국 의승醫僧들이 불교의서를 직접 쓰거나[32] 번역한 서적[33]들이 제법 있었다. 이런 것들은 불교와 인도의학이 없으면 나타날 수 없었다. 당나라 시대에 이르면 중국의 의학지식은 더욱 확대되었다. 주변국과의 전쟁에서 많은 사상자가 나자 더 많은 의학지식이 필요하였기 때문이다. 이후 송대에는 보다 안정된 상태에서 인도 외에 서역의 의학지식도 일부 보태졌다. 그리하여 당송唐宋 시대 이후의 중국 승려들이 지은 불교의학서가 널리 보급되었고, 한의학은 국가적인 의료 체제를 갖추고 발전하였다.[34] 그 당시 의학서를 쓰거나 번역한 이들을 포함하여 의술로 유명한 사람들이 꽤 있었다. 원 황제에게 의술을 강의하거나 심지어 약사藥師라는 높은 칭호를 받고 태의太醫에 임명된 사람도 있었다. 원나라 때의 승려 석권형釋拳衡은 약사라는 칭호를 부여받은 대표적인 인물이다. 그는 1323년(至治 3년)에 원나라 황후를 치료해주고 충순약사가 되었다.[35] 신안선이 경원항을 떠나던 해에 승려들의 의학은 위로 황제와 귀족으로부터 일반 백성에 이르기까지 크게 신뢰를 받았다.

또한 원나라 때의 석보영釋普映은 불경을 연구하던 승려로서 도가의 경전이라 할 수 있는 『황제내경』을 깊이 이해하고 있었다. 그를 원나라 무종武宗[36]이 태의에 임명하여 12년 동안 승록사僧錄司의 일을 맡아보도록 하였을 만큼 의술로 인정받았다.[37]

중국과 이웃한 조건으로 말미암아 한국은 일찍부터 중국 의학을 자연스레 받아들였다. 『신농본초경』에 상호 교류를 엿볼 수 있는 단서가 하나 있다. 조라鳥蘿라는 이름의 한약재이다. 이것은 우리말 이름으로는 '새삼'이다. 한방에서의 정식명칭은 토사자兔絲子. 음양곽·하수오 등과 함께 써서 남자의 성기능을 높이는데 쓰던 약초로서 이들을 함께 섞은 처방이 지금의 비아그라와 같은 것이었다. 이 토사자에 대한 설명 가운데 "조선에서 나는 것이 가장 품질이 좋다"고 한 구절이 있다. 그 당시 조선이라면 북경 유리하나 영정하永定河 또는 요령성의 대릉하大凌河 동편 요동[38] 지역으로부터 현재의 한국에 이르는 범위였다. 조선의 우수한 한약재에 대한 언급이 있는 것으로 보아 그 당시 한국은 한약재와 한의학에 관한 지식을 갖고 있었고, 그것을 나름대로 오랜 세월 발전시켜 왔을 것으로 보인다.

고구려 또한 이른 시기부터 불교의학을 받아들였으며 그 수준이 매우 높았던 것으로 보인다. 고구려와 중국의 의학이 상호 교류한 사실을 알 수 있는 기록도 있다. 중국의 『외대비요外臺秘要』[39]에는 고구려 의원醫員[40]의 처방[41]이 들어 있어 그와 같이 짐작해볼 수 있다.

일본과 고구려의 의학교류도 꽤 있었다. 『일본서기』에는 고구려의 승려[42]가 일본에 건너가 학문과 침술을 전했다고 하였다. 하나의 단편적인 예에 불과하지만, 고구려의 승려들이 일본에까지 건너가 침술과 의술을 펼친 것은 일찍부터 한의학이 발전되어 있었음을 전하는 것으로 볼 수 있다.[43]

신라도 이미 6~7세기에 당나라에 유학한 승려들이 불경과 불교의학서를 들여와 의술이 발전하였다. 불교는 신라의 의학에도 많은 영향을 주었다. 그 대표적인 사례로서 『금광명최승왕경金光明最勝王經』이 있다. 신라 성덕왕 3년(704)에 견당사 김은양金恩讓이 구해다가 왕에게 바친 것으로,[44] 여기에도 병을 치료하여 중생을 구제하는 불교의학과 의술이 들어 있다. 신라시대에는 특히 많은 불교의학서를 들여왔고, 이것이 군진軍陣 의학에 큰 힘이 되었다. 신라 시대에 불교의학 서적을 중국에서 들여온 사실은 고려시대의 『대장경大藏經』 목록에도 나타나 있으며[45] 승려 의천義天의 『신편제종교장총록新編諸宗敎藏總錄』에도 보인다.

고려, 의학과 향약 개발에 힘쓰다

고려는 건국 초부터 중국 송나라의 의학을 적극적으로 수입하였다. 그 당시 송 의학이 앞서 있었기 때문이다. 973년[46]에 송 태조가 만들어 반포한 『개보본초開寶本草』를 시작으로 송나라 때에는 많은 의학서가 나왔다. 980년[47]에는 『태평성혜방太平聖惠方』(100권)을 편찬하여 보급하였으며 1057년[48]에는 교정의서국校定醫書局을 두어 의학서를 출간하였다. 또한 송 신종[49] 때에는 전국의 명의들에게 각자 자신들이 갖고 있는 비방을 바치도록 한 뒤, 태의국太醫局에서 그 효능을 검증하여 효과가 인정된 것이면 약으로 지어서 쓰게 하였다. 송 휘종徽宗[50] 시대에도 『화제국방和劑局方』[51](5권)이라는 의학서를 만들어 의술을 보급하기 위해 노력하였다.

10~13세기에도 불교의학의 영향이 지대했다. 불교를 국교로 삼아 불력佛力으로 외적을 물리친다는 믿음까지 갖고 있던 고려인들은 불교의학과 의승들을 신뢰하였다. 의승들은 왕과 귀족의 질병을 치료해 주었다. 민간의 질병을 치료하여 중생을 구제한다는 신념을 갖고 의학서를 익히고 그것을 널리 보급하는데 앞장섰다. 그렇지만 대다수의 일반 평민이나 천민들은 그 혜택을 제대로 받지 못하고 질병에 시달리며 신음했을 것이다. 그래서 서긍徐兢은 『고려도경』에서 고려인들은 약을 쓰거나 의술을 믿는 게 아니라 미신만을 믿는 것처럼 적었다.[52] 불교의학이 보급되었다고 해도 그 혜택을 보지 못하는 이들이 많았던 것은 사실이지만 고려인들이 미신만을 믿은 것처럼 쓴 데에는 그럴만한 이유가 있다. 일본인들도 그러하였지만 고려인들은 병에 걸리면 나쁜 잡귀가 몸에 들어온 것이라고 믿었다. 그래서 먼저 사악한 기운을 쫓는 의식을 가졌으며, 그래도 안 되면 의원을 찾았다.

고려시대 전기에는 질병 구제와 침술·의학을 펼친 이들은 승려가 중심이었다. 그러나 과거제도가 정착되고 의학에 관한 체계가 잡히자 고려의 한의학 수준은 크게 발전하였다. 고려 말에 이르면 고려의 한의학은 향약에 대한 효능과 용도·사용법 등에 관해서 나름대로의 경험과 지식을 축적해 나가는 새로운 변화를 보인다. 그러면서 약재의 성질과 효능·효과를 설명한 『신농본초경』이나 『명의별록』과 마찬가지로 순수 고려의 본초학(약물학)으로서 『향약구급방』이 등장한다. 이것은 매우 실용적인 약물학 관련 서적으로서 14세기의 우리말 이름을 함께 실어 귀중한 자료가 되고 있다. 약물학 지식을 일반에 널리 보급하기 위해 간행한 책인데, 여기에는 180여 가지가 넘는 한약재가 소개되어 있어 고려시대 한의학 수준을 가늠해 볼 수 있다.

『향약구급방』이 간행된 시기는 신안선이 침몰한 때로부터 100여 년 전이다. 이런 고려의 한의학 전통은 신안선 침몰 시점으로부터 100여 년이 지난 뒤인 15세기 초에 『향약집성방』[53]으로 집약되었다. 이미 고려시대 후기에 『향약구급방』이 한의학(본초학)에 하나의 기준을 제시하였고, 『향약집성방』 출간에 중요한 영향을 미친 것이다. 『향약구급방』은 일반 서민의 편의를 위해 구하기 쉬운 토종 한약재를 효능 및 약물요법과 함께 소개한 한의서이다. 여기에는 방중향약본초부方中鄕藥本草部란 항목에 약재와 이름을 속명俗名과 함께 적고, 약재의 특징과 약미藥味·약독藥毒·채취방법 등에 이르기까지 기술하고 있다. 고려 중기 한의학의 실상을 알 수 있는 유일한 자료이지만, 『향약구급방』에는 토산 약재에 관한 설명만 있고 중국 동남부 이남에서 나는 한약재에 대한 설명이 없다.

고려 후기 원 제국의 통치 질서는 사람들의 세계관을 넓혀주었고, 중국의 교역 대상국이 크게 확대되는 결과를 가져왔다. 따라서 고려는 남송과 원으로부터 계속 한의학을 수입하였는데, 아마도 그 과정에서 고려의 상류층은 중국 이남 지역에서 나는 약재도 구해 썼을 것이다. 그렇지만 이상하게도 고려시대의 한의학서에는 남방의 한약재에 관한 기록은 없다. 당시 중국산 약재와 한약처방에 대한 대응책으로 향약의 개발을 촉진했기 때문이다. 즉, 고려 땅에서 생산되던 토산 약재의 총칭개념으로 '향약'이란 말이 사용된 것은 한약재의 수입이 많아지면서 중국산 약재인 당재唐材에 대한 대응책에서 나온 것이었다고 판단할 수 있다.

고려의 왕과 귀족은 중국 남부(남송지역)를 매개로 의학지식을 들여오기 위해 힘썼고, 실제로 중국 남동부 지역에서 많은 약재를 들여온 사례가 꽤 있다. 고려 문종 33년 (1079)에는 송 황제가 고려에 의원과 약재를 보내온 일이 있다. 이 때 우황 50냥과 용뇌 80냥, 주사 3백 냥, 사향 50제臍와 함께 1백여 가지[54]의 한약재를 보내왔는데, 그 명단을 보면 조선 전기의 한의학서에서 볼 수 있는 한약재가 거의 다 망라되어 있다.[55] 모두 1백여 가지나 되는 약재를 보냈는데, 그것은 그 당시에 고려에서 그와 같은 약재를 쓸 수 있는 지식이 있었음을 의미한다.

고려의 승려와 의약을 담당했던 관리들은 무역선을 타고 멀리 중국 남부와 동남아시아 여러 나라들까지 오가며 장사를 하던 상인들을 통해 남방과 서역의 한약재도 수입하였을 것이다. 그리고 이런 외국산 한약재를 향약과 함께 사용하였을 것이고, 그들에게 중요한 약물학 지침서가 되어 준 것은 그 당시까지 나와 있던 중국의 한의학서들이었을 것이다.

그것은 일본의 경우도 크게 다르지 않았을 것이다. 신안 증도 앞바다에 침몰한 신안선의 하주로서 동복사와 조적암이 있는 것으로 보아 배에 타고 있던 승려와 배에서 나온 한약재는 중국에서 약재를 들여다가 사용하고 있음을 말해주는 것이다. 신안선에서 나온 한약재는 고려나 일본에서 수입하던 약재 가운데 일부로서, 아마도 개경에 들러 고려의 태의감 약방 의사들이 주문한 약재를 건네려 했을지도 모른다. 다시 말해서 신안선에 실은 한약재는 고려 말의 약재 유통실태를 엿볼 수 있는 자료이다.

고려, 남송에 침술과 의학서 요청하다

신안선에서 나온 한약재 중에서 우리가 주목해야 할 것은 식물의 종자와 과실 및 뿌리와 같은 것이다. 배에서 나온 식물류를 토대로 확인한 한약재는 모두 14종. 대부분 중국 남부지방에서 생산되는 것들이다. 후추[56]와 산수유·파두巴豆는 꽤 많은 양이 남아 있었다. 그 나머지 다른 종류는 비록 남아 있는 양은 적었지만 그것이 어떤 종인지를 판정하는 데는 별 어려움이 없었다.[57]

신안선이 활동하던 시대의 한의학서로서 유일하게 남아 있는 『향약구급방鄕藥救急方』은 고려에서 나는 약재만을 설명하고 있다. 즉 고려의 국산 약재로 사람을 급히 구할 수 있는 처방이 향약구급방의 본뜻으로, 여기에는 수입 한약재가 없다. 고려시대 과거제에는 의업과거가 따로 있었고, 상류층에서는 중국의 약재를 수입하여 사용하였을 것이므로 약방과 태의감의 한의사들은 남방에서 나는 약재의 효능이나 용도에 관해서도 잘 알고 있었을 것이다.

그렇지만 대개의 고려시대 사람들은 우리 땅에 있는 약재에 대해서도 제대로 몰랐던 것 같다. 『향약구급방』의 편찬 배경은 여기에 있었다고 판단된다. 현재 남아 있는 우리의 한의학서 중에서 가장 오래 된 이 『향약구급방』은 강화도로 피난한 고려 정부가 대장도감大藏都監에서 간행한 것으로,[58] 그 필사본이 전하고 있다.[59] 이것으로 고려의 한의학 수준을 어림해 볼 수 있지만 『향약구급방』만을 가지고는 신안선에 선적했던 약재를 설명할 수 없다.

또 신안선에선 한약재 외에 두 개의 은제 약합藥盒이 나왔는데, 이것으로 보아 약재

은제소합(약합)

중에는 매우 소중하게 다룬 품목도 있음을 알게 되었다. 압출기법으로 연화문을 새기고 그 바깥에 타출打出로 왕구랑王九郎이라는 글자를 새긴 은제 잔과 목숨 壽 수 자를 음각으로 새긴 은제소합銀製小盒[60]도 있었다. 이것은 왕구랑이라는 사람의 소유가 분명한 것이니 신안선에는 선주단의 한 사람으로서 왕구랑이 타고 있었거나 그의 사인使人이 타고 있었을 것이다. 이와 달리 큰 은제합(높이 9.8cm)은 그 안에 목제 내합이 있었고, 내합 안에 약재로 보이는 목편이 들어 있었으나 침이라든가 침술과 관련된 도구들은 없었다.

신안선에서 나온 목패의 내용과 하주 이름으로 보면 이 배에는 상당수의 승려가 타고 있었다. 이 시기의 승려들은 의학을 비교적 잘 이해하고 있었다. 그들은 『신농본초경』이나 『명의별록』, 『신수본초新修本草』와 같은 중국의 한의학서라든가 불교의서를 보고 의학지식을 익혔다. 그리하여 중국산 한약재를 한의학서의 처방 대로 사용하거나 별도의 경험방으로서 승가僧家의 비방을 이어 왔을 것이다. 고려의 승려들이 남방의 한약재를 알게 된 것은 지금의 남경南京이나 항주杭州 또는 소주蘇州 등지의 사찰에 나가 불교를 배워 오면서부터이다. 그 지역엔 인도로부터 건너온 승려들은 물론 진한秦漢 시대 이후 경험으로 터득한 약재의 효능을 전수받은 이들이 있어 그들로부터 남방 한약재의 사용법을 배웠을 것이다. 고려의 왕과 귀족들은 중국 남부 이남에서 나는 남방의 한약재에 특별한 관심을 가졌을 것이며, 그 약재들을 비싼 값에 사들였을 것으로 보인다. 특히 삼국시대 지식층으로서 승려들이 중국의 한의학서를 익히고 돌아와 그것을 현실에 적용하는 일에 앞장섰고, 삼국 통일기에는 군진의학軍陳醫學으로서 중국의 한의학을 수입하여 향약을 발전시켰기 때문에 향약의 개발과 보급에는 승려가 상당한 역할을 했을 것으로 보인다.

나아가 고려 정부는 남방의 한약재를 수입하여 사용하면서 얻은 경험을 토대로 한편으로는 우리 현실에 맞는 향약을 개발하였던 것이고, 그 과정에서 고려의 한의학 수준은 어느 정도 발전되었던 것 같다. 한의학서 수입에 고려의 지도층이 관심을 기울인

사례가 있다. 1092년[61] 고려 정부에서 사절을 중국에 보내어 한의학서를 요청한 사실
이 『송사』에 올라 있다.

> "원우 7년(1092)[62] 황종의를 보내어 방물을 헌상하고 『황제침경黃帝鍼經』을 요청하였는
> 데 요구한 서적이 매우 많았다"[63]

과거제 시행 후, 침술에 관한 전문지식이 필요했던 것 같다. 고려에서 토산물을 바
치고, 『황제침경』을 비롯하여 많은 종류의 서적을 요청하였다고 하는데, 그 서적은 아
마도 침술과 본초학 관련서가 중심이었을 것이다.

비싼 값에 거래된 남방의 한약재들

신안선에서 확인한 한약재로는 중국이 원산
지인 은행을 비롯하여 가래와 개암·매실·산수
유 같은 것들이 있다. 그 나머지는 모두 중국
남부 지방인 광동성廣東省·사천성四川省·운남성
雲南省·절강성浙江省과 그 이남의 열대~아열대 지역

청자약연과 마자

청자마자

에서 나는 것이 대부분이다. 만일 신안선이 고려에 기항하
려 했다면 고려의 수도 개경이나 지방의 세력가들은 신안선 편에 가져올 한약재를
애타게 기다렸을 것이다.

고려의 중앙에는 의약 관할부서인 태의감太醫監이 있었고 궁중에는 상약국尙藥局
이 있었다. 또한 서민을 대상으로 한 제위보濟危寶와 동서대비원東西大悲院·혜민국
惠民局 같은 구제기관에도 의원醫員(한의사)이 배치되어 있었다. 고려시대에는 의
학교육을 위해 서경西京(평양)과 중앙의 개경開京에는 의학원醫學院이 설치되어 있었고,
전국의 12목牧 3경京 10도道에는 의학박사醫學博士를 두어 의학을 가르쳤다. 지방의 목
牧에도 각기 의학醫學이란 관직이 있었다. 나주나 충주와 같은 지방의 요지에는 목을
설치하였을 뿐만 아니라 주부군현州府郡縣에도 약점사藥店司를 따로 두었다. 고려의 중

앙과 지방에 이처럼 의약관리 체계가 갖춰진 것은 과거제도 시행 이후의 일이다. 광종 11년(960년), 과거제도와 더불어 의업과거醫業科擧가 시행되었고 과거시험에는 갑을경甲乙經·본초경本草經을 비롯하여 맥경脈經·침경鍼經과 같은 시험과목도 있었던 것으로 보아 고려의 의학교육은 일찍부터 중요시되었으며, 매우 체계적으로 의약을 관리하였음을 알 수 있다.

고려 말인 1389년[64]에는 전의시典醫侍에서 한의학 교육을 하도록 했다. 그러므로 이들에 의해 창의적인 이론과 함께 의학 체계가 잡힌 것으로 보인다. 조선 초기에 간행된『향약집성방』이 고려시대의『동인경험방東人經驗方』과『향약고방鄕藥古方』등을 인용한 것을 보면 고려에서는 과거제도 시행 과정에서 중국에서 수입한 한의학서를 바탕으로 새로운 의학이론을 창출하여 고려인에게 맞는 한의학을 발전시킨 것이 분명하다.

신안선에서 나온 한약재는 대략 16가지이다. 그러나 배에는 그보다 훨씬 많은 종류의 한약재가 실려 있었을 것이다. 남아 있는 것은 대개 잘 썩지 않는 씨앗들이었다. 썩기 쉬운 약재는 부식되어 사라졌을 것이며, 갑판 위에 실었던 약재도 상당히 많은 양이 있었을 것이다. 배에서 나온 한약재로 보아 도자기·향료 무역과 함께 고려와 일본을 대상으로 신안선은 약재무역을 하였을 가능성이 있다.

송나라의 지식인으로서 이름을 날린 소철蘇轍[65]은『지비록知非錄』에서 '질병이 많으면 도가를 배우는 것이 좋고, 근심걱정이 많으면 불교를 배우는 것이 좋다'고 말했다. 살아가면서 우리 주변에 있는 한약재와 먹을거리에 대해서 될수록 많이 알아두는 것도 필요할 것이다. 여기서는 6세기 중국에서 나온『명의별록』그리고 조선 태종 때 간행된『향약집성방』[66]과 조선 후기에 나온『동의보감』내용 가운데 해당 약재의 설명을 발췌하여 참고로 인용해 둔다.

은행銀杏[67]

신안선 안에서 은행 알 1개가 나왔는데, 껍질만 남고 속은 비어 있었다. 은행은 본래 중국이 원산지이다. 한방에서는 백과白果라고 한다. 강장약 또는 폐를 습하게 하여 기침을 멈추게 하는 효과가 있어서 진해제로 쓴다. 거담祛痰 기능도 있다. 살충 및 해독제로도 쓴다. 은행잎의 주요 효능은 혈압강하 작용이며, 동상을 치료하는 데도 쓴다.

"성질은 차고 맛이 달며 독이 있다. 폐와 위의 탁한 기운을 맑게 하며 숨이 차는 것과 기침을 멎게 한다. 일명 백과라 한다. 잎이 오리발가락을 닮아 압각수라고도 한다. 은행나무는 키가 매우 크고 열매는 행인杏仁을 닮아서 은행이라고 한다. 익으면 빛이 노랗다. 껍질을 벗기고 씨만 구워 먹는다. 혹 삶아서 먹기도 한다. 날것은 목구멍을 자극하여 어린이가 먹으면 놀라는 증세가 생긴다."[68]

호초胡椒[69]

후추를 이른다. 신안선에는 후추가 대량으로 실려 있었다. 커다란 나무통에 따로 넣어서 보관한 것이었는데, 분명하게 확인한 후추 통은 두 개이다. 그러나 신안선에는 더 많은 양의 후추를 실었을 것으로 보인다.

배에서 수습한 후추는 대부분 껍질만 남아 있고 알맹이는 없었다. 후추 알갱이는 많은 양이 확인되었으나 알맹이가 남아 있는 것은 얼마 안 된다. 간혹 완전한 것도 있었

후추(신안선)

다. 대부분 검은 흑후추였으나 백후추도 더러 있었다.

후추는 중국 남부지방 광동성·광서성廣西省·운남성 및 대만에서 흔히 재배한다. 인도 남부 해안지대가 원산지이다. 길게 넝쿨을 뻗는 덩굴식물로, 덩굴은 5~6m까지 자란다. 열매는 붉지만, 따서 말린 것은 검다. 후추에는 흑호초黑胡椒와 백호초白胡椒 두 가지가 있다. 익지 않은 열매를 쪄서 말린 것은 껍질에 주름이 지고 검어서 흑호초라고 한다. 반면 완전히 익은 후추 열매의 껍질을 벗겨서 말린 것은 색깔이 희다. 그래서 이것을 따로 백호초라고 한다. 모두 조미료와 약용으로 쓴다.

후추의 매운 성분은 Piperme, Chavicine이다. 이 후추는 조선에서 나는 한약재만을 모은 『향약집성방』[70]에는 실려 있지 않다. 『동의보감』[71]은 후추를 이렇게 설명하였다.

"성질이 매우 따뜻하며 맛은 맵고 독은 없다. 기를 내리고 속을 따뜻하게 하며 담을 삭이고 장부의 풍風과 냉冷을 없앤다. 곽란癨亂과 명치 밑에 냉이 있어 아픈 증세나 냉리冷痢를 낫게 한다. 또한 모든 생선과 육류·자라 및 버섯의 독을 풀어준다. 남방에서 나며 생김새는 서리자鼠李子와 비슷하다. 양념으로 쓰며 양지쪽을 향해 자란 것은 호초이고 음지 쪽을 향하여 자란 것은 필징가蓽澄茄인데 가루 내어 약으로 쓴다. 일명 부초浮椒라고도 한다."[72]

고려인들은 중국 동남부의 여러 항구를 통해 남방의 후추를 많이 수입했던 것 같다. 그렇지만 후추에 대한 고려시대의 기록은 없다. 다만 고려 창왕辛昌 1년(1389) 8월 "유구국琉球國 중산왕中山王 찰도察度가 표表를 받들어 신하라 칭하고 왜적에게 잡혀간 고려 사람들을 돌려보내면서 유황硫黃 300근, 소목蘇木 600근, 호초 300근 등을 바쳤다"는 기록이 있어 고려시대에 후추의 소비가 있었음을 짐작할 수 있다.

가래[73]

신안선에서 나온 가래

쉽게 말해서 호두의 사촌쯤에 해당하는 것으로, 추자楸子라고 부르는 것이 이것이다. 한 개의 가래가 두 조각으로 쪼개진 상태로 수습되었다. 가래나무는 중국과 한국에 흔히 자생한다. 중국 동북부·하북 북부·만주 및 우리나라의 중부 이북에서 자라는 낙엽교목이다. 우리나라 남쪽 높은 산으로부터 북쪽으로 갈수록 흔하다. 그 목재를 추자목楸子木이라 하고, 열매를 가래라 한다.

열매를 강장영양 및 진해 또는 기타 약용으로 사용한다. 중국에서는 열을 내려주고 독을 푸는 청열해독[74] 및 만성 이질약으로 가래나무의 껍질[75]을 사용하기도 했다. 가래나무의 껍질에는 탄닌 성분이 있으며, 소염성수렴 및 해열제로 쓴다. 과육에는 식물성 기름이 70%나 들어 있다.

개암[76]

신안선에는 개암(Hazelnut)도 있었다. 그러나 배 안에서 찾아낸 개암 열매는 2개뿐이었다. 중국에서 15세기에 나온 『본초강목』에는 榛진이라는 이름으로 올라 있다. 개암나무는 중국 관중關中에서 많이 자생하였으므로 '진나라에서 자라는 나무'란 뜻에서 진榛이라고 불렀다고 한다. 한국 각지의 산록에서도 잘 자라는 낙엽관목으로서 열매를 진인榛仁 또는 진자榛子라고 한다.

개암열매(신안선)

개암 열매에는 굳기름과 흰자질 및 서당蔗糖이 들어 있다. 한방에서 강장제로 사용하기도 하고, 식용으로도 쓴다. 신안선에 적재한 개암이 밤이나 대추와 같은 실과로 취급되었는지는 알 수 없다. 다만 조선시대 조선 정부에서 대마도에 하사한 품목 중에 상당량의 개암이 있는 것으로 보아 개암은 오랜 세월 귀하게 인식했던 것 같다.

"맛은 달고 성질이 순하다. 독이 없으며 기를 돕고 장과 위를 편안하게 한다. 먹으면 배가 고프지 않고 잘 걷게 한다. 요동遼東의 산과 계곡에서 자라는데, 10자 이상 되는 나무에서 나며 그 크기가 작은 밤 만하다."[77]

"성질은 순하고 맛이 달며 독은 없다. 기력을 돕고 장과 위를 잘 통하게 하여 배고프지 않게 한다. 음식을 잘 먹게 하며 걸음을 잘 걷게 한다. 어느 곳에나 다 있으며 음력 6~7월에 따서 껍질을 버리고 먹는다."[78]

위 두 기록에서 우리는 '요동에서 나는 것은 크기가 밤알 만하다'고 한 『향약구급방』의 구절에 주목해야 한다. '향약'이 고려 땅에서만 나는 약재를 대상으로 설명한 것이므로, 이는 『향약구급방』편찬 당시에 요동이 고려 땅이었다는 얘기가 되는 때문이다.

약밤[79]

신안선에서 나온 약밤은 한 톨이다. 약밤은 원래 중국이 원산지라고 한다. 중국에서는 하북지방과 황하 유역 이남에서 자란다. 우리나라는 이 약밤을 들여와 평양 근처에서 재배하였다. 나무의 가지에 털이 있고 잎의 뒷면에 선점腺點이 없다. 열매가 작고 달며 속껍질이 잘 벗겨지므로 일반 밤과 달리 약밤이라는 이름으로 부른다.

옛날엔 꽃과 약밤나무 껍질 및 뿌리를 약용으로 썼다. 민간에서는 밤껍질과 꽃을 구충제로 쓴다. 식용 외에 건위제로 사용하기도 한다.

계피[80]

신안선에서 나온 계피 조각

작은 계피桂皮 조각 4개가 완전한 형태로 나왔다. 계피는 중국 남부와 베트남·태국 등 아시아의 열대지방에서 재배하고 있다. 신나몬(Cinnamon)이 바로 계피인데, 중국에서는 기원전 2500년 전부터 계피를 사용했다고 하며, 이집트에는 기원전 17세기에 알려졌다고 한다. 지중해 지역 사람들도 일찍부터 이 계피를 알고 있었다.[81]

키가 12~13m 내외까지 자라는 상록활엽수로서 나무껍질은 매끄럽다. 꽃은 담황색이다. 중국 남부 산지의 계단식 사면에서 주로 재배하며 6~10년생 때 벌채하여 나무껍질을 벗긴 다음, 말려서 시장에 내다 판다. 바로 이것이 계피이다. 향기가 강하고 탄닌·당분·전분·염료 및 정유精油를 함유하고 있다. 향미료와 방향제·방향성건위제 및 계피유의 원료로 사용한다. 이 계피에는 여러 종이 있다. 중국·베트남·태국에서 각기 다른 종이 생산된다.[82] 『동의보감』에는 이렇게 기록되어 있다.

"성질은 몹시 뜨겁다. 맛은 달고도 맵다. 독이 약간 있으며 속을 따뜻하게 한다. 혈맥을 잘 통하게 하고 간과 폐의 기를 돕고 곽란으로 쥐가 나는 것을 낫게 한다. 온갖 약의 기운을 잘 퍼지게 한다. 부작용이 없으나 임신부의 태아를 유산시킬 수 있다. 계피는 파葱를 만나면 부드러워진다. 파 달인 물로 계피를 달이면 물이 되게 할 수 있다. 남방에서 나며 3~4월에 마치 수유茱萸를 닮은 꽃이 핀다. 음력 9월에 열매를 맺는다. 2월과 8월. 10월에 껍질을 채취하여 그늘에 말린다. 사용할 때는 겉껍질을 긁어내고 쓴다."

매실梅實[83]

매실은 중국 남부지방의 사천성泗川省 일대가 원산지이다. 복건성·광동성·호남성湖南省 등지에서도 많이 난다. 현재는 중국 절강성浙江省 합계合溪가 주산지이다. 『신농본초경』에도 올라 있는 매실은 오랜 옛날부터 식용은 물론 약용으로 널리 쓰여 왔다. 우리나라에는 약 2천 년 전에 들어왔다고 한다. 일본 역시 중국으로부터 매실이 전래되었다. 일찍부터 장티푸스·식중독이

매실씨

나 구토·설사·변비·소화불량에 이용되었다. 일본 도시락에 넣는 우메보-시(うめぼうし)는 식체를 막고 소화를 돕기 위한 것이다. 소화를 돕는 매실의 효능은 현대 의학에서도 인정되고 있다. 다만 매실은 날 것을 씹어서 먹으면 안 된다. 치아가 모두 깎여서 손상되기 때문이다. 식용은 반드시 익은 것을 써야 한다.

매실을 약용으로 쓰려면 익기 전에 따서 은근한 불과 연기를 쏘이며 말린다. 말릴 때 연기를 쐬면 검게 변하므로 이것을 따로 오매烏梅라고 부른다. 오매는 한방에서 중요시하는 한약재이다. 소금물에 담갔다가 말린 것은 염매鹽梅라 하는데, 이것은 겉에

소금이 서릿발처럼 돋아 있으므로 상매霜梅라는 이름으로도 부른다. 한방에서 오매는 맛이 시고 떫으므로 청량淸凉·수렴收斂 약물로 사용하였다. 폐와 장·위를 돕고 가래를 삭여준다. 설사를 멎게 하며 구토를 진정시키며 회충을 구제하는 작용이 있다. 번열煩熱로 생긴 갈증이나 위산결핍·식욕부진 등과 같은 증상에 사용한다.

"성질이 순하며 맛이 시고 독은 없다. 갈증을 멎게 하고 횡격막 위에 열이 나게 한다. 남방에서 나며 음력 5월에 노랗게 익은 열매를 따서 불에 쪼여가며 말려서 오매를 만든다. 또한 소금에 절여서 백매白梅를 만든다. 연기에 그을려도 오매가 되며 볕에 말려 뚜껑이 잘 맞는 그릇에 담아두어도 백매가 된다. 이것을 쓸 때는 반드시 씨를 버리고 약간 볶아야 한다. 날것은 시기 때문에 치아와 뼈를 상하게 하고 허열虛熱이 나므로 많이 먹지 말아야 한다."[84]

복숭아씨[85]

신안선에서 나온 복숭아씨(2개)

복숭아(Peach) 씨 2개가 나왔다. 예전에는 살구씨[86] 대신에 이것을 약으로 사용하기도 하였다. 다른 말로 도인桃仁이라고 한다. 『명의별록』에 도핵桃核이라고 한 것이 바로 이것이다. 가래와 기침을 진정시켜 주고 어혈瘀血을 풀어준다고 한다. 한방에서 쓰는 것은 야생 산복숭아(또는 개복숭아) 씨인데 신안선에서 나온 것은 재배종이라고 한다.

"맛은 쓰며 성질이 순하고 달다. 독이 없으며 어혈을 풀고 월경이 막힌 것을 풀어준다. 음력 7월에 씨를 채취하여 그늘에 말려 쓴다"고 하였다. 신안선이 음력 6월에 침몰하였고, 복숭아를 아직 수확하기 전이므로 신안선에 선적한 도인은 전해에 채취한 약재였다고 볼 수 있다.[87]

파두巴豆[88]

비교적 많은 양의 파두가 나왔다. 파두는 독성이 강한 대극과의 한약재이다. 중국 남부와 베트남·인도·인도네시아 및 필리핀 등 아시아의 열대 지방에 자생하는 키 작은 나무의 열매이다. 파두가 열리는 나무는 키 작은 교목으로서 2~7m까지 자란다. 열매 하나에 세 개의 씨가 들어있다. 약재로 재배도 하며, 씨는 긴 달걀 모양에 색깔이 회흑색이

파두씨는 제법 많은 양이 나왔다.

다. 그러나 신안선에서 나온 파두는 오랜 세월 바닷물에 잠겨 있었으므로 암흑색을 띠고 있다.

파두는 한방에서 주로 사하제瀉下劑 즉, 설사약으로 쓴다. 『동의보감』에는 "파두는 성문을 지키는 장수를 찔러 죽이고 적 진지를 빼앗는 장군과 같은 약이므로 경솔하게 쓰지 말아야 한다"고 되어 있다. 허준이 이런 설명을 남긴 이유는 파두가 본래 대극大戟의 한 종류이며, 대극은 큰 창을 의미하기 때문이었다.

"성질이 뜨겁다. 날 것으로 쓰면 따뜻하고 익혀 쓰면 차다고 한다. 맛은 맵고 독이 많다. 오장육부를 씻어내어 깨끗이 하고 막힌 것을 통하게 하며 대소변이 잘 나오게 한다.……벌레·물고기·반묘斑猫의 독을 없애며 뱃속의 벌레를 죽인다. 중국 사천성에서 난다. 생김새는 콩大豆처럼 생겼는데 설사를 심하게 일으킨다."[89]

여지荔枝[90]

여지 열매 3개가 나왔다. 우리말로 여주라고 하는 것인데 『당서』에는 "양귀비가 여지를 좋아하였으므로 반드시 싱싱한 것을 가져와야 했다. 그러므로 역마를 놓아 수천 리를 보내와도 그 맛이 변하지 않은 채로 수도에 도착하곤 하였다"고 되어 있다. 그래서 이규보는 『동국이상국집』에서 여지를 이렇게 노래하였다.

"귀한 빙장(흰 미음)의 맛 아직 싱싱하여라. 별이 날듯 역마가 달리며 먼지바람을 일으키네. 삼천 리를 지척 같이 달려와 미인의 얼굴에 웃음꽃 한층 더하는구나."[91]

여지의 씨(신안선)

여지는 오랜 재배 역사를 갖고 있다. 열대지방에서 재배하는 과실수로서 베트남 남쪽 지역과 태국이 원산이다. 중국 광동성·광서성·복건성 그리고 대만에서도 나며 씨에는 사포닌(약 1%)과 탄닌(약 4%)이 함유되어 있다. 맛은 달면서 떫고 따뜻하다.

키가 13m 내외인 상록활엽수에 열리는 열매는 둥글며, 크기는 지름 2.5~5cm 가량이다. 겉껍질은 맑은 적색이며 잔 돌기가 있다. 껍질이 딱딱하지만 익으면 갈색이 된다. 과육은 희고 투명하며 씨를 둘러싸고 있다. 그 씨를 여지핵이라고 한다. 말린 열매는 건포도를 닮았으며 맛이 좋다. 통조림을 만들기도 한다. 여지 나무의 뿌리와 열매 모두 자양강장제 및 위통 등에 사용한다.

사군자使君子

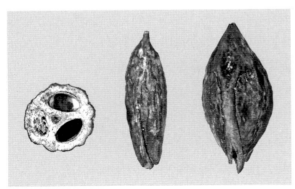
사군자씨(3개)

사군자 씨 3개가 나왔다. 사군자 역시 본래 중국 남부지방에 자생하며, 대만·미얀마·필리핀 등에도 있다. 덩굴성 낙엽관목으로, 어린 가지와 잎에는 털이 있다. 씨는 올리브 씨처럼 생겼다. 길이는 2.5~4cm. 열매를 회충구제·복통·소화불량 등에 사용한다. 딸꾹질·구토·오심惡心(메스꺼움)과 같은 부작용이 있다. 『본초강목』에는 "살충작용이 있으며, 비장과 위를 돕는다. 허열虛熱을 없애주며 설사를 멈추게 한다. 어린이의 모든 병에 반드시 쓰이는 약이다"[92]라고 되어 있다. "곽사군郭使君이라는 사람이 어린

아이의 질병에 많이 사용하였기 때문에 사군자라 부르게 되었다"고 한다.

산수유 山茱萸

가을이면 국내 어디서나
흔히 볼 수 있는 산수유

씨만 남아 있고, 그 양도 많지 않았다. 오
랫동안 바닷물에 잠겨 있었으므로 색깔이
검다. 우리나라 전역에 자생하는 산수유는
산동 지역에서 건너왔다는 이야기가 전해오
고 있다. 또 연구에 의하면 일본의 산수유는
한국에서 가져다 심은 것으로 밝혀졌다. 중
국이 원산지로서 절강성浙江省 창화昌化에서
많이 자라며 현재도 이 지역에서 많이 재배
하고 있다.

열매는 맛이 시고 떫으며 약간 따뜻하다. 과육은 강장제·건위제·보신제 및 요통약
으로 쓴다. 소변이 빈번하거나 월경이 멈추지 않는 증세, 허리와 무릎이 뻐근하게 아
픈 요슬동통腰膝疼痛과 같은 증세에 사용하며, 특히 간과 신장이 허약한 증세에 쓴다.

빈랑 檳榔[93]

3개의 빈랑 씨가 나왔다. 빈랑은 본래 말레이반도가 원산지이다. 종려나무과로서 열대
지방에서 흔히 재배도 하고 있다. 빈랑을 재배하는 지방에서는 식사 후에 소화제로 빈랑
을 씹어 먹기도 한다. 조충을 없애고 대소변을 잘 통하게 해주는 효과가 있다고 한다.

중국 남부 운남에서 가까운 미얀마에서는 옛날 얇은 금박이나 종이 대신 빈랑 잎에
글을 썼다는 기록이 있다.[94] 19세기 중엽 유럽에 전해져서 구충 및 지사약으로 쓰였
다. 송나라 『도경본초圖經本草』에는 날 것은 맛이 쓰고 떫지만 부류등[95]과 함께 씹으면
달다고 하였다. 『동의보감』에는 다음과 같이 소개되어 있다.

"성질은 따뜻하다. 차다고도 한다. 맛은 맵고 독이 없다. 모든 풍風을 없애며 모든 기

를 내리게 한다. 뼈마디와 인체의 아홉 구멍을 순조롭게 한다. 먹은 것을 잘 삭이고 물을 잘 몰아낸다. 오장육부에 막혀있는 기를 잘 퍼지게 한다.……중국 남방은 기후가 더워서 이것을 먹지 않으면 장기와 역려瘴癘를 막을 수 없다고 한다. 열매는 봄에 열리며 여름에 익는다."[96]

동남아시아에서 주로 나는 약재이니 고려시대 말기에는 비싼 값에 거래되었을 것으로 보인다. 설사가 나면 이것을 지사제로 썼으므로 장기간 항해를 하면서 물이 맞지 않아 배탈을 일으키거나 다른 원인에 의해 설사를 하는 경우에도 이것을 씹었을 것으로 추정된다.

중국 남부지방에서는 집집마다 빈랑을 서로 주고받는 풍속이 청나라 때부터 생겼다고 한다. 천주에서는 송원 시대에 빈랑을 예물로 주고받는 풍속이 시작되었다. 그래서 "동네 사람들은 경조사에 모두 빈랑을 예물로 사용하여[97] 동쪽 집에서 빈랑을 보내오면 서쪽 집에서도 빈랑을 보내곤 한다"[98]고 할 정도였다.

복건과 광동 지역 사람들은 모두 빈랑을 먹는다. 손님이 오면 차를 내놓지 않고 빈랑을 내놓았다.[99] 이 지역에서는 빈랑주가 성행하였다. 그래서 송원 시대에는 이 빈랑주로부터 거두어들이는 세금이 송 정부의 주요 수입원이 되기도 하였다. 삼불제국에서는 빈랑의 즙을 내어서 술을 만들었다. 상인들은 시장에서 빈랑주를 팔았으며 천주와 광주에서 빈랑주에 부과하는 주세 수입은 수십만 전錢에 이르렀다고 한다. 빈랑을 씹으면 이빨이 모두 검게 변하므로 빈랑을 먹는 지역을 흔히 흑치국黑齒國으로 부른 기록이 있다.

양강良薑[100]

세 조각의 양강 뿌리가 나왔다. 그러나 형태만 남았을 뿐 알맹이와 향기가 사라졌으므로 정확하게 종을 판정하기가 어려웠다고 한다.

양강은 고량강高良薑의 줄임말이다. 고량高良은 중국 광동성의 지명. 양강의 주성분은 씨네올(cineol)이다. 방향성건위제 또는 진통제로 쓰며 구토를 멎게 하는 진토약鎭

吐藥으로도 사용하였다. 위통·소화불량·복통 등에도 쓴 약재이다. 중국 동남부로부터 서남부에 걸쳐서 자라는 다년초로서 약용으로 많이 재배한다.

『명의별록』에는 고량강으로 올라 있다. 배에서 나온 고량강은 한약재로 선적한 무역 상품이면서 선원이나 배에 탄 선객들이 멀미와 구토를 할 때 사용하기 위한 것이었으리라 짐작된다. 생강이나 양강을 끓여 먹거나 날로 먹으면 신기하게 뱃멀미가 가라앉는다.

초과草果

초두구草豆蔻라고도 부르지만 원래 이름은 초과이다. 신안선에서 나온 초과는 모두 2개이다. 중국 운남성·광서성·귀주성과 같은 남쪽지방 숲속에 자생하는 생강과의 다년초로서 키가 2.5m 정도까지 자라는 식물에 열리는 열매이다. 초과 열매는 방향성건위제·거담제 등으로 사용되었다. 거한·거담 등의 효과가 있다. 특히 복부팽만감이나 반위反胃[101]·구토 증세에 위장약으로 썼으며, 학질에도 사용하였다. 특이한 방향이 있으며 맛은 맵고 조금 쓰다. 초과는 『본초강목』에는 초과가 두구豆蔻란 이름으로 등장한다. 『명의별록』[102]에도 나와 있다.

아출莪朮

아출(zedoary) 뿌리 네 조각이 배 안에서 나왔다. 이것 역시 남방에서 나는 약재이다. 지금도 아출은 중국 남부의 광서성·사천성에서 주로 생산되고 있다. 운남·광동·복건·절강성 등에서도 난다. 인도로부터 말레이시아까지 분포하는데 숲에 자생하는 것도 있지만 대부분 재배를 하는 것이다. 아시아의 열대지역으로부터 오스트레일리아 북쪽 지역까지 60종 내외가 있다고 한다.

뿌리를 방향성건위제와 통증을 멎게 하는 지통제로도 쓴다. 풍증을 몰아내는 데도 사용하였다. 혈액순환을 개선하는 데도 쓴다. 월경을 잘 통하게 하고, 어혈을 제거하며 타박통을 치료한다. 카레(Curry)에 주로 쓰는 강황과 비슷한 성질이 있다.

"모든 기를 치료하고 위를 열어 음식을 소화시킨다. 월경을 잘 통하게 하며 어혈을 제거한다. 타박통 및 내손內損의 나쁜 피를 멈추게 한다."고 기록되어 있다.

한방에서는 마른 생강을 넣고 환으로 만들어서 이강환二薑丸이라 하여 사용한다. 이 것은 위를 따뜻하게 해준다. 음식을 소화시켜 주고, 심복통과 곽란을 낫게 해준다. 해 독 또는 먹은 것이 소화되지 않을 때 갈아서 술로 복용하기도 한다.

진피陳皮

배에서 진피의 실물은 나오지 않았다. 다만 목간에 진피가 기록되어 있어 많은 양의 진피를 선적했었음을 알게 되었다. 정오正悟라는 사람의 이름과 수결 그리고 '진피 27 근'이라는 글이 함께 기록된 목패 한 점이 나왔다. 소유주는 알 수 없으나 '진피 55근'이 라는 먹글씨가 있는 목패도 나왔다. 이것만 해도 배에는 진피 82근이 적재되어 있었던 것이다.

진피는 말린 귤껍질이다. 귤피橘皮라고도 부른다. 위를 보호하고 속을 편안하게 해 주는 약재이다. 색깔이 붉어서 홍피紅皮라고도 한다. 한방에서는 위를 튼튼히 하고 땀 을 빼기 위한 약재로 사용한다. 설사와 두통 등에도 효과가 있다. 진피차로 만들어서 마시기도 하였다.

신안선에서 나온 약재의 대부분은 소화불량·식체·곽란·설사·지사·해열·이질·복 통을 다스리고 구토나 메스꺼움을 없애는데 사용되는 것들이었다. 이들 중 일부는 배 를 타고 항해하는 사람들의 멀미와 구토를 다스리는데도 사용했을 것으로 보인다. 각 종 풍토병이나 소화기계 장애를 다스리는 약재가 많이 남아 있는데, 그것은 주로 과실 의 씨나 뿌리여서 잘 썩지 않았기 때문이다. 아마도 신안선은 다양한 종류의 한약재를 싣고 한·중·일 사이의 바다를 오갔을 것이다. 13~14세기 천주에서는 2백여 종의 한약 재를 구할 수 있었다는 기록이 있다. 이것으로 보아 중국 남부 이남의 동남아시아 여 러 나라를 상인들이 끊임없이 오가며 많은 한약재를 실어 날랐고, 그 중 일부가 고려 와 일본에 전해진 것으로 보인다.

바다를 오간 상품과 문화 그리고 사람들

중국 동남부의 교역항과 세계 여러 나라들

13~14세기는 인류사에 커다란 전환점을 마련한 대항해의 시대였다. 세상은 이미 서로 가까워지고 있었다. 중국에서 인도양을 지나 아라비해와 페르시아만 입구의 오만까지는 보름이면 닿았다. 세계 2백여 나라가 원 제국과 교류하면서 광주와 복건에서 경원에 이르는 중국 동남부의 주요 항구들도 새로운 변혁기를 맞았다. 사람과 상품을 실은 배가 빈번하게 오가면서 여러 나라의 문화와 많은 정보들이 경계를 넘는 가운데 동남아시아와 유라시아의 문물은 중국 동남해안의 항구들을 풍요롭게 하였으며, 인구도 폭발적으로 늘어났다.

백자첩화매화문양이병

바다를 오간 상품과 문화 그리고 사람들
- 중국 동남부의 교역항과 세계 여러 나라들

추정이지만, 신안선을 움직인 상인들은 고려와 개경에 들러 주문받은 상품을 하역하고 필요한 물건을 다시 선적한 뒤, 신안 지역으로 되돌아 내려와서 동쪽 끝 최종 기착지인 서일본 하카다로 가려 했을지도 모른다. 그러나 불행히도 이 배는 1323년의 여름 어느 날, 신안 중도 앞바다에 모든 것을 내려놔야 했다. 선장과 선원, 상인과 승려들은 비록 무사항해와 만선의 꿈을 이루지는 못했으나 그들이 살았던 세상의 모습을 7백 년 후의 우리들에게 있는 그대로 전할 수는 있었다.

원 제국 성립으로 서역과 중국 거리 좁혀져

원 나라 때 중국 동남부에서 해외 무역항으로 중요한 곳은 천주·복주·광주·온주溫州·경원과 같은 항구도시들이었다. 경원[1]은 고려와 일본의 선박이 많이 드나든 반면 복건성의 천주는 동남아시아·인도·유럽과의 무역에 비중을 두었던 곳이다. 천주 지역에서 일본을 오갈 때는 오키나와를 경유하는 항로가 가끔 이용되었다. 반면 경원 지역에서는 제주도 이남을 거쳐 서일본의 오도열도五島列島나 나가사키長崎·후쿠오카福岡로 직행하는 최단거리 항로가 가끔 이용되었다. 원의 일본 정벌 역시 제주도를 경유하여 후쿠오카로 들어가는 코스와 오키나와를 경유하는 두 가지 해로를 타고 이루어졌다.

경원은 그 앞의 동북 방향에 주산열도舟山列島가 늘어서 있어서 출항과 입항에 매우 유리하였다. 그래서 주산열도의 보타산普陀山[2]은 일찍부터 관음신앙 및 백제 불교와 관련이 깊었다. 3~5세기부터 마한과 백제의 불교는 바로 이 경원 지역과 전남 영광(법성포)을 잇는 해로를 통해 유입되었다. 두 나라 사이의 교류가 바다로 이루어지면서 주요 항구와 해안에는 항해의 안전을 비는 의식을 치르기 위한 곳이 마련되었다. 대표적으로 영등할미나 용신과 같은 토속신앙이 관음신앙을 수용하여 전북 부안의 죽막동 제사유적과 같은 것들을 만들어냈다. 신라도 이 지역을 통해 중국과 교류하였다. 신라인들은 주로 주산열도와 명주(경원)·항주 일대를 드나들었다. 그리하여 신라인들은 경원이나 항주를 오갈 때면 보타도와 보타산을 찾았고, 그 앞에 있는 신라초는 이 정표가 되어 주었다. 물론 양주揚州나 산동 지역과의 교류도 빈번하였다. 4세기 말, 동진 이후 본궤도에 오른 중국의 도자기 기술이 당송시대 이후 줄곧 고려의 서남해안 지역으로 유입된 것도 한·중 간의 이와 같은 해로에 의해서였다.

남송 이후에 고려는 경원을 주요 관문으로 하여 교류를 가져왔으며, 조선시대에도 경원은 중국과의 교류에 여전히 중요하였다. 이곳을 통해 소주·항주로 이어지는 루트를 따라 사람과 물자가 오고갔다. 한반도의 중부 및 서남 지역에 이르는 최단거리 코스가 이곳에서 이어졌고, 남쪽으로 온주·천주와 같은 항구들의 징검다리 구실을 하였다. 한 마디로 천주와 경원은 남방 및 인도·서역으로 가는 해상 실크로드의 출발지였다. 즉 남해로南海路와 고려·일본으로의 항로가 교차하는 곳에 있는 거점항구였다.

신라초

중국의 동남부 해안지대는 일찍부터 풍요로웠다. 앞으로는 바다를 끼고 있어 풍부한 해산물을 얻을 수 있고, 각 항구는 해로로 외국과 이어져 물자와 사람의 왕래가 빈번하였다. 그래서 8~9세기 이후 이 지역의 항구들은 빠르게 성장하였다. 13세기 말(1270~1290)에 이르면 중국 남부 지역의 여러 도시는 대단히 번성하였다. 주요 항구의 호구만을 보더라도 이 지역엔 인구가 많고 물자가 풍부하여 삶이 풍요로웠음을 짐작할 수 있다. 동진東晋 이후 계속해서 추진된 강남 개발과 따뜻한 기후로 말미암아 중국 남동부의 인민들은 풍족한 삶을 누려왔으며, 이 지역은 중국 전체의 삶의 기준이 되었다. 그래서 '소절蘇浙이 풍년이면 천하가 태평하다'는 말이 생겨났다. 의식에 여유가 있고, 삶이 넉넉한 데다 교역의 이로움을 일찍부터 체험한 남방의 중국인들은 자신들만의 독특한 문화를 만들어냈으며, 그들의 개방적인 의식은 서역과 동남아시아 여러 나라로 열려 있었다. 특히 당송 이래 중국인들은 전통적인 화이관華夷觀을 바탕으로 멀리 유럽까지 활동 범위를 넓혔다.

신라초 기념비

원 제국에 들어서서는 서역과의 교류 폭이 더욱 넓어지고 빈번해졌다. 원 제국의 등장은 멀리 유럽에 이르기까지 세계 여러 나라와의 거리를 좁혀주었다. 원 제국의 팽창주의적 정책은 당시 원나라 치하의 중국인들에게 새로운 세계관을 열어주었다. 몽골인들의 정벌과 전쟁은 평화로운 교역 이상으로, 물자와 사람과 문화의 이동을 가져왔다. 원나라 사람들은 역참제驛站制를 도입해 동서 교통을 크게 개선하였으며 그로 인해 빠르게 정보가 이동하였다. 더욱이 무역선이 남방 해상 실크로드를 끊임없이 오가는 과정에서 물자와 사람·문화의 이동은 크게 촉진되었다. 한·중·일 삼국은 물론 중국과 세계 여러 나라 사이의 교류는 그들이 일찍이 체험하지 못한 풍요로움을 가져다주었다. 한 마디로 그것은 원 제국이 서아시아와 유럽까지 그 영역을 넓혀 통합된 세계관을 마련해준 덕분이었다. 그것은 인구증가와 도시의 발전, 경제규모의 확대와 해상교통의 발전에 따른 결과였으며, 한층 정교해지고 세련된 선박 제조기술과 나침반[3] 그리고 항해술의 발전에 힘입은 것이었다.

중국 동남부 해안 항구도시엔 2천만 인구가 살았다

원 제국이 들어서면서 중앙아시아와 서아시아 지역은 전쟁과 살육으로 인구가 많이 줄어들었지만, 중국의 남동해안 지역은 온난한 기후조건과 풍부한 자연환경으로 인구에 큰 변동은 없었다. 오히려 이 지역은 제국의 흥기와 함께 세계 여러 나라와의 교역과 교류가 한층 늘어나면서 인구도 늘어났다. 말레이시아·인도네시아 등 남방과의 교류가 더욱 활발해졌으며, 서역과의 해상교역이 크게 늘어났다. 당송 이래로 천주와 광주·경원 등지에 들어와 사는 서역인들이 눈에 띄게 늘었다. 그들 가운데는 대상大商도 있었고 관리로 진출한 사람도 많았다.

원나라때 중국과 인근교역국

원 제국은 드넓은 제국을 효율적으로 지배하기 위해 역참제를 도입하면서 행정단위를 '로路'로 개편하였다. 이것은 말이 한 번에 달려서 지치지 않는 거리인 30리마다 역참을 설치하고 도로와 도로를 거미줄처럼 이어 사람과 물자, 정보가 빠르게 이동할 수 있도록 한 행정체계이며, 우리나라의 도道와 같은 것으로 이해하면 된다.

1284년[4]에 143개 현縣을 거느리고 있던 항주로杭州路, 즉 절강浙江 지역의 인구는 180여만 명이었다. 당시의 평주로[5]엔 240만 명의 인구가 살았으므로 소절蘇浙 지역의 인구만 따져도 대략 430만여 명이었다. 물론 이것은 주요 도시만을 대상으로 한 조사이다. 반면 해안의 경원로慶元路[6], 다시 말해 오늘의 영파 일대는 민가 24만 채에 인구 51

원대(元代)의 중국 동해남부지역 호구조사표

조사시점 : 1276~1329년

행정단위명	戶(주택 수)	口(총인구)	가구당 인구	조사시점
경원로(慶元路)	241,457	511,113	2.1명	1277년
항주로(杭州路)	360,850	1,834,710	5.08명	1290년
평강로(平江路)	466,158	2,433,700	5.22명	1276년
태주로(台州路)	196,415	1,003,833	5.1명	1276년
온주로(溫州路)	187,403	497,848	2.66명	1276년
처주로(處州路)	132,754	493,692	3.7명	1276년
복주로(福州路)	799,694	3,875,127	4.85명	1285년
천주로(泉州路)	89,060	455,545	5.1명	1297년
광주로(廣州路)	170,216	1,021,296	6.0명	1278년
길안로(吉安路)	441,083	2,220,415	5.03명	1295년
집경로(集慶路)	214,538	1,072,690	5.0명	1329년
장주로(贛州路)	71,287	285,148	4.0명	1310년
조주로(潮州路)	63,650	445,550	7.0명	1278년
가흥로(嘉興路)	426,656	2,245,742	5.26명	1277년

(『원사』 및 『신원사』 오행지에서 추출한 자료임)

만으로, 그 중심은 바닷가의 은현과 정해현이었다.[7]

경원로慶元路의 남쪽에 인접한 태주로台州路가 인구 1백만이었던 것과는 대비되는데, 그럼에도 태주台州보다는 경원慶元이 대외무역항으로 이름이 높았다. 그 이유는 경원이 갖는 위치와 해상 교통에 유리한 지리적 이점 때문이었다. 당시 처주로處州路[8]의 인구가 49만여 명이었으니까 경원로의 인구도 이와 비슷하였다. 그렇지만 경원 지역은 한국과 일본 그리고 세계로 열려 있는 항구로서 13세기 중반

천주 청정사(이슬람사원)

이후가 되면 외국과의 교역은 크게 늘었다.

한편 복주로福州路에는 총 387만여 명이나 되는 사람이 살았으며, 세계 여러 나라들로부터 온 배와 사람들로 북적였다. 복주로는 천주로와 함께 중국 남부의 중심이 되어 있었다. 그 중심은 각기 복주와 천주였다. 그 남쪽의 광주 역시 중국이 동남아시아와 인도·서역과의 교역에 관문역할을 하는 곳이었다. 같은 시기 천주로의 인구는 45만여 명에 불과했으나 복주로는 380만이 넘었고, 광주로의 인구는 1백만이 넘었다.[9] 천주가 중국을 대표하는 국제적인 상항商港이 된 것은 경원을 거쳐 등주登州나 내주萊州와 같은 산동 지역으로 연결되는 해로 중 최남단에 있는 항구라는 입지조건 때문이었다.[10]

이들 각 지역의 가구별 인구를 통계로 정리해보면 재미있는 현상을 발견할 수 있다. 다른 지역은 대략 가구 당 평균 5명이 살았던 반면, 용천요龍泉窯를 생산하던 처주로處州路 지역은 평균 가구당 3.7명에 불과하고, 특히 경원慶元은 가구당 2.1명이었다. 경원과 이웃하고 있는 온주溫州의 인구도 50만이 채 안 되었으며, 가구당 인구는 2.66명이다. 이것은 경원과 비슷한 수준이다. 『송사』와 『원사』에 기록된 이들 자료가 얼마나 정확한지는 알 수 없다. 그러나 이것은 단순히 생각하면 전통적인 중국의 대가족제도가 이 지역에서만큼은 해체된 결과일 수 있다는 생각이 든다. 가구당 평균 2.1~2.6명은 당시 사회에서는 매우 이례적인 숫자이다. 이것은 그 당시의 사회구조를 감안할 때 인구비율이 현저히 낮은 것이다. 집약노동이 요구되는 농업 지역의 인구 밀도가 높고 가구당 인구도 많았던 것과 비교하면 대조적이다. 다시 말해 경원로나 온주로·처주로處州路와 같은 지역은 상업이나 어업 또는 도자기 생산·가내수공업 등 상공업 중심으로 형성된 사

이슬림관련 묘비(천주해외교통사박물관)

회였을 가능성을 말해준다. 물론 이들 조사 수치에는 거주지로서의 주택 외에 상가나 수공업 생산지와 같은 건물이 많이 포함되었을 수 있다. 농업의존도가 높은 지역과 달리 경원 지역이 신흥 상인 세력을 중심으로 형성되어 있었다는 사실은 다른 한편으로 보다 역동적이며 경제활동 주체들의 연령 또한 다른 지역보다 낮았을 가능성을 시사한다. 경원지역에 산 사람들은 상당수가 생산 및 유통에 종사하면서 한결 여유 있는 생활을 했을 것으로 추정해 볼 수도 있는 것이다. 그만큼 활기가 있는 젊은 도시였다는 해석이 가능하다.

그와 반대로 농지를 소유하지 못한 하층민들이 해안지역에 모여들어 어업에 종사한다든가 상인이나 선원 등으로 일했을 것이라고 보면 이들은 주로 소가족 위주의 삶을 영위하였다고 판단할 수 있을 것 같다. 하여튼 『원사』·『신원사』의 기록에 따르면 13세기 말~14세기 초 항주杭州 이남으로부터 광주廣州 지역까지 중국 남동부 해안 지대의 인구는 줄잡아 약 2천만 가량이었을 것으로 추산된다.

중국에 온 서역의 사절과 상품들

중국과 서역의 본격적인 교류는 당나라 때부터 시작되었다. 7세기에 처음으로 중국과 교류를 시작한 이들은 소위 대식인大食人으로 불린 아랍인들이었다. 당 태종 때인 정관 원년(627년) 4월부터 그 이듬해 4월 사이에 아랍인들이 중국에 조공사절을 보내 정식으로 교류를 시작한 것으로 되어 있다. 물론 바다를 통해서 이루어진 교류였다. 그것을 뒷받침하는 것이 "아랍인들이 말하기를 나는 대식국 사람이다. 당 태종 정관 초에 당과 처음으로 교류하였으며 조공을 와서 진주를 바쳤다"[11]고 한 내용이다.

대식국과 중국의 교류에 관한 7세기 중반의 기록이 더 있다. "영휘 2년(651년) 8월 대식국이 사절을 보내 조공하였다"[12]는 내용이다. 중국은 제 주변의 여러 나라가 예물과 함께 외교사절을 보내면 무조건 조공사절로 인식하였다. 전통적인 화이관에 따른 것이지만, 대식국의 입장에서는 어디까지나 외교사절의 교류였다. 대식국이 중국과 해상교류를 시작한 것은 644~656년 무렵이다. 그 시대에 대식국 사람들은 말라카 해협과 말레이반도를 거쳐 자바·필리핀·민다나오麻逸國 등지로 다니면서 무역을 하였다.

서기 888~904년[13]의 당나라 말기에는 동남아시아의 삼불제국三佛齊國이 아랍인을 중국에 사절로 보낸 일이 있다. 중국과 정식으로 교역을 할 수 있을지를 타진해 보기 위한 의도였다. 삼불제국은 "904년 6월에 다시 포하속이라는 사람을 조공 사신으로 보내왔다"는 기록이 있다. 이때 삼불제국이 포하속에게 부여한 신분은 영원장군寧遠將軍이었다. 그것은 먼 나라와의 평화외교를 위해 보낸 장군 신분임을 나타낸 것이며, 포하속蒲河粟은 이븐 하산(Ibn Hasan)을 한자로 표기한 이름이다. 또 971년에는 이하말李何末(Rahman)을 사신으로 삼아 수정과 화유火油[14]를 공물로 보냈으며, 그 이듬해인 972년에도 공물을 보냈다.

또 973년에는 점성국이 포하산蒲河散(Ibn Hasan)을 중국에 보내 조공을 하였으며, 974년에는 상아·유향·장미수薔薇水·백사탕·수정 가락지·유리병 등을 보낸 것으로 되어 있다. 1056년 3월에는 포식타파蒲息陁婆(Ibn Hitabah)를 보내어 조공을 하고 방물을 바쳤다.

뿐만 아니라 1131년[15]에는 대식국에서 상아 2백여 개와 대형 물소 35마리를 보냈다. 이것을 중국에서는 공물을 바쳤다고 기록하였다. 이때 삼불제국도 조공을 하였는데, 삼불제국은 1008년에도 이미지李眉地(Ramid)를 중국에 사신으로 파견한 적이 있다. 이미지를 정사로, 포파람蒲婆藍(Ibn Mubarak)을 부사로 삼고 사절을 딸려 보내어 조공 회사무역을 하였다. 또 1086년에 포모서蒲謀西(Ibn Musa)를 보내어 진주와 상아를 공물로 바쳤으며 그로부터 2년 뒤에도 사람을 보내어 조공하였다. 인도네시아 발니국渤泥國은 977년에 사신 시노施弩와 포아리蒲亞里(Ibn Ali)를 보내어 조공하였다.

9~10세기부터는 아랍 지역과의 교류가 크게 늘면서 아랍인 중에는 일찍이 중국에 귀화한 이들이 꽤 있다. 서안이나 감숙성甘肅省 회족자치구의 이슬람교도 후예들은 동서교역이 육로 비단길에 의존하던 4~5세기 이전에 정착한 사람들이 남긴 후손들인 반면, 광주나 천주에 살고 있는 아랍인들의 선조는 대개 7~8세기 이후 배를 타고 해상실크로드를 따라 아랍에서 건너온 상인들이었다. 아랍인으로서 중국에 귀화한 사례 하나를 보자. 송나라 때인 1136년[16] 8월 23일의 기록이다.

"제거복건로시박사에서 황제에게 이르기를 "대식국의 포라신(蒲羅辛, Ibn rahim)이 배를 한 척 지어서 그 배에 유향乳香을 가득 싣고 와서 천주시박사에 귀화하였습니다. 그 가격을 계산해 보니 30만 전錢이나 됩니다. 이것을 모두 맡기고 삼가 노력하였으니 외국인으로 우대함이 마땅하겠습니다."[17]

예수가 마굿간에서 태어날 때 동방박사가 가져왔다는 향료 이름에도 나오는 유향은 아랍 특산품으로, 후일 명교明教 사람들도 이 유향을 태워 잡귀를 쫓는 의식을 가졌을 만큼 기독교와 조로아스터교에서도 몰약과 함께 귀하게 여긴 향료였다. 그 당시 중국에서 유향은 귀한 대접을 받았다. 유향 한 척을 기부하고 아랍인이 투항하자 복건시박사에서는 이븐라힘(포라신)을 우대하였다는 기록이 있다. 이것은 중국에 들어와서 장사하는 아랍인 무역상인이 늘어나면서 생긴 일 중에 특이한 사례이다. 그 외에도 천주나 광주 등지에는 아랍이나 인도·동남아시아 등에서 들어온 상인들로 넘쳐났다. 남송의 천주제거시박사 조여괄이 쓴 『제번지諸蕃志』에는 이런 구절이 있다.

"대식국 땅에서는 진주·상아·서각(물소뿔)·유향·용연향·목향·정향·육두구·안식향·노회·몰약·혈갈·아위가 난다."[18]

물론 이런 것들은 대부분 천주에서 구입할 수 있는 상품이었다. 이 외에 용연향이라든가 장미수·유리병·백사탕·수정 가락지·몰약·안식향·소목·유향·강진향·용뇌·혈갈·정향과 같은 상품들이 서역에서 들어왔다. 대식국에서 건너온 이런 상품들은 값도 비쌌고, 귀했다. 12~14세기에는 지금의 석유도 중국에 소개되었다. 대식국의 상아는 멀리 아프리카에서 건너온 것들이었고, 물소뿔인 서각은 대식국 외에도 동남아시아 여러 나라에서 건너왔다. 물소뿔은 활을 만드는 데에도 반드시 쓰던 것이어서 고려에서는 매우 중요한 군수물자였고, 동시에 꼭 필요한 한약재였다.[19]

서양으로 건너간 중국의 2대 상품 비단과 도자기

12~13세기부터 중국 동남부의 여러 항구들은 인도와 서역 그리고 남해제국의 상인들에게 활짝 열려 있었다. 그곳들은 고려의 상인들에게도 기회의 땅이었다. 바람과 파도 외에는 그들의 출입을 막는 것은 아무 것도 없었다. 그렇지만 아이러니하게도 그 파도와 바람이 아니면 어느 누구든 자신이 원하는 곳으로 갈 수 없었다. 바다를 건너 서역에서 온 상품들은 바람을 타고 온 것이었고, 중국의 여러 가지 상품 역시 바람이 건네다 주어야 서역으로 넘어갈 수 있었다.

송·원 시대까지 가장 오랜 세월, 유럽과 서역 사람들을 매료시킨 상품은 비단이었다. 기원전 5~6세기에 중국 서북 지역을 지나 서양에 소개된 중국의 비단은 그곳 사람들에게는 놀라운 것이었다. 섬세하고 치밀한 것도 그렇고, 화려한 색깔과 부드러움, 살에 닿는 아찔한 촉감은 그때까지 경험해보지 못한 것이었다. 더구나 매미의 날개처럼 얇고 가벼운 박사薄紗 비단은 인간의 솜씨가 아니라 선녀의 손으로 만든 것이라고 생각했을 정도였다. 그로부터 1천5백여 년이 지난 뒤에도 중국의 비단은 그 명성을 잃지 않았다. 이탈리아와 프랑스에서도 비단을 한창 생산하고 있던 그 시기에도 오히려 중국의 비단은 종류가 많았고, 품질이 좋았으며 또 화려하였다.

붉은 저녁노을을 닮은 다홍색과 금색·코발트빛의 공단이나 녹색·보라색·검은색 등 다양한 색상의 견직물은 양피지처럼 두꺼운 것부터 아른아른 여인의 속살이 들여다보일 만큼 얇은 반투명 비단까지 그 두께도 여러 가지가 있었다. 여인의 몸매가 아슬아슬하게 얼비치는 얇은 비단옷은 서역 사람들에게는 가히 충격적인 것이었고, 믿을 수 없을 만큼 섬세한 기술이었다.

이런 비단의 중간 경유지는 중앙아시아와 아랍 지역이었다. 이 지역에서는 중국으로부터 두꺼운 비단을 사들여 그것을 모두 풀어서 실로 되감은 뒤에 얇은 비단으로 다시 짜서 유럽에 비싸게 파는 새로운 직종까지 생겨났을 정도였다. 그러나 11~14세기의 비단은 중국 돈황을 지나 서역으로 가는 육상 실크로드 대신 중국 동남부 연해의 해안도시를 출발거점으로 삼았다. 한국인이 남해를 생각하듯이 중국인들은 남쪽 바다를 남해라고 불렀다. 중국의 비단은 남해를 거쳐 서역으로 팔려 나갔다. 각 항구에서 배를 타고 남쪽 바다를 거쳐 인도양을 건너서 서양으로 비단이 수출되었기 때문에 이 길을 해상실크로드라는 의미에서 남해사주지로南海絲綢之路라고 부르고 있다.

그러나 이미 12~14세기의 비단 수출은 예전 같지 않았다. 이탈리아에서도 양잠과 비단 생산이 활발하게 이루어졌으므로 유럽에서 소비되는 비단의 상당부분은 자급자족하는 단계에 와 있었던 것이다. 그리하여 이 시기에는 비단보다도 도자기가 수출품으로서의 비중이 더 컸다. 이런 배경에서 중국 동남부 해안의 유명항구를 거점으로 동남아시아와 유럽·아프리카·서아시아·아랍으로 나가는 뱃길을 중국인들은 '도자기 길'이라는 의미에서 도자지로陶瓷之路라고도 불렀다.

당시 국제적인 항구로서 누구에게나 열려 있는 경원과 천주는 도자기 수출에 대단한 명성이 있었다. 복건 남부 해변의 천주는 중국과 세계 여러 나라를 잇는 국제항로의 중심지 역할을 하는 항구였다. 가까이는 고려와 일본의 교역항이었고, 남으로 남해 제국들이 드나들었다. 멀리 인도와 파키스탄·스리랑카·방글라데시·미얀마·태국 그리고 페르시아를 포함하여 아랍세계와 터키 이스탄불 및 유럽 사람들까지 천주를 통해 중국과 교역을 하였다. 도자기 수출길의 출발점으로서 남해 해로에서 천주는 중요한 곳이었다. 천주가 도자기 수출의 기지가 된 것은 복건지구에 흩어져 있는 많은 도자기 가마에 있었다. 복건지구의 도자기 생산은 송나라 초기에는 비록 초보적인 단계였지만 원나라 시대로 들어서면서 그 규모가 갑자기 커졌고, 도자기 제작 기술도 혁신적으로 발전하여 항주를 중심으로 한 경덕진요에 버금가는 곳이 되었다.

천주만이 아니라 당시 절강 서남부 지역에는 여러 곳에 도자기 생산지가 있었다. 절강성의 용천요龍泉窯, 강서江西 경덕진요景德鎭窯, 길안현吉安縣의 길주요吉州窯[20], 광동廣東의 조주요潮州窯·서촌요西村窯·혜주요惠州窯 등이 있었다. 이들 외에 북방 지역에는 요주요耀州窯·자주요磁州窯와 같은 도자기 명산지들이 있었다. 이런 여러 지역의 가마에서 생산한 도자기들은 각자 나름대로의 특징이 있었다.

여기서 참고로 용천요에 대해 조금 더 상세하게 알아둘 필요가 있다. 그 명성으로는 경덕진 도자기가 월등하였지만, 용천요 도자기도 그에 못지않았다. 용천요 계열은 청자가 대표적이다. 절강 서남부 지역으로서 복건 지구와도 서로 연결되어 있어서 용천

자주요의 옛 가마터들이
있던 지역

요에서 생산한 도자기는 천주 외에
도 복건 경원으로도 팔려나갔다. 경
원은 월주요의 본고장이면서 절강
성의 용천요, 강소성의 경덕진요가
모이는 도자기 최대 집산지였던 것
이다. 이곳에 모인 도자기는 세계 여
러 나라로 팔려 나갔으며, 이것이 이
른바 아랍과 아프리카 수단·이집트
등지로까지 수출된 월주요였다.

강서 경덕진요에서 생산하는 도
자기는 그 명성 이상의 품질로 말미암아 선호도가 높았다. 경덕진요에서 생산한 도자
기로서 분청과 매자청梅子靑·월백月白과 같은 종류는 도자기 중에서도 가장 뛰어난 절
품이었다.

남송시대 고려와 남송의 외교 및
교역의 창구로서 경원항은 중요한
곳이었다. 그래서 경원항에는 외교
사절과 상인들이 묵을 수 있도록 고
려관高麗館이 마련되어 있었다.

고려관을 통해서 고려 정부는 색
다른 전략을 구사하였다. 값비싼 도
자기를 언제까지나 계속 사들일 수
는 없었다. 값비싼 도자기를 언제까
지 계속 사들일 수는 없었다. 비용과
운반도 문제였지만, 그것을 사들인
다 해도 고려의 구석구석에 공급하
기도 어려웠다. 그래서 고려 정부는

중국의 주요 도자기 요지

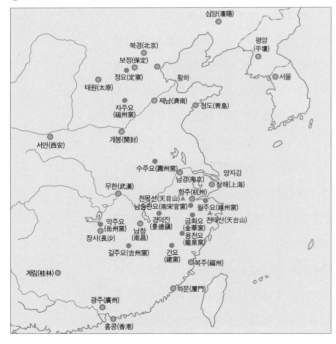

도자기 기술자를 받아들이는 정책을 취했다. 고려인으로 받아들여 그들에게 적당한 벼슬을 주고 흡족한 보수를 보장하는 동시에 그들이 생산한 도자기 전량을 소비할 수 있도록 해주는 적극적인 이민정책을 취한 것이다. 그리고 소나무를 비롯한 땔감의 공급이 원활하며 고령토를 구하기 쉽고 도자기 운송에 편리한 호남 서해안의 포구 근처에 도자기

천주의 덕화요지

기술자들을 정착시켜 도자기 산업을 육성하였다. 물론 고려 초기에는 월주요의 본고장이나 경덕진에 사람을 보내어 도자기 기술을 익혀 왔으나 기술 인력을 일시에 확보하여 국가적인 산업으로 도자기 생산을 진작시키려면 기술을 가진 인력을 과감하게 받아들이는 것이 가장 빠른 길이었다. '고려에서 녹祿과 벼슬로써 유혹하였다'고 중국의 역사서에 기록한 것은 바로 이런 상황을 그린 내용이다. 호남 지역에 중국계 성씨가 유독 많은 것은 과거 고려의 기술인력 이민 정책에서 나온 결과이다.

경원항과 더불어 중국 남부에서는 천주항이 중심이었다. 해외 항로의 개척에 따라 천주항은 복건 지역에서 가장 중요한 곳이 되었다. 천주항에서 나가는 상품 중에서 가

복건지구의 도자기 생산지

복건 각 지구	도자기 생산지역
복건 북부지구	포성(浦城)·송계(松溪)·정화(政和)·숭안(崇安)·건양(建陽) 등
복건 동부지구	병남(屛南)·영덕(寧德)·나원(羅源)·연강(連江) 등
복건 서부지구	장락(將樂)·태령(泰寧)·영화(寧化)·건령(建寧)·장정(長汀)·장평(漳平)·용암(龍岩)·영정(永定)
복건 중부지구	민청(閩淸)·용계(龍溪)·대전(大田) 등
복건 남부지구	덕화(德化)·남안(南安)·영춘(永春)·안계(安溪)·진강(晉江)·혜안(惠安)·동안(同安)·하문(厦門) 등

장 비중이 있는 것은 역시 도자기였다. 천주에는 수출을 위한 도자기가 많이 모였다. 도자기 수출의 중심지로 천주가 부상하자 그 주변의 여러 가마가 따라서 발전하였다. 이 점에서 천주는 복건성의 도자기 생산과 발전을 이끈 주역이었다.

송나라 시대에 이미 천주에는 모두 163곳의 도자기 생산지가 있었다.[21] 이들은 대부분 청자와 청백자 위주로 도자기를 생산하였다. 복건 지구에서 도자기를 생산하던 곳들을 정리한 것이 '복건지구의 도자기 생산지' 분류표이다. 여기서 우리가 주목해 봐야 할 곳이 복건 지구의 건양요建陽窯와 복건 남부지역의 덕화요[22] 계열이다. 먼저 덕화요[23]는 덕화·남안·안계·동안·천주·영춘·하문 등 연해의 넓은 범위에 도자기를 생산하는 가마가 흩어져 있었다. 덕화요에서는 청백자 위주로 만들었지만 그 외에 청자와 흑자도 약간 만들었다. 덕화요 중에서도 동안 계열은 송·원 시대에 일어난 독특한 품격의 청자로 이름을 날렸다.[24]

그 다음은 건양요 계열이다. 건양요란 복건 건양현에 있던 여러 도자기 생산지를 이르는 용어인데, 줄여서 그냥 건요라고도 한다. 건양요는 북송 시대부터 도자기를 생산하기 시작하였다. 건양요는 일찍부터 흑자와 청자를 중심으로 발전하였다. 즉 건양요에서 돋보이는 종류는 흑자로서 이것이 주요 지위를 차지하였다.[25] 신안선에서 나온 다완 중에 천목天目이라 하는 것은 바로 이 복건 지역에서 생산한 건요천목建窯天目을 이른다.

13~14세기 중국과 주변국의 교역품은 어떤 것들이었을까?

이 시기의 교역은 동양과 서양을 잇는 남해사주지로南海絲綢之路를 통해 이루어졌다. 이 항로는 북방 대륙의 육로를 따라 동서간 문물교류가 진행되어 온 육로 실크로드의 오랜 역사를 뒤바꿔 놓았다. 4~5세기 이후 일찍이 양자강 이남으로 경제의 중심이 이동함으로써 당·송 이후 중국 동남부의 여러 항구도시는 크게 발전하였다. 인도·아랍·유럽의 산물이 말라카해협을 통해 중국으로 밀려 들어왔고, 중국의 물화가 배를 타고 서역으로 팔려나가면서 그 항구도시들이 부유해진 것이다.

말이나 낙타 또는 수레에 짐과 사람을 실어 나르던 북방의 실크로드보다 해상실크로드로 이루어지는 교역은 대단히 유리하였다. 한 번에 대량선적이 가능해져서 교역량과 규모가 커졌으며, 그것은 곧 상품의 가격을 낮춰 주었다. 중국의 도자기와 비단·옥과 같은 물건들이 서양으로 넘어가고, 대신 서역의 진귀한 재화가 중국으로 건너왔다. 또 남방 여러 나라의 다양한 물화가 중국 동남부 해안 도시로 몰려들었다. 전체적으로 13~14세기에는 교역 규모가 크게 확대되었고, 유럽이나 아랍·인도 등지로부터 중국에 건너오는 사람들도 부쩍 늘었다.

중국인들은 이미 당나라 때부터 외국과의 교역이 매우 유익함을 알았다. 그리하여 남송 초인 이미 1137년[26]에 고종高宗은 칙명[27]을 내려 외국 무역을 장려하였다. 말하자면 이때부터 외국과의 무역이 국가시책이 되면서 외국과의 교역은 더욱 활기를 띠었으며, 교역 범위와 교역국도 크게 확대되었다. 전통적인 실크로드를 대신하여 선박을 이용해 단기간에 보다 많은 물자와 사람의 이동이 이루어짐으로써 우루무치와 카쉬카르·사마르칸드·이라크·시리아 등으로 오가던 비단길과 돈황敦煌을 제치고 해안 도시들이 교역의 중심에 서게 된 것이다. 서아시아와 유럽 지역까지 교역과 교류 범위가 넓어진 원 제국 하에서 이슬람 문화가 중국에 전래되었다. 이슬람의 천문학과 역법이 도입되었고, 이슬람계 색목인이 원 제국의 관리로 등용되었다.

이와 같은 동서 교류의 배경에는 나침반과 발전된 항해술의 도움이 있었다. 배를 타고 중국의 도자기가 서역으로 건너가 아라비아와 서아시아·유럽 등지에서 진귀한 상품으로 거래되었다. 세련되고 우아한 중국의 도자기는 세계 여러 곳에서 환영받았다. 그러나 세상의 이치가 빛이 있으면 그림자도 있는 법. 중국 도자기로 말미암아 이라크나 이란 지역의 도자기 생산기반이 송두리째 무너지면서 그곳에서 생산하던 녹유綠釉라든가 청유靑釉 제작기술이 중국에 들어왔다. 중국과 서역의 교류에서 중요한 상품은 도자기·비단·서각·상아·진주·용연향·안식향·수정·백사탕·몰약·유향·유리·소합향·차·후추·산호·호박·소목 등이었다.

신안선과 천주해선의 해상활동 범위는 어디까지였을까?

앞에서 설명한 바와 같이 천주해선을 운항한 이들이 항해에 이용한 별자리는 남십자성과 북두칠성이었다. 이것으로 보아 천주해선은 적도 이남 지역은 물론 북위 32~33도 이남 지역을 항해할 때에는 남십자성과 북두칠성을 이용하였을 것으로 보인다. 그러나 신안선은 용골에 북두칠성밖에 없었다. 즉 신안선의 선장과 선원들이 항해에 이용한 별자리는 북두칠성과 북극성이었다. 남십자성을 용골에 넣지 않았다는 것은 이 배가 인도네시아나 말레이시아 및 인도나 서역으로 나다니던 배는 아니었음을 말해주는 것이다. 광주나 복주 또는 천주에 선적을 둔 배가 아니라 경원에 선적을 둔 배였으며, 주로 경원 이북 지역의 중국 동해안과 고려·일본을 대상으로 교역을 한 배였음을 시사하는 것이라고 하겠다.

현재의 영파시는 북위 28도 51'에서 30도 33' 범위에 있다. 그러므로 상해나 영파시 일원에서는 남십자성이 잘 보인다. 남십자성은 대략 북위 33도 이남에서는 어디서나 잘 보이므로 북두칠성과 남십자성을 동시에 이용하여 항해할 수 있다. 그러나 북두칠성은 현재의 베트남 지역에서도 잘 보인다. 즉 베트남 지역까지는 북두칠성만으로도 항해가 어렵지 않다. 따라서 베트남 일대까지를 그 활동범위로 추정해 볼 수도 있지만, 신안선은 주로 천주나 경원 이북 지역을 대상으로 항해를 하던 배였다고 판단할 수 있는 것이다. 더욱이 배에서 나온 경원로 청동추로 보아 그럴 가능성은 아주 높다.

이런 배경을 감안할 때 신안선의 해상활동 범위와 관련하여 주목되는 것이 자단목이다. 자단목은 인도네시아 보르네오(발니국) 등지의 자단목 산지에서 생산된 것이다. 그렇지만 신안선이 동남아시아로 직접 나갔다가 돌아왔을 것 같지는 않다. 신안선을 움직인 원과 고려 및 일본의 상인들은 자단목 산지에 나가서 직접 수입해 온 것이 아니라 천주에서 자단목 원목을 구입하여 선적한 것으로 추정된다.

여러 가지 측면을 고려할 때 천주해선은 동남아시아 일대를 오가던 무역선이었을 것이다. 서역을 오고 갔을 가능성이 아주 높다. 그렇지만 신안선은 그와 달랐던 것 같다. 신안선에 실은 자단목에 로마자 수식 기호와 알파벳을 새긴 것으로 보아 이 자단목은 아랍이나 인도는 물론 이집트·시리아·요르단·이라크 지역의 상인들도 드나들던 보르네오·수마트라 등에서 가져온 것으로 보인다. 나무상자에 가득 담은 후추도 천주에서 구입한 것으로 보는 게 좋겠다.

결론적으로 천주해선은 동남아시아의 말레이시아와 인도네시아 지역의 나라는 물론, 방글라데시·인도·스리랑카·파키스탄 또는 그 서쪽 아랍권까지 드나들던 배였을 가능성이 있다. 그러나 신안선은 천주해선과 달리 활동범위가 넓었던 것 같지는 않다. 북중국과 한국·일본을 주로 오간 것 같다. 아마도 신안선은 고려와 개경에 들러 주문받은 상품을 하역하고 그곳에서 필요한 물건을 다시 선적한 뒤, 신안 지역으로 되돌아 내려와서 동쪽 끝 최종 목적지인 서일본의 하카다로 가려 했을지도 모른다. 그러나 불행히도 이 배는 흑산도 인근에서 큰 바람을 만나 표류하였고, 마지막으로 신안 증도 앞바다에 모든 것을 내려놔야 했다. 배에 탄 선장과 선원·상인과 승려들은 비록 무사 항해와 만선의 꿈을 이루지는 못했으나 그들이 살았던 세상을 7백 년 후의 우리들에게 있는 그대로 전할 수는 있었다.

　반면 중국이 그 주변국과 교역을 한 물품은 대단히 많았고 종류도 다양하였다. 천주해선에서 나온 유물로 그 당시 거래되던 교역품의 실상을 어느 정도 파악할 수 있었다. 고려와의 교역품은 인삼·구리·은·수은·능포·저포·마포 등이었다. 고려는 일찍부터 중국에 은과 구리를 수출하였다. 『오대사五代史』에는 "고려 땅에서는 구리와 은이 많이 난다. 후주後周 세종 때 한언경을 파견하여 비단 수천 필로 고려에서 구리를 바꿔다가 동전을 주조하였다. 958년[28]에는 고려 왕(광종) 왕소王昭가 사신을 보내어 황동黃銅 5만 근을 바쳤다"[29]고 기록되어 있다. 5만 근은 30톤에 해당하는 양이니 그 당시로서는 대단한 양이었다고 할 수 있다. 그 당시 고려는 금·은·구리·인삼·잣·동물가죽과 같은 토산품과 종이·붓·나전 등 각종 수공제품을 중국에 수출하는 대신, 중국으로부터는 약재나 서적·차·도자기와 같은 것들을 수입하였다. 고려가 남송 지역에 내다 판 물목은 앞에서 세색과 조색으로 설명하였다. 그 시기의 교역 규모를 정확히는 알 수 없으나 남송으로부터의 수입량은 적지 않았다.

　고려시대는 해외무역이 크게 활기를 띠었고, 송과 마찬가지로 해외무역은 국가시책에 부합하였다. 11~12세기에는 멀리 아라비아 지역 상인들과의 교류도 늘어났다. 당시 북경 지역에는 이란·이라크·위구르·터키 등에서 온 사람들이 많이 있었고, 유태인들도 북경에 들어와 장사를 하고 있었다. 고려 전기에는 송나라 선박과 상인들이 고

영파시 고려사관(고려관) 자리. 고려의 사절과 상인들은 고려관에 묵기 위해 이 문을 드나들었다.

려에 들어와 장사를 하였고, 개성을 드나들며 장사를 하던 아랍인들도 많았다. 아랍 출신 상인들 중에는 고려에 들어와 시전거리에서 쌍화점이나 다점을 여는 이들도 있었다. 그들은 고려 왕실에서 거둬들인 쌀과 삼베[30]를 싼값에 불하받아 시장에 내어 비싸게 팔아서 많은 차익을 남기기도 하였다. 진주를 캐거나 그 외 여러 가지 이권사업에 손을 대기도 하고, 고려 왕실과 귀족들이 필요로 하는 물품을 공급하는 일을 맡는 등, 다양한 상업활동을 하였다.

한편 일본은 당송 시대 이후 중국 문물의 수입에 열성적이었다. 일본의 상인들은 금은이나 수은·도검류刀劍類·견직물·호박琥珀·마노瑪瑙·삼나무 등을 중국에 수출하는 대신, 동전과 견직물·서적·단향檀香[31]·소목蘇木·벼루·붓 그리고 남방의 후추와 향료·약재·차와 도자기 등을 수입해갔다.

일본은 수隋 나라 때(600년) 왜왕이 호박과 마노를 중국에 바친 일이 있으며 753년[32]에도 호박과 마노를 헌상한 일이 있다. 아마 이런 물건들은 중국에서 비싼 값에 거래되었을 것이다. 또한 988년에는 일본 교토 동대사東大寺의 주지인 법제대사法濟大師가 중국 태주台州 영해현寧海縣의 상인 정인덕鄭仁德이 귀국하는 편에 그의 자제를 시켜 호박과 수정·목환자염주·나전화형평함螺鈿花形平函[33]·나배螺杯[34]·나전소함螺鈿梳函[35]·적목소赤木梳[36]·나전서안螺鈿書案[37]·백세포白細布[38]·유황 등을 중국 조정에 바친 일이 있는데, 대체로 이런 세공품들도 중국에서 가치 있는 상품으로 거래되었다. 나전화형평함은 꽃 모양으로 납작하게 만든 나전상자이다. 아마 화각판과 거의 비슷한 것으로 이해해도 좋을 듯하다. 가락지나 귀걸이·노리개 같은 것을 넣어두는 용도이며, 나전소함은 쉽게 말해 '나전칠기 빗접'이다. 머리빗이라든가 장식용 빗, 비녀와 같은 것들을 넣어두기 위한 것이다. 신안선에서도 붉은 색의 목제 빗이 출토되었는데, 이것이 바로 적목소赤木梳이다. 아마 재질이 단단한 자단목으로 만든 빗이었을 것으로 생각된다. 그리고 나전소함과 같은 공예품은 고가의 수공예품이었다.

『송사』에 의하면 1072년 일본의 승려 성심誠尋이 태주에 가서 천태종天台宗 국청사國淸寺에 머물기를 청하면서 은향로·목환자(모감주나무 열매)·백유리白琉璃·오향五香·자단·호박·청색 직물과 같은 물건들을 바쳤는데, 이러한 물건들은 일본에서 가져온 것이 아니라 중국에서 거래되던 상품을 구매하여 바친 것으로 볼 수 있다.

중국의 교역 범위는 어디까지였을까?

중국은 전한前漢 시대 이후 이미 인도와 아랍 및 유럽에 대한 정보를 비교적 상세하게 갖고 있었다. 그리고 7~8세기 당나라 때부터는 꽤 많은 교류를 하였다. 차츰 시대가 내려오면서 교역 대상국과 범위 그리고 교역량이 늘어나게 되었고, 그에 따라 중국인들이 갖게 된 교역국의 정보량도 늘어나게 되었다. 서역과의 교역은 이미 송나라 이전에 활기를 띠었고, 특히 인도 및 동남아시아와의 교류는 그 이전부터 이루어지고 있었다. 당나라 때의 기록을 종합해 보면 아랍 여러 나라가 당나라에 사신을 보낸 횟수는 36회이다. 동로마는 당나라에 7회나 사신을 보냈다. 당나라 때 중국과 교역한 나라는 약 2백여 국에 이르렀다.[39]

10~14세기 중국의 주변국과 서양 여러 나라의 상인들은 동남부의 광주廣州·천주泉州·경원과 같은 항구도시로 찾아와 교역을 하였다. 당시 중국의 국제 교역국은 크게 세 개의 광역권으로 나누어 요약할 수 있다. ①중국 동남부 연안으로부터 고려의 개경 및 일본의 하카다博多[40]를 잇는 동북아시아권, ②필리핀과 태국·베트남·말레이시아·인도네시아 등의 동남아시아권, 그리고 ③인도·아랍(중동)·이집트의 서역권이다.

이 중에서 중국과 서역 사이의 동서 교역은 오랜 전통이 있었다. 당대唐代 이후 중국은 말레이시아·인도네시아·필리핀 등지의 소위 남해제국南海諸國으로 교역 범위를 더욱 넓혀갔으며, 그 중에는 서역 진출의 교두보 역할을 한 나라도 있었다. 그 대표적인 예가 사자국(싱가포르)이다. 남송과 원대에는 아랍·이란(페르시아)·이라크·터키 등지에서 중국으로 건너오는 이들도 있었고, 아라비아 반도의 상인들이 중국 동남부의 항구로 찾아와서 장사를 하였다. 시대를 내려오면서 동서 교역은 더욱 활기를 맞았다. 원대에는 세계 여러 나라의 상인들이 중국에 끊임없이 왕래하였다. 주로 선박편을 이용한 해상교역으로, 교역량도 부쩍 늘어났다. 송·원대에 중국과 동남아시아의 무역도 상당히 확대되었다. 질 좋은 도자기며 여러 가지 상품들이 교역의 주도적 위치를 다졌고, 한층 발전된 조선술과 항해술이 교역에 뒷받침이 되었다. 송과 원의 지배층이 그 이전 어느 때보다 진취적 성향을 갖고 있었던 것도 교역의 확대와 상업 발달의 배경이 되었다.

송·원 시대 중국과 교역을 한 나라 또한 대단히 많았다. 중국 남방에 있는 점성占城과는[41] 일찍부터 교류가 있어왔다. 광주廣州에서 순풍을 받으면 배로 단 며칠이면 닿을 수 있는 거리여서 안남(베트남)이나 싱가포르(사자국) 등을 가는 길에 들르곤 하

중세시대 주요 교역권

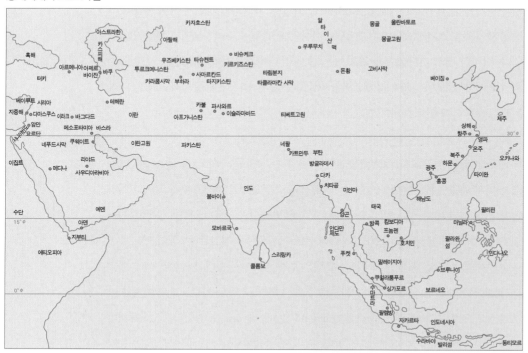

는 곳이었다. 빈랑과 소목·침향·백등白藤·황랍黃蠟·금은·철정鐵鋌의 생산지로서 공작과 물소까지 있어서 당·송시대부터 중국의 많은 상인들이 점성국을 수시로 드나들었다. 이미 8~9세기 이전에 중국인들은 그곳의 풍속을 소상히 알고 있었다. 해마다 1월 1일에는 코끼리를 끌고 다니다가 성곽 밖으로 쫓아내는 축사逐邪 의식을 치르며, 4월에 뱃놀이하는 풍속[42]이라든가 11월 15일을 동지로 삼고 서로 새해를 축하하는 의식을 갖는다는 사실도 잘 알고 있었다. 서각(물소뿔)·상아·대모(바다큰거북)·침향·단향·황숙향黃熟香·후추라든가 녹나무에서 얻는 용뇌의 산지로서 점성에서는 이러한 물건들을 조공의 형식으로 중국에 들여왔으며, 또 상품으로 수출하여 시장에서 거래하였다.

점성 남쪽의 포단국蒲端國은 1200년 무렵 이후 진랍眞臘[43]에 정복되었다. 그러나 그보다 훨씬 전인 1030년 10월 그 나라의 왕이 여러 가지 공물[44]을 중국에 바친 일이 있고, 이후 광동 지역의 상인들이 끊임없이 그곳을 왕래하였다. 점성에서 그리 멀지 않은 진랍은 점성과 풍습이 같았으나 다른 점도 있었다. 구리로 만든 높은 누대와 동탑銅塔 24개가 있고, 그 나라 사람들이 코끼리를 타고 전쟁을 하는 것도 중국인들은 잘 알고 있었다. 그리고 점성국과 인접한 삼불제국三佛齊國에도 중국의 상인들이 부지런히 드나들었다. 침향과 빈랑·야자의 산출지로서 그곳 사람들은 금과 은을 가지고 무역을 하였다. 삼불제국 사람들은 몸에 향유를 뿌리고 야자유나 빈랑주를 마신다는 사실을 중국인들은 잘 알았다. 중국에서 그리 멀지 않은 나라였고, 두 나라의 상인들이 부지런히 왕래하면서 11~13세기에는 중국과 삼불제국의 교역이 한

중국 동부 주요항구들

층 빈번해졌다.

　이들 외에도 도파국闍婆國[45]·곤륜국崑崙國[46]·발니국勃泥國[47]과 같은 인도네시아 여러 나라라든가 서쪽으로 방글라데시·인도·파키스탄을 거쳐 아라비아의 대식국까지 상인들이 오가면서 야자·금·은·단향·침향·회향·호초·진주 등을 가져왔다. 인도네시아 발리국에서는 용뇌·단향·대모각玳瑁殼[48]을 수입했고 삼불제국[49] 옆의 주련국注輦國도 오래 전부터 뱃길로 중국과 교역을 하고 있었다. 그 당시 광주에서 주련국까지는 뱃길로 15~18일이 걸렸다. 이미 1077년에는 그곳의 사절단 27명이 유리를 비롯하여 여러 종류의 도자기며 유향·목향·정향[50]·진주·용뇌 등을 중국에 바친 일이 있는데, 이와 같은 교류는 이미 당나라 때부터 활발하게 시작되었다. 대단히 많은 양의 도자기를 포함하여 중국의 상품이 그곳으로 팔려 나갔고, 서역과 동남아시아의 각 나라로부터 다양한 물자가 중국에 유입되었다. 그 많은 상품 중에서 신안선에서 확인한 것은 호초·빈랑·자단·차·유리 정도이다. 그러나 바닷물에 쉽게 녹는 유향이나 회향·침향·용뇌와 같은 향료들은 설사 1323년 4~6월 신안선에 선적했다 하더라도 수백 년 세월에 그 흔적을 남기지는 않았을 것이다.

　대식국과는 당나라 때부터 교류하였지만 송나라 시대로 들어서 더욱 빈번히 물자를 교환하였다. 그곳의 유리병이나 용뇌·유향·백사탕·화차花茶와 같은 아랍 특산물이 배를 타고 중국에 들어왔다. 대식국 상인들이 가져온 서역의 상품들이 천주나 경원 등 주요도시에서 비싼 값에 거래되었다.

　그러나 교역량과 교역범위가 확대되고 상인도 늘어나면서 여러 가지 사회 경제적인 문제도 발생하였다. 밀매업자인 잠상潛商이 판을 치는 현상이라든가 시중에 돈이 사라져서 거래를 할 수 없는 돈가뭄이 자

자단목나무(베트남 꾸라우참섬)

주 일어났고, 교역인구(입출항)의 증가에 따른 관리와 치안문제라든가 다소의 혼란이 수반되었다. 그리하여 원 정부에서는 서너 차례에 걸쳐 해상무역 즉, 해박海舶[51]을 금지하는 조치를 내린 바 있다. 그럼에도 원나라 때의 교역은 더욱 발전했으며 중국을 오가는 서역인들의 수는 크게 늘어났다. 그것은 인구팽창과 동서간 직접교역이라는 시대적 대세에 따른 결과였다.

다른 한편으로 이런 변화는 새로운 경제적 질서를 의미하는 것이기도 했다. 주변국에서는 중국 상품에 대한 수요가 크게 늘어나 도자기와 비단·차와 중국 상품은 수요가 크게 확대되었다. 현재의 인도네시아 몰루카즈文老古 군도에서도 당나라 때부터 중국과 무역을 해왔으나[52] 이때 들어서서 폭발적으로 교역량이 증가하여 도파국을 비롯한 자바섬(조왜) 일대는 인구가 늘어나고 외국인의 내왕이 빈번해졌다. 이들 지역에서도 중국 상품을 아주 선호하였으며, 언제든 중국의 상인과 장삿배가 환영을 받았다. "발니국勃尼國에 중국 상선이 도착하면 국왕과 그 가족들이 관원들을 거느리고 나가서 기쁘게 맞이하였다. 많은 양의 금·은과 그릇·돗자리·양산과 같은 예물을 주어 중국의 상인들을 환영하고 융숭하게 대우하였다. 돌아갈 때는 국왕이 연회를 베풀어 배웅하였으며 또 현지에서 생산되는 물건을 예물로 주어 관계를 돈독히 하였다." 중국 상푸에 대한 선호도를 반영하는 내용이다. 뿐만 아니라 교환가치가 높은 상품을 생산할 수 있는 기술력을 확보하기 위해 고려의 상인들은 부심하였다. 그래서 "고려에서는 중국인의 능력을 활용하기 위해 녹祿과 벼슬로 그들을 유혹하였다"[53]고 하였는데 이러한 것은 중국 상품을 선호한 저간의 사정을 알려주는 내용들이다. 일본 또한 하카다를 중심으로 중국 문물의 수입에 적극적이었다. 이런 추세에 따라 13세기 이후 일본은 차 종자를 가져다 심고, 차를 보급하였으며 여러 가지 선진 문물을 수입하기 위해 노력하는 동시에 중국과의 교역에서 관무역보다는 사무역에 비중을 두기 시작하였다.

당시 중국의 상인들이 동남아시아나 인도·아랍지역으로 나갈 때에는 천주에서 출발하였다. 물론 복주나 광주와 같은 곳도 주요 출입항에서 제외할 수 없다. 천주만에서 발견된 송나라 때의 대형 무역선이 발견됨으로써 천주해선과 신안선은 복건福建 지역, 그 중에서도 천주에서 건조되었다는 사실도 알게 되었고, 천주해선은 아랍 지역까지를 활동무대로 하였음을 알았다. 동남아시아 일부 지역이나 인도 등지에는 사자국獅子國[54]·파사국波斯(斯)國[55]·하리국下里國·만타랑국曼陀郎國·남무리국南巫里國[56]·가라희加羅希[57]·별리국別里國[58]·자리국刺里國·윤대력국倫大力國·마연馬淵[59]·구항舊港[60]·화라국華羅國 등이 있었고, 이들 남해제국이 중국을 안방처럼 드나들며 저마다 특산물을 중국에 실어왔고, 중국의 값비싼 물건들을 사갔다.

멀리 인도 남단 지역의 마팔아국馬八兒國[61]과 같은 나라도 중국에 우호적이었다. 신안선의 활동시기와 가장 가까운 1314~1319년[62] 무렵의 기록에 의하면 마팔아국이 중국에 사신을 보내어 조공을 했으며, 이때 그 사신이 인도의 서쪽에는 많은 나라들이 있다'[63]고 알려준 것으로 보아 당시 중국은 육로만이 아니라 해상로를 통해 파키스탄을 비롯하여 그 서쪽 아랍 지역에 있는 나라들과 폭넓게 교류했음을 알 수 있다. 그때까지 중국이 잘 몰랐던 나라들에 대한 정보를 상세하게 전해 받은 것이다.

또 사리팔단국沙里八丹國은 고리古里(인도 지역)[64] 불산佛山의 뒤에 있다거나 금탑고애金塔古崖 아래에는 높이가 10장(=100자)이나 되는 금탑이 있으며 거기서 나라 이름이 비롯되었다[65]고 한 것을 보면 이것은 지금의 미얀마(면국)나 방글라데시 또는 그 주변 어느 나라에 대한 설명일 것으로 짐작된다. 당시 아불합阿不合 대왕이 사는 마팔아국

청자기대(靑瓷器臺)

의 왕성까지는 천주에서 순풍을 타면 배로 15일이면 도착할 수 있었다고 하였다. 물론 그 시대에 이미 인도를 지나 홍해를 끼고 있는 지역 중에서 아라비아 반도와 수단·이집트·에티오피아 등의 동아프리카까지 중국인들이 진출했기 때문에 비교적 정확한 정보도 갖고 있었다.

원 제국은 이미 육로로 멀리 이란·이라크 지역까지 진출하여 제국의 영역에 두었으므로 지금의 아제르바이잔이나 불가리아·터키 일대까지 소상히 파악하고 있었다. 다만 고원과 산맥으로 에워싸인 인도와 동남아시아의 일부 지역은 원의 통치권 밖에 있었다.

육로 이동이 어려운 이들 지역과의 교류는 주로 해로에 의해 이루어졌지만, 교역이나 교류가 중단된 적은 없었다.

『송사』에 의하면 중국의 상인들은 발니국과 점성 그리고 화라국華羅國[66]·조왜爪哇 등에서 자단목을 가져왔다. 『송사』와 『원사』에서 직접 거론한 이상의 나라들은 단향檀香을 생산하는 곳이었다. 이들 중 어딘가를 신안선은 1323년 4월 이전에 다녀왔을 가능성은 있다. 당시 안남安南[67]이나 면緬(미얀마)·섬라暹羅(태국)는 원의 영향권 안에 들어와 있었고, 신안선이 침몰한 1323년[68]에는 섬라국도 중국에 사신을 보내 조공을 바쳤다. 섬라국은 점성(참파)과 진랍(캄보디아) 사이에 있어서 어렵지 않게 중국을 오고 갔다.[69] 발니국과 조왜는 지금의 보르네오와 자바로서 자단목의 주요산지이다. 화라국에서도 단향이 생산되었다고 하니 이곳에서도 자단이 생산되었던 것 같다. 화라국에 관한 설명 가운데 자단목과 관련하여 눈여겨 볼 대목이 있다.

> "(화라국의) 풍속은 기괴하고 요상한 것을 숭상한다. 민간에서는 항상 진흙으로 소를 만들고 석상을 새겨놓고 불경을 외며 숭배하는데, 남녀 모두 이마를 검게 칠하고 우유와 단향을 몸에 바른다. 마나리馬那里는 미려국迷黎國의 동남쪽 바다 한가운데 섬에 있다."[70]

이 내용 중에 보이는 단향은 향목香木이란 이름으로도 부르던 자단목에서 얻는 향료이다. 당시 인도네시아의 보르네오·자바 및 화라국까지 직접 나가서 무역을 한 상인들이 꽤 많았다. 이 지역과의 교류는 오래 전부터 있어 왔다. 이 지역에 자단목이 있는 사실을 분명히 알고 있던 중국과 고려의 상인들은 화라국을 포함하여 자바·보르네오와 같은 곳이라든가 챰파·태국·미얀마 등지에서 자단목을 가져왔을 가능성도 있다. 화라국이라는 이름은 그곳에서 부르는 소릿값을 한

청자양인각봉황문합(靑瓷陽印刻鳳凰紋盒). 이 외에도 모양이 거의 같은 청자양인각모란문합, 청자양인각당초문합이 더 있다. 이런 것은 아마도 여인네들이 분을 보관하기 위한 것으로 사용되었을 것 같다.

자로 표기한 것이라고 볼 수 있다. 더구나 그 이름이 갖고 있는 의미는 '연중 꽃이 피는 상하常夏의 나라'로 볼 수 있다. 즉, 화라국은 열대 또는 아열대의 동남아시아의 어느 지역이 분명한 것이다. 특히 그곳 사람들은 소의 모양을 만들어 세우고 그것을 숭상하였다고 한 기록으로 보아 화라국은 힌두교를 믿었음을 알 수 있다. 『신원사』 열전편 가운데 원의 통치권 밖에 있던 외국 여러 나라로서 도이제국島夷諸國 편을 따로 두어 기술하였는데, 그 안에 화라국이 있는 것을 보면 현재의 말레이시아나 인도네시아 어딘가에 있는 나라였음이 분명하다.

기록에 의하면 미려국迷黎國의 동남쪽 바다 한가운데 외딴 섬에 화라국이 있고 그 중심이 마나리馬那里이며 그 일대에서 단향이 생산되었던 것 같다. 다시 말해 마나리국은 미려국의 동남쪽 바다 한가운데에 있는 곳으로 표현되어 있으므로 화라국은 보르네오·수마트라·인도네시아 어딘가에 있던 나라로 볼 수 있겠다. 섬라·안남과 마찬가지로 조왜爪哇는 세조(쿠빌라이) 때 원의 영향권 안에 들어왔으며 원나라는 이들로부터 조공을 받았다. 당·송 시대부터 상인들이 이 지역을 자주 오고 갔으므로 원나라 때의 상인들이 바로 이 동남아시아 일대로 진출하는 것은 그리 어려운 일이 아니었다.

참고로, 조선시대(1488년) 제주도(추자도)에서 표류하여 현재의 영파寧波로 표착한 최부崔溥의 『표해록漂海錄』에 의하면 "점성국·회회국回回國에서 후추·번향蕃香·홍목紅木[71]을 사온다"고 하였는데, 이 사례를 보면 신안선이 미얀마·태국 등지로 나갔을 가능성이 아주 없지는 않다. 당시 중국의 상인들은 남해제국으로 가려면 으레 천주에서 배를 타고 출발하였다(『원사』).[72] 광주나 천주는 국제항으로서 여기서 출발한 배는 말라카 해협을 지나 방글라데시·인도·스리랑카를 거쳐 페르시아만이나 홍해 그리고 이집트나 이스라엘·요르단까지 이를 수 있었다. 1275년 원나라에 들어온 마르코폴로가 천주에서 출발하여 말라카 해협—인도양—아라비아해—페르시아만을 거쳐 베니스로 돌아가서 쓴 『동방견문록』은 그 당시의 유럽인이나 아랍인들이 주로 이용한 해로를 잘 설명해주는 자료이다.[73]

바다에서 건진 침몰선들

신안선 인양 과정과 고대 선박에 관하여

신안선 인양작업은 1976년부터 국가적인 사업(?)으로 9년간 진행되었다. 그러나 실제 인양작업에 쏟은 기간은 그보다 훨씬 많았다. 1987년 마무리 작업까지 발굴에 동원된 인력을 연인원으로 누적 계산하면 10만 명에 이른다. 해군 구조함 2척이 교대로 대기하면서 진행한 발굴 과정에 대한 간략한 소개와 함께 중국 복건성 천주만에서 인양한 13세기 후반의 송나라 시대 국제무역선 '천주해선'과 그 유물, 그리고 한·중 두 나라의 바다에 잠겨 있던 고대 선박은 어떤 것들이 있는지를 알아본다.

백자방형주자

신안선 유물 인양작업 어떻게 이뤄졌나?

　신안선 발굴은 세계 수중고고학에서 일찍이 그 유례가 없는 대사건이자 대규모 발굴이었다. 1976년 중국 하남성 안양현 은허에서 발견한 은殷 왕조 중기의 부호묘婦好墓와 함께 세계를 놀라게 한 고고학계의 2대 사건으로, 신안선은 우리에게 몇 가지 기록을 안겨 주었다. 신안선과 그 유물로 말미암아 한국은 송宋·원元 시대의 도자기를 세계에서 가장 많이 보유한 나라가 되었다. 신안선이 발견되기 전까지 송·원 시대의 도자기는 엄청나게 비싼 값에 거래되었다. 그러나 신안선 발굴로 유물이 쏟아져 나오자 국제 경매시장에서 이 시대의 도자기 거래 가격이 폭락하였다.

　또 중세시대 선박으로는 지금까지 발견된 배 중에서 그 규모가 가장 크다. 역사서에 의하면 이보다 훨씬 큰 배를 중국 천주에서 만들었다고 하지만, 실물로 확인한 것 가운데서는 신안선이 최대 규모로 기록되었다. 배에 실은 상품의 양도 최대이다. 2만여 점의 도자기도 그렇지만, 자단목과 동전은 한 척의 무역선에서 나온 양으로는 최대를 기록하였다. 그러나 1차~2차 예비조사 때까지만 해도 이처럼 어마어마한 양의 유물이 나오리라고는 누구도 예상하지 못하였다.

　신안선 발굴은 1976년 10월부터 1984년 7월까지 9년 동안 연차발굴로 진행되었다. 먼저 사각형 틀을 서로 이어서 신안선과 그 주변에 설치하는 것으로 발굴이 시작되었다. 사각형 철제 틀은 쇠파이프로 만든 것으로, 말하자면 철제 그리드(Grid)[1] 라고 할 수 있다. 이것은 앞을 전혀 볼 수 없는 물속에서 잠수사가 붙잡고 이동하면서 쉽게 유물을 건져 올릴 수 있게 해주었다. 철제틀을 설치하면서 신안선 내부는 물론, 그 주변을 보다 상세히 알 수 있었다.

1978년의 4차 발굴[2] 때엔 뱃머리 쪽에 2개, 선미(고물) 방향에 사각형의 철제 틀 세 개를 더 설치하였다. 바로 이 4차 발굴에서 중국인의 것으로 추정되는 머리뼈 하나가 나와 신안선이 침몰하던 마지막 순간에 선창에도 사람이 있었음을 알게 되었다. 이 4차 발굴에서도 가장 많이 나온 유물은 도자기였으며, 도자기는 대부분 나무상자에 포장되어 있었다. 값나가는 물건들을 수출하면서 정성껏 포장한 것인데, 상자로 포장한 것은 대략 두 가지 목적에서였을 것으로 추정된다. 서로 부딪혀서 깨지지 않도록 하기 위한 것과 운반 편의를 위한 것이다. 그런데 그 포장된 나무상자는 바다 밑에서 신속하게 유물을 건져내는 데에도 큰 도움이 되었다. 상자 째로 건져 올릴 수 있었기에 짧은 시간에 많은 유물을 인양할 수 있었던 것이다. 4차 조사에서 인양한 유물은 모두 5,046점(청자 2,787점)이었다. 그것만으로도 이미 엄청난 양이었다. 난파선에는 그보다도 더 많은 유물과 동전이 남아 있었다. 그러나 그 양이 얼마나 될지는 아무도 알 수 없었다.

3차와 4차 발굴은 1978년 여름에 마무리되었다. 두 차례의 예비조사 과정에서 침몰선의 윤곽을 대략 알게 되었는데, 배의 구조는 다소 특이했다. 배의 내부는 7개의 격벽을 설치해 모두 여덟 개의 선창으로 나뉘어 있었으며, 각 선창에는 유물이 꽉꽉 들어차 있었다.

나무상자 안에 차곡차곡 수납 포장한 도자기들(인양 당시의 모습)

그러나 선창과 배 안을 가득 채운 개흙(뻘흙)이 문제였다. 이것을 그대로 두고서는 유물을 끌어낼 수가 없었다. 그렇다고 삽을 가지고 들어가서 파낼 수는 없는 일이었다. 결국 잠수사들이 내려가서 선창마다 호스를 들이대고 밖에서 빨아내는 작업을 하지 않으면 안 되었다. 이렇게 해서 1979년 6월부터 시작한 제2단계(5차) 발굴에서는 무엇보다도 배 안을 가득 메운 토사를 퍼내는 일에 우선을 두고 작업을 진행하였다. 흡인호스로 선체 내부의 흙을 빨아내는 작업에는 많은 시간이 소비되었다. 여덟 개의 격창을 하나하나 정리해 나가는 과정에서 놀랍게도 유물은 선체 밑바닥(선저)에 주로 들어 있음을 알게 되었다.

바로 이 5차 발굴[3] 때에야 비로소 잠수사가 물속에 들어가서 선체의 상태가 어떤지를 더듬어서 살피고, 그 윤곽을 확인하여 배의 크기를 실측하는 작업을 병행할 수 있었다. 이런 선행 작업은 유물 인양은 물론 향후 신안선을 끌어올리기 위해서는 꼭 필요한 일이었다. 비록 갯벌 밖으로 드러난 배의 상부는 썩어 없어졌지만, 흙속에 파묻혀 있던 부분은 비교적 잘 남아 있었다. 배가 파묻혀 있는 깊이와 기울어 있는 경사도로 보아 마지막 침몰 순간에 신안선은 좌우로 심하게 흔들리며 가라앉았음을 이 때 비로소 알게 되었다. 또 신안선 선체 중앙부의 최고 깊이는 2.1m임을 알았다. 배의 중앙부 바닥에는 그 당시 최고의 목재로 알려진 자단목과 동전이 가득했고, 그 외에 여러 가지 유물 일부가 주변에 흩어져 있었다.

배 안에 있는 유물은 4차 발굴까지 절반 이상을 인양하였다. 5차 발굴부터는 신안선 선편을 꺼내는 작업을 병행해야 했으므로 작업시간이 줄어들어 5차 발굴에서 건져낸 유물은 상대적으로 양이 적었다. 청자 76점을 포함해 233점의 도자기와 자단목 203개를 인양한 것이 5차 발굴 성과의 전부였다. 쉽게 건져낼 수 있는 것들은 이때까지 대충 다 건져 올린 셈이었으므로 이제부터는 본격적으로 토사를 퍼내야만 나머지 유물과 선체를 들어 올릴 수 있었다. 그러나 바다 한가운데에서 벌어지는 발굴 작업은 결코 쉬운 일이 아니었다.

발굴현장은 어디나 비 오는 날엔 일을 접는다. 여기엔 여러 가지 이유가 있다. 안전과 유적 또는 유물의 보호를 위해서이다. 그러나 신안선 침몰현장의 발굴 여건은 육지에서의 발굴과는 또 달랐다. 바람이 부는 날엔 파도가 높아서 작업을 그만 둬야 했고, 비가 내리면 습도가 너무 높고, 작업 여건이 악화되어 일을 쉬어야 했다. 여름날의 폭염도 고통이었다. 여름철 바람이 불면 작업장 일대는 서남풍이 거셌다. 이 지역에 부는 돌풍의 위력도 대단하였다. 사리 때(음력 15일, 그믐)와 그 전후 시기에는 물살이

신안선에서 인양한 도자기들을 정리하고 있는 모습

너무 세어 잠수사가 들어갈 수 없고, 밀물과 썰물의 흐름이 약해지는 시간을 잠깐씩 이용해야 했으므로 시간의 제약도 많았다. 보름과 그믐 전후 사나흘은 설령 물에 들어갈 수 있다 하여도 뻘물이 일어서 앞을 볼 수 없었다. 이때는 눈 밝은 물고기도 먹잇감을 찾지 못해 먹기를 쉰다. 그래서 사리 때엔 그물에 고기도 들지 않는다.[4] 조금(음력 8일, 23일)과 무시(음력 9일, 24일) 때는 조류가 없으니 물고기의 활동이 줄어서 어부도 쉰다. 이런 까닭에 바닷가나 섬에 가더라도 사리와 조금·무쉬를 피해야 회 한 접시, 해물 한 주먹이라도 더 싸고 싱싱한 것으로 얻어먹을 수 있는 법. 그렇지만 신안선 발굴 현장은 그믐과 무쉬 때가 오히려 바빴다. 조금과 바닷물의 움직임도 쉰다(물이 쉰다)는 무쉬 날에는 작업하기가 딱 좋았다.

결국 5차 발굴에서 바다 밑 흙을 해저면 아래 1m 깊이까지 흡인호스로 빨아올리고, 유물을 건져내는 작업을 하면서 새로 알아낸 사실은 배의 선창 한가운데에 자단목과 동전 덩어리가 뒤엉켜 있다는 것이었다. 자단목과 뒤엉킨 동전뭉치는 하나의 무게가 작은 것이 50kg이 넘었다. 큰 것은 200kg이나 나가는 것도 있었다. 이것은 잠수사 한두 사람의 힘으로 건져 올릴 수 없는 무게였다. 그래서 공기주머니(Air Bag)에 매달아 구조함까지 끌어올려야 했다. 5차 발굴까지 동전을 끌어내는 작업은 이런 식으로 진행되었다. 이렇게 해서 6차 발굴 때까지 배 안에 남아 있는 유물을 남김없이 건져내었다.

1980년에 진행된 6차 발굴[5] 때부터는 배 안에 남아 있는 유물과 바닷물에 쓸려갈 만한 선편 조각을 인양하였다. 이때 비로소 수중음파탐지기로 선체 바깥의 유물을 조사하였는데, 배가 침몰하던 당시 강한 조류에 휩쓸려 선체 밖 40~50m 거리까지 많은 유물이 흩어져 있음을 알았다.

7차 발굴[6]에서는 배를 절단하여 건져내기 위한 작업을 부분적으로 진행하였다. 선체는 6차 발굴 때 확인한 것과 별 차이가 없었다. 뱃머리에서 선수재 6편을 인양하여 맞춰 보았는데, 선수(뱃머리)의 모양은 사다리꼴이었다. 6차 발굴 때에 약 137㎝ 깊이까지 선수 부분 늑골이 갯벌에 묻혀 있다는 사실을 알았지만 배의 형태에 관해서는 전혀 알 수 없었다.

7차 발굴 때 알아낸 새로운 사실이 하나 더 있다. 도자기 밑굽에 '使司帥府公用사사수부공용'이란 글자가 새겨져 있는 청자 접시楪匙가 나온 것이다. 이것을 통해 비로소 신안선에서 나온 도자기의 생산시기와 사용처를 헤아릴 수 있었다. 이것은 원나라 시대 관청에서 사용하던 용기에 표시한 글자였다. 그 외에도 저울대가 원래 모습 그대로 나와서 그 당시 상인들이 사용한 도량형도 대충 짐작할 수 있었다.

뿐만 아니라 일본인 가문의 문장紋章으로 보이는 문양을 새긴 칠기접시도 있었고, 게타(나막신)·일본칼자루·칼코등이 같은 물건들이 나와 14세기 한·중·일 사이의 교역과 생활상을 다소나마 짐작할 수 있었다. 자단목과 함께 선창에 실은 동전은 실로 대단한 양이었다. 7차 조사 때까지 인양한 동전은 무려 28톤. 이 조사에서 청자 1,528점을 포함하여 총 2,564점의 도자기와 자단목 3개, 선체편 18점을 인양하였다.

바다 한가운데, 배 위에서 진행하는 수중발굴은 여러 가지 어려움이 많았다. 지금처럼 훌륭한 정수기도 없고, 시판되는 생수도 없었던 시절이라 큰 물통에 물을 채워다가 마셔야 했으므로 여간 불편한 일이 아니었다. 뜨거운 여름날 그것도 바다 한가운데로 물 한 모금 조달하는 일이란 생각처럼 여의치 않았다. 취사도 불편하였고, 흔들리는 바다 위의 좁은 공간에서 여럿이 장기간 머무르며 조사를 한다는 것은 결코 쉬운 일이 아니었다. 그러나 그 성과는 국내 고고학사상 가장 화려한 것이었다.

7차 발굴 때는 선체 인양에 앞서 배 바깥을 탐색하여 혹시 남아 있을 잔존유물을 완전히 건져내는데 집중하였다. 마지막으로 선체를 끌어내는 작업도 대단히 버거운 일이었다. 비록 절반밖에 남지 않았지만, 3백 톤 가까운 대형 범선의 잔해를 통째로 끌어올릴 수 있는 장비가 없었다. 지금처럼 대형 크레인이 있었다면 단번에 들어낼 수 있었을 텐데 그 당시엔 신안선을 들어 올릴 수 있는 크레인이 없었다. 그래서 분리하기 쉬운 선편(선수 12개, 선미 3개)을 먼저 해체하여 끌어내고, 나머지는 잘라서 건져 올리는 방법을 택했다. 그러나 조류가 너무 빨라서 무거운 수중 기계톱으로 잘라낼 수도 없었다. 어쩔 수 없이 재래식 톱으로 잘라서 하나하나 끌어내다 보니 일은 더욱 고되었고, 작업시간도 늘어났다. 결국 이렇게 해서 선체 인양작업은 8차와 9차 발굴 때에 비로소 마무리되었고, 9년간의 기나긴 발굴은 막을 내렸다.

선편 조각을 꺼내어 서로 맞춰 본 결과, 비로소 신안선의 마지막 순간을 이해할 수 있게 되었다. 배는 거센 바람에 떠밀려 가다가 선수 우현을 갯바위 어딘가에 부딪쳐 구멍이 났다. 그리고 그곳으로 걷잡을 수 없이 물이 들어가면서 표류하였고, 마침내 그 최후를 장렬하게 바다에 묻었다. 제7격벽 근처의 외판 하나가 부러지면서 안쪽으로 밀려들어가 있는 것으로 보아 그와 같이 판단할 수 있었다. 배가 갯바위에 부딪힌 순간에 받은 충격은 대단히 컸다. 워낙 배가 크고 또 많은 물건을 싣고 있었기에 충돌 순간의 충격이 더욱 컸던 것이다.

그런데 1977년과 1978년에 진행된 1단계 작업(3차·4차 발굴) 때 미처 다 건져내지 못한 도자기와 유물이 일부 남아 있었는데, 그것들이 배 밑바닥(선저부)에서 7차 발굴 때에 나왔다. 이때 나온 유물이 의외로 많았다. 선체를 해체하여 끌어내는 작업은 1982년 6월의 8차 발굴 때 선미 쪽에서 시작하였다. 우현 외판·좌현 외판·제2격벽의 순서로 해체작업이 진행되었다. 먼저 해저에 드러나 있던 선수재 한 개를 건져 올리는 것

인양 전의 상태로 복원
해놓은 신안선

으로 시작하였는데, 나머지 외판 6개는 한 해 전인 1982년에 건져놓은 상태였다.

곧이어 격벽을 해체하여 인양한 다음에 용골을 해체하는 순서로 진행되었다. 용골은 넓이 67cm에 두께 50cm나 되었다. 용골이 워낙 커서 해체하는 데만 8일이 걸렸다. 드디어 1982년 8월 19일, 용골의 일부(735cm)를 끌어냈다. 용골은 자르지 않고

조립했던 상태 그대로 3편으로 분리하였다. 9월에는 선수 쪽 제7격벽 앞쪽에 있는 우현 외판을 잘라서 건져 올리는 것으로 선체 인양 작업은 본궤도에 올랐다.

나중에 선체를 복원하는 과정에서 안 사실이지만, 배 한가운데의 우현 쪽 바닥과 그 왼편 용골 윗부분에는 나무로 짠 직사각형의 대형 수조木槽[7]가 있었다. 수조는 우물 井(정) 자 모양으로 층층이 목재를 맞춰 물이 새지 않게 조립된 상태였다. 이것은 식수를 가둬두고 배에 탄 사람들이 먹을 수 있게 한 물탱크이다. 수조는 방수처리까지 되어 있었다. 바닥 중앙에도 수조 자리로 보이는 구조물이 하나 더 있었다. 이것 역시 식수를 저장하던 수조(물탱크)로 보고 있다. 배의 한 가운데에 있었는데, 부피는 최소 5.5 m^3 정도로 파악되었다. 이 물탱크를 떠받치기 위해 탱크와 선체 외판 사이에 2개의 받침대를 놓은 사실도 알 수 있었다. 신안선은 장거리 항해를 위해 치밀하게 설계하여 만든 원양 무역선이었던 것이다.

수조 옆의 4격벽 전면에는 돛대받침[8] 자리가 있었다. 계속해서 제4격벽을 해체하고 좌현과 우현 외판, 선수 쪽 7격벽을 끌어내었는데, 바로 이 7격벽 앞에서 또 하나의 돛대받침이 발견되어 신안선은 최소한 2개의 돛대를 가진 배였음이 이때 확인되었다.

6월부터는 본격적으로 선체를 인양하는 작업으로 진행되었다. 유물을 모두 건져 올린 뒤에야 비로소 선체를 끌어올리는 작업으로 전환한 것이다. 그러나 선체 인양작업은 가을이 되어도 끝나지 않았다. 10월에는 길이 11~23m의 용골 전반부와 선수재[9]를 건져 올리는 것으로 마무리되었다.

용골의 이음부에는 북두칠성 모양으로 배치된 일곱 개의 보수공保壽孔이 있었다. 그 구멍 안에는 중국 화폐인 태평통보太平通寶가 한 개씩 들어 있었다. 북두칠성은 계절과 시간 그리고 방향을 일러주는 '천상의 나침반'으로서 언제나 길을 잃지 않고 무사히 항해를 할 수 있기를 바라던 사람들의 염원을 새긴 항해의 상징물이다.

나무상자에 여러 개씩 겹쳐서 포장한 도지기(인양 직후)

용골재와 선수재를 결합했던 접합면에는 원형의 구멍(보수공)이 하나 있었고, 그 안에 직경 11.7㎝ 짜리 청동제 원형거울이 하나 들어 있었다. 바로 이 보수공과 거울로써 비로소 이 배가 중국 천주에서 만들어졌음을 알게 되었다.

배 안에 있는 유물을 완전히 건져낸 것은 첫 발굴로부터 5년 후인 1983년(9차 발굴)이었다. 이렇게 하여 1984년 9월까지 공식적인 발굴은 마무리되었다. 그러나 1987년 봄에 유물 매장지역에 대한 추가조사를 한 차례 더 하게 되었는데, 이때 나온 유물도 적지 않은 양이었다. 배는 서남쪽에서 표류하였고, 배가 처음 표류하기 시작한 곳부터 선적화물을 떨어트렸으므로 적어도 좌초지점 서남쪽 1~2km 밖에서부터 유물이 흩어져 있을 것으로 추정된다. 바다밑 어딘가에는 아직도 많은 유물이 남아 있다고 봐야 하는 것이다.

신안선에서 인양한 유물의 종류와 수량

구분	발굴기간	종류별								합계(점)	동전	자단목(개)	선체편(개)
		도자기					금속제품	석제품	기타				
		청자	백자	흑유	잡유	백탁유							
1차	1976. 10. 26~11. 2	52	20	2	23				15	112			
2차	1976. 11. 9~12. 1	1,201	421	54	9	18	12		169	1,884			
3차	1977. 6. 27~7. 31	1,900	1,866	56	604	74	264	4	138	4,906			
4차	1978. 6. 16~8. 15	2,787	1,289	96	623	63	86	11	91	5,046			
5차	1979. 6. 1~7. 20	76	21	29	101		6			233	203		
6차	1980. 6. 5~8. 4	1,112	200	30	66	2	31	2	18	1,461		20	8
7차	1981. 6. 23~8. 22	1,528	668	63	143	17	105	5	35	2,564	1차~7차 : 3톤	3	18
8차	1982. 5. 5~9. 30	983	328	41	220	6	109	9	45	1,741	18톤	452	176
9차	1983. 5. 29~11. 25	1,013	307	61	467	3	102	6	47	2,006	7톤	334	239
10차	1984. 6. 1~8. 17	1,669	178	72	48	4	14	6	16	2,007	18kg	4	3
최종확인	1984. 9. 13~9. 12	38	5	2	1	1				47		1	1
확인조사	1987. 4. 15~5. 14	18	8	3	1			2	1	33	1.6kg		
합 계		12,377	5,311	509	2,306	188	729	45	575	22,040	28톤 19.6kg	1,017	445

『신안해저유물』(문화재관리국, 1984)에서 인용

7백 년 가까운 세월에 앙상한 몰골로 나온 선체편들

신안선 바깥에 흩어져 있는 유물을 건져내는 작업을 1981년에 대충 끝내고, 이듬해(8차) 6월부터는 선체를 끌어내기 위한 작업에 초점이 맞춰졌다. 이미 선체의 윤곽은 명확하게 파악하고 있었지만, 선체편을 끌어내는 일은 어려움이 많았다. 선체 내부를 가로질러 설치한 격벽을 하나하나 해체하는 작업은 그래도 쉬웠다. 선체 좌현과 우현의 외판을 끌어내는 작업은 쉽지 않았다. 외판은 길이가 7~8m에 일정한 간격으로 쇠못을 박아 조립하였고, 그 외판 대부분이 갯벌 층에 묻혀 있었다. 그러므로 그것을 그대로 두고, 하나씩 해체하여 건져 올릴 묘책이 없었다. 결국 각 외판을 톱으로 잘라서 끌어내는 수밖에 없었다. 더구나 용골은 길이가 24m에 폭 67cm·두께 50cm나 되었으므로 그것 역시 통째로 들어 올릴 수 없었다. 그래서 용골의 연결부위를 해체하여 인양하였는데, 맨 마지막 용골을 건져 올린 것은 신안해저유물 인양작업을 시작한 지 8년째인 1983년 10월 21일이었다. 물속에서 나온 신안선의 잔해는 앙상한 몰골이었다. '세월에 장사 없다'는 속담은 수백 년 바닷물에 찌든 유기물에도 영락없이 들어맞는 말이었다.

그 이듬해 여름에 계속된 10차 발굴[10]은 선체 인양 후 9년간의 발굴을 마무리하는 작업이었다. 그런데 뜻밖에도 이 마지막 조사에서 2,007점(청자 1,669점)의 유물과 동전 18kg·자단목 4개·선체편 3개를 건져냈다. 이때까지 신안선 발굴에 동원한 사람은 연인원 647명. 해군 잠수사 45명과 해군함정 2척(교대)·행정선 1척·바지선 1척·잠수장비(1식) 등이었다.

10차 발굴을 끝낸 직후에 추가로 5일 동안 최종 확인 작업[11]을 하였다. 10차 조사 때와 마찬가지로 저인망어선 1척과 유자망어선 2척이 그물로 바닥을 훑어가며 혹시 주변에 남아 있을지도 모를 유물을 건져내기 위한 작업을 계속하였다. 하루 두 번씩 조류를 따라 유자망어선이 침몰지점에서 약 1km 범위까지 바닥을 훑어가며 유물을 찾는 탐색작업이었다. 이 과정에서 추가로 인양한 유물은 청자 38점 등 47점과 자단목 1개·선 체편 1점이었다. 이 작업을 통해 비로소 신안선은 침몰지점으로부터 남서쪽 1~2km 밖에서부터 표류하였고, 표류하는 동안 배에 실려있던 물건들을 바다에 떨어트렸음을 알 수 있었다.

천주해선과 한·중 고대 침몰선들

고대 동양 선박의 선수와 선미

신안선의 선수는 약간 뾰족하고 선미는 방형이다. 이것은 송나라와 원나라 때 중국의 원양 선박에 가장 일반적인 형태였다. 신안선은 중국 복건성福建省 천주만 후저항后渚港에서 인양한 송나라 시대의 대형 무역선인 천주해선과 모양이 같다. 서양에서는 물의 저항을 줄이고 속도를 높일 수 있도록 뱃머리를 뾰족한 첨예형[1]으로 만들었다.

천주선이 신안선보다 조금 작지만, 두 배는 모두 돛을 3개 사용했으리라고 보고 있다. 신안선 갑판에는 선실을 널찍하게 만들어 선객들이 머무를 수 있도록 하였다. 선실은 배의 중앙부 약간 뒤쪽으로부터 고물까지 길게 이어졌다. 선실의 높이는 고개를 숙이고 허리를 굽혀야 들어갈 수 있는 정도였을 것으로 추정된다. 상인이나 선객을 많이 실을 수 있도록 한 구조인데, 이것은 배가 운항하는 동안 승객들이 공동으로 사용하는 공간이다. 신안선은 지금까지 중국과 한국에서 나온 대형 범선 가운데 가장 규모가 크다. 이런 규모라면 인도를 넘어 홍해·아라비아반도·이집트 그리고 멀리 아프리카 등지로까지 나가서 무역을 할 수도 있었다.

바다에서 건져 올린 중국의 고대 선박들

지금까지 중국과 한국 해역에서 발견한 역사시대의 중국 선박은 신안선 외에도 꽤 많이 있다. 1949년부터 중국의 바다에서 인양한 난파선은 총 40여 척에 이른다. 가장 오래 된 배는 산동성山東省 영성시榮成市의 발해만에서 건져 올린 은殷 왕조 시대의 통나무배[2]이다. 은나라 때의 이 통나무배로부터 17세기 이후 청나라 때의 배까지 중국 해역에서 인양한 선박은 10여 척이나 된다. 그 외에 전남 진도에서 발견한 남송시대의 통나무배도 중국 선박에 포함된다.

이렇게 시대를 달리하는 선박 중에서 송·원 시대의 침몰선은 10여 곳에서 나왔다. 가장 대표적인 것이 천주해선이다. 이것은 천주만 후저항에서 나왔다. 1974년에 발굴했는데, 지금까지 발견된 배 중에서 신안선과 가장 닮았다. 배를 건조한 곳도 천주로서 같다.

이 외에 하북성河北省 자현磁縣에서 나온 배도 있다. 남개하촌南開河村이라는 곳에서 나온 것인데, 모두 6척이 나왔다. 1975년에 발굴하였는데, 이것은 바닥이 편평한 평저선으로 원나라 때 제작한 배이다.

다음은 1978년 상해시上海市 가정현嘉定縣 봉빈하封濱河에서 발굴한 배이다. 역시 송나라 때의 배이며 평저선이다. 그리고 또 상해시上海市 남회현南滙縣 대치하大治河에서 나온 선박 역시 평저형의 사선이다. 1978년에 발굴하였다. 절강성浙江省 영파시寧波市 동문구東門口 부두유적부지에서 나온 배도 송나라 시대의 것이다. 상해에서 나온 평저선과 마찬가지로 1978년에 발굴하였다.

천진시天津市 정해현靜海縣 원몽구元蒙口에서 발견된 송대 목선, 그리고 복건성 천주시 법석法石에서 출토된 선박도 있다. 천주 법석에서 나온 배는 원양무역선(1982년 발굴)으로, 여기서 나온 유물은 천주해선이나 신안선처럼 풍부하지는 않았다.

또 산동성山東省 봉래시蓬萊市에서

중국 광동성(廣東省) 양강시(陽强市) 실크로드 박물관 컨테이너에 따로 보관 중인 남해1호 선체 편들

나온 목선도 있다. 옛날 등주항登州港에서 인양한 것인데, 원나라 때의 범선이다(1984년 발굴). 복건성 연강현連江縣 정해定海 해역에서 건져낸 백초1호白礁一號도 송·원 시대 선박(1990년 발굴)이다. 진도에서 1992년에 발굴한 통나무배는 남송 시대에 제작된 것인데, 크기가 작다.[3] 이 외에 1989년부터 광동성廣東省 양강시陽江市 해역에서 발견하여 2006년에 발굴한 송대 무역선이 더 있다.

이들 가운데 광동성 양강에서 나온 배는 중국에서 오만이나 예멘 등 아라비아로 가던 국제무역선으로 추정하고 있다. 이 배는 길이가 약 30m, 폭은 10m 정도로 확인되었다. 신안선과 비슷한 크기의 배로서 덕화요·자주요·경덕진요·용천요 등에서 생산한 도자기를 비롯하여 금제허리띠며 금팔찌와 같은 금·은·동·철제 유물 2천여 점이 실려 있었다. 남해1호南海一號라고 명명된 송나라 때의 이 배는 수심 20m의 바다에 가라앉아 있었다. 중국국가박물관 수중고고연구센터와 광동성문물고고연구소가 발굴하였다.[4]

천주해선에서 나온 13세기의 생활 유물들

신안선과 마찬가지로 천주만에서 건져 올린 송나라 시대의 무역선 '천주해선'에서도 다양한 유물이 나왔다. 비록 동전은 504개[5]밖에 되지 않아 신안선과는 규모에서 큰 차이가 있고, 도자기 역시 천주해선에서는 1천 점[6] 가량이 나와 무역선 치고는 유물이 적은 편이었지만 유물의 종류는 꽤 다양하다. 금속제품과 목제품·석제품·골제품·유리제품·후추·목재·동전·약재와 향료·도자기와 같은 실생활에 필요한 물건들이 고루 나왔다. 향료나 약재·섬유류 같은 것들은 대부분 소실되어 일부만 남아 있었지만 그 시대의 주요 교역품을 대략 알 수 있었다. 가장 많은 것은 도자기와 약재였다. 향료로는 강진향絳眞香·단향·침향沉香[7]·후추·빈랑檳榔·유향乳香·용연향龍涎香·도인桃仁·행인杏仁·여지핵·양매楊梅·감람橄欖과 광물성인 주사硃砂·수은 등도 나왔다. 이런 것들은 동남아시아와 중국 남부에서 주로 생산되던 것들이다. 다만 용연향은 고래로부터 추출한 향료로서 아랍권과의 교역을 알려준다. 신안선보다 규모는 작지만, 천주해선은 천주만에 가라앉기 전까지 아라비아해와 홍해 또는 페르시아만을 둘러보았을 것이고,

그곳의 터번을 쓴 이슬람교도들을 실어날랐을 수도 있다.

이 천주해선은 1271년 이후 몇 년 사이에 침몰했을 것으로 추정하고 있다. 침몰시기로 보면, 신안선과 50여 년의 차이가 있다. 그러나 신안선에서는 1271년에 만든 칠기 그릇이 나왔고, 13세기 중엽의 고려청자도 나왔으므로 유물의 연대로 보면 큰 차이는 없다. 문화상으로 보면 동시

천주만에서 인양한 해선(무역선). 천주해선이라고 부른다.

대의 것으로 이해해도 별 문제가 없는 것이다. 천주해선과 신안선에서 나온 유물로써 1271~1323년경 중국과 고려·일본이 다른 나라와 바꾼 교역품을 대략 알 수 있게 되었다.

• 향료와 약재−선창 여러 곳에서 강진향과 단향이 나왔다. 소량이지만 침향·유향·용연향도 나왔다. 침향은 주로 인도네시아 지역에서 생산되었다. 지금도 고급 화장품에 이 침향을 쓰고 있어 침향은 대단히 비싼 값에 거래되고 있다. 천주해선과 신안선이 바다를 누비던 시절에도 침향의 값은 비쌌을 것으로 보인다.

유향 역시 아랍권과의 교역 사실을 알려주는 물건이며, 빈랑(51개)·주사(硃砂, 4.6g)·대모(1개)도 나왔다. 도자기 안에서는 후추가 나왔으며 용기에 넣은 채로 수은(385g)도 나왔다. 복숭아씨와 오얏씨·행인(살구씨) 그리고 동남아시아와 중국 남부에서만 나는 감람橄欖·여지·양매(楊梅, 80여 개)와 같은 약재도 나왔다.

천주해선에서 나온 목패. 먹으로 강사(綱司)라고 썼다.

삼나무로 만든 목패(33개)와 목첨木籤(63개) 그리고 묵서 88개가 나왔다. 목패에는 지명과 화물명·인명 등이 기록되어 있었으며, 신안선과 마찬가지로 '강사綱司'란 묵서가 있는 목패도 나왔다. 목패 중에는 주고국기朱庫國記라고 먹으로 쓴 목패가 있었는데, 그것은 주고국을 다녀온 견문을 적은 것이었을 가능성이 있다.

도자기 편도 많이 나왔다. 청유 완·흑유 완·흑유 소완·백유 완·청백유 완 등의 자기

천주만 송대해선(천주해선)에서 나온 목패. 주고국기(朱庫國記)라고 쓰여 있는 것으로 보아 주고국을 다녀온 기행을 적은 글에 꽂아 두었던 것으로 추정된다.

편 43점을 비롯하여 청황유 옹甕·관罐·병瓶·발鉢·흑유완·청유 옹甕과 같은 도기편 428점이 나왔다. 총 2천여 점의 조개껍질(패각), 백산호(14.9g)와 죽편(18점)·엽편葉片·동아줄[8](14점)·등나무 줄기로 만든 삿갓모자(7종)[9] 그리고 홍색 산호구슬[10] 1개와 유리구슬[11] 1점이 나왔다. 또한 현재 우리가 쓰고 있는 將·車·象·馬·士의 중국식 장기알 20점이 나왔다.

이 외에도 목제 비녀 즉, 목잠木簪과 코르크마개[12]·나무못[13]·나무쐐기[14] 그리고 소형 목제 용기라든가 몇 점의 동기銅器도 나왔다.

• 기타─가로 10cm, 세로 7cm의 잔 모양의 칠기 편에 '且了浮生一載'란 글귀를 연속해서 새긴 것이 나왔다. 이것은 "구름 같은 인생 또 한 해가 지나는구나"라는 의미이다. 천주해선이 침몰하기 전의 어느 해 세모에 쓴 것으로 보인다. 그리고 중국 남부의 지명으로 추정되는 谿南間계남간이라든가 天천·王왕과 같은 해서체의 한자가 가로·세로 각 1cm 크기로 새겨진 것도 나왔다. 이 외에 개뼈(21점)·양뼈(8점)·쥐뼈(38점)·물고기뼈와 새뼈(9점) 등도 확인되었다.

중국의 고대 선박과 선형은 어떤 것이었을까?

배와 관련하여 중국의 선박 분류 방식과 그 명칭을 알아둘 필요가 있겠다. 중세시대 고려보다 배 만드는 기술이 앞서 있던 중국인들은 여러 종류의 배를 개발하여 이용하였다. 강이나 운하·수로에서 타는 배와 바다에서 타는 배가 달랐고, 그 모양도 달랐다.

바다를 항해한 고대 중국의 목선이나 강에서 타던 배에 관하여 그 형태를 말할 때 사선沙船과 복선福船이라는 용어를 쓴다. 이것은 배의 밑바닥 모양새를 기준으로 구분한 이름이다. 쉽게 말해 사선은 배밑이 편편한 평저선平底船, 복선은 단면이 첨저형尖底形인 V자형 선박을 이른다. 이것은 배의 단면만을 가지고 분류한 것이다. 보다 엄밀히 말하면 복선은 복건성 지역에서 널리 쓰던 배의 한 형태이다. 복건성 일대에서는 바다를 항해하는 배가 중심이었다.

그러나 중국에서는 일찍부터 배의 형태를 좀 더 복잡하게 분류해왔다. 사선沙船과 더불어 조선鳥船·복선福船·광선廣船의 3대 해선으로 선박을 분류하며, 이 중에서 가장

천주만 후저항에서 발굴한 송대해선(천주
해선) 모형도. 내부는 12격벽 13창으로
나누어져 있다. 동남아시아를 무대로 활
동한 국제무역선이다.

원명조선(元明漕船). 원명시대 조운선
으로 바다를 통해 세곡을 실어나른 선박.

조선(鳥船). 명청시대 복건, 절강, 광동지
역에서 사용한 선박으로 중국 4대 선박
의 하나이다.

정화보선(鄭和寶船). 명대 정화가 7대양
을 항해한 대형선박. 보선을 보물을 찾아
떠난 배로서 길이 150m, 폭 60m로
1,000명이 승선할 수 있는 1만 톤급 대형
선박이었다. 한 번 항해할 때 보선 60척,
보조선 49척 그리고 2만7천 명의 인원을 거
느리고 항해하였다.

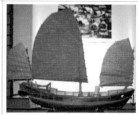

광선(廣船). 중국 남부 광동성 등에서
운송용으로 사용한 선박. 깊은 바다를
항해하는 데 적합한 배이다.

신안선(新安船). 우리나라 신안해역에서
발굴된 선박으로 중국 복건형의 국제무
역선으로 7격벽 8창으로 구성되어 있다.

많이 이용한 종류는 복선과 사선이었다.

대개 중국 항주만杭州灣을 포함하여 그 이북 지역은 강 하구의 수심이 얕고 해안의 모래톱이 잘 발달하였다. 그래서 평저형의 사선이 다니기에 유리하므로 사선이 일찍 발달했다. 항주는 강과 수로·운하가 잘 발달하였다. 이런 조건 때문에 항주에서는 말이나 소가 끄는 수레에 의존하기보다는 배를 주요 이동수단으로 살아왔다. 항주의 杭항이라는 글자도 배를 뜻하며, 배를 저어 돌아다니는 것을 의미한다. 다시 말해 항주는 물의 고장이다. 그래서 예전 항주에서는 '마누라 없이는 살아도 배 없이는 못 산다'는 말이 있었다. 항주와 같은 조건에서 이용하는 평저형 선박이란 의미로 사선이라는 용어를 사용한 것이다. 평저

숭명면선(사선)

조선(절강선)

선, 다시 말해 사선은 당 나라 이후에 그 형태가 정형화되었으며 원~명 시대에 크게 발전하였다. 송대宋代에는 방사평저선方沙平底船이라고 부르다가 원대에는 평저선이라고 하였다. 드디어 15세기 명나라 때에 이르러서 사선沙船이라는 이름으로 정착되었다.

반면 항주만 이남 지역은 만灣의 폭이 좁고 길며, 연해의 수심이 비교적 깊다. 더구나 섬이나 암초가 많으므로 첨저형 해선海船이 유리한 까닭에 복건성을 중심으로 한 지역에서는 주로 첨저형 선박을 건조하여 원양항해에 이용하였다. 그러므로 첨저선尖底船이란 의미에서 복선福船이라는 용어를 쓰고 있다. 복선은 복건성에서 사용하던 일반적인 배를 의미한다.

이 복선과 유사한 형태로서 인접지역인 광동 지역에서 만들어 타던 광선廣船[15]이나 절강 지역의 절선浙船[16] 등이 더 있다. 이들을 포괄하는 의미로서 복선이라는 용어를 쓰고 있는데, 복선의 가장 큰 특징은 선저에 용골이 있고, 선미와 선수가 높이 치솟아 있는 점이다. 그래서 파랑을 헤치고 나아가기 쉽고 흘수가 깊어서 안정성이 좋다. 뿐만 아니라 방향타로 배를 조종하기가 수월하다. 『선화봉사고려도경』에 "위는 마치 저울처럼 평평하고 아래 측면(배의 양측면)은 칼처럼 생겨서 파도를 잘 헤치고 능히 갈 수 있다"[17]고 소개한 객주客舟는 복선에 대한 설명이다. 복선은 원양항해에 유리한 형태의 선박이며 파도가 높은 바다에서 운항하기에 유리하다. 이런 배는 원양 항해에 적합하다 하여 해선海船이라는 이름으로도 불렸다. 바다를 항해하는 객선이나 상선商船을 포괄하는 용어이다. 더욱이 신안선이나 천주만에서 나온 송대 해선에서 보는 바와 같이 방수처리를 한 격벽으로 선박 내부를 칸칸이 나누고, 격창을 갖고 있는 점을 보더라도 신안선이나 천주해선과 같은 복선은 그 당시 최첨단의 고급 무역선이었다.

중세의 타임캡슐에서 상업과 문화를 읽다

    지금까지 중세 시대 사회상과 시대의 흐름, 나라 사이의 교역관계라든가 상인들의 활동에 대해 살펴보았다. 신안선 유물 각각에 대한 설명보다는 서역과의 교역이라든가 사람과 물화의 이동, 중국과 고려·일본을 포함하여 세계 여러 나라의 사정에 이르기까지 다양한 측면들을 알아보았다. 다소 미흡하지만, 상업의 발전과 상인들의 움직임 그와 함께 오고 간 문화라든가 시대적 흐름 등을 보다 입체적으로 이해할 수 있었을 것이다. 아마도 유물만을 다루었다면 훨씬 간단하고 쉽게 이해하였을지도 모른다. 유물과 관련이 있는 분야를 대상으로 중세시대의 생활상과 시대적 배경을 최대한 이해하기 쉽게 설명하려 한 데에는 그럴만한 이유가 있다. 지금으로부터 너무나 먼 시대, 환경이 다른 시절의 이야기이기에 신안선이 갖는 시공간적 위치를 제대로 알고 유물을 이해하려면 단순한 유물 설명에서 벗어나 다각적인 측면을 조명하는 것이 가장 좋은 방법이기 때문이다.

    신안선이 운행되던 무렵 역시 빠르게 변화하던 시대였다. 12세기의 십자군 전쟁 이후 유럽과 서아시아는 한결 가까워졌고, 13세기엔 원 제국이 이라크와 시리아까지 진출하여 사람과 정보가 빠르게 움직였다. 몽고 말은 30리마다 역참 사이를 뛰어 서역과 중국을 이어 주었고, 무역선은 바다를 누비며 아라비아 반도와 아프리카 동북단까지 활동범위를 넓혔다. 그리하여 중국과 고려는 유럽과 아프리카의 정보까지 자세히 알게 되었다. 세상은 점차 가까워지고 있었고, 사람과 물자와 정보는 바다로 오고 갔다. 한 마디로 세상은 새로운 변화의 시기를 맞고 있었다.

    이 무렵 고려인들은 힘든 삶을 살아야 했다. 1231년부터 몽고와 30년 가까운 힘겨운 싸움을 계속하면서 고려의 백성은 지칠 대로 지쳐 있었다. 게다가 금·은·철·구리·수은과 같은 광산물과 각종 공물은 물론 몽골 군대의 식량이나 인삼과 사냥에 필요한 매까지 잡아서 원 제국에 바쳐야 했다. 원 제국은 심지어 고려 왕실과 지배층의 딸들을 바치도록 요구하였다. 그래서 결혼도감을 설치하고 처녀들을 징발하였으며 처녀와 과부를 가려 바치기 위해 '처녀과부추고별감'과 같은 기발한 부서까지 생겼으며 거기에 파견된 원의 관리들까지 수탈과 착취를 일삼았다. 그뿐 아니라 고려 관리들의 수탈과 착취를 저질러 사람들은 이중고를 겪어야 했다. 고려 정부와 지배층은 뇌물과 부패로 썩어갔고, 사찰과 승려들마저 백성을 대상으로 고리대금업까지 손을 대어 고혈을 빨아먹었다. 장리를 놓아 농민의 삶은 피폐해졌으며, 결국 고리대에 못 이겨 농토를 사찰에 바치고 제 몸을 투탁하는 농민이 늘어났다. 이렇게 해서 농민의 수는 줄어들고, 그로 말미암아 농민의 세금 부담은 점점 늘어가는 늪에 빠져버렸다. 결국 13~14세기 고려의 국가재정은 비고, 고려 사회는 멍들었으며 군역을 부과할 장정이 없어지는 악순환의 고리에 사로잡히게 되었다. 물가는 높이 뛰어 극심한 인플레이션에 허덕였고, 고려의 백성은 굶주림으로 시달려야 했다. 바로 이것이 고려 말기 사회의 모습이다.

하지만 그런 가운데서도 삶의 터전을 잃은 이들이나 상인 그리고 일부 지식층은 좌절하지 않고 자신들의 미래를 바다 밖에서 찾았다. 그들은 이 땅을 벗어나 새로운 삶을 개척하였다. 시대를 앞서 바다로 나가 높은 파도를 헤치고 장삿길을 떠난 이들은 세상의 변화에 주목하였다.

원 제국은 고려인들을 피폐하게 하였으나 한편으로 보다 넓은 세계관을 갖게 해 주었다. 이미 그 시대에도 멀리 동남아시아와 중앙아시아 및 아랍과 요르단·시리아·이란·이라크·이집트·아프리카 수단 등지로까지 가 본 상인들이 있었다. 그들은 세계에는 많은 나라들이 있다는 것을 알렸고, 사람들은 교역의 필요성을 절실히 깨닫고 있었다. 그 무렵 천주와 경원 그리고 항주나 소주 등에 나가 있던 고려인들은 서역에서 온 이들로부터 이국의 신비로운 풍물을 전해 듣고 그들의 삶도 어느 정도 알고 있었다.

한편 원 제국이 두 차례의 일본 정벌에 실패하고 나서 50여 년이 지난 뒤였으므로, 원 제국과 일본 사이의 긴장관계는 차츰 완화되었다. 그렇지만 두 나라 사이의 불편한 관계는 해소되지 않았다. 일본인들은 원 제국과 몽골인들에 대한 적개심이 높았으며, 그로 인해 일본의 상인들은 원 제국을 드나들기가 어려웠다. 그들과 손이 닿은 것은 몽골인과 원 제국에 반감을 가진 과거 남송 지역의 한인이라든가 고려의 상인들이었다. 남송의 몰락한 귀족과 고려의 상인들은 어디든 별로 제한이 없었다. 바로 이러한 시대적 상황 속에서 신안선과 거기에 실린 유물들을 이해하여야 한다.

일본과 중국의 교역이 다시 재개될 무렵, 원 제국과 몽골인들로부터 핍박과 홀대를 받아온 과거 남송 지역의 구귀족들은 바다로 나갔다. 상인으로 변신한 그들이 타고 나간 배에는 서역과 동남아시아 각국에서 온 물건과 중국의 특산품들이 가득 실렸다. 그러나 거기엔 상품만 있는 것은 아니었다. 사람들이 살아가는 세상의 다양한 이야기가 함께 실려 있었다. 사람과 물자 그리고 문화, 이국의 다양한 이야기와 정보는 배에 실려 움직였다. 이런 변화를 몰고 온 대항해의 시대, 신안선과 유물은 파도를 헤치고 수만 리 바다를 건너 한국과 중국·일본을 오가며 바다를 누비던 상인들의 자취를 생생하게 전해주고 있는 것이다.

13~14세기 중국 동남부에는 대규모 도자기 생산기반이 마련되어 있었다. 다양한 품질의 비단과 차라든가 기타 수공업 제품 생산력이 크게 증대되어 있었다. 이런 생산기반을 배후에 갖고 있는 항구들을 중심으로 교역 규모는 커지고 있었으며, 대규모 자본과 노동력이 투입되어 상업과 수공업이 성숙해 가고 있었다. 신안선과 같은 초대형 첨단 무역선은 선박의 건조부터 상품의 구매까지 대규모 자본투자와 더불어 거대 상인 세력의 출현을 의미한다. 그러므로 그 시대 최첨단 대형 무역선인 신안선을 통해 상인과 자본의 형성, 국가간 교류와 교역규모, 무역품 등 세계의 사정을 두루 짚어볼

수 있는 것이다. 나아가 신안선과 거기서 나온 유물들은 오늘에 이른 자본주의의 오랜 발전과정 가운데 한 자락을 보여주고 있다. 그리고 우리가 지금 누리는 이 풍요로움은 어느 날 하루아침에 얻은 것이 아니라 오랜 세월 사람들이 함께 이루어낸 소중한 결실이라는 사실을 깨닫게 되었을 것이다.

신분의 차별, 빈부의 갈등, 전제 왕권 하에서의 정치적 압제라든가 부정과 비리, 불합리한 규제 등 개인의 발전과 행복을 가로막는 장애가 많은 시대였지만, 세상은 이미 달라지고 있었다. 나라 사이의 교류와 교역은 늘고, 수공업 생산력은 점차 증대되었다. 이런 변화의 바람을 타고 상인들은 과감하게 나라 밖으로 나가 자신들의 삶을 찾았다. 그들의 치열한 삶과 중세시대 여러 나라의 모습을 들여다볼 수 있는 하나의 창구가 바로 신안선인 것이다.

신안선에 가득 실은 갖가지 진귀한 물건들은 그저 단순한 유물이 아니다. 중세시대 상인들의 활동과 문화를 담은 하나의 타임캡슐이며, 그렇기에 신안선은 중세의 문화를 읽을 수 있는 소중한 코드이다. 거기에 담긴 무수한 이야기들을 제대로 읽어내려면 폭넓은 지식이 필요하다. 그래서 중세 시대의 환경은 물론, 유물과 직접 관련된 분야를 골라 될수록 자세하게 설명하려고 노력하였다. 그러나 한 시대를 다면적으로 조명한다는 것은 쉬운 일이 아니다. 다루어야 할 내용은 너무나 많고 지면은 제한되어 있어 욕심만큼 자세하게 소개하지는 못하였다. 미처 다루지 못하고 남겨둔 이야기들이 많이 있어 아쉬움이 크다. 이번에 싣지 못하고 미루어 둔 내용은 후일 다시 독자 여러분과 만날 수 있기를 기대한다.

저자 서동인 謹書

각주 찾아보기

백자소호

■ 제1부

1. 1976년 10월 16일 제8차 문화재위원회 제1분과회의에서 발굴을 서두르기로 결정하였으며, 우선 침몰선 주변 반경 2km 해역을 문화재보호구역으로 가지정하여 혹시 있을지도 모를 도굴에 대비하였다.
2. 1976년 10월 26일~11월 2일
3. 1976년 11월 9일~12월 1일
4. 유적의 위치를 분명하게 파악한 것은 제1차(1976. 10. 27~11. 2) 및 제2차(1976. 11 .9~12. 1) 조사 때였다.
5. 발굴을 마치면서 1987년 2월에 세워졌다.
6. 신안선 침몰위치는 동경 126°5'06", 북위 35°01'15"이다.
7. 수도수도(水島水道, Sudo channel)라는 이름으로 불리는 바다 물골자리로서 연중 물속 시계가 좋지 않다. 지도와 임자도 사이에는 수도(水島)라는 섬이 있는데, 그 세 섬 사이로 거센 물길이 있기에 붙여진 이름이다.
8. 크기가 일정하지 않았으나 대략 가로 70cm×세로 40cm×높이 50cm의 직육면체 상자였다.
9. 직경 2인치 짜리 철제 앵글로 가로 6m×세로 4m 크기
10. 최초 선체를 확인하면서 배의 크기를 우현 27.3m·좌현 23m·선미폭 6.7m로 실측하였다.
11. 1977년 6월 27일~7월 31일
12. 1976년 10월과 11월의 1차 및 2차 조사
13. 시박사(市舶司)는 중국에서 해상무역과 관련된 업무를 맡아보던 관청이다. 중국 동부해안의 주요항구와 경원·천주 등에 시박사가 있었다.
14. 1976년 10월부터 1984년 7월까지 진행된 신안선 발굴
15. 음력 15일, 30일
16. 음력 8일, 23일
17. 潮汐差. 하루 중 밀물(=만조) 상태와 썰물(=간조) 상태에서의 해수면 차이를 말한다.
18. 이것은 초속 175cm/sec의 빠르기이다.
19. 하루 두 번씩 밀물과 썰물이 있고, 평균 조석차는 326cm이며 대조차(大潮差, 사리 때의 간만 차)는 437cm, 소조차(小潮差, 조금 때의 간만 차)가 214cm이다(『신안선』, 국립해양유물전시관, 2007).
20. 한방에서 장뇌목(樟腦木)이라고 부르는 나무이다. 장수(樟樹), 향장(香樟) 또는 예장(豫樟)이라고도 한다. 제주도나 일본 남부에도 있지만 중국 양자강 이남에 주로 분포한다. 직경 약 5m에 키가 20m까지 자란다. 경주 금관총과 황남대

총, 창녕 송현동 7호분 목관의 녹나무는 목관의 가로폭이 1.2m에 이르는 것이므로, 오키나와나 중국 양자강 이남지역에서 가져온 것으로 보고 있다.
21. 학명 : Santalum album L.
22. 삼목(杉木) 또는 삼(杉)이라고 한다. 학명은 Cunninghamia lanceolata (Lamb.) Hook. 스기(杉 또는 杉木)라고 하면 통상 일본산 삼나무를 뜻하지만, 중국에서는 삼(杉) 또는 삼목(杉木)이란 이름을 쓴다. 영어명 Cedar.
23. 『송사』 등 사료 원문에 大杉(대삼)으로 기록되어 있다.
24. 학명은 Pinus massoniana Lamb. 청송(靑松) 또는 산송(山松)·해송(海松)이라는 이름으로도 부른다.
25. 현재 제주도와 완도·강진·나주·진도 등에 분포하며 연평균 기온 14℃ 이상 되는 북위 35도 이남의 따뜻한 서남해안과 인근 도서지역 등 해안선을 따라 분포한다.
26. 中國名 柞木
27. 높이 52.8cm, 길이 57.5cm, 폭 37.4cm
28. 높이 46cm, 길이 74cm, 폭 45cm
29. 높이 46.5cm, 길이 59.3cm, 폭 45.5cm
30. 높이 44cm, 길이 63cm, 폭 47cm, 두께 1.3cm
31. 높이 25.7cm, 구경 33.3cm, 저경(바닥직경) 32cm
32. 나무상자의 크기는 일정하지 않지만 크기는 대략 높이 45cm~65cm, 넓이 36cm~48cm, 길이 50cm~75cm 정도이다. 대나무못을 박아 조립한 상자의 뚜껑은 위에서 덮도록 만들어져 있었다.
33. 나무상자는 높이 39~66.5cm, 길이 53~74cm, 너비 37.4~48cm 정도. 뚜껑은 높이 6.3~6.5cm, 길이 62.5~67.5cm, 너비 49.5~61cm 안팎이다.
34. 고려청자상감운학문완(靑瓷象嵌雲鶴文盌), 고려청자상감국화당초문탁(高麗靑瓷象嵌菊花唐草文托)과 같은 도자기가 여기서 나왔다.
35. 길이 45cm 내외, 폭 5cm~6cm, 두께 1.3cm 가량의 가늘고 긴 목편을 둥글게 말아서 원통형 목통을 만들었는데 한 개의 물통을 만드는 데 사용한 목편은 15~16매이다. 밑에는 원형의 바닥판을 끼워 맞추었는데 직경은 31cm~32cm 정도이다.
36. 그릇 안쪽 바닥에 음인각연화문(陰印刻蓮花文) 14점, 기내면 구연에 음각당초문(陰刻唐草文)·내저에 음인각연화문(陰印刻蓮花文) 6점
37. 청자는 종류가 다양하다. 대접과 완류(盌類)는 40점이다. 소형 전접시는 153점이 있다. 종류별로는 소문(素文) 20점
38. 대마도 상현정(上縣町) 월고유적(越高遺跡)

■ 제2부

1. 진국(秦國) 즉, 로마 남부에 있던 나라
2. 大食國 =아랍
3. 보르네오
4. 민다나오. 필리핀의 작은 섬. 민도로 섬으로 보는 견해가 있다.
5. 수마트라의 팔렘방
6. 자바 중부 지역에 있던 섬나라로 추정
7. 캄보디아
8. 페르시아만. 바스라항 일대로도 본다.
9. 고대 기독교와 그 이교인 네스토리우스교가 융합된 종교. 이것이 페르시아 지방에서 중국에 전해졌다. 당 현종 무렵에 활발하게 활동하였다.
10. 한국과 중국의 명씨들이 바로 이 명교 신자들이었음은 『홍노인 김씨의 나라 가야』 편에서 설명하였다.
11. 당나라 안록산의 난 때에 경교를 믿는 사람 8만~12만이 학살당한 일이 있으나 그 이후에도 이들은 박해받지 않았다.
12. 송 희령(熙寧) 2년
13. 원우(元祐) 4년
14. 숭령(崇寧) 초에 해당하는 시기
15. "若欲船泛外國貿易 則自泉州便可出洋(夢粱錄)"
16. 순풍이 불면 점성까지는 하루면 갈 수 있었다. 원 세조 지원(至元, 1335~1340) 연간에 병사 3천 명, 말 3백 필로 정복하였다(『원사』 열전 占城).
17. 安南. 베트남. 옛날 교지국(交趾國)
18. 현재의 보르네오
19. 『운록만초(云麓漫鈔)』(1206)에서 인용
20. 가정(嘉定) 17년
21. 남송의 천주제거시박사(泉州提擧市舶司)를 지낸 조여괄(趙女适)이 남긴 기록이다.
22. 원(元) 왕대연(王大淵)이 남긴 기록
23. 提擧泉州市舶司
24. "若欲船泛外國貿易 則自泉州便可出洋…"
25. 서각(犀角). 물소뿔
26. 대모(玳瑁). 바다큰거북
27. "得中國錢 分庫藏貯 以爲鎭國之寶 故入蕃者 非銅錢不往 以蕃貨亦非銅錢不售"(『宋會要輯稿』 刑法2의 44, 中華書局, 1957)
28. "錢出中國界及一貫文 罪處死"(『欒城集』 권37, 乞借常平錢置上供及諸州軍粮狀)
29. 가정(嘉定) 12년
30. 대중상부(大中祥符) 5년
31. "水田不登 乃遣使就福建就占城稻三萬斛分給三路 揀擇民田之高仰者種之"
32. 당나라가 멸망한 907년부터 960년에 송(宋) 나라가 건국되기까지 5대10국이 난립해 있던 시대
33. 자동화는 아르헨티나의 국화이다. 또 일본 오키나와현을 대표하는 현화(縣花)이기도 하다.
34. 진무제(陳武帝) 2년
35. 진문제(陳文帝) 6년
36. 「泉州海外交通史槪說」, 許泉, 『海交史硏究』 創刊號, 福建省泉州海外交通史博物館, p. 2~3, 1978
37. 남해사주지로(南海絲綢之路) 또는 도자지로(陶瓷之路)라는 이름으로 부르고 있다.
38. "州南有海浩無窮 每歲造舟運異域…"『泉南歌』(惠安人)」
39. 송 건염(建炎) 3년
40. 원대의 경원(慶元). 현재의 영파(寧波)
41. 明州. 현재의 영파(寧波). 원대의 경원(慶元)
42. 송 건도(乾道) 4년
43. 선박 1백 척이 1소(艘)이다.
44. "惟以指南針爲則 晝夜守視觀謹"
45. 배에서 부리는 사람
46. 弓箭射手(활을 쏘는 사수)
47. 글자의 의미대로 보면, 석유를 담은 화염병 같은 것을 던지는 전사이다.
48. 『이븐 바투타 여행기』 2, p. 328, 이븐 바투타 지음, 정수일 역주, 창작과 비평사, 2001
49. 송 신종(神宗) 원풍(元豊) 5년
50. "從泉州乘海舶歸國"(『宋史』 권489「外國傳 渤泥國」)
51. 정화(政和) 연간
52. 송 건도(乾道) 3년
53. 『宋會要輯稿』
54. 淳熙 5년
55. 원 세조 지원(至元) 27년
56. 마팔아국(馬八兒國)
57. 이란에 세웠던 몽고족의 정권. 중국에선 伊兒汗國(이아한국)으로 표기하였다.
58. 阿魯渾大王(1284년~1291년). 일 한국의 4대 군주 아르곤(Arghon)
59. "以掩胡賈之遺骸"(『諸蕃志』)
60. 쿠빌라이(忽必烈)
61. 1277년(至元 14년) 7월 포수경(蒲壽庚)이 남송 도성 임안부에 들어왔다. 원 세조는 나중에 그를 병마초토사(兵馬招討使)와 참지정사(參知政事), 중서좌승(中書左丞)을 삼았다『원사』 세조기(世祖記)].
62. 가정(嘉定) 4년(1211)
63. 이 포씨의 蒲(포)를 아랍인에게 흔한 성씨인 '이븐(Ibn)'으로 본다.
64. 『원사』 권11 世祖紀 8
65. 그 시절엔 점성을 거쳐서 갔다. 복건·강서·호광의 3개 행성 병력 2만 명과 배 1천 척, 그리고 1년치의 양식과 원초(元鈔)

4만 정(錠)을 동원하여 정복하였다(『원사』 열전 爪哇).

66. 1291년 9월 해선부만호(海船副萬戶) 양상(楊祥)이 병사 6천 명을 데리고 가서 항복을 받아낼 것을 요청했으나 원 세조는 듣지 않다가 드디어 정벌하였다(『원사』 열전 瑠求).

67. 당(唐) 개원(開元) 연간

68. 「宋元 泉州港繁榮原因新探」, 王四達, 『華僑大學學報』, 1989년 第2期

69. 천주 진강(晉江) 청원동(淸源洞)과 남안(南安)이 대표적이었다.

70. 희령(熙寧) 5년(1072)

71. 송 철종(哲宗) 원우(元祐) 2년

72. 『建炎以來朝野雜記』(甲集) 권15 市舶司本息

73. 이것은 동전을 실로 꿴 동전꾸러미로서 그 당시 통용되던 화폐 단위였다. 緡은 본래 실을 가리키는 말이었다. 가는 낚싯줄이나 굵은 실 모두 緡(민)이라고 한다.

74. 「泉州綱首朱紡 舟往三佛齊⋯獲利百倍⋯」(莆田祥應廟廟輯記)

75. 泉州南土之富州(『眞西山文集』 권49, 上元設醮靑詞)

76. "以貧求富 農不如工 工不如商"

77. 『欲得唐貨』, 周達觀, 『眞臘風土記』

78. 목향·빈랑·유향·몰약(沒藥)·강진향(降眞香)·백지(白芷)·유황·대복(大腹)·용뇌·침향·단향·정향·계피·호초·아위(阿魏)·파고지(破故紙)·두구화(荳蔲花)·붕사(硼砂)·노회(蘆薈, 알로에)·해동피(海桐皮, 엄나무껍질)·초두구(草豆蔲)·호박(琥珀) 등이 거래되었다.

79. 최근 신안군 압해도 지역에서 몸돌석기 등 구석기 유물이 발견되었다(『신안문화』, p. 76, 신안문화원, 2000).

80. 지도(13기)·임자도(11기)·증도(1기)·압해도(44기)·안좌도(47기)·장산도(5기)·하의도(4기)·흑산도(7기) 등에는 130여 기의 지석묘가 있는 것으로 조사되었다.

81. 「신안지방의 선사유적·고분」, 최성락, 『신안군의 문화유적』, 목포대학교박물관, 1987

82. 「荏子島의 先史遺跡」, 崔夢龍, 『古文化 20』, p. 29~38, 1980

83. 「新安 押海島의 先史文化」, 李榮文, 『鄕土文化7』, p. 62~80, 1982

84. 홍의도(紅衣島), 현재의 홍도

85. 현재의 중국 절강 영파시(寧波市)

86. 현재의 영파시

87. 『선화봉사고려도경(宣和奉使高麗圖經)』

88. 당시 지명은 흑도(黑島). 지금의 대흑산도이다.

89. 서긍이 고려에 온 1123년

90. 『선화봉사고려도경』 권35, 해도(海道) 2, 흑산조(黑山條)

91. 자각대사(慈覺大師, 794~864). 그가 쓴 『입당구법순례행기(入唐求法巡禮行記)』가 있다.

92. 이 섬은 현재 신안군 압해면 古耳島(고이도)로 추정된다. 조선시대 후기에는 영광의 皐夷島(고이도)가 있다. 이들은 같은 지명으로 짐작되며, 엔닌이 말한 고이도 또한 이곳으로

추정된다.

93. 엔닌이 말한 흑산도는 대흑산도를 가리킨다. 대흑산도 진리 뒷산에는 상라산성(上羅山城)이라고 하는 반월성(半月城)이 지금도 남아 있다. 이 성은 고려 시대에 외적에 대비하기 위해 쌓았다고 전해온다. 고려 말기에 주민들이 이 성을 쌓고 피난처로 삼았다고 흔히 말들 하고 있지만, 정작 흑산도 주민들은 장보고가 왜구들을 막기 위해 쌓았다고 한다.

94. 卯時. 오전 5~7시

95. 『고려사』 1268년(원종 9년) 겨울 10월 조

96. 『고려사』 열전3, 종실(宗室)2, 대령후경전(大寧侯暻傳)

97. 현재의 목포(木浦)

98. 『동국여지승람(東國輿地勝覽)』 전라도 나주목 영산현(榮山縣) 조

99. 進奉船(진봉선). 사절이 공물을 바치러 가는 배. 중국이 주변국과의 교역에서 조공 회사무역을 하였던 것처럼 고려와 일본 사이에서도 똑같은 방식의 관무역이 이루어졌다.

100. 丁亥 倭掠會原漕船於群山島[1323년(충숙왕 10) 음력 6월 27일]

101. 戊子 又寇枏子等島, 擄老弱男女以去

102. 秋七月 庚子 遣內府副令 宋頎于全羅道 與倭戰 斬百餘級 [1323년(충숙왕 10) 7월 10일]

■ 제3부

1. 船材. 선박 제작에 쓰인 목재

2. 호는 익재(益齋). 李齊賢(1287~1367)

3. 李瑱(1244~1321)

4. 寶鑑國師 混丘(1250~1322)

5. 李穀(1298~1351). 호는 가정(稼亭)

6. 無學大師 自超(1327~1405)

7. 元天錫(1330~?)

8. 安軸(1282~1348). 호는 근재(謹齋)

9. 閔思平(1295~1359). 호는 급암(及菴)

10. 최해(崔瀣, 1287~1340). 호는 졸재(拙齋)

11. 李仁老(1152~1220)

12. 李奎報(1168~1241)

13. 偰遜(?~ 1360)

14. 崔瑩(1316~1388)

15. 李仁復(1308~1374)

16. 鄭道傳(1342~1398)

17. 鄭夢周(1337~1392)

18. 李崇仁(1347~1392)

19. 白雲大師 景閑(1299~1374)

20. 圓明國師 沖鑑(1275~1339)

21. 太古 普愚(1301~1382)

22. 正智國師 智泉(1324~1395)
23. 송나라 때의 무역선으로, 잔존길이 24.2m에 너비는 9.15m, 깊이(선심) 1.98m이다.
24. 신안선은 미돛, 즉 미범(尾帆)까지 포함하여 세 개의 돛을 갖고 있었다(『韓國新安沈船與中國古代沈船比較研究』, 袁曉春, 『신안선 보존과 복원 그 20년사』, 국립해양유물전시관, 2004).
25. 용골 하면~데크선
26. 龍骨(Keel)
27. 용골(龍骨)의 앞부분을 전용골(前龍骨)이라고 정의하였다.
28. Plain staple
29. 방형용골(方形龍骨, Bar keel)
30. 다만 미용골(1982년 인양)은 단면 폭이 69cm이다.
31. 전용골(=首柱, 선수부재)·주용골(主龍骨, 중앙부재)·미용골(尾龍骨, 선미부재)의 세 마디
32. 두께는 0.5m, 폭은 0.71m이다.
33. 이 거울은 직경 11.7cm, 경면두께 0.2cm이고 반대편 가장자리에는 넓이 3mm의 튀어나온 띠가 있으며, 그 안에는 문양이 있다.
34. 太平通寶(직경 2.42cm)
35. 전단(前端)은 전용골로서 중앙부재와의 접합부
36. 국립해양유물전시관. 현재의 국립해양문화재연구소
37. 海船. 강과 호수, 수로와 운하 등 내륙 수면에서 이용하는 배와 구분하기 위해 바다용의 모든 선박을 중국에서 해선으로 부른다. 해선은 무역선으로 보면 된다.
38. 흔히 삼나무 또는 스기(杉)라고 하는 나무. 학명 Cunninghamia lanceolata.
39. 천주해선은 발굴 당시의 선체 잔존길이는 24.2m에 너비는 9.15m, 깊이(선심) 1.98m이었다.
40. 닻은 삼지정(三枝碇)이었으리라 보고 있다.
41. 주용골 12.4m, 선미용골 5.25m
42. 배의 겉면에 해당하는 외판은 너비가 35~28cm이고 길이는 최대 13.5m에서 최소 9.2m까지. 좁고 긴 판자를 이어붙인 것이다.

■ 제4부

1. 『銅錢』, 尹武炳, 『新安海底遺物』 資料篇 Ⅱ, p. 73, 文化財管理局, 1984
2. 『水中考古學에 의한 동아시아 貿易關係 研究-新安海底遺物을 중심으로』, p. 96, 金炳菫, 建國大學校 史學科, 2003
3. 아스카대불(飛鳥大佛, A.D. 593~710), 나라대불(奈良大佛, A.D. 710~794), 가마쿠라대불(鎌倉大佛, 1185~1392). 아스카대불의 납성분은 2.96%, 나라대불은 0.55%, 가마쿠라 대불은 19.57로 나와 특히 가마쿠라 대불은 송나라 동전을 녹

여 만들었을 가능성이 높다고 본다.
4. 『水中考古學에 의한 동아시아 貿易關係 研究-新安海底遺物을 중심으로』, p. 96, 金炳菫, 建國大學校 史學科, 2003
5. 현재의 국립해양문화재연구소
6. 『원사(元史)』 권94 식화지(食貨志) 지원(至元) 19년(1282년) 10월 조
7. 是年十月忙古鰺言商舶皆以金銀易香木於是下令禁之唯鐵不禁…[『원사(元史)』 권94 식화지(食貨志) 至元 19년(1282년) 10월 조]
8. 망고대(忙古鰺)의 건의로 이루어졌다.
9. 『미완의 제국 가야』, 서동인, 주류성출판사, 2014

■ 제5부

1. …凡所有相 皆是虛妄 若見諸相非相 卽見如來…
2. Protagoras(기원전 500~430)
3. …如來是眞語者 實語者 不誑語者 不異語者…
4. 통상 그것을 香燈花茶果米로 말한다.
5. 불가에서 말하는 보시에는 자비심에서 가진 것을 아무런 조건 없이 내어주는 재시(財施)와 불법을 전하는 법시(法施), 그리고 다른 사람에게 피해를 주지 않고 두려움을 없애는 무외시(無畏施) 등이 있다.
6. 六波羅蜜. 布施, 持戒, 忍辱, 精進, 禪定, 般若波羅蜜의 여섯 가지가 육바라밀이다.
7. 향을 산스크리트어로 gandiha라고 하는데, 그 소릿값을 베껴서 한자로 건타(乾陀), 건두(健頭), 건태(健馱)로 표기하였다.
8. 『삼국사기』 신라본기 눌지왕(421~450). 고구려에서 온 승려 묵호자(墨胡子)가 향을 피우고 왕녀의 병을 낫게 해준 설화가 있다.
9. 본래 불전에 올리는 공양구는 향로 1개, 촛대 2개, 화병 2개를 기본으로 하였다. 이것을 오구조(五具條)라고도 하며, 그 중에서 향로는 매우 중요하게 생각하였다.
10. 『장물지(長物志)』(권12, 香爐), 文震亨, 『間俗』, p. 34~36, 余悅, 杭州, 浙江攝影出版社, 1996
11. 『동국이상국집』 제7권, p. 303, 이규보, 이병훈·정원태 역, 민족문화추진위원회, 1988
12. 陳繼儒(1558~1639), 『미공비급(眉公秘笈)』이란 기록을 남겼다.
13. 『소실지갈라경(蘇悉地羯羅經)』 공양화품(供養花品) 제7
14. 이것을 외공양(外供養)이라고 한다.
15. 三世諸佛菩薩
16. 身(몸)·口(입)·意(뜻, =의지) 세 가지이다.
17. 唯願諸佛哀愍 受此供養
18. 불가에서는 저승세계를 명계(冥界)라고 한다. 명계의 십왕

(十王)에게 자비를 비는 재이다. 영가의 극락왕생과 재 공양을 드리는 가족의 무사안녕 그리고 행복을 기원하는 재. 상주권공재보다는 조금 큰 규모로 진행된다.

19. 생전예수재(生前像修齋)는 살아서 지은 업장을 참회하고 생전에 공덕을 쌓고 복을 닦으며 지혜를 다듬어 장차 수명이 다한 뒤에 극락왕생하기를 기원하며 베푸는 재다. 윤년이 든 해에 올린다.

20. 수륙재(水陸齋). 강이나 바다 또는 호수에 나가서 물에 빠져 죽은 혼이나 육지를 떠도는 고혼을 위로하는 재. 절에서 영산대제를 올리고 나서 수중고혼을 천도하기 위해 물가에 나가서 수륙재를 지내고 방생재까지 지내기도 한다.

21. 석가모니가 영취산에서 법화경을 설법하던 광경을 재현한 의식으로, 보통 3일 동안 치러지므로 영산대재라고 부른다. 현재 중요무형문화재 제 50호로 지정되어 있다.

22. 灌浴儀禮

23. 香花偈

24. 香花請

■ 제6부

1. 영파시는 북위 28도 51′~30도 33′이며, 동경 120도 55′~122도 16′에 걸쳐 있다.

2. 중국의 첫 왕조인 하(夏) 왕조부터 주 왕조까지 3대를 이르는 것이어서 이 시대를 흔히 삼대(三代)라고 통칭한다.

3. 진시황 26년

4. 진시황은 자신의 치세 말년(기원전 210년)에 이 지역을 찾았다. 11월에 전당강(錢塘江)을 찾아갔고, 소흥(紹興)에 있는 회계산(會稽山)에 올라 동중국해를 바라보았다. 그리고 이사(李斯)에게 석각을 세우도록 하였으며, 여기서 다시 북으로 올라가 사구(沙丘)에서 죽었다.

5. 당(唐) 현종(玄宗) 개원(開元) 26년

6. 당 천보(天寶) 원년

7. 당 숙종(肅宗) 건원(乾元) 원년

8. 남송 광종(光宗) 소희(紹熙) 5년

9. 지원(至元) 13년

10. 홍무(洪武) 9년

11. 명 태조 홍무 14년

12. 송 태종(太宗) 순화(淳化) 원년

13. 함평(咸平) 2년

14. 송 진종(眞宗) 대중상부(大中祥符) 7년. 고려 현종(顯宗) 5년

15. 원풍(元豊) 2년

16. 政和 7년

17. 2艘라고 하였다. 1艘는 1백 척의 배를 말한다.

18. 원래는 100艘라고 하였다.

19. 당 대력(大歷) 연간

20. 당시 안남(安南). 진한 시대의 교지국(交趾國)

21. 인도네시아 보르네오섬

22. 필리핀 마닐라

23. 인도네시아 수마트라

24. 송 태종(太宗) 순화(淳化) 3년

25. 송 신종(神宗) 원풍(元豊) 3년

26. 1관은 미터법으로 3.75kg이니까 2천 톤 가까운 무게의 화폐를 세금으로 거뒀다는 것을 의미한다.

27. 이것을 세화(細貨)라고도 한다.

28. 이것을 해박해금(海舶海禁)이라고 한다.

29. 당시 경원로시박사는 현재의 영파시 요가항(姚家巷)에 설치되어 있었으며 시박고(市舶庫)는 영교문(靈橋門) 안에 있었는데, 바로 이것이 송대 시박무 자리이다.

30. 지원(至元) 연간

■ 제7부

1. 『일지록(日知錄)』. 顧炎武, 淸 康熙 9년(1670)

2. 쉽게 말해서 상해 인근 소주(蘇州)에 있다.

3. 당나라 대종(大宗) 대력(大歷) 5년

4. 태평흥국(太平興國) 연간(976~983년)

5. 779~804년

6. 杜牧(803~853년)

7. 劉禹錫(772~842). 중국 당나라 때의 시인

8. 何處人間是仙境 青山携妓采茶時

9. 『신증동국여지승람』

10. 『Ein verschlossenes Land Reisen nach Korea』

11. 충선왕 원년. 원 무종(武宗) 지대(至大) 2년(1309)

12. 결(結)은 고려시대 전제(田制)와 양전(量田) 단위이다. 6寸(촌)을 1分(분)이라 하며 10分을 1尺(척)이라 한다. 6尺(척)을 1步(보)라 한다(사방 6척이 1평). 사방 33보가 1結(결)이다. 이것을 수확량으로 보면 벼의 경우 10把(파, =10줌)가 1束(속, 묶음)이고, 10束(속)을 1負(부, =한 짐)라 하고, 100負(부)를 1結(결)이라 한다.

13. 李穡(1328~1396). 호는 목은(牧隱). 현재의 경상북도 영덕군인 영해부(寧海府)에서 출생하여 2살 때 충남 한산의 본가로 돌아갔다. 한산이씨의 시조로서 그를 한산백(韓山伯)이라고 부르기도 한다. 아버지는 가정(稼亭) 이곡(李穀). 개인문집으로 『牧隱集(58권 29책)』이 있다. 원나라 대도(大都, 北京)로 유학하였으며 그곳에서 벼슬도 하였다.

14. 당(唐) 덕종(德宗) 시대이다.

15. 소금·술·차와 같은 국가전매품으로 얻는 전매수익을 이르는 용어이다.

16. 지원(至元) 5년

■ 제8부

1. 男女相悅之詞
2. 봉좌문고본(蓬左文庫本)『악장가사(樂章歌詞)』에 실린 것이다. 이와 별도로 대악후보(大樂後譜)의 쌍화점(雙花店)도 있다.
3. 고려시대의 여러 자료를 훑어보아도 三藏社는 있었지만 三藏寺가 어디에 있었는지를 알려주는 기록은 없다. 三藏社는 지리산에 있었다. 수선사(修禪社)의 6세 주지인 충지(沖止, 1226~1293)의 비문에 "…일찍이 三藏社에 있었는데 갑자기 한 부인이 나타나 법문을 청하므로 알려주었더니 부인은 듣고 나서 감사하는 뜻으로 예배하고 물러갔는데, 이는 지리산 산주(山主)인 여산신(女山神)이었다"고 하였다『曹溪山修禪社第六世贈謚圓鑑國師碑銘幷書』(中世 下), p. 116, 아세아문화사].
4. 서하군(西河君) 임원준(任元濬), 무령군(武靈君) 유자광(柳子光), 판윤(判尹) 어세겸(魚世謙), 대사성(大司成) 성현(成俔) 등
5. 궁중음악을 포함하여 모든 음악을 관장하는 중앙부서
6. 『조선왕조실록』 성종실록 권240, 성종 21년 5월 조
7. 『고려사』 악지(樂志) 간신열전(姦臣列傳)
8. 여인으로서 남장을 한 노래 춤꾼 집단
9. 『晉康侯妃 王道人에게 답함』 慧心, 『眞覺國師語錄』, p. 145, 金達鎭 譯註, 世界社, 1993
10. 眞覺國師 惠諶(1178~1234)
11. 연희궁주(延禧宮主) 왕씨(王氏) 엄광(嚴光), 금관국대부인(金官國大夫人) 최씨(崔氏), 완성궁주(綏成宮主) 임씨(任氏) 등
12. 임씨(任氏) 묘덕(妙德)
13. 『原碑文과 碑陰記』, 許興植『고려로 옮긴 印度의 등불 : 指空禪賢』, p. 125~126, 一潮閣, 1997
14. 指空(1235~1361), 『原碑文과 碑陰記』, 許興植『고려로 옮긴 印度의 등불 : 指空禪賢』, p. 125~126, 一潮閣, 1997
15. 太古 普愚(1301~1381), 太古寺圓證國師塔碑, 李穡, 『韓國金石全文』 中世 下, p. 1234, 許興植 編
16. 白雲大師 景閑(1299~1374), 景閑抄錄, 『白雲和尙語錄佛祖直指心體要節』 卷下, 『韓國佛敎全書』, p. 6636, 景閑, 『白雲和尙語錄』 卷下, 『韓國佛敎全書』, p. 6668
17. 懶翁惠勤(1320~1376)
18. 헌애황태후(獻哀王太后), 『고려사』 권88, 列傳1 景宗, 獻哀王太后皇甫氏
19. 충렬왕 24년 정월에 선위(禪位)하였다가, 8월 복위하였다.
20. 『고려사』 권33, 世家33, 충선왕 즉위년 5월 을묘
21. 『고려사』 권33, 世家33, 충선왕 즉위년 6월 병신 삭
22. 『金〇妻許氏墓誌銘』, 金開物, 『集成』, p. 446
23. 충숙왕 17년
24. 충선왕 3년, 지대(至大) 4년
25. 청신녀 최씨 은전화(銀錢華), 청신녀 상궁(尙宮) 서씨(徐氏) 진령화(眞靈華) 등
26. 대표적인 사례로 왕자지(王字之)의 처 김씨(1063~1130)가 있다.
27. 圓空國師 智宗(930~1018)
28. 覺眞國師 復丘(1270~1355)
29. 『동문선(東文選)』 권118 碑銘
30. 『도은집(陶隱集)』 이숭인(李崇仁)
31. 『고려사』 선종 9년 6월 임신 조. 그리고 견불사의 결사와 천태종 예참법에 대해서는 『大覺國師 義天의 阿彌陀信仰과 淨土觀』, 金英美, 『歷史學報』 156, 1997 『高麗前期의 阿彌陀信仰과 天台宗 禮懺法』, 金英美, 『史學硏究』 55·56 참고
32. 慧德王師 韶顯(1038~1097)의 제자
33. 당시 그의 직책이 동남해안찰부사(東南海按察副使) 기거사인(起居舍人) 지제고(知制誥)였다.
34. 『智異山 水精寺記』, 權適, 『東文選』 권64 記
35. 사찰에는 학승(學僧)이 따로 있었고, 상례(常禮)나 제례(祭禮)를 유치하여 주관하는 의승(醫僧), 풍수지리를 하는 지리업승(地理業僧), 사찰의 중수나 개창을 책임지는 공장승(工匠僧), 사역승(使役僧) 등이 있었다.
36. 『고려사』 권85, 志38 刑法2 禁令
37. 埋香. 향목(香木)을 땅에 묻어 그것이 땅 위로 나타나는 날 미륵이 이 세상에 온다(彌勒下生)는 믿음에서 이런 행사를 가졌다.
38. 『고려사』 권122, 열전, 沈于慶
39. 『고려사』 권132, 열전45, 叛逆 6 辛旽, 공민왕 16년
40. 檜嚴寺禪覺王師碑, 李穡, 『韓國金石全文』(許興植編) 中世 下, p. 1197, 亞細亞文化社, 1984
41. 1301년(충렬왕 27년)
42. 『가정집(稼亭集)』 李穀, 14세기
43. 李穀(1298~1351)
44. 충렬왕 5년(1279). 그는 당시 쌍성총관(雙城摠管)이었다.
45. 『送僧禪智遊金剛山序』, 崔瀣, 『東文選』 권84, 序
46. 최해(崔瀣, 1287~1340)의 글이다.
47. 충숙왕 10년(1323, 至治3년)
48. 願以此功德 普及於一切 我等與衆生 皆共成佛道
49. 영희궁주(延禧宮主) 자광(慈光), 금관국대부인(金官國大夫人) 최씨(崔氏), 정화댁주(靜和宅主) 왕씨(王氏), 완성궁주(綏成宮主) 임씨(任氏), 영안궁주(永安宮主) 정씨(鄭氏), 하동군부인(河東郡夫人) 정씨(鄭氏) 등
50. 지금의 바그다드(Bagdad)
51. 압바스 왕조의 마지막 칼리파는 알-무으타심(1242~1258)이다.
52. 징기스칸의 손자 훌라구(Hulagu)는 1258년 바그다드를 점

령하였다. 이로써 수니파 압바스 왕조가 멸망하였는데, 홀라구는 압바스 왕조의 바그다드 성곽을 허물고 항복하기를 바랐으나 대답이 없자 1258년 1월 투석기로 바그다드 성곽을 부수었다. 그리고 1258년 2월 드디어 몽골군과 타타르족의 공격으로 바그다드와 압바스 왕조는 철저히 파괴되었다. 이어 홀라구는 1260년 시리아 북부로 진격하여 알렙포를 정복하고 5만 명의 여성을 무참히 살해하였으며 다마스쿠스를 점령하였다. 이어 하마(Hamah), 하림(Harim)도 정복하였다. 홀라구는 계속 서쪽으로 진격하여 팔레스타인 북부를 거쳐 북아프리카까지 정복하려고 하였다. 그러나 팔레스타인의 아인 잘루트(Ayn jalut) 전투에서 이집트의 장군 바이바르스(Baybars)에게 대패함으로써 몽골군의 북아프리카 원정 계획은 실패하였다. 예루살렘 북부 나사렛 근처에 있는 마을로, 골리앗의 샘이라는 뜻의 '아인 잘루트' 전투에서 몽골군의 아프리카 및 유럽 진출은 저지되었다. 이 싸움을 승리로 이끈 장군 바이바르스(1260~1277)는 맘루크(Mamluk) 왕조의 통치자인 꾸투즈(Qutuz)의 부장이었다. 더구나 1260년 몽케[몽케 칸. 몽골 제4대 황제 헌종(憲宗, 1251~1259) 몽케 칸. 몽골 제4대 황제 헌종(憲宗, 1251~1259)]가 사망했다는 소식을 접하고 홀라구는 카라코럼으로 돌아갔고, 쿠빌라이가 대칸으로 등극하면서 몽골제국의 서쪽 영역은 더 이상 확장되지 않았다.

53. 회회(回回)의 실체는 시대마다 조금씩 달랐지만 이 경우엔 아랍인 이슬람교도로 보는 게 타당할 것 같다. 그 중에는 투르크메니스탄인이나 아프가니스탄인 또는 터키인들도 꽤 있었을 것이다.

54. 당시 波斯(파사)로 불렸으며, 지금의 이란 지역에 해당

55. 중국 남부지방을 이른다.

56. 원문에 동주(洞主)라고 하였다. 동주는 촌주와 같은 개념으로 보아도 되겠다.

57. 葉은 섭과 엽 두 가지로 읽는다. 인명(성씨)과 지명의 경우에는 섭으로 읽는다(저자 註).

58. 단성식(段成式, 803~863)

59. 어릴 때부터 가죽끈으로 발을 동여매어 발이 크게 자라지 않게 하는 것

60. 齊國大長公主(1258~1297)

61. 貫鄕

62. 현재의 개성 동남지역

63. 이율곡(李栗谷), 이순신(李舜臣)이 덕수이씨의 대표적인 인물이다.

64. 谷山延氏. 중국 하남성 남양(南陽) 출신의 연수창(延壽昌)이 시조

65. 淸州楊氏. 중국 서촉(西蜀) 출신 양기(楊起)가 시조. 그의 후손 중 한 사람이 양사언(楊士彦, 1517~1584)이다.

66. 延安印氏. 몽고인 홀라대(忽剌歹)가 시조

67. 巨濟潘氏. 시조는 중국 하남성 영양 출신

68. 임온(任溫)이 시조. 林氏(임씨)들은 이와 다른 백제성으로 판단된다. 일본의 『신찬성씨록』에 의하면 백제의 8성 대족 중 하나인 목씨(木氏)가 임씨(林氏)로 성을 바꾸었다고 하므로 일단 백제성씨로 볼 수 있는 것이다.

69. 錦城范氏. 성은 지금의 나주. 범승조(范承祖)가 나주 복룡동에 정착하면서 시작된 성씨이다.

70. 洪川皮氏. 원나라 출신의 장군(몽고인) 피위종(皮謂宗)이 홍천에 정착하면서 피씨가 시작되었다.

71. 順天陶氏. 1296년 전남 순천에 정착. 본래 요임금 도당씨(陶唐氏)와 그 아들 고도(皐陶)의 후손이라고 전한다. 이들은 종족적으로는 은민족이다. 그러나 성주도씨(星州都氏)는 본래 백제의 성씨이다.

72. 花山李氏. 황해도 화산에 정착하여 화산이씨가 됨

73. 李公蘊(1009~1028)

74. 9대째인 소황(昭皇) 때이다.

75. 徽宗(1101~1125)

76. 1016~1017년에 많은 수의 거란인이 고려에 귀화하였다.

77. 1017~1018년에 고려에 많은 여진인이 귀화하였다.

78. 開城龐氏. 시조는 방두현(龐斗賢)이다. 이와 다른 방씨(房氏)는 고구려 영류왕 때 남양홍씨(당홍)·은씨(殷氏)·길씨(吉氏)·봉씨 등과 함께 소위 8학사로서 고구려에 왔다가 한국인으로 편입되었다.

79. 開城路氏. 시조는 노문경(路問儆)

80. 曲阜孔氏. 시조는 공소(孔紹)이다.

81. 聞慶錢氏. 시조는 전유겸(錢惟謙)이다.

82. 淸州邊氏. 변안렬(邊安烈)이 노국공주를 따라와 시조가 되었다.

83. 竹山陰氏. 중국 섬서성(陝西省) 출신 음준(陰俊)이 시조

84. 延安羅氏. 羅世(1320~1397)가 시조

85. 龍崗彭氏. 시조는 팽적(彭逐). 팽적은 중국 금릉(金陵) 사람이다.

86. 檜山甘氏. 시조는 감규(甘揆)

87. 서안과 함양의 북쪽 지역으로 본래 흉노와 융적(戎狄)의 본거지이기도 하다. 전국시대 말기에 진(秦)에 통합되었으며, 중국과 한국의 이씨는 대부분 이 농서이씨에서 비롯되었다.

88. 참고로, 고성이씨와 한국의 모든 안씨는 당나라에서 이 땅으로 귀화한 형제로부터 출발하였다. 그러므로 모든 안씨는 본래 이씨이다.

89. 설손(偰遜). 본래 위구르 즉, 고창(高昌) 지역 출신이다.

90. 홍다구·홍복원 부자는 원나라로 들어가서 자신들의 안위만을 위해 살았다. 『원사』 열전 편에 홍다구는 자신은 본래 중국인이라고 하였다고 되어 있다. 고구려 영류왕 때에 망명했다는 남양홍씨(당홍)임을 밝힌 것이다.

91. 『원사』 열전 탐라 조

92. 『고려사』 29권 충렬왕 8년 2월 계사조

93. 그 이듬해에 탐라군민만호부(眈羅軍民萬戶府)로 고치고 정동행성 관할 하에 두었다.

94. 『국역 동사강목』, VIII, 제15 하, 민족문화추진위원회, 1979

95. 漢陽, 경성(京城)

96. 소위 두문동 72현에 대해서는 『두문동실기(杜門洞實記)』를 참조하기 바란다.

97. 현재의 강소성(江蘇省) 및 절강성(浙江省) 일대로부터 광동성(廣東省) 일대까지를 아우르는 지역 개념

98. 사대전(四大廛)이라고도 한다. 사대전은 고려의 수도 송도에 설치한 개성상인의 대형상가로서 도로 양쪽에 회랑 형식으로 가게들이 벌려 선 거리이다. 선전(縇廛), 백목전(白木廛), 청포전(靑布廛), 어과전(魚果廛)의 네 가지 분야(=품목)를 중심으로 구성된 시전 거리를 말한다.

99. 부기에는 은행부기, 공업부기, 상업부기가 있다.

100. 이것을 봉차(捧次)라고 하였다.

101. 송도상인들은 급차(給次)라는 용어를 사용하였다. 타급(他給)이라고도 한다. 다른 사람으로부터 빌려서 보충한 것이란 의미이다.

102. 기원전 1600~1046년에 존속했던 중국의 두 번째 왕조

103. 대나무로 만든 것이 簡(간)이고, 나무를 깎아서 만든 것은 牘(독)이다. 따라서 엄밀히 말하면 간독(簡牘)으로 써야 한다. 簡이나 牘을 실이나 가죽끈으로 엮은 것을 책(册)이라고 한다. 策이라고도 한다. 또 책을 엮은 실이나 끈을 편(編)이라고 한다.

104. 蔡倫(?~121). 후한(後漢, =동한)에서 태상시(太常寺)를 지낸 인물이다. 채륜은 호북성(湖北省) 내양현(耒陽縣) 추신이다. 그곳에 그의 생가가 사당으로 보존되고 있다. 또 섬서성 서안 양현(羊縣)에는 채륜의 무덤과 기념관이 있다.

105. 蔡倫以故布搗挫作紙…(『후한서』)

106. 그렇지만 채륜의 종이보다 훨씬 먼저 삼베종이가 사용되었다는 증거가 있다. 1957년 중국 섬서성(陝西省) 서안의 패교(灞橋)에서 기원전 2세기의 무덤을 발굴하였는데 거기서 삼베로 만든 종이가 나왔다. 25×35cm 크기의 삼베 섬유로 만든 마지(麻紙) 9매가 나왔다. 이 패교지(灞橋紙)보다도 약 1백여 년 앞서 만든 종이가 1986년에 나왔다. 감숙성(甘肅省) 천수시(天水市) 북도구(北道區) 방마탄(放馬灘)의 전한 문제~경제 시대(기원전 179~142)의 무덤에서 종이가 나왔다. 이것을 방마탄지라고 부르고 있다.

107. 또 그의 공을 기려서 종이를 만드는 이들은 촉(蜀) 땅의 대동문(大東門) 설봉원(雪峰院)에 채륜을 배향하고 해마다 묘사에 제사를 지내고 있다는 사실도 밝히고 있다(『성호사설(星湖僿說)』권12 人事門, 蔡倫).

108. 그가 종이를 만들게 된 계기는 헌솜과 명주를 물에 빨 때 그 찌꺼기가 물에 떠도는 것을 건져내어 널어 말리다가 힌트를 얻었다고 한다. 그래서 초기의 종이는 명주를 의미하는 것이었고, 종이를 紙(지)라고 쓰게 된 것도 糸(사)를

109. 『신당서』권5, 현종본기(玄宗本紀), 『신당서』권135, 고선지전(高仙芝傳)

110. 당 현종 천보 10년(千寶, 751) 크게 패하여 많은 포로가 잡혀 갔고, 그 중에 지공(紙工)들이 있었다고 한다.

111. 『통전(通典)』권193, 대식국전(大食國傳), 杜佑(735~812)

112. 과거 우즈베키스탄의 수도이자 고대 강국(康國)의 중심이었다. 타쉬켄트에서 남쪽으로 350km 거리에 있으며 이곳에 그 유명한 아프라시압 궁전벽화가 있다. 실크로드의 길목 중 하나로 원나라 때 티무르 제국의 수도였다. '사마르'는 산스크리트어로 '사람이 만나는 곳'이며, '칸드'는 페르시아어로 '도시'를 뜻한다(『흉노인 김씨의 나라 가야』, p. 509 참조).

113. 胡瑗(993~1059). 태주(泰州) 출신. 범중엄(范仲淹)과의 교분을 통해 교육개혁에 앞장서게 되었다. 소위 북송오자(北宋五子)라고 일컫는 주돈이(周敦頤), 소옹(邵雍), 장재(張載), 정호(程顥), 정이(程頤)를 거쳐 주자(朱熹, 1130~1200)에 이르기까지 송대 성리학을 집대성한 이들이 모두 호원의 학풍을 계승한 사람들이다.

114. 충숙왕 원년(1314) 1월에 상왕인 충선왕이 지금의 북경에 설치하였다. 이제현 등이 이곳에서 한족 출신의 여러 유학자들과 교류하였으며, 성리학을 받아들이는 창구로 삼았다.

115. 스페인 남부의 도시. 스페인 남단 지브롤터나 세비야, 그라나다(Granada)에서 북쪽으로 그리 멀지 않다. 이슬람 건축물인 코르도바 대사원이 있다.

116. 憲宗. 재위기간(1251~1259년). 징기스칸의 손자이다.

117. 참고로, 1258년 바그다드를 무자비하게 함락하는 홀라구는 자신의 부인이 네스토리아 기독교였으므로 기독교도들을 우대하였다.

■ 제9부

1. 희종(僖宗, 873~888년) 시대에 있었던 일이라고 전한다.

2. 정확히 말하면 청백자이다. 그래서 청백자쌍엽문반(靑白瓷雙葉文盤)이라는 이름으로도 부른다.

3. 최치원은 12세 때(868) 당나라로 건너가서 공부하여 874년에 당나라에서 진사(進士)에 급제하였다. 그가 관직에 있을 때 황소의 난이 일어났으며, 황소를 토벌하기 위해 격황소서(檄黃巢書)를 지은 것도 이 무렵이다. 그리고 884년에 신라로 돌아오기까지 그는 16년 동안 당에 머물렀다.

4. 궁궐 안으로 흐르는 개울을 말함

5. 紅葉題詩出鳳城 淚痕和墨尙分明 御溝流水渾無賴 漏洩宮娥一片情(『東文選』권20 題草書簇子)

6. 節骨此君高 花用兒女艶 飄零不耐秋 爲竹能無濫(『동국이상국집』(제1권), 이규보)

7. 총 10권으로 구성되었으며 선화(1119~1125) 연간에 명주시박사(明州市舶司)를 지낸 장방기(張邦基)가 쓴 책이다. 보타산에 관한 내용은 장방기가 명주시박사에 있을 때 함께 근무하던 사람이 보타산 관음동으로 기우제를 지내는 행사를 보러 갔다가 돌아와서 들려준 이야기를 그대로 기록한 것이다.

8. 『묵장만록(墨莊漫錄)』 권5

9. 『東國輿地勝覽』 권35, 羅州牧題詠

10. 『續資治通鑑長編』 권47 眞宗, 咸平 3년 10월조

11. 『續資治通鑑長編』 권86, 大中祥符 7년(1014년) 6월조

12. 『續資治通鑑長編』 권95, 天禧 4년(1020년) 2월조

13. 송 희령(熙寧) 7년

14. "(熙寧) 七年 令舶船遇風至諸州界( )報所隸 送近地舶司 榷賦分買"[『宋史』 권186 食貨18]

15. 『宋會要輯稿』 권4, 職官 44之12, 建炎 2년 10월 17일조

16. 1022~1062년

17. 『建炎以來系年要錄』 권78

18. 남양항로(南洋航路) 주변에 있는 나라들과의 무역. 여기서는 동남아시아 여러 나라와의 무역을 이른다.

19. 1146~1170년

20. 소흥(紹興) 29년

21. 『건염이래계년요록(建炎以來系年要錄)』 권183, 소흥(紹興) 29년 8월조

22. 건도(乾道) 3년

23. 무역상품을 조사하고 그 가격을 산정하는 것. 그것을 근거로 세금을 징수하였다.

24. 우윤문(虞允文, 1110~1174)

25. 『성재집(誠齋集)』 권120, 左丞相節度使雍國公贈太師諡忠肅虞公神道碑

26. 능포(綾布)를 말한다. 능포는 화려한 색과 문양을 놓은 비단

27. 포는 삼베를 가리킨다.

28. 『운록만초(雲麓漫鈔)』 권5

29. 선객(船客)을 다른 말로 선상(船商)이라고도 하였다. 무역선에 편승한 상인들

30. 『보경사명지(寶慶四明志)』 권2, 시박(市舶)

31. 원나라 때의 경원(慶元). 현재의 영파시(寧波市)

32. 『宋元時期的海外貿易』, p. 27, 陳高華·吳泰, 天津人民出版社, 1981

33. 명주에서는 화물의 10분의 1을 세금으로 거두었다.

34. 명주에서는 무역상인 화물의 15분의 1을 세금으로 거두었다.

35. 『보경사명지(寶慶四明志)』 6

36. 민절(閩浙)의 閩(민)은 광동(廣東) 복건 일대를, 浙(절)은 절강 지역 전체를 이른다.

37. 화릉(花綾), 문라계(文羅罽), 사금계(絲錦罽)는 모두 비단을 짤 때 꽃무늬나 기타 문양 등을 넣어 멋을 내어 만든 비단 종류이다.

38. 거란족의 요(遼) 나라 정권을 가리킨다.

39. 『보경사명지(寶慶四明志)』 6

40. 『又樓上觀潮贈同寮金君』『東國李相國全集』 권16, 古律詩

41. 중국 남부의 강소성(江蘇省)과 절강성(浙江省) 지역

42. 『新唐書』 권43 하, 志33 下 地理7 下

43. 『고려도경』 권34~39 海道

44. 『續資治通鑑』 권247 신종(神宗) 희령(熙寧) 6년 10월 壬辰(문종 27, 1073년)

45. 『宋史』 권487 列傳246 高麗

46. 『萍州可談』 권2

47. 그 당시의 비금도 이름은 죽도(竹島)였다.

48. 『선화봉사고려도경』 매잠(梅岑), 서긍

49. 「고려시대의 상인」, 李貞信, 『국사관논총』 59, 1994

50. 고려 왕성의 정서쪽 문은 선의문(宣義門), 정남문은 승평문(昇平門)이었으며 광화문은 왕부(王府)의 편문(偏門)이었다.

51. 幞頭店. 머리에 쓰는 두건 종류를 만들어 파는 곳. 『고려도경』에 의하면 문라(文羅, 무늬 있는 비단)로 만든 두건 하나의 값이 쌀 한 섬(石)이었다고 한다.

52. 승려와 재가화상 제외

53. 『고려도경』 및 『계림유사』

54. 『고려사』 권13 예종 8년 6월 경술

55. 『고려사』 권8 문종 12년 8월 乙巳

56. 『고려사』 권17 인종 원년 11월 丁亥

57. 禁高麗日本商人博易銅錢(『송사』 권37 본기 慶元 5년 7월 갑인 조)

58. 구리그릇. 아마도 고려에서는 유기를 만들어서 수출한 것으로 짐작된다.

59. 兩浙市舶司言 高麗賈人販到銅器 乞收稅出賣 詔付鑄錢司(『建炎以來繫年要錄』 권183 紹興 29년 8월 무오)

60. a) 福建市舶司 常到諸國舶船……以上舶船 候南風則回 惟高麗北風方回…(『雲麓漫鈔』 권5)
   b) (乾道)三年四月三日 姜詵日明州市舶務 每歲夏 汎高麗日本舶船到來 依例提擧市舶官 於四月初(『宋會要輯稿』 86, 직관 44)
   c) 高麗日本及蕃南販舶 遇抽解拘到一半五分(『開慶四明續志』 4, 市舶務對兌錢)

61. 중국에서는 이들을 선객(船客)이라고 하였다. 배를 얻어 타고 온 중소상인들을 이르는 말이다.

62. …高麗日本綱首 雜事十九分推一分 餘船客十五分推一分…(『寶慶四明志』 6, 郡志6, 紋賦 下)

63. 고려 성종(成宗) 재위기간 : 981~997년

64. 「고려시대의 상인」, 李貞信, 『국사관논총』 59, p. 111, 1994

65. 蘇轍(1039~1112년)

66. 『欒城集』 권45 箚子『乞裁損待高麗事件箚子』

67. 1009~1031년

68. 1034~1046년

69. 『蘇東坡全集 奏議集』 권6 『論高麗進奉狀』

70. 正月十有九日 都綱李元積至 得去年九月書…(『大覺國師
　　外集』권2 「書」 제 2)
　　…因商客行 謹奉書…(『大覺國師外集』권6 大宋沙門守長書)
71. 1037~1070년
72. 「唐末 五代의 東南沿海地域과 韓半島의 海上交涉」, 申採
　　湜, 『東國史學』 34, p. 173
73. 臣嘗廣行詢問海上往來之人 皆云 南方水性 與水相宜 故
　　海舟以福建爲上 廣東西船次之 溫明州船又次之(『忠穆集』
　　권2 「論舟楫之利」)
74. 泉州人稱山谷瘠 雖欲겷耕無地闢州南有黃浩無窮 每歲造
　　舟通異域(『輿地紀勝』권130 福建路 泉州)
75. 여기서 민(閩)은 복건성과 광동성을 일컬으며 절(浙)은 절
　　강 지역을 이른다.
76. 『송사』권487 열전246, 高麗85
77. 『고려사』, 권79, 志33 食貨2 漕運 條
78. 지금의 순천시와 광양시 일대를 아우르는 개념
79. 廣石山在府南二十里 世傳古中國使臣渡海往來之路 山下
　　有唐館古基(『新增東國輿地勝覽』권43 황해도 풍천도호부
　　山川條)
　　池村鄕在府北四十里 古赴中國使臣乘舟處(『新增東國興
　　地勝覽』권43 황해도 풍천도호부 古跡條)
80. 『고려사』권1, 태조1
81. 재위기간 : 1085~1099년

■ 제10부

1. 목패의 폭은 2cm~3cm, 두께는 0.5cm~1cm 정도이다.
2. 유형별로는 A-Ⅰ(97점), A-Ⅱ(49점), A-Ⅲ(58점), A-Ⅳ(50
　　점)
3. 마코사부로(まこさぶろう)
4. 혼토우니로(ほんとうにろう)
5. 1貫(관)은 지금의 3.75kg
6. 斗(두)는 한 말 단위. 예전에는 9kg이었다.
7. 목패 41개에는 동복사(東福寺)라는 사찰 이름이 기록되어 있
　　다. 그런데 그 중에서 28개가 선미로부터 두 번째 선창(Ⅱ구)
　　에서 나왔다. 나머지는 Ⅲ구에서 7개, Ⅳ구에서 6개가 나왔다.
8. 세로로 東福寺公物 또는 東福寺公用이라고 먹으로 썼다.
9. 『삼국유사』(권4) 승전촉루(勝詮髑髏) 조와 권3 천룡사(天龍
　　寺) 조(天龍寺 條에는 剛司로 되어 있으며 승전촉루(勝詮髑
　　髏) 조에는 "…其髑髏八十餘枚 至今綱司傳 피 有靈異…"
　　로 기록되어 있어서 승전촉루(勝詮髑髏)의 강사(綱司)는 분
　　명히 사찰의 중요 직책과 관련된 것임은 틀림없다)이다.
10. 17세기까지 강사는 중국과 고려에만 있었다.
11. 정확히 말하면 사사명(寺社名)
12. 타로(こたろう)

13. 이치로(いちろう)
14. 지로(じろう)
15. 지로(じろう)
16. 사부로(さぶろう)
17. 큐슈(九州)의 하카다로서 지금의 후쿠오카시(福岡市)이다.
18. '조적암'과 '지치삼년'을 함께 표기한 목패는 모두 9개이다.
19. 이것은 송원시대 중국에 있던 직명이다. 원대(元代)의 사료
　　인 『지정사명속지(至正四明續志)』(第三 卷二十一, 慈溪縣
　　條)에 '승강사'라는 명칭이 나타나 있다.
20. '조적암'과 '지치삼년'을 함께 표기한 목패는 모두 9개이다.
21. 이것은 송원시대 중국에 있던 직명이다. 원대(元代)의 사료
　　인 『지정사명속지(至正四明續志)』(第三 卷二十一, 慈溪縣
　　條)에 '승강사'라는 명칭이 나타나 있다.
22. 일본어로 다카라(タカラ), 즉 보물이라는 의미
23. 『발해국지(渤海國志)』, 김육불, 태학사, 1982
24. 츠쿠시노 이와이(つくしのきみいわい). 그냥 이와이라고도
　　한다.
25. 園城寺文書(おんじょうじ)

■ 제11부

1. 塗漆牡丹童子像浮彫裝飾. 길이 14cm, 너비 3.7cm, 두께
　　0.9cm
2. 길이 3.9cm, 지름 3.7cm. 용문양을 조각한 도장
3. 직경 2.45cm, 구멍직경 0.65cm, 두께 1.75cm
4. 길이 24.7cm, 폭 2.2cm, 두께 0.78cm
5. 길이 31.5cm, 두께(中央部) 0.56cm
6. 길이 17.4cm, 두께 0.78cm
7. 길이 15cm~20cm, 두께 0.5cm~0.6cm
8. 길이 14.32cm, 폭 5.21cm, 두께 2.27cm
9. 塗漆唐草花形文浮彫裝飾板. 길이 17.2cm, 폭 11.15cm, 두
　　께 0.8cm
10. 인동문 또는 인동당초문이라고도 한다. 인동덩굴의 줄기와
　　잎새 문양을 이르는데, 인동초(忍冬草) 또는 당초라 하는
　　것은 소위 금은화(金銀花)를 가리킨다. 이것은 처음 꽃이
　　필 때는 금색이었다가 나중에 흰색으로 바뀌는 데서 비롯
　　된 이름이다. 당초문은 건축이나 조각 또는 여러 가지 문양
　　으로 쓰이게 된 데 대해 다음의 내용을 기억해 둘만하다.
　　"인동문 또는 인동당초문은 이집트에서 시작해 그리스로
　　전해진 팔메트(Palmette)라고 불리는 넝쿨문이 불교미술
　　과 함께 중국으로 들어오면서 변형된 것이다."(『唐草文樣
　　의 系譜』, 曹圭和, 『美術資料』 18, p. 43~54, 1975년 12월)
11. 지름 1cm~1.3cm 정도 구멍지름 0.2cm
12. 『동의보감』 탕액편 제3권 木部
13. 높이 6.6cm, 구경 15.6cm, 저경 9.4cm

14. 높이 7cm, 구경 17.4cm, 저경 9.6cm
15. 높이 7.6cm, 구경 17.4cm, 저경 9.6cm
16. 높이 6cm·구경 11.1cm·저경 4.1cm
17. 직경 20.2cm, 두께 0.7cm
18. 높이 5.9cm, 구경 13.9cm, 저경 6.8cm, 두께 0.2cm
19. 높이 9.8cm, 구경 11.1cm, 저경 3.9cm. 뚜껑의 높이와 구경은 각 3.2cm, 3.9cm이다.
20. 청자양각팔괘문향로(青瓷陽刻八卦文香爐). 굽 외부에 두 글자 묵서
21. 玉出崑山(옥출곤산)·崑出片玉(옥출편옥)·白玉滿堂(백옥만당)·富貴長命(부귀장명)·壽山福海(수산복해)·壽富福祿(수부복록)·衣食自然(의식자연)·祿(록)·福祿雙全(복록쌍전)·王(왕)과 같은 문구들이다.
22. 백옥처럼 희고 영롱한 옥이 나는 곳으로서 이곳에서 나는 옥을 곤석(崑石)이라고도 불렸다. 곤산현의 소재지는 옥산진(玉山鎭)이며, 이 옥산진 서북 모서리에 산의 모양이 말안장처럼 가운데가 오목한 마안산(馬鞍山)이 있다. 마안산을 옥산(玉山) 또는 옥봉(玉峰)이라는 이름으로도 부른다. 원나라 지원 13년(1276) 곤산을 평강로(平江路)에 속하게 하였으며 1367년 평강로를 다시 소주부(蘇州府)로 고치고 곤산주를 소주부에 통합하였다(『江蘇省 崑山縣志』, 江蘇省 崑山縣志編纂委員會編, 上海人民出版社 1990).
23. 흔히 난백자라고도 부른다.
24. 마상배라는 이름으로도 부른다.
25. 현재의 티베트 및 장족을 이른다.
26. 1235~1280. 테베트 불교 승려. 그가 한자를 이용하여 새로운 글자를 창안한 것이 파스파 문자이다.
27. 본래 술탄들의 거주지인 왕성(Palace)이었다.
28. 磨而不磷 涅而不緇(『論語』陽貨 篇)
29. 식산(息山) 이만부(李萬敷, 1664~1732)의 연명(硯銘)
30. 정일당(靜一堂) 강씨(姜氏, 1772~1832). 영조~순조 시대의 여성 문인
31. 崑明. "대이가 바로 곤이다"(大彝卽崑). 즉 대이족들의 밝은 땅이 곤명의 본뜻이다.
32. 나시족(納西族)의 동파문자(東坡文字)도 이 유형에 든다.
33. 蝌蚪文. 과두는 올챙이. 올챙이 모양으로 생긴 글자를 말한다.
34. 기원전 1046~771년
35. 蔡鴻茹, 古硯淺淡, 文物 1979. 9期
36. 한(漢) 문제(文帝) 13년
37. 화교신촌(華僑新村)이라 하는 곳에서 나왔다.
38. 西夏(1032~1227)
39. 1965년 寧夏 출토. 길이 14.2cm, 너비 9.8cm, 두께 4cm
40. 사각연(四角硯)·팔각방형연(八角方形硯)·팔각연(八角硯)·다각연(多角硯)·이면연(二面硯)·규연(圭硯)·원형연(圓形硯)·삼족연(三足硯)과 같은 여러 가지 모양의 벼루를 만들어 사용하였다.
41. 당 고조(高祖) 무덕(武德) 연간이었다고 한다.
42. 여덟 개의 모서리로 이루어져 있어서 팔릉연(八稜硯)이라고 한다. 한 개의 돌을 아래위로 파서 만든 소형의 벼루이다. 위쪽에는 묵상(墨床)과 연지(硯池)가 따로 없다. 8개의 각 모서리에는 곰의 다리를 간략화한 모양의 다리를 갖고 있는 벼루이다.
43. 9각형 벼루인데 각 모서리마다 원통형 기둥이 한 개씩 있다. 중앙의 둥근 묵상(墨床)은 한쪽으로 약간 치우쳐 있으며 연지(硯池)의 한쪽이 깊고 넓다. 벼루 뒷면에 淸溪九寶(청계구보)라는 글자가 새겨져 있다.
44. 흑회색 이면 벼루(1점). 길이 13.5cm, 너비 10.3cm, 두께 3.1cm, 1983년 인양
45. 원형연(圓形硯). 직경 10.6cm, 두께 1.4cm, 1981년 인양
46. 머리를 등쪽으로 돌린 새의 모습을 한 벼루로서 새의 등에 묵상(墨床)과 연지(硯池)를 마련하였다. 부리와 목의 깃털 그리고 가슴·날개 등은 선각(線刻)으로 표현하였다.
47. 바닥에는 3개의 발이 달려 있는데, 앞쪽에 하나 그리고 뒤쪽에 두 개가 따로 나누어져 붙어 있다. 앞쪽에 타원형의 연지(硯池)만 있다.
48. 1점이 나왔다. 길이 21.7cm, 너비 13.8cm, 두께 1.2cm, 1983년 인양. 파손된 부분이 없어 유존 상태가 양호한 유물이다.
49. 외뿔소를 나란히 조각한 검은색 석제 문진으로, 각수상문진(角獸像文鎭)이다. 문진은 한나라 때부터 옥 또는 청동 등으로 만들어 썼다. 외뿔소를 새겨 벽사(辟邪)의 의미를 실었다.
50. 1점. 흑색 길이 13.9cm, 높이 6.0cm. 1982년 인양. 중국에서는 한대 이후 일찍부터 벽사의 의미에서 신이한 동물 모양의 문진을 만들어 사용해 왔다. 신안선에서 나온 이 유물은 문진일 것으로 추정한다.
51. 何天仙女一乳( ) 誤落人間文筆房 多少弟子雙手撫 不勝差愧淚滂滂
52. 지석(砥石)
53. 음각당초문구형석판(陰刻唐草文矩形石板)·유공구형석판(有孔矩形石板) 등
54. 높이 12.0cm, 직경 22.0cm(검은색 돌), 윗돌 :높이 7.8cm, 직경 8.9cm
55. 謝人贈茶磨, 『동국이상국집』 이규보
56. 윗돌의 직경은 17.8cm
57. 길이 13.7cm, 너비 9.6cm, 두께 0.5cm(1984년 인양, 1점)
58. 길이 13mn, 너비 10.5cm, 두께 3.5cm(1983년 1점)
59. 넓은 폭이 26cm, 높이 10.8cm
60. ⑥길이 10cm, 너비 3cm, 두께 1.5cm(1983년 1점) ⑦길이 9.8cm, 너비 3cm, 두께 1.7cm(1983년 1점)
61. 흑색 직경 5.9cm, 두께 1.0cm(1982년 인양)
62. 직경 4.6cm, 두께 1.6cm(1982년 인양)
63. 높이 3.1cm, 도장직경 2.58cm, 도장면 직경 1.76cm

64. 직경 0.37cm

65. 한 변의 길이가 0.9cm이다.

66. 길이 24cm, 최대폭 10.5cm, 앞굽(前齒幅) 12.5cm, 뒷굽(後齒幅) 11.9cm, 굽 두께 2.4cm

67. 길이 23.9cm, 최대폭 11.3cm, 높이 5cm

68. 이처럼 굽과 바닥이 하나로 된 게타를 연치게타(連齒下駄)라고 한다.

69. 머리 쪽에서 3.7cm 거리에 구멍 하나, 그리고 12.8cm 위치에 좌우 각 한 개씩 구멍을 뚫어 끈을 꿸 수 있도록 했다.

70. 이처럼 굽이 높은 게타를 다카게타(高下駄) 또는 아시타(足駄)라고 부르는 것으로서 그 용도가 제한되어 있다.

71. 弥生時代(B.C.300~A.D.250)

72. 古代繪卷物(고대회권물)인 『아귀초지(餓鬼草紙)』

73. 높이 26.3cm

74. 높이 25.2cm

■ 제12부

1. 徐有榘(1764~1845). 조선 후기의 실학자

2. 五官. 눈·귀·코·혀·피부의 다섯 가지 감각기관이다.

3. 陳繼儒(1558~1639). 중국 명나라 때의 학자

4. 『미공비급(眉公秘笈)』 陳繼儒

5. 꽃꽂이의 한 종류를 이른다. 꽃을 화병에 꽂는 방식에 따른 것으로, 이와 달리 일반적인 꽃꽂이를 일본에서는 이케바나(生け花)라고 한다.

6. 地藏法師. 속성은 김씨이다.

7. 지장법사(705~803)가 남긴 시로서 제목은 '산에서 내려가는 동자를 보내며'(送童子下山)이다.

8. 삽병법(揷瓶法)이라는 용어를 사용한다.

9. 다른 말로 불전공화(佛典供花)라고도 한다. 불전에 꽃을 드리는 의식을 말한다.

10. 다테바나를 立花 또는 立華로 표기하기도 한다.

11. 이것을 일본에서는 '스나바치'라고 한다. 우리말로 사발에 해당한다.

12. 음력 7월 15일을 이르는 명칭에는 여러 가지가 있다. 먼저 도가(道家)에서는 중원일이라고 한다. 천상선관이 일년에 세 번 인간의 선악을 살피는 때. 그것을 상원(上元, 1월 15일), 중원(中元, 7월 15일), 하원(下元, 10월 15일)의 세 시기, 즉 삼원(三元)으로 구분한다. 이 날을 망혼일(亡魂日)이라고도 한다. 돌아가신 어버이에게 그 해에 난 새로운 과실을 먼저 올리는 천신(薦新)을 한 데서 유래한 이름이다. 그리고 승려들이 음력 7월 15일에 안거를 마치므로 이날 대중에게 자신의 허물을 고백하는 날이라 해서 백중(白衆)이라고도 부른다. 또 이 날을 백종일(百種日)이라고도 하는데 이것은 백 가지 곡식의 씨앗을 논밭에 늘어 놓았다는 데서 비

롯된 이름. 고통에 빠진 중생을 백 가지 음식을 장만하여 재를 베풀어 구제한다고 해서 백종이라고도 한다.

13. 『우란분경(盂蘭盆經)』에 석가모니의 제자 목련존자(木蓮尊者)가 육신통(六神通)을 얻어 부모님이 지옥에 굶주리는 고통을 겪는 것을 보게 되었다. 이에 석가모니에게 어떻게 하면 어머니를 구제할 수 있느냐고 묻는다. 석가모니는 수행을 마친 승려에게 음력 7월 15일 공양을 하면 부모가 고통에서 구제되고 현세의 부모에게 효도하여 복을 받을 수 있다고 되어 있다. 7세 부모나 현세부모가 재액을 당할 때 밥과 1백 가지 맛난 음식을 마련하여 십방(十方)의 승려에게 공양하라고 우란분경은 말하고 있다.

14. 매병은 어떤 유약을 사용했으며 무슨 재료를 사용하고, 어떻게 만들었는가에 따라 몇 가지로 구분할 수 있다. 청자매병, 백자매병, 검은빛의 철채를 입힌 철채매병, 분청사기매병 그리고 도기매병과 금속으로 만든 매병이 있다.

15. 1185~1336년

16. 史天澤(1202~1275)

17. 『매병 그리고 준—향기를 담은 그릇』, p. 98, 국립해양문화재연구소, 2013

18. …酒尊之狀如瓜 上有小盖 面爲荷花伏鴨之形…『선화봉사고려도경』 기명(器皿) 3, 도존(陶尊) 편]

19. 전북 고창과 정읍 지역에서 개경의 상층 관리에게 물품을 보낸 배인데 충남 태안 마도 근해에서 침몰하였다. 배에서는 4백여 점의 유물이 나왔는데, 그중 도자기는 163점이다. 청자 140점, 도기 22점, 시루 1점, 발과 호·대접·접시·병·잔 등이 나왔으며 도자기 중에는 개경으로 보내는 상품 외에도 선원들이 사용한 것이 있다.

20. 이 죽찰은 보물 제 1784호로 지정되었다.

21. 마도2호선에서 나온 고려청자매병은 2012년 12월 보물로 지정되었다.

22. 金樽美酒千人血 玉盤佳餚萬姓膏…

23. 庾資諒(1150~1229)

24. 李克偦. 목간에 적힌 이 인물은 낭중(郎中)이라는 관직에 있었다. 그는 그 뒤인 1213년에 추밀원부사, 1220년에는 평장사(平章事)라는 높은 관리로 있었다. 이것으로 보면 마도2호선은 1219년 이전에 운행되었음을 알 수 있다.

25. 青磁象嵌柳文乙酉司醞署銘梅瓶

26. 1372년(공민왕 21)에 사온서로 바뀌었다.

27. 司醞署掌供酒醴(『고려사』)

28. 青磁象嵌柳蓮文德泉銘梅瓶

29. 1325년(충숙왕 12년) 덕천창에서 덕천고로 개칭. 덕천고는 왕실창고(관청)였다. 1403년 내섬시로 바뀌었다.

30. 碩陵(1237년)

31. 원덕태후(元德太后)의 무덤으로 1239년에 축조되었다. 강화도에 있다.

32. 이 외에 용인 마북리, 용인 좌항리, 성남 판교지구, 진천 송

두리, 청주 명암동, 충주 단월동·직동, 공주 금학동 고분 등의 청자매병 출토지가 더 있다.

33. 『매병 그리고 준-항기를 담은 그릇』(2013년, 국립해양문화재연구소), p. 74에서 요약 인용
34. 美濃 白山神社
35. 古瀬戸梅瓶
36. 白山權現奉侍入御酒器…
37. 韓淲(1159~1224)
38. 「雪後如春」(눈 뒤에 봄날 같다)이라는 글에 "…蘭珮新輸綠梅瓶久薦紅…"이라고 한 구절이 있다.
39. 1716년 간행
40. 康熙帝(1654~1722). 청나라 4대 황제
41. 청(淸) 선통(宣統) 2년
42. 청(淸) 말~민국(民國) 초인 1924년에 허지형(許之衡, 1877~1935)이 쓴 책이다.
43. 梅瓶口細而項短肩極寬博至脛稍狹折於足則微豐口徑之小僅與梅之瘦骨相稱故名梅瓶也…(『음류제설자(飮流齊設瓷)』 說瓶罐 第七 梅瓶條, 許之衡)
44. "庶氏掌除毒蟲 嘉草攻之 凡驅蟲則令之比之(『주례(周禮)』秋官 司寇 庶氏 條)"
  "煎氏掌除蠹物 以莽草薰之 凡庶蟲之事(『주례(周禮)』秋官 司寇 煎氏 條)"
45. 火烟上出也(『설문해자』)
46. 香氣, 蒸也(『중화대자전(中華大字典)』)
47. 香者 氣之正 正氣盛則除邪辟穢也
48. "一薰一蕕 十年尚猶有臭"[『춘추좌전』 僖公 5년(기원전 655년)]
49. "女侍史契被服 執香爐燒薫 從入臺中給使 護衣服也"(『후한서後漢書』 권41 漢官儀 蔡質)
50. 『南陽兩漢畫像石』 圖52, 圖56, 圖65, 王建中·閃修山), 1990
51. 『維摩像』 『世界の美術』 圖10~13, 1980
52. 『河北省出土文物選集』, 河北省博物館·文物管理處, 1980
53. 실제로 이런 경우의 처방법이 『동의보감』에 실려 있다.
54. "…合會諸香 煎其汁以爲蘇合…"(『후한서後漢書』 권88, 大秦國傳)
55. "大秦一微木 二蘇合 狄提 迷迷 兜納 白附子 薰陸 鬱金 藝膠 薰草木 十二種" 이것은 『삼국지(三國志)』 권30 오환전(烏丸傳)에서 인용한 위략(魏略) 서융전(西戎傳)에 실려 있는 내용이다.
56. 서북스타일에는 크게 나누어서 鳥形, 承盤付 鳥形, 承盤付 鼎形, 行爐形의 세 가지가 있다.
57. 중산(中山)은 본래 하북성 정현(定縣)이다. 이곳이 소위 당(唐)이며, 요(堯) 임금이 일어선 곳으로 알려져 있다. 본래 백적(白狄)의 근거지였다.
58. 『초학기(初學記)』 권25 博山香爐賦에 실려 있는 내용(器象南山 香傳西國…). 『초학기(初學記)』는 당나라 때 서견(徐

堅) 등이 엮었다. 『초학기』(권25) 박산향로부(博山香爐賦)는 傅緯가 썼다.
59. 전한 시대 말에 劉歆(유흠)이 지었다.
60. "按劉原父 先秦古器云 右一器上爲山 下爲槃 世俗謂之博山爐"『歷代鐘鼎彝器款識法帖』(薛尙功 作)

■ 제13부

1. 육우(陸羽, 727~803). 그의 자(字), 그러니까 20세 이전의 이름은 홍점(鴻漸). 계자(季疵)라고도 한다. 현재 항주시 여항구(餘杭區) 경산진(徑山鎭) 쌍계(雙溪)에 육우천(陸羽泉)이 있다. 육가정(陸家井)이라고도 부르는 이곳에서 육우는 세계 최초로 차 관련 저서인 『다경(茶經)』을 썼다. 그리고 차의 발원지인 항주 경산에는 당나라 때 지어진 경산사(徑山寺)가 있다. 경산사는 경산 만수선사(萬壽禪寺)로 되어 있어서 사람들은 경산사 또는 만수사·만수선사로 부르고 있다. 이곳에 와 있던 영서선사(榮西禪師)가 차와 다도를 일본에 전했다.
2. 찻잎을 따는 차나무는 동백나무과(Theaceae) 동백나무속(Camellia) 차나무종에 속한다.
3. 『다경』과 몇몇 기록에 의하면 중국에서는 원래 차를 茶(도)라 하였다고 한다.
4. "若熱渴 凝悶 腦痛 目澁 四肢煩 百節不舒 聊四五啜 與醍醐甘露抗衡也"(『다경(茶經)』)
5. 영어의 Tea는 본래 중국어에서 유래하였다. 중국 복건성(福建省) 지역의 남방음에서 비롯된 말이다. 이 지방에서는 다(茶)를 '테'에 가까운 소리로 발음하였는데, 17세기 이후 중국에서 차를 수입해가던 서역과 유럽인들이 그것을 소릿값에 가깝게 음사하여 전한 것이 '티'(Tea)이다. Tea는 영국 등지에 전해진 홍차로부터 비롯되었다고도 한다.
6. "…茶之爲用 味至寒 爲飮最宜 精行儉德之人…"
7. 神農食經 茶茗久服 令人有力悅志(『茶經』, 陸羽)
8. 휘종(960~1126). 그는 글씨와 그림에 조예가 있었으며, 차에 몰입하여 『다론』을 저술하기도 하였다. 『대관다론(大觀茶論)』은 그의 재위기간 중 대관(1107~1110) 연간에 쓴 것으로 차에 관하여 세세한 것까지 다루었다. 그의 본명은 조길(趙佶)
9. 에이사이(榮西, 1141~1215). 71세 때인 1211년에 『끽다양생기(喫茶養生記)』라는 차 관련서를 저술하였다. 송나라에서 차 종자를 가져다가 일본에 심어 처음으로 차를 전했다고 한다. 75세로 입적하였다.
10. 源實朝(1192~1219)
11. 1178~1235년. 어머니는 배씨였고, 아버지는 최완(崔琓)이었다. 호는 무의자(無衣子)이다.
12. 嶺雲閑不撤 澗水走何忙 松下摘松子 烹茶茶愈香(妙高臺上作, 『무의자시집(無衣子詩集)』 권하, P. 55 혜심)
13. "蘭草之隱逸者也 茶草之賢聖(卽禪)者也 以有玄微之道

清和之德故⋯茶之一道 遂屬于禪也(『조선불교통사』, p. 459~460, 이능화, 민속원, 1992)

14. 호암(湖巖) 文一平(1888~1936)

15. 『茶故事』, 文一平, 『호암전집』, p. 351, 조광사, 1939

16. 金明喜(1788~1857)

17. 曾聞佳茗似佳人(일찍이 좋은 차는 아름다운 사람과 같다고 들었다.)

18. 老僧選茶如選佛

19. 從香味入波羅蜜

20. 金命喜(1788~1857), 호는 산천(山泉)

21. 『奉和山泉道人謝茶之作』(산천도인이 차에 대해 사례함을 받들어 화답하여 짓다)라는 제목의 시이다.

22. 君子, 『맹자(孟子)』에는 "군자는 성현의 총칭이다(君子聖賢之總稱也)"라고 하였다. 이 시에서도 성현을 대신하는 말로 쓰였다.

23. 秋八月癸丑⋯⋯賜⋯僧尼茶香有差⋯"(북역 『고려사』 권2, p. 100, 신서원)

24. "⋯丁酉國師海麟請老還山王親餞于玄化寺賜茶藥金銀器皿⋯"(북역 『고려사』 권8, p. 330, 신서원)

25. "穆宗十年七月御毬庭集民男女八十以上及篤廢疾六百三十五人臨賜酒食帛茶藥有差⋯"

26. "⋯八月教自乙卯年以來北鄙戰亡將卒 父母妻子賜茶薑布布物有差⋯"

27. 聖上爲設功德齋或親碾茶或親磨麥臣愚深惜聖體之勤勞也"(북역 『고려사』 권93, p. 180, 신서원)

28. 圓悟克勤(1063~1135), 선문(禪門)에서 비중 있는 저서로 알려진 『벽암록(碧巖錄)』의 저자이다. 『벽암록』은 1128년에 썼다.

29. 金時習(1435~1493)

30. 草衣禪師(1786~1866), 그는 다선일미(茶禪一味), 다선쌍수(茶禪雙修)의 실천을 주장했다. 이 나라 동국(東國)의 차와 관련된 것들을 읊은 『동다송(東茶頌)』을 남겼다.

31. 徐居正(1420~1488), 조선전기의 성종 때 활동한 학자로, 자는 자원(子元)이며, 호는 사가정(四佳亭)이다.

32. 큰 사찰 주변에 차를 재배하여 상품으로 생산하던 마을. 차가 널리 보급되는데 크게 기여하였다.

33. 고려 후기의 다인으로는 이규보, 이인로, 이곡, 이색, 이승인, 임춘, 이승휴, 안축, 길재, 권근, 정몽주, 이제현 등이 있다.

34. 茶店晝睡

35. 『고려사』 貨幣 편에도 돈으로 차를 사게 한 사실이 전하고 있다(『고려사』 권79, p. 361).

36. 眞覺國師 慧諶(1178~1234)

37. 混元(1191~1271)

38. 天英(1215~1286)

39. 圓鑑 沖止(1226~1292). 정혜사의 주지가 되었다가 나중에 수선사(修禪社)의 6세로 추대되었다.

40. 재위기간 : 1122~1146년

41. 普雨(1515~1565), 호는 허응(虛應) 또는 나암(懶庵), 보우는 법명이다. 저서로 『허응당집(虛應堂集)』과 『나암잡저(懶庵雜著)』가 있다. 고려 말 태고 보우와는 다른 인물임

42. 『계를 받은 스승의 방장에 자면서』 『허응당집』 권상

43. 如分一手掌并拳(儒釋權常一致라는 제목의 시에 나오는 구절이다.)

44. 李奎報(1168~1241), 동국이상국집(東國李相國集, 53권 14책)이 있다.

45. 李瑱(1244~1321)

46. 佛氏之道 以慈悲喜捨爲本 慈悲仁之事也 喜捨義之事也(『全書密敎大藏序』『益齋亂藁』)

47. 蓋聖人好生之德 佛者不殺之求 同一仁愛 同一慈悲(『金剛山長安寺中興碑』 『稼亭集』 권6, 李穀)

48. 李穡(1328~1396), 목은(牧隱), 개인문집으로 『목은집(牧隱集)』(58권 29책)이 있다. 27세 때(1355년) 원나라에서 회시(會試)와 전시(殿試)에 합격하여 29세까지 북경에서 벼슬살이를 하다가 그 해(1356)에 돌아왔다.

49. 그러면서도 이색은 척불론(斥佛論)을 주장하였다. 그러나 그것은 불교를 완전히 배척한 것이 아니라 불교의 폐단을 개선할 것을 주문한 것이며, 진정한 불교 배척의 척불론과는 다르다.

50. 이들과 달리 재가화상(在家和尙)이 따로 있었다. 이들은 흰 모시옷을 입고 검은 비단 허리띠를 둘렀는데, 가정을 꾸리고 결혼하여 아이도 낳아 길렀다(『고려도경』).

51. 山夕詠井中月

52. 『東國李相國後集』 권1, 詩편

53. 호는 익재(益齋)이다.

54. 火中良玉水中蓮 半夜踰城去杳然 雲衲換來新面目 綠窓啼盡短因緣

55. 우서(友婿)라고도 한다. 婿와 壻는 同과 같은 글자이다.

56. 중들이 입는 옷, 검은 옷이라는 의미로 썼다.

57. 대모피(代瑁皮)라고 한다.

58. 안에 든 내용물이 어렴풋이 얼비칠 정도로, 종이처럼 얇은 도자기를 이른다.

59. 오다노부나가(織田信長)와 토요토미히데요시(豊臣秀吉)가 집권한 시대를 말한다. 두 사람의 이름에서 한 글자씩 취해서 쇼쿠호우(織豊) 시대라고 한다.

60. 美濃(みの), 信樂(しからき), 備前, 唐津, 萩(はぎ) 등이 대표적이다.

■ 제14부

1. 지금의 네팔 지방에 있던 고대 소왕국, 가비라성(迦毗羅城)으로 표기한다.

2. 기원전 559년 출생. 기원전 480년 2월 15일에 80세로 사망. 그의 죽음을 흔히 열반에 들었다고 표현한다.

3. B.C. 800~A.D. 1000

4. 기파(耆婆)는 인도의 외과의사였던 지바카(Jivaka)의 한자 음역어로서 기원전 5세기에 살았던 인물. 몇몇 경전의 기록에 의하면 마가다국의 빔비사라(Bimbisara) 왕과 유녀 사이에서 태어났다고 한다. 인도에서는 유녀의 몸에서 난 아이는 버리는 것이 관습이었다. 기파 역시 태어난 지 얼마 안 되어 길에 버려졌는데, 무외(無畏)가 주워다 길렀다고 한다(『韓醫學通史』, p. 103~104, 김기욱·김남일 외, 대성의학사, 2006).

5. 원래 80송으로 전하던 것으로 10송으로 줄였으며 총 61권으로 구성되어 있다. 구마라습과 불타야사가 공동으로 번역한 것인데 제 4송(誦), 8권에서 수계(受戒), 포살(布薩), 자자(自恣), 안거(安居), 피혁(皮革), 의약(醫藥), 의(衣)에 이르는 칠법(七法)을 논하고 있다.

6. 모든 질병을 물리치는 다라니경'이라는 의미이다.

7. 『사분론(四分論)』·『불의경(佛醫經)』·『의유경(醫喩經)』·『유마경(維摩經)』·『치선병비요경(治禪病秘要經)』·『금광명최승왕경(金光明最勝王經)』 등에 불교의학이 실려 있다.

8. 용수는 불교의학과 천문·지리 등에 정통한 남인도 출신의 승려이다. 중국에서 번역한 의서로서『용수보살약방(龍樹菩薩藥方)』(4권),『용수보살양생방(龍樹菩薩養生方)』(1권),『용수보살화향법(龍樹菩薩和香法)』(2권) 등이 있다.

9. 싸움에서 칼이나 창 등으로 찔리고 베인 상처

10. 칼과 몽둥이에 맞아 다친 것

11. 떨어져서 다친 것

12. 밀거나 눌러서 다친 상처

13. 307~312년

14. 元帝(317~322)

15. 愍帝(재위기간 313~316)

16. 鳩摩羅什(344~413)

17. 홍시(弘始) 3년

18. 현재의 서안(西安)

19. 사불조(些佛調)라고도 한다.

20. 당(唐) 현종(玄宗) 시대인 천보(天寶) 7년

21. 時和尚頻經炎熱 眼光暗株 言有胡人 言能治目 遂加療治 (『大和東征傳』)

22. 재위기간: 649~683년

23. 上(=高宗)苦頭重不能視 召侍醫秦鳴鶴診之 鳴鶴請刺頭出血可愈……乃刺百會腦戶二穴 上日吾目以明矣(『資治通鑑』唐紀)

24. 자(字)가 원화(元化)이다. 패국(沛國) 사람이다. 현재의 안휘성 호현(亳縣) 출신인데, 조조도 치료해주었다. 그러나 조조의 시의(侍醫)가 되는 것을 거절하여 죽음을 당했다.

25. 약사유리광여래(藥師琉璃光如來)를 말한다. 동방정유리세계(東方淨琉璃世界)의 교주이다. 일명 대의왕(大醫王) 또

는 대의왕불(大醫王佛)이라고도 한다. 중생의 질병치료와 수명, 재해를 관장한다.

26. 『시기』 편작열전

27. 연(燕)은 지금의 북경과 하북성(河北省) 일대, 제(齊)는 산동성(山東省) 지역

28. 「漢畵像石上的鍼灸圖」, 劉敦愿, 『文物』, 1972

29. 孫思邈(581~682). 650년대에 사망하였다는 설이 있어 그것이 더욱 신뢰할만하다고 판단되지만, 여기서는 682년 설에 따랐다.

30. 『천금방』에는 "凡四氣合德 四神安和 一氣不調 百一病生 四神同作 四百四病 同時俱發"이란 구절이 있다. 여기서 말한 101병은 사람이 겪는 온갖 질병을 101 가지로 이해한 것을 말한다.

31. 『수서(隋書)』 권3 志 제29 經籍3

32. 『한식산대료(寒食散大療)』 1권(釋道洪),『해한식산방(解寒食散方)』 2권(釋智斌),『해한식산론(解寒食散論)』 2권(釋慧義),『잡산방(雜散方)』(釋慧義),『약방(藥方)』 20권(釋僧深),『단복요험방(單複要驗方)』 2권(釋莫滿),『석등홍방(釋道洪方)』 1권(釋莫滿),『요백병잡환방(療百病雜丸方)』 3권(釋曇鸞),『논기치료방(論氣治療方)』 1권(釋曇鸞),『의론요비방(議論備療方)』 1권(于法開),『침구경(針灸經)』 1권(釋僧匡),『제약이명(諸藥異名)』(釋行矩)

33. 중국의 승려와 의원(醫員)들이 번역한 번역서로는『용수보살약방(龍樹菩薩藥方)』 4권,『용수보살화향법(龍樹菩薩和香法)』 2권,『용수보살양성방(龍樹菩薩養性方)』 1권,『바라문제선약방(婆羅門諸仙藥方)』 20권,『바라문약방(婆羅門藥方)』 5권,『서록바라문선입법(西錄婆羅仙入法)』 3권,『서역명의소집방(西域名醫所集方)』 4권,『기파소술선인명론방(耆婆所述仙人命論方)』 2권 등이 있다. 그러나 이들은 거의 대부분 전하지 않고 있다.

34. 『구치론(口齒論)』 1권(釋普濟),『필요방(必效方)』(釋文宥),『영남위생방(嶺南衛生方)』 4권(釋繼洪),『자제방(慈濟方)』 4권(釋景隆),『청화의서목(淸華醫書目)』(釋淸華),『기파맥결(耆婆脈訣)』 12권(釋羅什) 등이 있다. 이 중에서『자제방(慈濟方)』 4권(釋景隆) 외에는 전하지 않는다.

35. 燒香院僧 通釋典善醫 投劑隨不效力 至治三年(1323) 皇后疾 拳衡獻藥有功 賜號忠順藥師 領五省採藥師(『역대명의인물지(歷代名醫人物志)』, 劉飛白, p. 300~301, 臺北, 五洲出版社, 1986

36. 재위기간: 1307~1311

37. 長居院僧 通究釋典 尤精岐黃 元武宗取爲太醫 除受僧錄司 在朝十二年(『역대명의인물지(歷代名醫人物志)』, 劉飛白, p. 300~301, 臺北, 五洲出版社, 1986

38. 현재의 요령성(遼寧省) 일부와 길림성(吉林省), 흑룡강성(黑龍江省)을 포함하는 지역

39. 당나라 때 왕도(王燾)가 편찬한 의서

40. 고려노사방(高麗老師方)이라고 하였는데, 여기서 말한 고려는 고구려이다. 노사(老師)의 노(老)는 도가를 말하며, 도가의 방사 중에서 존경받는 인물을 노사로 표현한 것이다.

41. 張文仲療脚氣 毒氣攻心 手足脈絕 吳茱萸六升 木瓜二枚切 右二味 以水一斗三升 煮取三升分三服 或以吐汗便活 蘇恭(敬)云 服得活心易 但鑽擊小時熱悶耳 此方是爲起死 是高麗老師方 與徐王方相似[『외태비요방(外台秘要方)』권18 脚氣 上, 脚氣衝心煩悶方 條]

42. 안작득지(鞍作得志)

43. 『일본서기』권34, 皇極 4년 4월 戊戌 條

44. …入唐金恩讓廻 獻最勝王經…[『삼국사기』신라본기 제8, 聖德王三年 三月 條]

45. 불교의 전문 의학서적으로서 『포태교(胞胎敎)』(1권), 『불설주시기병경(佛說呪時氣病經)』, 『불설주소아경(佛說呪小兒經)』, 『불설주치경(佛說呪齒經)』, 『불설주목경(佛說呪目經)』, 『치선병비요법(治仙病秘要法)』, 『불의경(佛醫經)』, 『치의경(治醫經)』, 『불치신경(佛治身經)』, 『가섭선인설의녀인경(迦葉仙人說醫女人經)』 등의 목록이 대장경에 실려 있다.

46. 고려 광종(光宗) 24년, 송 개보(開寶) 6년

47. 송 태종(太宗) 태평흥국(太平興國) 5년, 고려 경종(景宗) 5년

48. 송 인종(仁宗) 가우(嘉佑) 2년, 고려 문종 11년

49. 재위기간 : 1067~1085년

50. 재위기간 : 1100~1125년

51. 진사문(陳師文), 배송원(裵宋元) 등이 간행하였다.

52. 고려에서는 평소 귀신을 믿고 두려워하며 음양을 꺼리고 병이 나도 약을 먹지 않고 부자간이라 해도 서로 보지 않으며 오직 주문을 외며 병을 이기려 할 뿐이다[『고려도경』권17, 祠宇 條].

53. 조선 세종 대인 1431~1433년에 간행되었다.

54. 목향·정향·혈갈·육두구·몰약·빈랑·여감자·필발·곽향과 익주(益州)의 궁궁·승마·독활·강활·건칠, 아교·적전(赤箭)·천마·천문동, 반하·천남성·방풍(齊州)·욱리인·원지·견우·질려자·만형자·토사자(東京)·적작약·창포·척촉·생건지황·선복화(西京)·서역의 안식향, 부자·천웅·오두·대황·측자(側子), 측백나무 열매·당귀(蜀州)·속단·구척·오령지·대극·천근·지골피·구기(定州) 그리고 기타 지역에서 침향·철분·석고·석곡·우슬·전호·시호·감초·의이인·맥문동·오수유·지곡·위령선·해동피·방기·오가피·숙건지황·촉척·단삼·백지·목단피·백강잠·산수유·마황·택사·두충·호마자·산조인·고본·갈근·후박 등을 보내왔다.

55. 『고려사』권9 세가

56. 본래 한자이름은 호초(胡椒)이다.

57. 조사한 식물 종류는 자작나무과·사군자과·참나무과·은행나무과·가래나무과·녹나무과·야자수과·호초과·장미과·무환자과(無患子科)·생강과(Zingiberaceae) 등 11과(科) 14속(屬) 16종이다.

58. 고려 고종(高宗) 23년(1236년)

59. 일본 궁내부(宮內府) 소장

60. 높이 2.8cm, 구경 5.9cm

61. 송(宋) 원우(元祐) 7년

62. 송(宋) 철종(哲宗) 8년

63. …七年黃宗懿來獻黃帝鍼經請市書甚衆, 『宋史』권487 列傳 12, 高麗

64. 고려 공양왕 1년

65. 蘇轍(1039~1112). 북송시대의 문인, 정치가. 자(字)는 자유(子由)이다.

66. 1431~1433년에 간행

67. 白果·公孫樹라는 한자명이 더 있다. 일본명 Ginkgo. 학명은 Ginkgo biloba Linn.

68. 『동의보감(東醫寶鑑)』 湯液篇 권2, 果部

69. 학명 : Piper nigrum Linn. 영어명 : Black pepper.

70. 鄕藥集成方(1431~1433)

71. 東醫寶鑑 湯液篇 제3권 木部

72. 性大溫味辛無毒下氣溫中去痰除藏府中風冷止癨亂心腹冷痛及主冷痢殺一切魚肉鱉菌草毒出南方形如鼠李子調食用之向陽子爲胡椒向陰子華澄茄硏末入藥一名浮椒

73. 중국명 : 胡桃核·核胡桃·山胡桃, 영어명 : Mandshurian walnu. 학명 : Juglans mandschurica Maxim.

74. 열을 내려주고 몸 안의 독소를 없애주는 작용

75. 진피(秦皮) 또는 추피(秋皮)라고 한다.

76. 중국명 : 榛·榛子·平榛·毛榛, 영어명 : hazelnut.

77. 『향약집성방(鄕藥集成方)』권84

78. 『동의보감(東醫寶鑑)』 湯液篇 제2권 果部

79. 중국명 : 약율(藥栗)·판율(板栗), 영어명 : Chinese chestnut.

80. 중국명 : 육계(肉桂)·옥계(玉桂)·목계(牡桂), 영어명 : Chinese cinnamon.

81. 기원후 1세기에 Dioscorides가 쓴 『De Materia Medica(그리스본초)』에는 계피(桂皮, Cinnamomi Cortex)는 Kinamono와 Kassia의 두 종류가 있다고 기록하였다.

82. Cinnamomum cassia는 중국 남부 광동성(廣東省)·광서성(廣西省)에서 생산되며 Cinnamomum obtussifoliun은 베트남, Cinnamomum iners는 태국에서 생산된다.

83. 연기로 말린 것을 오매(烏梅)라고 한다. 영어명은 Japanese apricot.

84. 『東醫寶鑑』 湯液篇 제2권 果部

85. 중국명 : 도(桃)·모도(毛挑)·백도(白桃) 등의 종류가 있다 열매의 씨를 도인(桃仁)이라 한다.

86. 행인(杏仁)

87. 『향약집성방(鄕藥集成方)』

88. 대극과(Euphorbiaceae)로서 학명은 Croton tigliun Linn.이다. 중국에서는 맹자인(猛子仁)·파과(巴果)·홍자

인(紅子仁) 세 가지를 파두로 취급한다.

89. 『東醫寶鑑』 木部

90. 여지핵(荔枝核)·여지(荔支)·대여(大荔)

91. 玉乳氷漿味尙新 星飛馹騎走風塵 却因咫尺三千里 添得紅顏一笑春

92. 이시진(李時珍) 『본초강목(本草綱目)』

93. 중국명 : 檳榔 또는 檳榔子, 영어명은 betel nut, areca nut.

94. …其文字進上者金葉寫之次用紙又次用檳榔葉…, 『元史』 권 210, 列傳 제97

95. 扶留藤

96. 『東醫寶鑑』 湯液篇 제3권 木部

97. "里間朋友 吉凶慶弔 皆以檳榔爲禮"

98. "東家送檳榔 西家送檳榔"

99. 『八閩通志』 권3, 風俗, 제44항, 黃仲昭, 福建人民出版社, 1989

100. 중국명 고량강(高良薑), 영어명 lesser galangal.

101. 위암

102. 중국 양(梁) 나라 때 도홍경이 쓴 한의학서

■ 제15부

1. 현재의 영파(寧波). 명주(明州)

2. 중국에서는 보타산(寶陀山)과 락가산(洛迦山)을 합쳐서 보타락가산으로 부른다. 중국 최대의 관음성지인 보타락가산은 남인도에 있다는 보타락가(補陀落迦, potalaka)에서 비롯되었다고 한다.

3. 지금까지 나침반(羅針盤)은 송대부터 사용했다고 보는 것이 정설이다. 그러나 일찍이 한대(漢代)부터 사용한 것으로 알려져 있으며 동진(東晉)의 승려 법현(法顯)이 쓴 『불국기(佛國記)』에도 등장한다. 당시 법현은 남양선(南洋船)에 편승했는데, 배는 약 2백 명이 승선할 수 있는 규모였다. 선장은 나침반을 사용하고, 배 뒤에는 작은 배 한 척을 달고 가는데, 그것은 큰 배가 난파될 경우를 대비한 것이었다.

4. 지원(至元) 21년

5. 平江路(=蘇州)

6. 은현(鄞縣)·상산현(象山縣)·자계현(慈溪縣)·정해현(定海縣)의 4개 현으로 구성되어 있었다.

7. 참고로, 경원로(慶元路)는 당나라 때는 은주(鄞州)였다가 명주(明州)로 바뀌었다.

8. 처주로는 여수(麗水)·용천(龍泉)·송양(松陽)·수창(遂昌)·청전(靑田)·진운(縉雲)·경원(慶元)의 7개 현을 거느리고 있었다.

9. 천주(泉州)에 시박사를 둔 것은 북송(北宋) 철종(哲宗) 2년(1087)이다. 송은 광주(廣州)·경원(慶元)·항주(杭州) 세 곳을 무역항으로 지정하여 시박사를 두었다. 그러나 북송대의 관세수입은 광주에서 거둬들이던 것이 전체의 90% 이상이나

되었다고 할 정도로 광주가 대단히 융성하였다. 천주가 광주를 제치고 번성하게 된 것은 남송 말~원대인데, 그것은 원양 항해에 유리한 천주항의 지리적 이점 때문이었다.

10. 천주성(泉州城)에는 아랍인들도 들어와 살았으며 천주성 안팎에서 잡거(雜居)했다고 한다. 천주성 청정사(淸爭寺)에서는 헤지라(710~711년) 비가 발견되었다. 이 비는 원(元) 지대(至大) 3~4년([1310~1311])에 세워진 것인데, 거기에는 아라비아 문자로 쓴 글이 있었다. 이에 따라 청정사(淸爭寺)는 아랍인들이 세운 이슬람 사원이었을 것으로 보고 있다.

11. 胡人日 吾大食國人也 王貞觀初通好 來貢此珠(『태평광기(太平廣記)』)

12. 永徽二年八月 大食如遣使朝貢(『책부원귀(册府元龜)』 651년 8월)

13. 당 소종(昭宗) 연간

14. 석유로 추정된다.

15. 송 고종(高宗) 소흥(紹興) 원년

16. 소흥(紹興) 6년

17. 提擧福建路市舶司上言大食蕃國蒲羅辛造船 一隻 船載乳香投泉州市舶 計抽價錢三十萬 委是勤勞 理當優異(송회요집고 제197책 蕃夷 4, 중화서국, 1957년 영인본)

18. "(大食) 土地所出 珍珠 象牙 犀角 乳香 龍涎 木香 丁香 肉荳蔲 安息香 蘆薈 沒藥 血碣 阿魏"

19. 이 시기 점성국에서는 침향·상아·사향이 생산되었고, 진랍국에서는 침향·사향·상아·황숙향·소목·백두구를 중국에 수출하였다. 도파국에서는 침향과 단향·강진향·정향·후추·백두구가 생산되었다. 발니국(보르네오)에서는 강진향과 대모, 삼불제국에서는 안식향·침향·단향·강진향을 중국에 수출하였다.

20. 吉州窯는 江西 吉安縣 永和鎭이 중심

21. 덕화(德化) 42개소, 남안(南安) 50개소, 안계(安溪) 36개소, 영춘(永春) 9개소, 진강(晋江) 12개소, 혜안(惠安) 1개소, 동안(同安) 8개소, 하문(廈門) 3개소 천주 2개소 등

22. 덕화현을 중심으로 덕화자기를 생산하던 곳

23. 덕화요(德化窯)는 연꽃, 모란, 국화, 규화(葵花), 운문(雲文), 봉황문(鳳鳥)文, 전문(錢文) 등을 장식 문양으로 하는 것이 특징이다.

24. 동안자기 계열이라고 하면 복건 동안의 汀溪窯, 新民鄕窯, 連江 浦口窯, 蒲田 庄邊窯·天尾窯, 安溪 桂窯, 南安의 東田窯, 영춘의 玉美窯, 절강 武義縣의 蜈蚣山窯, 용천 一些窯 등이 있다.

25. 흑자는 복건의 덕화·광택·천주·숭안·포성·송계·연강·남평·영덕·하문·복청 등 여러 지역에서 고루 생산하였지만 그 중에서도 건양은 복건지구 흑자와 건양요의 중심이었다.

26. 소흥(紹興) 7년

27. 高宗七年上諭市舶之利最厚 若措置合宜 所得動以百萬計 豈不勝取之於民 朕所以留意於此 庶幾可以寬民力爾(奧

海關志 권3)

28. 현덕(顯德) 6년

29. "……五代史高麗地産銅銀 周世宗時 遣尙書水部員外郎 韓彦卿以帛數千匹市銅於高麗 以鑄錢 顯德六年 高麗王昭 遣使者貢黃銅五萬斤"

30. 미포(米布)

31. 白檀·紫檀·黃檀 등

32. 당(唐) 천보(天寶) 12년

33. 나전을 박아서 만든 꽃 모양의 납작한 함

34. 나전칠기 술잔

35. 나전으로 수를 놓은 칠기 합. 여인네들의 빗을 보관하기 위한 상자이다.

36. 붉은 색 나무로 만든 빗

37. 나전으로 아름다운 문양으로 수놓아 만든 책상

38. 흰 세모시

39. 육로교역과 해상교역을 포함한 숫자이다.

40. 현재의 후쿠오카

41. 송대(宋代)의 점파(占波). 첨파(瞻波)라고도 한다. 참파(Champa)의 음역이다. 이 점성(占城)에는 일찍이 이슬람 교도들이 들어와 있었다. 현재의 베트남 참파도

42. 유선지희(遊船之戲)라고 하였다.

43. 챤드라 푸라의 음역. 크샤트리아 왕족인 찰리(刹利)가 지배했으며 705~706년 이후 수진랍(水眞臘)과 육진랍(陸眞臘)으로 분열했다. 수진랍은 길멸왕국(吉蔑王國, =크메르왕국)이 되었다. 경원 5년(1199년) 진랍은 점성을 공격하여 왕을 사로잡고 정복하였다. 원나라 때에 진랍(眞臘)이라 불렸으며 송대에는 점파국(占波國)이라고 했다.

44. 목향(木香)·대모(玳瑁)·유향(乳香)·서각(犀角)·상아(象牙) 등을 보냈다.

45. 三佛齊 시대(900~1225)에 도파국은 삼불제국(=室利佛逝國)의 속국이 되었다.

46. 왕족의 성씨가 고룡(古龍)이었다. 즉 곤륜족(崑崙族)으로서 곤륜(崑崙)의 음역이다. 미강(湄江), 즉 메콩강 하류의 부남(扶南)을 부르던 이름이었을 것으로 보고 있다. 메콩강 서쪽에 프놈펜이 있다. "임읍 이남은 머리를 말고 몸은 검다. 곤륜과 통화한다(林邑以南 卷髮黑身 通號崑崙 『舊唐書』 197 南蠻傳)"고 하였다. 임읍(林邑)은 곧 점성(占城, Champa)이다. 곤륜노(崑崙奴)는 그 뜻이 남해흑인(南海黑人)이며, 이들은 이슬람교도였다. 따라서 곤륜국이 말레이시아·인도네시아 일대 남해에 있었던 것만은 틀림없다.

47. 현재의 인도네시아 보르네오 또는 발리(Bali)로 추정된다. 송(宋) 태종(太宗) 때 처음 중국과 통호(通好)하였다. 도파(闍婆)·유월(踰月)을 거쳐 간다고 되어 있다(『명사(明史)』).

48. 바다큰거북의 등껍질

49. 수도는 현재의 팔렘방(Palembang, 波淋邦)이며 실리불서(室利佛逝) 또는 시리불서국(尸利佛逝國)으로 불렸다. 승

려 의정(義淨)이 7년간 이곳에 머물며 산스크리트어 불경을 번역한 바 있다. 실리불서(室利佛逝)는 산스크리트어 '슈리봇세'의 음역이며 '슈리'는 '신성(神聖)'의 뜻이고, '봇세'는 전승(戰勝)의 의미이다. 오색 앵무(鸚鵡)와 공작(孔雀)이 난다고 하였다. 그러나 다른 기록에는 도파국의 서쪽에 있는 나라로 설명하고 있다[『영외대답(嶺外代答)』 권2].

50. 라일락

51. 선박편을 이용한 해상무역

52. 汪大淵 著, 蘇繼廎 校譯, '文老古' 條『島夷志略校譯』, p. 205. 『수중고고학에 의한 동아시아 무역관계 연구(김병근 저), p. 307에서 재인용

53. 『수중고고학에 의한 동아시아 무역관계 연구』 p. 307, 김병근, 국학자료원, 2004

54. 싱가포르. 사자국(師子國)을 스리랑카(異稱 : 細蘭)로 보는 견해도 있다. 물론 獅子國과 師子國이란 표기 차이가 있으나 獅子國은 지금의 싱가포르 일대이다. 사자국의 선박에 관한 기록도 있다. 말레이시아·인도네시아·필리핀 지역 섬에 있는 남해제국(南海諸國)의 배 역시 파사국과 마찬가지로 배에서 흰 비둘기를 키워 통신용으로 쓰고 있었음을 알 수 있다.

55. 파사국(波斯國)은 당대(唐代)에도 중국에 자주 드나들었으며, 당나라의 단성식(段成式)이 쓴『유양잡조(酉陽雜組)』(권16)에는 파사국의 선박에 관한 내용이 있다. "대리(현재의 운남성 대리)의 정복례가 말하기를 '파사국의 선박 위에서는 흰 비둘기를 많이 기른다. 비둘기는 수천 리를 가기 때문에 한 마리를 풀어서 집에 평안함을 알리는 서신을 보낸다'"는 내용이다. 사자국(師子國) 인근의 파사국 역시 흰 비둘기를 서신과 정보 전달에 썼다. 말하자면 이들은 전신합(傳信鴿)을 배에서 길렀음을 알 수 있다.

56. =藍巫里, 수마트라 서북 지역에 있었다.

57. 말레이반도 남부에 있었던 것으로 추정된다.

58. 婆里國(파리국)을 가리키는 것으로 볼 수도 있다. 그렇다면 동남아시아에 있던 나라일 것이다.

59. 말레이시아 팔렘방을 구항(舊港)이라고 불렀다. 막가신(莫訶信) 또는 마가신(摩訶新)으로도 부르던 '마가신'을 의미한 게 아닐까 추정한다. 만일 그렇다면 현재의 바타비야 근처일 것으로 짐작된다. 원명(元明) 시대의 신항(新港)을 가리킨다.

60. 舊港卽古名三佛齊國是也曰渤淋國屬爪哇國所轄 東接爪哇西接萬剌加國(瀛涯勝覽)에서 보듯이 구항의 옛 이름이 삼불제국이었다. 팔렘방이 자바의 소속이었으며 동으로는 자바, 서로는 말라카해협이 있었다.

61. 모바르국. 국왕 석랄정(昔剌丁)이 애사정(愛思丁)을 사신으로 보낸 것으로 되어 있다. 마팔국은 송말원초(宋末元初)에 중국과 아랍 상인들이 빈번하게 오간 곳으로, 현재의 남인도 지역에 있던 나라였다. 인도 남단 모바르를 이른다.

아랍 오만(Oman)이나 바스라 지역의 상인들도 이곳을 중간거점으로 삼아 광주(廣州)에 들어와 살았으며, 활발히 교역을 했다. 파사국(婆斯國)은 현재의 바스라항 주변에 있던 나라로 추정되는데, 이들은 광주에 곧바로 들어와서 비단을 비롯한 견직물을 수입해갔다.

62. 원나라 인종(仁宗) 연우(延祐) 연간에 해당한다.

63. 방배(放拜)·대오야(大烏爺)·아사리(阿思里)·리가탑(俚伽塔)·천당(天堂)·천축(天竺)·층요라(層搖羅)·마로간(馬魯澗)·감매리(甘埋里)·마가사리(麻呵斯離)·라파사(羅婆斯)·오야대솔(烏爺大率) 등과 같은 나라들이 있었다고 한다.

64. 영락(永樂) 원년인 1403년에 정화(鄭和)도 이 나라를 다녀왔다.

65. 『신원사』 권253 열전14

66. 『원사』

67. =交趾(교지)

68. 원 영종(英宗) 지치(至治) 3년

69. 『신원사』 권252 열전12

70. 『신원사』 권253, 列傳10, 島夷諸國

71. 여기서 홍목은 소목(蘇木)을 이르는 것으로 볼 수 있다.

72. "배를 띄워 외국으로 나가서 무역을 하려면 천주에서 바다로 나가야 했다"(若欲船泛外國買賣 則自泉州便可出洋, 『夢梁錄』 南末 咸淳 14)든가 "천주에서 남쪽으로 배를 타고 항해하는 사람은 먼저 점성에 이르고, 그 뒤에 자바섬에 이르렀다"(自泉南登舟海行者 先至占城而後至其國, 『원사』 권210 外夷傳 爪哇)고 한 기록은 모두 송원시대 천주가 남방 및 서역으로 나가는 관문처럼 중요하게 생각되었음을 보여준다.

73. 마르코폴로는 천주(泉州)에서 17년 동안이나 머물며 살았다. 8~15세기는 아랍인이 활발히 무역활동에 나선 시기로서 특히 8세기 후반 압바스 왕조가 바그다드에 도읍한 이후, 바다를 통해 아랍인들은 인도와 중국을 향해 돛을 세우고 나아가 통상을 계속했다. 아랍이나 이란인은 소위 파사만(婆斯灣, 페르시아만)에서 인도양을 거쳐 광동(廣東) 지방에 들어갔다. 교주(交州)나 양주(揚州)·복건(福建)·천주에 아랍인들이 점차 늘어나기 시작한 것은 북송 초기였다. 천주 개항 후 40여 년만에 천주가 광주를 제치고 무역항으로 크게 성장하기 시작하였다. 즉 남송 말기부터는 천주가 이미 광주를 앞질렀고 해외의 무역선은 모두 천주로 들어왔으며 중국의 무역선 역시 천주에서 출발하였다.

■ 권말 부록(1)

1. 가로·세로를 일정한 길이로 구획한 격자형 구분. 유적과 유물의 정확한 위치를 나타내기 위해 통상 2~5m 간격으로 줄을 띄워 바둑판처럼 구분하며, 유적 전체를 가로와 세로로 일련번호 및 기호를 함께 써서 나타낸다.

2. 1978년 6월 16일~8월 15일

3. 1979년 6월 1일~7월 20일

4. 사리 전후에 잘 잡히는 물고기와 조금 때 잘 잡히는 고기가 따로 있다. 가을철 주꾸미와 갑오징어·무늬오징어는 물살이 약한 조금과 무시로부터 1~2물(매) 사이에 가장 잘 잡힌다.

5. 1980년 6월 5일~8월 4일

6. 1981년 6월 22일~8월 22일

7. 가로 55cm, 세로 1.4m에 높이 2.7m, 길이 2.1m이다.

8. 전문용어로는 외주좌대(桅柱座臺)라 한다.

9. 선수재의 길이 6.72m

10. 1984년 6월 1일~8월 17일

11. 1984년 9월 13일~9월 17일

■ 권말 부록(2)

1. 尖銳形船首(첨예형선수) =Pointed stern

2. 이것을 독목주(獨木舟)라고 부른다.

3. 『신안선 보존과 복원, 그 20년사』에서 발췌 인용, 국립해양유물전시관, 2004

4. 「동아시아 전통선박과 조선기술」, 『남해1호 침몰선 고고』, 국립해양문화재연구소, 2008

5. 唐錢 33점, 北宋錢 358점, 南宋錢 71점, 잔쇄편 42점

6. 자기편 43점과 도기편 428점 등

7. 한방에서 신비의 약재로 취급하는 나무이다. 향이 매우 진한 나무인데, 비중이 물보다 무거워서 물에 넣으면 가라앉는다. 그래서 침향으로 불리게 되었다. 침향은 여러 향 가운데 으뜸으로(沈香諸香之王) 오랜 옛날부터 약재로 써왔다. 상록성 교목으로 아열대성 및 열대성 식물이다. 그러므로 우리나라에서는 나지 않는다. 보통 30m 높이로 자라며 흰 색의 꽃이 핀다. 맛은 순하지만 가루가 코에 들어가면 몹시 맵다. 이것을 태운 향기는 매우 향기롭다. 침향은 무겁고 흑갈색으로 수지가 많으며 목질이 적을수록 좋다. 특히 태울 때 불 속에서 기름이 자글자글 끓으며 연기를 내고 맹렬히 타면서 침향 고유의 향을 내야만 진품이라고 할 수 있다.

8. 승색(繩索)

9. 등모(藤帽)

10. 지름 0.5cm, 높이 0.35cm

11. 지름 0.3cm, 높이 0.3cm

12. 목색(木塞)이라고도 한다.

13. 소목전(小木栓)이라고 한다.

14. 설형목(楔形木)이라고도 한다.

15. 광주(廣州), 광동(廣東) 지역의 배

16. 절강(浙江) 지역의 배를 지칭하며, 조선(鳥船)이라고도 한다. 배의 형태가 'U'자 형으로 중국의 4대 선형의 하나이다.

17. 上平如衡 下側如刀 貴其可以波浪而行也

신안 보물선의 마지막 대항해
–바다를 누빈 중세 최고의 상인들

지은이 | 서동인·김병근
펴낸이 | 최병식
펴낸날 | 2014년 4월 3일
펴낸곳 | 주류성출판사
서울특별시 서초구 강남대로 435 (서초동 1305-5)
TEL | 02-3481-1024(대표전화) • FAX | 02-3482-0656
www.juluesung.co.kr | juluesung@daum.net

값 20,000원

잘못된 책은 교환해 드립니다.

ISBN 978-89-6246-122-0 03910